本书获得西北大学"双一流"建设项目资助

Sponsored by First-Class Universities and Academic Programs of Northwest University

笨学小识

田旭东自选论文集

田旭东 著

Collected Works of
Tian Xudong

中国社会科学出版社

图书在版编目（CIP）数据

笨学小识：田旭东自选论文集／田旭东著 .—北京：中国社会科学出版社，2022.3
ISBN 978-7-5203-9537-3

Ⅰ.①笨… Ⅱ.①田… Ⅲ.①历史—文集 Ⅳ.①K-53

中国版本图书馆 CIP 数据核字（2022）第 018656 号

出 版 人	赵剑英
责任编辑	宋燕鹏
责任校对	周　昊
责任印制	李寡寡

出　　版	中国社会科学出版社
社　　址	北京鼓楼西大街甲 158 号
邮　　编	100720
网　　址	http：//www.csspw.cn
发 行 部	010-84083685
门 市 部	010-84029450
经　　销	新华书店及其他书店

印　　刷	北京明恒达印务有限公司
装　　订	廊坊市广阳区广增装订厂
版　　次	2022 年 3 月第 1 版
印　　次	2022 年 3 月第 1 次印刷

开　　本	710×1000　1/16
印　　张	26.5
插　　页	2
字　　数	395 千字
定　　价	158.00 元

凡购买中国社会科学出版社图书，如有质量问题请与本社营销中心联系调换
电话：010-84083683
版权所有　侵权必究

目 录

第一类 历史文献学术史研究

《古史辨》及疑古学派之我见 …………………………………（3）
白鸟库吉与林泰辅
　　——日本的疑古派及反对派代表 ……………………（14）
从《汉志》著录及出土文献看战国秦汉间的黄帝之学 ………（30）
马王堆帛书《伊尹·九主》与刑名学派 …………………………（38）
关中平原
　　——周人的发祥地与地缘政治中心的建立 …………（46）
秦朝何以短祚？
　　——从秦的落后面分析 ………………………………（55）
数术与秦文化 ……………………………………………………（64）
秦始皇出巡与求仙活动 …………………………………………（73）
浅议《论语》在西汉的流传及其地位
　　——从海昏侯墓出土《齐论》说开去 …………………（83）
西汉时期的大司马与外戚专权
　　——读《汉书》札记 ……………………………………（94）
学术史上的"道""术"之分
　　——以《汉书·艺文志》为例 …………………………（100）
从"重新估价"到"走出疑古"再到"重写学术史"
　　——李学勤先生治史的责任感和使命感 ……………（110）

第二类　简牍帛书研究

《容成氏》所见舜帝事迹考 …………………………………… (123)
《程寤》"六木"寓意另解 ……………………………………… (132)
清华简《耆夜》中的礼乐实践 ………………………………… (140)
先秦训体与训诫制度抉微：清华简《保训》《命训》与北大汉简
　　《周驯》释例 ………………………………………………… (148)
尹挚与伊尹学派
　　——以出土文献为考察中心 ……………………………… (159)
《系年》所记"录子圣"与周初"武庚之乱" ………………… (171)
《天下之道》的"道"与《孙子兵法》的"道"
　　——比较二者的异同 ……………………………………… (183)
清华简《系年》与秦人西迁新探 ……………………………… (191)
从里耶简"祠先农"看秦的祭祀活动 ………………………… (200)
里耶秦简所见的秦代户籍格式和相关问题 …………………… (212)
新公布的竹简兵书
　　——《盖庐》 ………………………………………………… (220)

第三类　考古学研究

浅谈中国考古学于中国先秦史研究的作用 …………………… (233)
关于石峁遗址的一点粗浅思考 ………………………………… (242)
新疆巴里坤东黑沟遗址所见匈奴人信仰初探 ………………… (252)
杂说罗家坝出土的钺 …………………………………………… (261)

第四类　先秦秦汉兵学研究

试论先秦兵学发展脉络 ………………………………………… (273)

先秦齐国兵学成就略论 …………………………………… (283)
秦火未殃及兵书考 ………………………………………… (295)
先秦军礼考 ………………………………………………… (305)
《逸周书》儒家军事思想刍议 …………………………… (332)
贵族战争的终结与军事规律的蜕变
　　——以《司马法》和《孙子兵法》为例 …………… (347)
失传已久的鲁国兵书
　　——《曹沫之陈》 …………………………………… (359)
张家山汉简《盖庐》所反映的伍子胥兵学特点 ………… (366)
试析张家山简《盖庐》中的兵阴阳之术 ………………… (378)
"兵阴阳家"几个问题的初步研究 ………………………… (386)
《六韬》浅论 ……………………………………………… (400)
秦汉时期军事通信小考 …………………………………… (411)

后　记 …………………………………………………… (419)

第一类

历史文献学术史研究

《古史辨》及疑古学派之我见

以顾颉刚、钱玄同、胡适为首的疑古学派是兴起于五四时期,活跃于20世纪二三十年代的史学流派,在新世纪开端的此时,对中国古史研究这一学术领域中影响最大的学术流派或学术思潮做一番公正、客观的评价实属必要。以下我们将从"研究方法"和"功过得失之评价"两个方面做一粗浅论述。

一 研究方法

为了说明和推翻"层累地造成的中国古史系统",同时也为了建设真实的中国古史,疑古学派,顾颉刚先生本人在接受外来方法论的同时采纳并深化了前人及同辈学者的研究方法,从而构成了他自身的一系列方法体系。

(一) 对西方研究方法的借鉴

这里包括历史的方法,或称为"历史演进的方法"和归纳、假设的方法,即顾氏自己所说的"用证据去修改假设"的方法。所谓历史的方法,可以说是从胡适那里得到的。胡适在《实验主义》一文中阐述道:"什么叫作历史的态度呢?这就是要研究历史如何发生、怎样来的,怎样变到现在的样子,这就是'历史的态度'。""凡对于每一种事物制度,总想寻出它的前因后果,不把它当作一种来无踪去无影的孤立东西，这种态度就是历史的态度。"① 胡适的这种研究方法来自美国的实验主义，他在哥伦比亚大学攻读哲学博士学位时，其指导教师即杜威（Duveen），还有哥伦比亚大学哲学教授伍德（Wood），伍德的著作《历史的宗旨》是胡适留美期间风行一时的美国进步主义和实验主义者历史观的代表。杜威与伍德的思考方式就是把历史看作一个进步的过程——从不断地改变走向进步。思想、信仰以及哲学体系被认为是人类可以用来适应自然和社会环境的工具，人们要了解变化动向与制度或社会准则之间是否协调，失调到什么程度，依什么方式失调，必须从历史发展的观点来看问题。胡适特别强调这种重视历史的方法，认为凡事都应该还它一个本来面目，然后再评判各代各家各人的义理是非。

1930年，顾颉刚先生在《古史辨》第四册《序》中将胡适所传给的这套方法概括如下："我们要使古人只成为古人而不成为现代的领导者；要使古史只成为古史而不成为现代的伦理教条；要使古书只成为古书而不成为现代的皇皇法典。这固是一个大破坏，但非有此破坏，我们的民族不能得到一条生路。我们的破坏，并不是一种残酷的行为，只是使它们各自回复其历史上的地位。"他还在解释这种背景分析法时，"依据了各时代的时势来解释各时代的传说中的古史"，"不但可以理出那时人的古史观念，而且可以用那时人的古史观念去看出它的背景——那时的社会制度和思想潮流。这样的研究有两种用处，一是推翻伪史，二是帮助明了真史"。② 顾氏以前对西方近代逻辑学的原理和方法就有所了解，在接触胡适的治学路数以后又对其极为敬佩，从而使他能够理解这一科学的方法并加以广泛应用。他每每从宗教、神话、文化思想、种族观念、政治制度、经济水平等各个角度来考察某一时代古史观的形成。比如，他认为，在战国以前，宗教在人类生活中占有重要地位，所以当时人对古史的追溯大多属于神话，而且宗教意味较浓。战国以后随着人本主义思潮的兴起，人成为古史

---

① 胡适：《实验主义》，载《新青年》第6卷第3号，1919年第4期。
② 顾颉刚：《古史辨》第一册，上海古籍出版社1982年版，第65—66页。

系统的主题，传说中的帝王也就从神界走到了人间，传说中的神治主义也就变成了人治主义。对五德终始说，顾氏认为是帝治运动的产物。秦统一以前，天下趋于一尊，五帝相传、天下一系的思想开始形成。至王莽时期，刘歆为了使王莽政权合法化，苦心孤诣地发明了闰统说，从而把邹衍的古史系统伸展了两倍。原来属于五帝系统的太皞氏和炎帝变成了更古的伏羲氏和神农氏，并把少皞与黄帝、颛顼、帝喾、尧、舜等合并起来，创五帝六人之说，到黄甫谧《帝王世系》时，为了整齐旧说，便把黄帝升为三皇之一。如此，所谓三皇五帝之说最终形成。①

美国学者施耐德（LV. Schneider）在《顾颉刚与中国新史学》一文中曾指出："虽然顾颉刚在科学方面，遵循着胡适的主张，但顾氏对科学问题——方法论上和认识论上的了解不及胡适老练。"他举出顾在《古史辨》第一册自序中写到的："……读各学科教科书，知道唯有用归纳的方法可以增进新知；不知道科学的基础完全建立于假设上，只要从假设上，只要以假设去寻求证据，更以证据去修改假设，日益演进，自可以日益近真。"施耐德认为顾氏对科学方法的见解也即顾氏自己所说的"老实说，我的脑筋中印象最深的科学方法不过如此而已"。他说："顾氏对科学问题的鉴识，终其治学生涯，仍然是在初期的水准。他对科学问题的陈述，暴露了其著述中显而易见之以经验为根据的偏见。"②

胡适与顾颉刚方法论的基本点是怀疑主义。这反映了当时对西方进步的历史观的借鉴和继承，这一怀疑主义的方法最直接的表述莫过于胡适的"大胆的假设，小心的求证"十个字上。1921年1月胡适在给顾颉刚的信中说："大概我的古史观是：现在先把古史缩短二三千年，从《诗三百首》做起。将来等到金石学、考古学发达上了科学轨道以后，然后用地下掘出的史料，慢慢地拉长东周以前的古史。至于

---

① 顾颉刚、童书业：《鲧禹的传说》，载于吕思勉、童书业编《古史辨》第七册，上海古籍出版社1982年版。

② [美]施耐德：《顾颉刚与中国新史学》，梅寅生译，台北华世出版社1984年版，第80—81页。

东周以下的史料，亦须严格评判，'宁疑古而失之，不可信古而失之'。"① 这就是疑古学派的基本观念。这种在大胆怀疑前人的绝对真理的基础之上，再进行新的探索的方法，从当时的历史背景看，其实质是要冲破陈腐的儒学经传的束缚，解放思想。故而，从这一点来说，它绝不仅仅是个方法问题，实质上已经包含反对封建主义、蒙昧主义的态度，体现了五四时期所提倡的新文化主义的精神，具有进步意义。至于求证的过程，胡适在《古史讨论的读后感》中指出："虽然一切史料都是证据，但在做证据前必须首先弄清楚：（1）这种证据是在什么地方寻出来的？（2）什么时候寻出来的？（3）什么人寻出来的？（4）从地方和时间来看，这个人有做证人的资格吗？（5）这个人虽然有证人资格，而他在说这句话时有无作证的可能性？"② 从这中间我们可以看到，这种求证的基本精神，是要占有材料和研究材料，从客观存在的事实去认识、研究问题。就这一点来说，它是具有科学态度的，特别是马克思主义的科学方法在中国尚未取得主导地位之前，这一方法对史学研究的发展起到了一定的作用。

（二）民俗学的方法

顾颉刚先生是我国现代民俗学研究的开山鼻祖，他在研究孟姜女的故事、妙峰山的崇拜等方面有很大的成就，他把民俗学的观点也运用到古史的研究上。据冯友兰先生回忆说，顾在北大时喜欢看戏，"看得多了，他发现一个规律，某一出戏，愈是晚出，它演的那个故事就愈是详细，枝节愈多，内容愈丰富。故事就好像滚雪球一样，越滚越大，由此他想到，古史也有这种情况……古史可能也有写历史的人伪造的部分，经过写历史人的手，就有添油加醋的地方，经的手愈多，添油加醋的地方愈多。这是他的古史辨的基本思想，是他从看戏中得来的"③。

---

① 顾颉刚：《古史辨》第一册，上海古籍出版社1982年版，第22页。
② 顾颉刚：《古史辨》第一册，第197—198页。
③ 冯友兰：《三松堂自序》，生活·读书·新知三联书店1984年版。

顾颉刚先生在他的长篇《自序》中也强调过观赏民族戏曲的心得对他后来研究古史的启发和帮助。他对孟姜女的研究开始于1921年，在他一生的学术生涯中孟姜女的研究是一个持续了相当长时间的课题。1924年11月23日，《北大歌谣周刊》发表了顾颉刚先生研究孟姜女故事的初步成果《孟姜女故事的转变》，并列举《左传》《檀公》《孟子》《列女传》等史籍所述，用层累造成的方法，考出孟姜女故事是由《左传》中杞梁之妻的故事发展而成的。以后顾先生又发表了《孟姜女故事研究》，其中谈到了自己如何把研究孟姜女故事的方法运用到解释古史上。他说："我们懂得了这件事的情状，再去看传统中的古史，便可见出它们的意识和变化是一样的。……须知现在没有神话意识的古文，即是从神话故事中淘汰出来的。……我们若能了解这样一个意思，就可历历看出传统中的古史的真相，而不至再为学者们编造的古史所迷误。"① 再以后顾先生又进一步明确地说："老实说，我所以敢大胆怀疑古史，实因从前看了两年戏，聚了一年歌谣，得到一点民俗学的意味的缘故。"② 由此可见，顾先生在建立民俗学这种新学科的同时又为自己的古史研究寻找到一种道路或方法。

（三）考据学的方法

这里所说的考据学的方法，主要是晚清今文经学家的考据方法。对古史和古籍的考辨，可以说是贯穿于顾氏的整个学术生命，无处不在，无所不有。

崔述的批评方法首先给顾氏提供了一套辨伪的工具和指导。崔述以自己一连串的考据工作，把古代伪造者之手法大致理出了一个头绪，使顾先生明白其手法也不外乎"分层"法，即伪经的出现是经过一系列的积累过程。崔述的《考信录提要》讲道："世益古则取舍益慎，世益晚则采择益难，故孔子序书，断自唐虞，而司马迁作史记乃始于黄帝，近世以来，乃始于庖羲氏或天皇氏，甚至有始于开辟之初盘古

---

① 顾颉刚：《孟姜女故事研究集》，上海古籍出版社1984年版。
② 顾颉刚：《古史辨》第一册，上海古籍出版社1982年版，第214页。

者。"又说:"战国之人称述三代之事,战国之风气也。秦汉之人称述春秋之事,秦汉之语也。《史记》直录《尚书》《春秋传》之文,而或不免杂秦汉之语;伪尚书极力摹唐虞三代之文,而终不能脱魏晋之气,无他,其平日所闻所见皆如是,习以为常而不自觉则必有自呈露于忽不经意之时者。"① 这一结论为顾氏的考证和研究提供了一个最简明扼要的方法。

1925年,张荫麟发表了《评近人对于中国古史之讨论》,文中明确指出顾的"层累说"有一个相当突出的特质,即把"层累"看成是有意伪造的结果,而不是自然累积而成的。这主要是康有为"二考"所造成的影响,康氏的"二考"并非平地而起,它们是清代今文学家长期发展的结果,如不把这个深远背景搞清,便难以理解古史辨的特殊性格。②

当代学者王汎森在《古史辨运动的兴起》一书中认为顾在整个疑古工作的构架上依附康有为,"康氏为了尊孔及'托古改制'对上古信史所从事的解消工作,几乎无保留地被顾氏所继承,并被用作重新检讨整个古代信史的武器"。但他认为二者研究目的却截然不同,他说:"康有为的《新学伪经考》和《孔子改制考》虽是以考证的姿态出现,但都不是有意的要从史事研究,故即使他的'二考'影响到后来的史学研究,也许并非康有为始料所及的。"认为康有为是为了尊孔而推翻信史,而顾氏则是为了重建真正的上古史而推倒传统信史,这是两种不同的精神依附在同一样的结构中。③

以上我们粗略地概括了顾颉刚先生及疑古学派的研究方法,这些方法解决了一些古史研究的问题,但我们仍可以看出,无论是历史演进的方法、民俗学的方法,还是今文经学的方法,都具有一定的局限性。像历史演进的方法只能在比较浅的层次中去探讨史事的来龙去脉,并不能恢复历史的本来面目。"用证据修改假设"的方法无疑具有一

---

① 顾颉刚:《崔东壁遗书》,上海古籍出版社1982年版。
② 顾颉刚:《古史辨》第二册,上海古籍出版社1982年版。
③ 王汎森:《古史辨运动的兴起——一个思想史的分析》,台北允晨文化实事股份有限公司1987年版。

定的科学性,然顾先生在运用这一方法时过多地以"默证"的方法来证明,这种"默证"法常常不能使人达到心服口服的程度。徐旭生先生曾指出:"这种方法就是因某书或今存某时代之书无某史事之称述,遂定某时代无此观念。对这一方法法国史学家色波夫说得不错:'现存之载籍无某事之称述,此尤为足为证也,更须从来未尝有之。故于载籍湮灭愈多之时代,默证愈当少用。'极端疑古学派的工作对于载籍湮灭极多的时代,却广泛使用默证,结果如何,可以预料。"①

就方法论而言,当时就有学者指出应当借鉴考古学的方法来研究古史,如李玄伯在《古史问题的唯一解决方法》中说:"用载记来证古史,只能得其大概……要想解决古史,唯一的方法就是考古学。我们若想解决这些问题,还要努力向发掘方面走。"② 总之,古史辨学派主要从文献出发,未能涉及考古学的方法,这不能不说是一个大的缺憾。

二 功过得失之评价

(一) 进步作用

总体来说,顾颉刚先生以及他所创立的"古史辨"学派在中国古史研究领域的贡献是很大的,其进步作用可概括为以下三点:

1. "古史辨"学派的工作进一步打破了"古代就是黄金时代"这一传统观念,对于推翻旧的臆造的古史体系,探求科学的古史系统,推进中国史学从传统走向科学做出了贡献。

传统的观念以古代留下的经书为教条,在维护经书尊严的同时坚持古代为黄金时代的观点。古史辨学派发起的古史大讨论,大胆地怀疑古代并非黄金时代,这对于冲破罗网,解放思想,扫荡封建意识,促进学术的正常发展起到很大作用。当《古史辨》第一册出版以后,胡适即发表评论说:"这是中国史学界一部革命的书,又是一部讨论

---

① 徐旭生:《中国古史的传说时代》,文物出版社1985年版,第22页。
② 顾颉刚:《古史辨》第一册,上海古籍出版社1982年版,第270页。

史学方法的书。此书可以解放人的思想,可以指示做学问的途径,可以提倡那'深澈猛烈的真实'的精神。"① 郭沫若在当时亦认为顾颉刚之"层累说"的确是个卓识,认为"他的见识委实是有先见之明"。② 徐旭生先生在 1957 年亦评价到古史辨派"最大的功绩就是把古史中最高的权威,《尚书》中的《尧典》《皋陶谟》《禹贡》三篇的写定归还在春秋和战国的时候。……由于疑古学派(广义的)历史工作人员及考古工作人双方的努力,才能把传说时代和狭义历史时代分开"③。当代学者王汎森亦评价道:古史辨运动"对近代史学发展最大的意义是使得过去凝固了的上古史系统从解榫处解放开来,使得各个上古史之间确不可变的关系松脱了,也使得传统史学的视野、方法及目标有了改变,资料与资料之间有全新的关系。所以即使不完全相信他们所留下的结论,但至少在传统古史系谱中,已经没有任何人或事可以安稳地被视为当然,而都有遭遇怀疑或改写的可能"。"这个运动使得史家们能用自由的眼光去看待上古史的机会。"④ 而西方史学界对顾颉刚及疑古思潮更是普遍称赞,其代表者美国史学家施耐德即说:"顾的反传统主义有革命的成分,而他对中国学术的贡献,也就是他对 20 世纪中国革命过程的贡献。"⑤

2. 古史辨学派尤其是顾颉刚本人对许多古代文献,甚至是所有文献都进行了重新审定,这无疑对学术研究起到了推动作用。

对古籍的点校与考辨工作贯穿于顾颉刚先生一生的学术生涯。他集中了古人的各种疑点,把古书变成了理性思考的对象,把古书内容所包含的时代矛盾一层层剥离出来,使人们不再盲目地以题名作者来定古书的年代,如果前人对这种矛盾已有揭发的话,那么也仅仅限于文字和文词的考释,而顾则是把它当作一种历史发生的过程来做全面

---

① 顾颉刚:《古史辨》第二册,上海古籍出版社 1982 年版,第 334 页。
② 郭沫若:《中国古代社会研究》,新文艺出版社 1951 年版。
③ 徐旭生:《中国古史的传说时代》,文物出版社 1985 年版,第 22 页。
④ 王汎森:《古史辨运动的兴起——一个思想史的分析》,台北允晨文化实事股份有限公司 1987 年版。
⑤ [美]施耐德:《顾颉刚与中国新史学》,引言,梅寅生译,台北华世出版社 1984 年版。

处理，其意义可谓深远。在他的引导之下，古史辨学派均把这项工作作为一项重要工作来做，比如张心澂作《伪书通考》就是在顾氏的影响之下而成的。这种范围广泛的考辨工作又涉及许多历史问题，从而积累了一批有价值的研究成果，为古籍整理、史料考证做出了比较大的贡献。

3. 正是由于古史辨学派及其所代表的疑古思潮对传统的古史进行了一次大扫荡，又大刀阔斧地破除了古史系统，从而为建立新的古史观开辟了道路。

这也正是现代考古学之所以能在疑古思潮最汹涌澎湃之时进入中国，并为中国人所接受的根本原因。李济曾在批评疑古派的同时也谈到这一点，他说："这段思想十分混乱的时期也不是没有产生任何社会价值，至少它催生了中国的科学考古学。尽管科学考古学后来证明，在中国古代这个问题上，章炳麟和他造反的学生都错了。"[1] 从这个意义上来说，有学者即认为"从方法论史料学层面看，与其说顾先生的古史辨是疑古派，勿宁正名为释古派"。[2] 顾先生自己也强调"信古派信的是伪古，释古派信的是真古"，而疑古者信的亦是真古，释古派所信的真古即是"得之于疑古者之整理抉发"。[3] 事实上顾氏在其后半生的学术活动中亦注重吸收考古学的成果，一起建立新的古史系统。

（二）局限性与副作用

如果我们能够历史地客观地看问题，就必须充分地认识到疑古学派在学术上存在的局限性以及疑古思潮所起的副作用，此亦可概括以下三点：

1. 由于古史辨在疑古时，经常"抓起一点，不及其余"，因此他们对古代的否定常常有些过头。

杨向奎先生曾批评他们是"玉石俱焚"，"比如他们沿袭了今文经

---

[1] 李济：《安阳的发现对谱写中国科考历史新的首章的重要性》，见《李济考古学论文集》，文物出版社1990年版，第790—791页。
[2] 罗俊义：《钱宾四与顾颉刚的〈古史辨〉》，《史林》1993年第4期。
[3] 见罗根泽编《古史辨》第四册，上海古籍出版社1982年版。

学派对古文经学的偏见，《左传》是一部好的古代史，但他们怀疑全是伪作，这给当时的古史研究者添加了许多麻烦，以至于有人用很多的力气证明《左传》不伪"。① 把书的真伪与书中所记载史事的真伪完全等同起来，认为伪书中不可能有真史料，这就不免在转变人们传统观念的同时也失去一些东西，造成了一些冤假错案。按胡适的"东周以上无史论"论之，认为东周以上没有历史，中国古代可信的历史始于西周共和元年，即公元前841年，在此之前没有什么可信的记录，那么中华五千年的历史就会被砍掉一半。当时王国维曾对疑古做了批评，他明确表示："今人勇于疑古，与昔人之勇于信古，其不合论理正复相同，此弟所不敢赞同者也。"② 钱穆也曾对疑古学派在夏商周三代史上的主要观点提出了许多责难，针对"层累地造成说"，他更是提出了"层累地遗失和淘汰"的观点，他在《国史大纲》中明确指出："中华民族本为一历史民族，中国古史早已历经古人不断努力，有一番卓越谨严而合理的编订"，而"今求创建新的古史观，则对近人极端之怀疑，亦应稍加修正"，"层楼造成之伪古史固应破坏，层累遗失的真古史，尤待探索"③。

2. 疑古学派把古史的年代普遍往后拉，把许多书都说成是刘歆伪造或更晚的伪造。

这显然是对古书形成过程和古书的流传及整理的一种曲解，认为传述于年代较晚的古书，必定为后人所伪造，这在目录学史和秦汉学术史的研究上造成了一定的混乱。

3. 古史辨学派在研究考辨中国古史时未能注重结合考古学发现的成果，致使古史辨始终是以古书论古书，不能跳出在书本上做学问的框框，在一定程度上可以称为"古书辨"，这大概亦可认为古史辨学派在方法论上的一个致命缺陷。

顾先生本来明白考古工作、地下实物对于古史辨伪工作的重要性，

---

① 杨向奎：《论"古史辨"派》，载《中国古代史论》，齐鲁书社1983年版。
② 王国维：《致容庚》，见《王国维全集·书信》，中华书局1984年版。
③ 钱穆：《国史大纲》上册，商务印书馆1940年版。

但他慨叹自己"没有余力加入",主观上把工作缩小到"一小部分——辨伪史",当李玄伯提出用载记来考证古史只能得其大概,古史问题的唯一解决方法就是考古学的时候,顾先生则指责这"唯一方法"不免偏心,辩护说商周以降已入有史时代,载记的地位不能一笔抹杀,不应该在新的材料之间分别轻重先后。他还借用了古代那个乡下人不去种田而单想等来触树的兔子,并引用了"俟河之清,人寿几何"这句中国的古话来说明考古尚是个不知何年何月才能实现的事业,一定要等到材料完备之后才去做研究工作,怕就永远没有工作的日子了。[①] 他在《古史辨自序》中明确表示:"我知道要建设真正的古史,只有从实物上着手的一条路是大路。我们现在的研究仅仅在破坏伪古史的系统上面致力罢了。我很愿意向这一方面做些工作,使得破坏之后得有新建设,同时也可以用建设的材料做破坏的工具。"然而,最终他也只是把自己的工作局限在一定的范围:"我唯一的宗旨,是要依据了各时代的时势了解各时代传说的古史。"实际上,在20世纪的前30年,我国的考古发现已经有很多,此后几十年中发现的地下实物更加丰富,而古史辨派一开始就把自己的考辨工作局限于书本之上,对书本之外的考古发现似乎兴趣不大,这不能不认为是一种治学方法上的重大缺憾。

古史辨运动给中国古史研究带来了种种观念上的重大转变,也为今后的工作开启了一些明确的方向,然而它在转变观念开启方向的同时也轻率地丢掉了许多有价值的东西,从那时起,又有一大群学者致力于艰苦的重新构建中国古史系统的工作。

原载于《西北大学学报》2003年第3期

---

① 顾颉刚:《古史辨》第一册,上海古籍出版社1982年版,第272页。

白鸟库吉与林泰辅

——日本的疑古派及反对派代表

在 20 世纪初年,日本的史学界曾一度刮起对中国上古史的怀疑之风。

众所周知,日本人对中国历史的研究具有很长的传统,在国际中国史学研究领域占有很重要的地位。如果说在现今世界三大汉学研究中心中,以法国为代表的欧洲侧重研究中国西北史地及民族语言,美国人侧重研究中国近代社会、政治及国际关系的话,那么只有日本是把整个中国的历史文化作为研究的内容。日本具有除中国以外世界上最庞大的中国史研究队伍、最丰富的中国史资料及最多的中国史研究成果。

如果简单回顾一下日本的中国史研究历史,就会看到,从江户时代(1600—1867)开始,就有大量的中国史籍如《二十四史》在日本翻刻,出现了伊藤东涯(1670—1736)综述中国历代各种制度的《制度通》,还出现了考订《通鉴》等书所记史实的专门著作如安积澹泊(1656—1737)的《湖亭涉笔》①。但是,这一时期的中国史研究只是传统汉学研究的一部分,还未形成独立的学术地位,研究方法和内容都还停留在传统汉学的阶段,尚未进入近代科学的研究领域。直到明

---

① 周一良:《日本学者研究中国史论著选译序言》,《日本学者研究中国史论著选译》,中华书局1992年版。

治时代（1868—1911）中后期，东洋史学的创立才使日本中国史的研究成为一门独立的科学。

东洋，在中国人的概念中是指日本，而在日本人的概念中，东洋指日本以外的亚洲地区，以中国大陆为主，还包括朝鲜半岛等东南亚地区、印度等南亚地区和伊朗等西亚地区。东洋史学即是研究以中国历史为主的亚洲国家历史的学问。自明治维新以后，日本经过一二十年的发展，国力逐渐强盛，随即引发起对外侵略扩张的野心，而以中国为主的东亚就成为其侵略扩张的主要目标。在这种背景之下，1890年，东洋史学的创始人之一白鸟库吉博士和市村瓒次郎教授首次在日本学习院大学开设"东洋诸国之历史"的课程，1894年（明治二十七年），中日甲午战争爆发，日本获胜，在次年签订的《马关条约》中，日本迫使清政府放弃朝鲜，并割让台湾和琉球岛。战争的胜利更加鼓励了日本对外侵略扩张的倾向，也就在中日甲午战争爆发的当年，那珂通世博士[①]在大学、高等师范学校和高等中学的教授会议上正式提出"东洋史"的概念，建议将中等学校的外国历史课程区分为西洋史和东洋史，东洋史以中国史为主要内容，兼及印度、塞外、西域诸国之因替兴亡，以及中国、突厥、女真、蒙古诸种族盛衰消长，和日本与东洋各国的相互影响、东洋诸国与西洋诸国的相互关系等，获得与会者的一致赞同。1896年（明治二十九年），高等师范学校根据那珂通世的建议，正式规定历史教学分为本邦史（即日本史）、东洋史和西洋史三个部分。至此，"东洋史"作为一个明确的概念为日本社会所公认。

东洋史学最著名的创始人是白鸟库吉，而白鸟也正是日本疑古学派的代表人物，疑古批判学派的代表则是著名的学者林泰辅，林和我国著名学者罗振玉、王国维在学术上有着密切的联系，以下我们将具体介绍这两人的学术经历和主要学术观点。

[①] 那珂通世（1851—1908），日本明治时期东洋史学者。毕业于日本著名思想家福泽谕吉主持的庆应义塾速成科，曾任千叶师范学校校长、千叶中学校总理、东京帝大文科大学讲师，毕生从事中国史特别是元史研究，著有《中国通史》《那珂东洋小史》《成吉思汗实录》等。

一　白鸟库吉的学术经历与疑古观点

白鸟库吉（1865—1942），生于现今的千叶县茂原市。中学时代受校长那珂通世和教谕三宅米吉①之影响，开始接触中国学者及其著作，比如清代赵翼《廿二史札记》、崔述《崔东壁遗书》等，给白鸟留下很深的印象。1887年入东京帝国大学（今东京大学）就读于当年新设的史学科，深受当时在这里教授西洋史的德国学者路德维希·利斯（Luwig Riess）的影响，而利斯则是德国著名史学大师利奥波德·冯·兰克（Leopold von Ranke）的学生，所以白鸟库吉亦为兰克史学的服膺者。

兰克（1796—1886），出生于律师之家，1818年大学毕业，于法兰克福一所中学任古典文学教师。1824年发表第一部著作《1494至1514年诺曼与日耳曼各族史》，在此书的附录《现代历史作家批判》中，他分析和综述了欧洲中世纪的史料收藏和来源，进而提出了批判史学的基本理论，即写历史必须如其发生的情况一样的原则，认为评价历史著作的质量应以叙事的准确性为标准。兰克主张历史学家写历史必须依靠可靠的原始资料，让目击者说话才能写出真实的历史，主张研究历史学家写作的目的及其本人的性格，追查他的史料来源。兰克史学观的核心是提倡客观主义的态度，认为历史学的最高准则是严格按照事实叙述过去的经历，即使枯燥也在所不惜，他认为史料都含有主观因素，历史学家的职责就是把客观的东西从主观因素中分离出来，回到本质，其要点即：批判、准确、深入。这部书的发表使兰克的名声大振，被誉为西方史学之泰斗。日本在明治十九年（1886年）仿照德国进行教育体制改革以后，帝国大学正式改名为东京帝国大学，于文学部设置史学科，并聘请德国学者利斯教授主持史学科。利斯毕业于柏林大学，颇得德国正统史学大师兰克之真传，他把兰克的上述学说传到了东京帝国大学，白鸟库吉作为首期史学科的学员即出色地

---

① 三宅米吉，日本明治时期著名史学家，兼通考古学，为日本丝绸之路研究的开拓者。

掌握和继承了这一学风。

　　白鸟库吉于1890年大学毕业，随即被聘任为学习院大学教授，主讲"东洋诸国之历史"，开始研究朝鲜、满洲、蒙古、西域等历史，几年之间陆续发表《檀君考》《朝鲜古代官名考》《契丹女真西夏文字考》等十余篇论文。1899年，白鸟库吉在罗马召开的第十二届国际东方学者会议上提出《突厥阙特勤碑铭考》和《匈奴及东胡诸族语言考》两篇论文，获得大奖，此为日本学者空前的荣誉，白鸟也因此名声大振，1900年获得文学博士称号。1901年白鸟库吉赴欧洲留学，在柏林大学研修地理、地质学并于柏林大学附属东洋语学校专攻土耳其语，后又转入匈牙利的布达佩斯继续学习土耳其语，这期间还赴土耳其首都伊斯坦布尔考查欧亚大陆之交数千年的历史古迹。1902年，在汉堡召开的第十三届万国东洋学者会议上，白鸟库吉再次用德文提出《乌孙考》和《朝鲜古代王号考》两篇论文，又获得国际学术界的好评。1903年，白鸟经北欧、俄罗斯回国，任东京帝国大学教授，主讲汉魏六朝西域史、塞外民族文化史、满洲朝鲜上古史等课程，同时仍兼任学习院大学的教授。在这一时期，由于日俄战争日方获胜，日本取得了在满洲铺设铁路的特权，1908年成立"南满洲铁道株式会社"（简称"满铁"，总部设于中国大连），东京分社设立"满洲历史地理调查室"，白鸟库吉又被聘为主持，邀约箭内亘、池内宏、稻叶岩吉、津田左右吉等著名学者做研究员，使这里一度成为"满鲜史"的研究中心，并成为培养东洋史学者的基地。在白鸟主持之下，"满洲历史地理调查室"曾先后出版了《满洲历史地理》（二册）、《朝鲜历史地理》（二册）、《满鲜地理历史研究报告》等。1915年，该研究室被"满铁"以不合于营利目的为由撤销，全部人马转入东京大学文学部。1924年，三菱财团法人岩崎久弥氏以重金购得英国伦敦时报驻北京通讯员毛利森（G. E. Morrison）的藏书，加上家藏的岩崎文库，打算成立财团法人东洋文库，白鸟库吉建议设立东洋学研究所，此建议得到了采纳。同年，在东洋文库成立时，白鸟便为首任东洋学研究部部长。在以后的几十年里，此研究部一直注重东洋史的研究，坚持每年举办东洋学讲座，第二次世界大战以后，该研究部获得很大的发展，至今已成为一个面向全国的、发挥着组织协调和交流作用的东洋学研究机关。1925年，白鸟库吉满60岁退休，1942年因患急性肺炎医治无效而去世。他的学术研究范围极广，概括起来包括六个方面：朝鲜古史、满洲史、蒙古史、中亚及西南亚史、中国史、日本古史。他一生著书6部，论文300余篇，后人编成《白鸟库吉全集》10卷。

1909年，白鸟库吉发表了著名的《中国古传说之研究》[①]，在这篇文章之中，他运用欧洲实证主义的研究方法，严格分析了史书的记载，证明传说中的尧、舜、禹等圣人并不存在，而是中华民族理想的化身、儒家的偶像。这一观点就是著名的"尧舜禹抹杀论"。在文章中白鸟首先指出传说之于历史研究是重要的，他说："传说乃事实与虚构结合而成，其形成之经过，却依赖传出事实真相。加之凡国民必有其理想，而古传说又必包含此理想，故欲研究一国国民之历史并论及其精神，必须探讨其国民固有之传说，加以妥当解释。因此传说之历史研究不应等闲置之。"他认为："欲彻底了解中国之哲学宗教，必须考察其古传说，中国传说之背景以儒教为理想，其中包括负起儒教崇拜角色之主人公。"接着，他提出载尧、舜、禹三人事迹的《尚书》，对其记载进行具体分析。

白鸟库吉指出，据《尚书·尧典》所载"乃命羲和，钦若昊天，历象日月星辰，敬授人时"，又据《尧典》之后记尧之言曰"咨汝羲及和，期三百有六旬有六日，以润月定四时成岁，允厘百工，庶绩咸熙"，故认为尧之主要事迹，为观测天文；尧之功绩，主要为授民以时。至于舜，在举出其主要事迹之后，白鸟库吉说："总而言之，近乎所有人事，皆可学自舜之事迹"，"舜在人事上之所作所为，及其本身之孝性"。而禹的一生之事业，即在于治水，《尚书·禹贡》记载了其治水的详细地域，白鸟指出，"禹性格之特点，在于勤勉力行，其事业主要于土地有关"。

在归纳了尧舜禹三王的主要事迹以后，白鸟库吉首先对文献提出了质疑。他认为《尚书》之《尧典》《舜典》《大禹谟》皆非当时所

[①] 载于《东洋时报》1909年第131号。

记,此从每篇必以"曰若稽古"起笔,并从"今昔"可知之。再者,"三王遗迹之大小轻重,有甚失权衡之处。就中以舜事业最多,行迹最著,尧专关天文,禹专主治水,而其他事业,皆归之舜,此实应大疑。加之尧之事业主要关乎天文,舜之事业涉及人事,禹之事业则限于土地,三王事迹截然区划,颇不自然,亦使人抱有疑团"。接着他又具体分析三王的主要事迹,认为舜之孝道、禹之治水,"以常识判断,颇难置信",其传说虚构痕迹过于明显,如此,"吾人不得不疑尧舜禹三王之历史存在"。那么,古人为何要造出这三王,又以什么为根据来为此三王分工呢?白鸟指出,"尧主司天事,司人事者为舜……孝乃百行之本,为中国人道德之基本,不难推知,彼等以舜为其道德理想之人格化。而禹之事业则与土地有关"。由此可见"尧舜禹三王传说之作者,应是心中先有自太古即存在之天地人三才说,始构成此传说",而且"尧舜禹之三传说,实非一相继之事,乃一并立之事"。进而白鸟库吉又从文字角度予以分析,据《说文》,尧之字义为"高也,从垚在兀上,高远也"。又据《风俗通》卷一"五帝"条释为"尧者,高也,饶也,言其隆兴焕炳,最高明也"。《白虎通》卷一上号曰"尧,犹峣峣也,至高之貌。"等解说,白鸟指出,"由此可见,尧字以其形示义,指高远或存于至高之意。司天事之帝尧以此文字表示其名,当非偶然"。舜字却有种种意义,《说文》,舜乃木槿属植物,与帝舜之名无关。按《风俗通》卷十五帝云"舜者准也,循也。"据《说文·第二》,循乃"行顺也",舜、顺二字同音,故舜字明显有顺之义。白鸟认为史书皆记舜孝顺之德,"从文字之义而思,再察帝舜之传说,可知舜乃中国人表示道德而虚构之人物"。关于禹,《说文·第十四》云"虫也",白鸟认为此不适合夏王之名。禹、宇同音,禹字通寓或㝢,《释文》云"四垂为宇",孔颖达《正义》云"于屋则檐边为宇,于国则四垂为宇"。白鸟认为"四垂(四至)即一特定之区域。若然,《尚书·禹贡》之文,可证夏王禹之命名决非偶然",《禹贡》曰:"东渐于海,西被于流沙,朔南暨声教,讫于四海,禹锡玄圭,告厥成功。禹之名,实得自其治九州四垂之水。"关于三王传说中渗入的"三才"思想,白鸟进一步论道:"三才思想,由来甚远,《舜典》中有三礼:祀天神、享人鬼、祭地祇,《甘誓》中国有三正,于三才之月以建正。《易经》中有三才之道,《系辞下》云:'易之为书也,广大悉备,有天道焉,有人道焉,有地道焉。兼三才而两之,故六。六者非它也,三才之道也。'此三才思想,不仅见于中国之古籍,亦为北方诸民族间传播之共有思想。蒙古、东北、突厥诸族莫不有此思想,所谓萨满教拜天之基本思想,即此三才思想。故中国此种思想,其来甚久,尧、舜、禹之传说为其反映,决非偶然。"

最后,白鸟库吉结论道:"就吾人所见,尧、舜、禹乃儒教传说,三皇五帝乃易及老庄派之传说,而后者以阴阳五行之说为其根据。故尧、舜、禹乃表现统领中国上层社会思想之儒教思想,三皇五帝则主要表现统领民间思想之道教崇拜。据史,三皇五帝早于尧、舜、禹,然传说成立之顺序决非如是,道教在反对儒教后始整备其形态,表现道教理想之传说发生于儒教之后,当不言自明。如是,儒教与道教虽为中国哲学思想之两大对立潮流,然二者均朝拜苍苍皇天,有期于天地,实同为一种自然教。其异处唯在儒教发挥人类性质,不与天地瞑合;老庄及从其胚胎之道教、从其脱化之风水说等则灭却人性机能,与天地瞑合。若以佛语为喻,儒教当为自力教,而道教则为他力教。因此之故,前者主要控制中国上层社会思想,后者主要支配民间思想。"

白鸟库吉的这篇文章发表于1909年,从文章的具体论述我们可知,白鸟不相信中国传统史料和以往的研究,主张运用西方近代实证主义的科学方法,对于中国的传统史料进行严格的检验和批判,以求恢复历史的本来面目。这种以西洋史的发展模式理解中国史,侧重于传统史料批判的方法,完全继承了欧洲正统史学的风格,与传统的汉学研究方法截然不同。所以,这篇《中国古传说之研究》的文章一发表,立即引起轩然大波,遭到了传统汉学者的激烈批判,双方论战持续三年之久,最终以白鸟库吉获胜而告终。在以后的1929年(昭和四年)和1930年(昭和五年)的史学会例会及东洋文库第十四届东洋学讲座上,白鸟库吉又发表了"关于中国古代史"和"中国古史之批判"的讲演。① 在这两次讲演之中，白鸟库吉进一步完善了他对中国上古史的观点，认为中国上古史的传说是以当时人们的天文星辰知识为经，以孔孟的儒家道德思想为纬而构成的。三皇、五帝、尧、舜、禹，乃至夏、商、周三代，每一王朝的更替、兴衰都与天地的周期、二十八宿、十二次有着密切的关系，甚至连王名与贤臣名也与日月星辰不无关系。他对《尚书》《春秋》等史书再次提出质疑，认为这些史书所反映的一方面是天文学的发达，而另一方面对历史则记录的是"天变、地异与人恶"，是孔子、孟子儒学思想体系的具体表现。白鸟库吉的这一学术研究和观点，从日本思想史、学术史上来看，具有一定的进步作用，特别是他继承了欧洲兰克学派的历史研究方法，为日本东洋史研究引进了外来的新理论，可以说奠定了一块实证主义的基石，同时也为东京学派的形成立下了开创之功。

二 林泰辅的学术经历与疑古批判观点

林泰辅（1854—1922），名直养，字浩卿，号进斋，通称泰辅。千叶县香取郡常盘村（今多古町）人。早年在家乡跟从并木栗水接受以程朱理学为主的汉学教育，明治十六年（1883年）入东京大学古典讲习科汉书课学习，随鸠田篁村等人专攻清代考据之学，同时于此就学的有以后日本著名汉学家市村瓒次郎、冈田正之、泷川龟太郎等。明治二十年（1887年）毕业。先后任山口高等中学校教师、助教授、东京帝国大学文科大学助教授、东京高等师范学校讲师及教授、文部省国语调查委员会补助委员及国语教科书编纂委员。大正三年（1914年）以专著《上代汉字之研究》而获文学博士，集经学训诂、性理之义疏证、性理之义研究三者于一身，是日本明治维新以来汉学研究最有影响之人物。其一生学术研究经历了四变：在家乡接受汉学教育对以程朱之学为主的性理之义颇为精通，而入东大古典科之后又专攻考

---

① 《关于中国古代史》发表于昭和五年（1930年）1月《史学杂志》第41编第1号；《中国古史之批判》发表于昭和五年（1930年）8月《史学杂志》第41编第8号。

证之学，此为第一变；东大古典科毕业后在担任山口高等中学校教师的同时又综览韩国史，广泛收集资料、探访遗迹而写成《朝鲜史》五卷，此乃第二变；之后又钻研《诗》《书》，攻及小学，探研三代制度文物，遂成《上代文字之研究》及《周公及其时代》等著作，此乃第三变；晚年钻研考证金石甲骨之文字，又成《周代的金石文与经子史传之文字》《龟甲兽骨文字》等有关金石甲骨之著作若干，此乃第四变。四变可谓愈变愈深，愈变愈精。他一生著述丰厚，除以上所举外，尚有《汉字要览》《四库现存书目》《中国上代史研究》《论语年谱》《论语源流》《周官考》《逸周书考》《国语考》《战国策考》《周代书籍的文字及其传来》《朝鲜近世史》等。他所治朝鲜史可称为日本学界之权威；治《周官》的造诣亦被认为有中国清代考证学者所不及之处；至于对龟甲兽骨之研究，他又是日本学界中开风气之人。

林泰辅作为学者的同时又是一位藏书家，明治三十六年（1903年）为了鼓励家乡的青年学习，他在自己的家里创立以"杜成图书馆"为名的私立图书馆，其中有日、汉文书籍10万余册，西文书籍350册，其他16000册。在他逝世以后，部分书籍赠千叶县图书馆为"林泰辅纪念文库"，有关汉学方面的著作由其儿子林直敬寄赠当时的东京高等师范附属图书馆（现为筑波大学中央图书馆）收藏，其中大量为日本学者书写或刊印的汉籍如《大学》《中庸》《论语》《孝经》《庄子》等，有些是极为珍贵的版本，被人称为日本汉学之宝库，成为日本汉学研究所依据的重要遗产。有关金文甲骨文的文献及甲骨片则藏于东洋文库，未刊的稿本被庆应义塾大学附属研究所道斯文库所收藏。

1927年（昭和二年），为纪念林泰辅逝世五周年，其同仁将其生前论文数十篇汇集而成《中国上代之研究》[①] 出版发行。

对于白鸟库吉的"尧舜禹抹杀论"，林泰辅持完全相反的态度，是日本疑古批判学派的主要代表人物。他在明治四十五年（1912年）于《汉学》第二编第七号、明治四十五年（1912年）《东亚研究》第

[①] 日本进光社出版。

一卷第一号及大正元年（1912年）一月和十月的《东亚研究》第二卷第一号、第九号①上连续发表了以"关于尧舜禹抹杀论"为题目的文章，对白鸟库吉的观点予以驳斥。

林泰辅首先针对白鸟库吉"尧舜禹非历史真实人物，是汉民族根据天地人三才思想构成的具有理想人格的偶像"的观点，以传统汉学考证的方式，仔细对白鸟所依据的主要史料《尚书》并结合其他先秦典籍如《墨子》《礼记》及孔子、孟子、董仲舒等人论述中涉及尧、舜、禹三人称谓的内容进行了考证分析，认为在中国古代，尧、舜、禹三者没有并称，尧、舜通常称帝，而禹之后属夏、商、周三代，一般称王，尧、舜、禹三者并称只限于极个别的场合，从不同的称谓可以看出中国古代人们对这三个人的态度。至于天、地、人的三才思想，在《周易》《周官》之中都有明确的反映，但并未能看得出将三者等同的迹象。《尚书》中谈天者多，不见谈人，《舜典》中有祭山、祭川之记载，然而山川仅为地的一部分，《甘誓》中有祭社的内容，此与地有关，但这时天与地尚未等同，商末周初以后把天与地等同起来的思想才逐渐兴起。《逸周书·作雒》《史记·封禅书》《汉书·郊祀志》中有"南郊圜丘以祭天，北郊方丘以祭地"之记，可见天与地对等的关系。天人与天地的关系不同，如果说天人是以人为本位而求得等同的话，那么天地则是于人本身以外的等同，这种思想的产生是在以后。天苍茫无边，至于地则不然，地有高山、大河、湖泊之别，把地通观一体与天对应的思想无疑是比较进步的，更何况天、地、人三者对应呢，这种思想显然出现较晚，是在周代以后才出现的。所以白鸟认为《尚书》之中即表现出了天地人的三才思想，不免过于牵强。

在周代以前，中国处于什么样的时代？林泰辅认为根据《尚书》《左传》《史记》等诸书记载，有唐、虞、夏、商这样几个时代。那么，文献的记载是否可靠呢？他说，没有比史料以外的实物更能说明问题的了。如果说以往的研究所依靠的实物仅仅只有古铜器的话，那还难以使人信服，还不足以证明周代以前的历史。近年来于古铜器以

---

① 以上杂志所载林泰辅之文章后均收入林泰辅论文集《中国上代之研究》之中。

外发现了更加有力的证据，这就是清光绪二十五年（1899年）在河南省发现的刻于龟甲兽骨之上的文字即甲骨文。这种龟甲兽骨数量非常之多，作为最初的流传物，刘铁云曾搜集五千余片从中精选一千多片汇集成《铁云藏龟》六册出版，近年来陆续发掘出土，其数量已达数万片之多。这类甲骨的年代显然是在周代以前，据《铁云藏龟》诸家之序可知其理由有四：大多为象形文字；文字与篆书相异；有祖乙、祖辛等以十干组成的名字；卜法与周代不同。罗振玉《殷商贞卜文字考》考证其发现地为河南省安阳县城西五里的小屯村。甲骨文所见有商王十七人：大乙、大丁、大甲、大庚、小甲、大戊、中丁、祖乙、祖辛、祖丁、般庚、小辛、小乙、武丁、祖庚、祖甲、武乙、文丁，还有汤之祖主（示）壬、主（示）癸二人，可见此为商之实物无疑。说明《史记·殷本纪》中商王之名决非杜撰。甲骨文中所见最多者为干支的使用，与现今普通用法不同的是，记时往往出现"日乙""日戊""日庚"等仅用十干的情况，此于《诗经·小雅》、钟鼎文字之中亦可看到，在干支相配的普遍情况之外少见的独用十干的现象，说明在干支相配使用以前还存在一个独用十干的历史时期。《尚书·益稷》中所载"辛壬癸甲启呱呱泣予弗子"，应该是唐虞时代之事，如果认为夏代末年已开始干支共用的话，那么在殷之甲骨文中、在钟鼎文中、在《诗经》中所见的十干独用现象正是以前唐虞时代之遗风的反映。从《铁云藏龟》及其他对甲骨文的考证看，可以释读的殷代贞卜文字已达一千多，这些文字构成复杂，会意、谐声、二次合成、三次合成乃至五次合成的文字均可见到，其结构颇具匠心，决非初创时期的文字，而是距初创时期至少经历了千年以上发展的成熟文字。以上所列甲骨文的考证情况均可作为殷代史实的确证，如同由埃及文字的研究而发现埃及时代相同，有志之士当努力致力于这方面的研究。

再从《尧典》《舜典》所能反映的风俗制度看，尧以自己的两个女儿娥皇、女英嫁于舜，此于《尧典》以外的文献《尸子》《列女传》《左传》等均有记载。周代有一夫多妻的风俗，《周官》《仪礼》及其他诸书也有"王后""夫人""侄娣"之名称，侄娣的意思为异母姐妹，那么王后、夫人与侄娣之间显然是妻与妾的关系，其待遇必然不同。《韩诗外传》有"舜兼二女非达人也",传说所构成的人物在道德方面也应作为圣人而受到尊崇,《尧典》所记并没有为满足后人的道德标准而加工润色,可见其制作时代在周以前。此外,由《舜典》所反映的刑法制度也与周穆王之《吕刑》完全不同,亦能说明《舜典》所记为周穆王以前之事。

最有力的证明是天文历法,《尧典》中有中国最早的关于观测天象以确定季节的记载即有关四仲月中星的观测:"乃命羲和,钦若昊天。历象日月星辰,敬授人时。分命羲仲,宅嵎夷曰旸谷,寅宾出日,平秩东作,日中星鸟,以殷仲春。申命羲叔,宅南交,平秩南讹,敬致日永星火,以正仲夏。分命和仲,宅西曰昧谷,寅饯纳日,平秩西成,宵中星虚,以殷中秋。申命和叔,宅朔方曰幽都,平在朔易,日短星昴,以正仲冬。"关于中星的位置,有很多研究,结合其他相关文献《夏小正》《吕氏春秋》《礼记·月令》《淮南子·时则训》一起考证,《尧典》所记反映了距今4000年前对天象观测的实际情况,不可能为伪造。

最后,林泰辅十分肯定地认为在周代以前有商代、有夏代、有唐虞时代,在此之前各民族间必定有卓越的、掌握权力的统治人物,这就是像尧、舜、禹那样的被称作帝王的人物。白鸟库吉以尧、舜、禹之字义为根据认为无实际的三人存在,也显牵强。大凡古代伟人杰士均不传其实际姓名,流传的只是其尊称,比如基督和穆罕默德皆为尊称,然而并不见世人提出抹杀基督或抹杀穆罕默德之论的。

林泰辅以他所处的那个时期所能接触到的资料,尤其是运用地下出土的甲骨文资料对白鸟库吉的"尧舜禹抹杀论"进行了驳斥,其论点明确,论证有力,对中国周代以前的历史作出了比较合乎实际的估计,在日本学术界形成了一定的影响。

关于传说时代历史的研究,中国近几十年来层出不穷的考古发现已越来越使学术界对其有了新的认识。徐旭生先生在《中国古史的传说时代》一书中指出:"在早期发展的各民族(用这一词的广义)中,它们最初的历史总是用'口耳相传'的方法流传下来的。""传说时代的史料和历史时代的史料在性质上的不同点,为前者的可靠性比后者的可靠性差",除了"口耳相传的史实""容易失真"而外,"并且当时的神权极盛,大家离开神话的方式就不容易思想,所以这些传说里面掺杂的神话很多,想在这些掺杂神话的传说里面找出来历史的核心也颇不容易。由于这些原因,所以任何民族历史开始的时候全是颇渺茫的,多矛盾的。这是各民族共同的和无可奈何的事情"。但是,他又指出:"很古时代的传说总有它历史方面的质素、核心,并不是向壁虚造的。"① 徐旭生先生对传说时代的这一看法是客观的,而且是符合近年来学术界结合考古学的新成就而获得的关于中国史前史的认识的。考古学的成就告诉我们,中华文明在相当早的时候,包括在刚刚萌芽的过程中,就有了极为广泛的分布,形成多元一体的格局。具体说就是由多元区域性发展然后呈现向中原内向汇聚升华,最终融合成一体的中原文化再向四周辐射的不平衡发展。在传说的三皇五帝时期,中华大地就有著名的"龙山文化",它象征着从北方到南方很广阔的范围里多种文化所具有的共同点,这正是以后形成的夏、商、周三代统一国家的基础。如果结合古史传说来考查龙山时代的各种文化,必定会对中国文明的起源和形成过程有进一步的认识,对疑古思潮认为传说时代和历史真实不符的观点有所修正。

与白鸟库吉1909年发表《关于中国古史传说之研究》,提出"尧舜禹抹杀论"的同时,林泰辅发表了《清国河南汤阴发现之龟甲》②一文,第一次向日本学术界介绍中国河南省境内发现的刻于龟甲兽骨之上的占卜文字,并广征博引对其进行了一系列考证。然而,关于甲骨的出土地点,林泰辅却以《铁云藏龟》之序认定为文献所记的殷之旧都河南省汤阴县。文章发表后,林泰辅将其寄于我国研治甲骨文的著名学者罗振玉,罗氏读后认为林泰辅的考证虽援据赅博,可补《铁云藏龟》序言的疏略,但仍有一些问题比如出土地点需要进一步考证,于是作《殷商贞卜文字考》作为答复。在《殷商贞卜文字考》中,罗振玉从四个方面论述了自己对甲骨文的认识,即考史第一:一

---

① 徐旭生:《中国古史的传说时代》(增订本),文物出版社1985年版,第19—20页。
② 该文刊登于日本《史学杂志》20卷第8—10期。

殷之都城，二殷帝王名谥；正名第二：一籀文即古文，二古象形字因形示意不拘笔画；卜法第三：一曰贞，二曰契，三曰灼，四曰致墨，五曰兆坼，六曰卜辞，七曰霾藏，八曰骨卜；余说第四。而其中最重要的是订正了林氏之作中的甲骨出土地点，明确指出其出土地不在汤阴，而是在安阳小屯附近，也就是《史记·项羽本纪》等文献所记载的"殷墟"——商代晚期都城。罗振玉先生这一关于甲骨文出土地点的论断是甲骨文研究中的重要发现，同时，在关于商王名谥的考证、一些关键字的释读等方面，《殷商贞卜文字考》都可算得上是一部甲骨学的奠基之作。这次由林泰辅引发的学术交流不仅使我们了解到林本人对中国境内新发现的历史资料的重视和他严谨的学术风格，更重要的是由此而产生的甲骨文研究的新成就，对以后安阳殷墟的科学考古发掘，对于商王朝存在的确认等等，其意义实在是难以估量的。

1915年3月，王国维在由罗振玉主办、他自己任主编的《国学丛刊》上发表《洛诰笺》①一文，林泰辅读后大加称赞，但对王国维据甲骨文以释王宾杀湮之说持不同见解，于是作《读〈国学丛刊〉》一篇，指摘王氏文中不足之处和缺点，刊于《东亚研究》杂志中。同年11月王国维致信林泰辅陈述自己的观点。后林泰辅再写文章进行辩争，1916年1月，王国维又写第二封信以作回答。在两封信中，王国维广征《尚书》《诗经》《周礼》等文献，又结合甲骨卜辞的释读，对殷周的祼礼进行了详细的论述。尽管如此，王国维后来终因此事关系殷周礼制颇大，不可以以疑文虚说及一二人的私见作为定论，于是又在第二年将其往返书信汇集成《祼礼榷》一卷，刊入学术杂志之中，以供海内外学者共同研讨②。

以上仅述日本东洋史学建立时的两位代表学者的情况，实际上一个多世纪以来，日本东洋史的研究已经取得了长足的进展，在各个不

---

① 此文在收入《观堂集林》时改名为《洛诰解》。
② 《观堂集林》卷1收有《与林浩卿博士论洛诰书》《再与林博士论洛诰书》两封信。

同时期涌现出一大批著名学者。从以上两位著名学者的学术经历使我们清楚地看到日本有关中国史的研究与中国的学术界有着千丝万缕的关系，双方的交流和相互影响是必然的、毫无疑问的。以白鸟库吉为首的疑古思潮在1909年兴起，它对于我国在以后的二三十年代兴起的疑古之风是否有所影响，目前还不能有所定论。从两国学者的多方面联系、交流来看，要说完全没有影响大概不大可能。比如顾颉刚对崔述的研究就与日本学者的工作有很大的关系。我们知道清代姚际恒、崔述、康有为三位疑古学者对20年代疑古之风的兴起有很大的作用，其中崔述的《考信录》对古史的辨证工作对顾颉刚的影响极大。然而由于种种原因，崔述的著作在整个19世纪的中国一直少为人们知晓，20世纪初，胡适、顾颉刚等人之所以能够接触到崔述的著作，正是因为"日本学者那珂通世在读到《东壁遗书》之后，对其大加赞赏，并将全书校订标点，于1903年列入日本史学会丛书出版，又撰写《考信录解题》一文在日本《史学杂志》上发表，给以高度评价。此后，经过中国学者刘师培，将这些信息传递到国内，至1920年，遂引起顾颉刚及胡适、钱玄同、洪业等人极大的研究兴趣"[1]。1920年，顾颉刚在给胡适的信中谈到自己尚未读过崔述的《东壁遗书》[2]，胡适回信讲到他知道日本人那珂通世有新式标点本，不久，胡适即写信给其日本友人青木正儿，托其购买日本史学会出版的《崔东壁遗书》，并在1921年1月将买到的《崔东壁遗书》送交顾颉刚阅读[3]。顾颉刚在读了此书以后深受感触，他对《考信录》评价尤其高，他说："我二年以来，蓄意要辩论中国的古史，比崔述要进一步。崔述的《考信录》确是一部极伟大又极细密的著作，我是望尘莫及的。我自知要好好读十几年书，才可追得上他。"[4] 一时间引起了一股研究崔述的热潮，胡适、钱

---

[1] 引自陈其泰文《"古史辨派"的兴起及其评价问题》，《中国文化研究》1999年春之卷。
[2] 顾颉刚：《告拟作〈伪书考〉跋文书》，《古史辨》第一册，上海古籍出版社1982年版。
[3] 顾颉刚：《古史辨》第一册《自序》。
[4] 顾颉刚：《与钱玄同先生论古史书》，《古史辨》第一册，上海古籍出版社1982年版。

玄同、洪业等人都投入了这股潮流。① 这段曲折的学术经历使我们清楚地看到两国的学术交流。再比如，日本当时的疑古批判派的代表人物林泰辅也与罗振玉、王国维等人有着学术方面的交往，而罗、王对于考证历史史实方面的学术活动也正为古史的重建做出了很大的贡献。

中国近代以来大的社会思潮的形成，往往与国外的影响有很大的关系，特别受日本的影响最大。例如，社会主义思潮的传播就主要来自日本，十月革命前中国人所接受的是日本式的社会主义理论，接触的社会主义理论影响主要来自久松义典、福井准造、幸德秋水等人的著作或文章。十月革命后，吴玉章、李达、李大钊等人基本是通过学习和研究从日本传来的马克思主义典籍而接受马克思主义的。至于最早尝试以马克思主义唯物史观来研究中国古代史的郭沫若，就更是如此，他在1924年翻译了日本早期经济学家河上肇的《社会组织与社会革命》一书，1928年在他流亡日本期间又系统地学习了马克思的《资本论》，翻译了马克思的《政治经济学批判》和《德意志意识形态》，从而对马克思主义唯物史观有了进一步的理解和研究。学术思潮的兴起也同样有可能接受外来的影响，白鸟库吉在提出"尧舜禹抹杀论"的观点以后，曾经在当时的日本学术界引发了为期几年的辩论，传统的汉学家几乎都参加了当时的辩论，也正是这场辩论把日本的中国史研究从江户时代传统的儒学下解放出来从而走上了近代史学的道路，其影响之大可以想见。再者，二三十年代中国疑古学派的代表人物之一钱玄同1906—1910年正留学日本，他不可能对如此重大的学术思潮无所风闻和了解。由于资料缺乏，我们对钱玄同在日本的情况不能深入了解，故在此无法作出进一步的探讨。

原载于《中国古代文明与学术史》，河北大学出版社2006年版

---

① 比如胡适为崔述撰写年谱并于北京大学《国学季刊》第一卷第二期发表《科学的古史家崔述》的文章，顾颉刚则费时十余年时间标点、校订、整理《崔东壁遗书》等。当时社会上发表的研究崔述的文章概有50多种。

从《汉志》著录及出土
文献看战国秦汉间的黄帝之学

一

在记录先秦至汉代典籍最为全面的《汉书·艺文志》中，《诸子略》《兵书略》《数术略》及《方技略》都著录有大量以"黄帝"名、"黄帝臣"名、"黄帝相"名、"黄帝之史"名为书名或作者的典籍，具体如下：

《诸子略》共八家：

"道家"有：《黄帝四经》四篇。《黄帝铭》六篇。《黄帝君臣》十篇，注曰：起六国时，与《老子》相似也。《杂黄帝》五十八篇，注曰：六国时贤者作。《力牧》二十二篇，注曰：六国时所作，托之力牧。力牧，黄帝相。

"阴阳家"有：《黄帝泰素》二十篇，注曰：六国时韩诸公子所作。颜师古注：刘向《别录》云或言韩诸公孙志所作也。言阴阳五行，以为黄帝之道也，故曰《泰素》。

"杂家"有：《孔甲盘盂》二十六篇，注曰：黄帝之史，或曰夏帝孔甲，似皆非。

"小说家"有：《黄帝说》四十篇，注曰：迂诞依托。

《兵书略》共七家，均在"兵阴阳"中：

《黄帝》十六篇，图三卷。

《封胡》五篇，注曰：黄帝臣，依托也。

《风后》十三篇，图二卷。注曰：黄帝臣，依托也。

《力牧》十五篇，注曰：黄帝臣，依托也。

《鵹冶子》一篇，图一卷。

《鬼容区》三篇，图一卷。注曰：黄帝臣，依托也。

《地典》六篇。

《数术略》共六家：

"天文"有：《黄帝杂子气》三十三篇。

"历谱"有：《黄帝五家历》三十三卷。

"五行"有：《黄帝阴阳》二十五卷。《黄帝诸子论阴阳》二十五卷。《风后孤虚》二十卷。

"杂占"有：《黄帝长柳占梦》十一卷。

《方技略》共十家：

"医经"有：《黄帝内经》十八卷。《外经》三十七卷。

"经方"有：《泰始黄帝扁鹊俞拊方》二十三卷。《神农皇帝食禁》七卷。

"房中"有：《黄帝三王养阳方》二十卷。《容成阴道》二十六卷（《列仙传》载，容成公自称为黄帝师）。

"神仙"有：《黄帝杂子步引》十二卷。《黄帝岐伯按摩》十卷。《黄帝杂子芝菌》十八卷。《黄帝杂子十九家方》二十一卷。

以上合计，以"黄帝"名、"黄帝臣"名、"黄帝相"名、"黄帝之史"名为书名或作者的典籍，共有三十一家，589篇（卷）。应该说这在《汉志》所著录的典籍总数中占有相当大的比例，如此众多的依托黄帝或黄帝臣下的著作，与战国以后兴起的黄帝崇拜不无关系，也进一步证明黄帝之学的思潮在当时广泛流行。

二

在史书中，黄帝一名始见于《左传》，战国齐威王时期的《陈侯因𬐩敦》铭文是最早出现黄帝名的铜器铭文。《左传》昭公十七年明确写道："昔者黄帝氏以云纪，故为云师而云名。"《陈侯因𬐩敦》铭文有"高祖黄帝,弥嗣桓文",标榜承嗣了齐桓晋文的伟业并叙述到黄帝。

《史记·五帝本纪》记"黄帝者,少典之子,姓公孙,名曰轩辕。生而神灵,弱而能言,幼而徇齐,长而敦敏,成而聪明"。讲到轩辕在神农氏衰落之际,"习用干戈,以征不享",对侵凌诸侯和作乱的炎帝和蚩尤实施征伐,"教熊罴貔貅䝙虎,以与炎帝战于阪泉之野",又"徵师诸侯,与蚩尤战于逐鹿之野,遂禽杀蚩尤",于是诸侯"咸尊轩辕为天子,代神农氏,是为黄帝"。

《国语·晋语》说:"黄帝之子,二十五宗",因母党的不同而"别为十二姓"。这就是说,虽同属黄帝族团的成员,但由于出于不同的母系姓族而具有不同的"姓",黄帝族可以划分为12个姓族团体。至于"黄帝"一名,应当是后起的,顾颉刚等先生认为就是皇天上帝的意思,它含有对姬姓族所生长的黄土高原之地的崇拜,并与皇帝谐音(均为阳部韵)①。

对于黄帝的崇拜,应当与早期对黄帝的祭祀有关。它发端于黄帝族后裔对远祖的崇拜,以至于使这种对祖先的崇拜后来衍化为对黄帝的祭祀活动。《国语》中记载说:"有虞氏禘黄帝而祖颛顼,郊尧而宗舜。夏后氏禘黄帝而祖颛顼,郊鲧而宗禹。"《礼记·祭法》也说:"有虞氏禘黄帝而郊喾,祖颛顼而宗尧,夏后氏亦禘黄帝而郊鲧,祖颛顼而宗禹。"所谓"禘",《礼记·丧服小记》说:"礼,不王不禘。王者禘其祖之所自出,以其祖配之。"古代中国人非常重视对祖先的祭祀,上古时代的有虞氏和夏后氏就已把黄帝作为自己的远祖报以隆重的禘祭。周幽王时,西周被犬戎所灭,秦国因伐戎救周有功而被列为诸侯,秦襄公自称少昊之后,开始设坛祭祀白帝。以后,逐渐增加了对其他四帝的祭祀。这时的黄帝只是五方、五色帝之一。② 到了春秋战国,作为"中央之帝"的黄帝已出现了有别于其他四方之帝的迹

---

① 顾颉刚:《中国上古史导论》第五篇《黄帝与皇帝》,载《古史辨》第七册,上海古籍出版社1980年版。
② 五方的观念产生很早,殷墟甲骨文中就有东西南北、四方四土,还有"中""中商"。

象,如银雀山汉简《孙子兵法》逸文《黄帝伐赤帝》中记述,黄帝曾南伐赤帝、东伐青帝、北伐黑帝、西伐白帝,战而胜之,取得了天下。

战国秦汉时期,社会影响力非常巨大的一种思想文化,就是阴阳五行说。当时民间也受到阴阳五行说的巨大影响,把日常生活中的一切都和阴阳五行搭配起来。比如把五方、四季、五种颜色与五行相配,而且还给五行各配了一个帝:东方是太昊,西方是少昊,北方是颛顼,南方是炎帝,中央是黄帝。因而,在后来的五行观念支配下,《吕氏春秋·十二纪》和《礼记·月令》都将中央土、后土与黄帝相配。

《史记·五帝本纪》曰:"黄帝……有土德之瑞,故号黄帝。"关于黄帝土德的原义,《史记索隐》有考,其说:"炎帝火,黄帝土代之,即'黄龙地螾见'是也。螾,土精,大五六围,长十余丈。音引。"认为黄帝代炎帝而立,炎帝为火德,黄帝乃有土瑞,奇异的黄龙地精出现,代表土德之瑞。黄帝土德,"色尚黄",故称作黄帝。后人把黄帝的历史事实纳入了五行说的理论体系之中,是战国秦汉时的思想观所致,后来收入《大戴礼记》和《世本》的《五帝德》和《帝系》,也是这种背景下的产物,邹衍的五德终始说在当时影响很大。

《汉书·艺文志》阴阳家著录《邹子》四十九篇。班固注:"名衍,齐人,为燕昭王师,居稷下,号谈天衍。"又著录《邹子终始》五十六篇,但两部书今均已不存。

《吕氏春秋·有始览·应同篇》中的一段文字大约与五德终始说最为接近:

> 凡帝王之将兴也,天必先见祥乎下民。黄帝之时,天先见大螾大蝼,黄帝曰:"土气胜",土气胜,故其色尚黄,其事则土。及禹之时,天先见草木秋冬不杀,禹曰:"木气胜",木气胜,故其色尚青,其事则木。及汤之时,天先见金刃生于水,汤曰:"金气胜",金气胜,故其色尚白,其事则金。及文王之时,天先见火,赤鸟衔丹书集于周社,文王曰:"火气胜",火气胜,故其色尚赤,其事则火。代火者必将水,天且先见水气胜,水气胜,

故其色尚黑，其事则水。水气至而不知，数备，将徙于土。

总结五德终始说有以下几个特点：第一，采用当时已经流行的五行相胜说，顺序是木克土，代土，金克木，代木，火克金，代金，水克火，代火，土克水，代水，从土开始，经过木、金、火、水，又回到土，是为一个循环；第二，也是最为重要的，就是按照五行"从所不胜"（反过来说就是相胜或相克）的关系，安排历史上王朝的承继过程，以为黄帝土德、禹木德、汤金德、文王火德，其后继者应是有水德的帝王，之后再回到有土德的帝王，如此循环不已，这是明确的五德终始说的历史观；第三，黄帝、夏、商、周都是天下共主，它们之间的关系是后面的王朝消灭并取代前面的王朝，以此类推，未来的新的天下一统的王朝，也应是消灭并取代周朝的那个王朝。这样，五德终始说又自然而然成为秦帝国取代周王朝的指导理论。

秦始皇制定了一整套水德制度，以向世人宣布自己是奉天受命，以水德取代周的火德。秦王朝以十月为岁首，建亥；衣服旄旌节旗尚黑；数以六为纪；音尚大吕；河（黄河）更名德水；政术取决于法。

继秦而立的西汉王朝，在其初年由于种种原因未能实行新的制度而是承袭了秦的水德，直到汉武帝时，才在儒生的推动下正式变原来的水德为土德，以正月为岁首，建寅；服色尚黄；数以五纪；音律尚黄钟。

这样，邹衍创立的五德终始说，被秦始皇采纳登上了政治舞台，再由汉武帝的继承，成为当时最有影响的社会信仰。黄帝也就自然地被正式纳入了历史的"正统"，大量的以"黄帝"名、"黄帝臣"名、"黄帝相"名、"黄帝之史"名为书名或作者的典籍的出现，也正是适应了这种时代潮流的产物。

三

从以上诸家之著录情况也使我们看到，除了《诸子略》涉及理论问题以外，《汉志》中的后三略即《兵书》《数术》《方技》均反映的是某一种具体知识或某一可实际操作的技术。这一类著作大量以"黄帝"命名，也可使我们得到这样一个认识：与儒家、墨家等较多的论及道德、伦理、政治不同，黄帝之学的知识涉及更广，它包括古人的天象、历算、星占、望气、地理、兵法、博物、医方、养生、神仙一类的知识。

遗憾的是《汉志》著录的这类书籍至今已大部不存，使我们对它们的真实内容难以认识。迄今为止，出土文献中有三种与黄帝有关，一是众所熟知的马王堆汉墓所出的《黄帝书》四种，即《经法》《十六经》《称》《道原》，一般学者都认为这四种书应当和《汉志》《诸子略》"道家"类的《黄帝四经》有关，属于黄老学说的著作。其他两种出自于银雀山汉墓，一种是《吴孙子兵法》逸篇《黄帝伐赤帝》，一种是《地典》。

我们在此且不论马王堆帛书《黄帝书》四种，仅就与《汉志》后三略中的《兵书略》有关的《黄帝伐赤帝》和《地典》作一点简单的讨论。

《黄帝伐赤帝》，讲到黄帝南伐赤帝，东伐青帝，北伐黑帝，西伐白帝，题目似应为《黄帝伐四帝》。简文云："黄帝南伐赤帝"，"东伐青帝"，"北伐黑帝"，"西伐白帝"，"已胜四帝，大有天下"，"天下四面归之"。讲伐四帝，其实主要涉及的是"处军"原则，与《吴孙子兵法》的《行军篇》有很密切的关系。"处军"，指军队的宿营，即安营扎寨。《行军篇》云："凡处军相敌，绝山依谷，视生处高，战隆无登，此处山之军也。绝水必远水；客绝水而来，勿迎之于水内，令半济而击之，利；欲战者，无附于水而迎客；视生处高，无迎水流，此处水上之军也。绝斥泽，惟亟去无留；若交军于斥泽之中，必依水草而背众树，此处斥泽之军也。平陆处易而右背高，前死后生，此处平陆之军也。凡此四军之利，黄帝之所以胜四帝也。"这里讲述在不同地形条件下"处军"和行军作战的要领。孙武认为，这些原则和要领是黄帝发明的，黄帝运用它战胜了四帝。逸文讲黄帝伐四帝，每一条都有"右阴、顺术、背冲"这六个字，实际上"右阴"就是《行军篇》中的"右背高"，指依托西北，面向东南；"顺术"，则是顺着黄帝的方向，也就是由内向外的方向，因为按简文"黄帝南伐赤帝""东伐青帝""北伐黑帝""西伐白帝"，黄帝自身应该是居中，在内，四面为四帝；"背冲"，的意思是逆着四帝的方向，也就是由外向内的方向。可见黄帝战胜四帝，是有着阴阳、顺逆、向背的原则的。

银雀山汉简《地典》，是唯一一部我们今天能看到的见于《汉志》"兵阴阳"著录的典籍，此书依托"黄帝七辅"中的地典，即传说中黄帝身边的七个大臣之一，应属于流行于战国时期的黄帝书。据李零先生的辑本看①，其形式为黄帝问，地典答，主要涉及作战地形，高下左右，何为生地，何为死地，"高生为德，下死为刑"，等等。由于残缺太甚，今天已无法了解其详细内容。

先秦兵家对黄帝很推崇，除孙武以外，《孙膑兵法》中有两处谈到黄帝，《势备》篇称"黄帝作剑，以阵象之"；《见威王》篇说"黄帝战蜀禄"。《尉缭子·天官》篇作为开宗明义的首篇，记录了尉缭子与梁惠王讨论"黄帝刑德可以百战百胜"的问题，对黄帝重视"人事"在战争中的地位和作用的军事思想推崇备至。兵家把黄帝作为崇拜的偶像，仅从《汉志》《兵书略》兵阴阳家文献的著录我们就可以看到，依托黄帝和黄帝臣下的著作就有七种之多。

《汉志》《数术略》《方技略》中涉及黄帝的书就更多了，为什么这类属于技术的书，都喜欢依托黄帝呢？

我们认为，这又与自古以来人们对黄帝的崇拜非常具体地表现在充分肯定黄帝在中华文明开创史上的地位有关。黄帝被称为"人文初祖"，这是具体有所指的，黄帝时代开始驯养使用牛马，发明了车船，并学会打井和养蚕缫丝，战争中开始使用铜制武器，发展原始农业、发明文字、制定历法和甲子，甚至美术、音乐、舞蹈创作也繁荣起来。黄帝时还创制冠冕衣裳，开始设区治民，在制度文明的创设上迈出了重要的一步。总之，在很多的传说中，黄帝以及黄帝之臣有一系列的发明创造，几乎包括衣食住行、礼教文化的各个方面。尽管考古发现已经证明早在黄帝时代之前中华文明的曙光就已经开始普照中华大地，

---

① 见李零主编《中国兵书名著今译》，军事译文出版社1992年版。

所谓的黄帝发明实际上在新石器时代的早期和中期就被我们的先民们所创造发明，但是这些传说却一代代流传下来，构筑成了黄帝是"人文初祖"的文化认同。

《汉志》中对"黄帝"为书名或作者名的大量著录以及西汉初年出土文献中所反映出的浓厚的黄帝之学的学术特点，加上西汉初年统治者以黄老学说作为统治指导思想实际情况，都可使我们认识到黄帝之学在战国中晚期至西汉初期是很流行的学术派别，在当时的学术思想界有很强的势力，其学术地位的显赫无疑对中国古代思想学术产生了一定的影响。

马王堆帛书《伊尹·九主》与刑名学派

近年公布的《清华大学藏战国竹简》（壹）[1]中有《尹至》和《尹诰》两篇典籍，使我们对尹挚这个夏末商初的重要人物产生了浓厚的兴趣。我们知道在20世纪70年代出土的马王堆帛书中，还有一部《伊尹·九主》，被学术界认定为伊尹学派刑名之学的作品。本文拟以这些出土的新材料为主，结合传世文献，对在战国时期出现的伊尹刑名学派以及在西汉初年的影响做一点考察。

《汉书·艺文志·诸子略》"道家类"首篇即著录《伊尹》五十一篇，然不知何时已亡佚，《隋书·经籍志》已无著录，现仅有马国翰辑佚本一卷[2]、严可均辑佚本一卷[3]。故马王堆汉墓出土帛书《伊尹·九主》一篇，就是我们今天可以看到的有关伊尹书的最早资料。在20世纪70年代，马王堆汉墓帛书刚刚出土不久，李学勤先生就撰文对《伊尹·九主》作了讲疏，并且指出，马王堆汉墓帛书佚籍《伊尹·九主》是《汉书·艺文志》所载《伊尹》五十一篇之佚篇，其性质属于黄老刑名之学[4]。之后，又有魏启鹏、余明光两先生对《伊尹·九主》作进一步考证，他们列举了大量证据认定其属于黄老学派

---

[1] 清华大学出土文献研究与保护中心编、李学勤主编：《清华大学藏战国竹简》（壹），中西书局2011年版。
[2] 马国翰：《玉函山房辑佚书》，道光二十九年（1849年）刻本。
[3] 严可均：《全上古三代秦汉三国六朝文》第一集，中华书局1965年版。
[4] 凌襄（李学勤）：《试论马王堆汉墓帛书〈伊尹·九主〉》，《文物》1974年第11期。

的伊尹刑名之学无疑①。

  战国时的黄老刑名之学是介于道家和法家之间的一种学术流派，所谓黄老之学，实为道家和法家思想相结合，并兼采阴阳、儒、墨等诸家观点而成。而刑名法术之学则是战国时以申不害和慎到为代表的学派，其将"刑名"和"法术"两词联系在一起，其中"名"指的是循名责实、赏罚分明。"术"指的是君主实行统治的策略、手段。司马迁在《史记》中曰申不害为韩昭侯相，其"学本于黄老而主刑名"，慎到为赵人，亦"学黄老道德之术"，法家的商鞅亦是"少好刑名之学"，韩非"喜刑名法术之学，而其归本于黄老"②。《韩非子·奸劫弑臣》有曰："汤得伊尹，以百里之地，立为天子；桓公得管仲，立为五霸主，九合诸侯，一匡天下；孝公得商君，地以广，兵以强。"可见在战国时期备受推崇的伊尹、吕尚、管仲、商鞅这几个人物都是具有君人南面之术的典型，而他们的思想共同点就是黄老刑名之学。

  《伊尹·九主》为马王堆汉墓帛书《老子》的附录内容之一，共有 52 行，近两千字，是一篇完整的文章，现列如下：

  汤用伊尹，既放夏桀以君天，伊尹为三公，天下太平。汤乃自吾吾，致伊尹，乃是其能悟，达伊尹，伊尹见之，□于汤曰："诸侯时有稠罪，过不在主。干主之不明，逷下蔽上，□法乱常，以危主者恒在臣。请明臣法，以绳敌臣之罪。"汤曰："非臣之罪也。主不失□，……主法，以绳敌主之罪"乃许伊尹。

  伊尹受命于汤，乃论海内，四邦……图，□知存亡若会符者，得八主。八主适□德，专授之君一。……于寄一，破邦之主二，灭社之主二，凡与法君为九主。从古以来，存者亡者，□此九已。九主成图，请效之汤，汤乃延三公，伊尹布图陈策，以明法君、法臣。

---

① 陈鼓应主编：《道家文化研究》第三辑"马王堆帛书研究专号"，上海古籍出版社 1993 年版。

② 见《史记》之《庄老申韩列传》《孟子荀卿列传》和《商君列传》。

法君者，法天地之则者。志曰：天，曰□□四时，覆生万物，神圣是则，以配天地。礼数四则。曰天纶。唯天不失乏"范"，四纶成则，古今四纶，道数不忒。圣王是法，法则明分。"后曰："天范何也？"伊尹对曰："天范无□，覆生万物。生物不物，莫不以名，不可为二名，此天范也。"后曰："大矣哉！大矣哉！不失范。法则明分，何也？"伊尹对曰："主法天，佐法地，辅臣法四时，民法万物，此谓法则。天覆地载，生长收藏，分四时，故曰事分在职臣。是故受织……分也。有民、主分：以无职并听有职，主分也；听□不敬……分也，此之谓明分。名法既定，法君之佐，主无声。谓天之命四则，四则当□，天纶乃得。得道之君，邦出乎一道，制命在主。下不别党，邦无私门，诤理皆塞。

〔后〕曰："〔法君之〕佐主无声，何也？"伊尹对曰："故法君为官，求人，弗自求也。为官者不以妄予人，故智臣者不敢诬能□主不妄予，以分听名；臣不以妄进，自强以受也。自强者无名，无名者自责。夫无名者，自强之命已。名命者，符节也。法君之所以强也。法君执符以听，故自强之臣莫〔敢〕伪狯以当其君。佐者无遍职，有分守也。谓□之命，佐主之明，并列百官之职者也。是故法君执符以听，则伪狯不可□主，伪狯不可□主矣，〔则〕贱不事贵，远不事近，皆反其职。信□在忌心。是故……不出其身，□□〔不〕离其职。故法君之邦若无人，非无人也，皆居其职也。贱不事贵，远不事〔近〕，则法君之佐何道别主之臣，以为其党；空主之廷，朝之其门？所谓法君之佐主无声者，此之谓也。"后曰："至矣哉，至矣哉！法君、法臣。木直绳弗能罪也。木其能侵绳乎？"

伊尹或请陈策以明八谪，辩过之所道生："志曰：唯天无胜，凡物有胜。"后曰："天无胜，何也？"伊尹对曰："胜者，物之所以备也，所以得也。天不见端，故不可得原，是无胜。"后曰："□卜不见？"伊尹对曰："□故圣王□□，故曰：主不法则，乃反为物。端见必得，得有巨哉。得主之才。得主者，□□能用主，□有二道。二道之邦，长诤之理，辨党长争……夫争道薨起，大干天纪,四则相侵,主轻臣重。邦多私门,族主与……矣。虞詡可知,以命破灭。"

伊尹既明八谪之所道生,请命八谪法君明分,法臣分定,以绳八谪,八谪毕名:过在主者四,罪在臣者三,臣主同罪者一。〔后曰〕:"四主之罪,何也?"伊尹对曰:"专授,失道之君也,故得乎人,非得人者也;作人邦,非用者也,用乎人者也。是□□得擅主之前,用主之邦,故制主之臣。是故专授失政之君也,过在主。虽然,犹〔君〕也。主悟,则犹制其臣者也。"后曰:"于呼危哉!得主之才。"

"劳君者专授之能悟者也,□悟于专授主者也。能悟,不能反道,自为其邦者,主劳臣佚。为人君任臣之□,〔臣〕因主〔为〕知,倚事于君,逆道也。凶归于主,不君。臣主□,□侵君也,未免于□□,过在主。虽然,犹君也,自制其臣者也,非作人者。用威法其臣,其臣为一,以听其君,恐惧而不敢……是……者……仇雠,□知之,无所告愬,是故同刑共共谋为一,民自□□。王君所明号令□愆(?),无道处安其民。故兵不用而邦□举。两主异过同罪,灭社之主也,过尽(?)在上矣。"后曰:"嗟!夏桀氏已夫!三臣之罪何?"

伊尹对曰:"专授之臣擅主之前,〔□下〕蔽上,幸主之不悟,以侵其君,是故擅主之臣罪无赦。半君者,专授而□□者也,〔□〕故擅主之臣见主之不悟,故用其主严杀僇,□臣恐惧,然后□□私□主之臣成党于下,与主分权,是故臣获邦之〔半〕,主亦获其半则……危。臣生横,危危之至,是故半君之臣罪无〔赦〕。"〔后〕曰:"于呼危哉!半君也。"

"寄主者,半君之不悟者。主(?)……臣见主之(?)……则主寄矣。是故或闻道而能悟,悟正其横臣者……未闻寄主之能悟者也。"后曰:"哀哉!寄主。臣主同罪,何也?"

伊尹对曰:"破邦之主,专授之不悟者也。臣主同术为一,以策于民。百姓绝望于上,分倚父兄大臣。此王君之所因以破邦也。两□异过同罪,破邦之理也,故曰臣主同罪。法君明分,法臣分定，八谪毕名。"后曰："□哉！"

"九主之图，所谓守备悉具、外内无寇者，〔此〕之谓也。后还择悟见素□□三公，以为葆守，藏之重屋，臣主始不相悟也。"

《史记·殷本纪》言商汤使人聘迎尹挚，"五反然后肯往从汤，言素王及九主之事"，所记尹挚对商汤言九主之事在灭夏之前，而帛书所记尹挚言九主乃为汤灭夏之后，总结正定名分，加强王权，防止重蹈夏桀覆辙的经验教训。李学勤先生通过对《九主》的释读、注解和研究，纠正了《史记集解》引刘向《别录》解释"九主"之义的错误，并且指出：马国翰所辑《伊尹》书除《九主》外，还收录了《伊尹献朝》（《逸周书·王会》之附）和《尸子》《吕览·本味》《先已》《韩诗外传》《说苑·君道》《臣术》《权谋》，以及《氾胜之书》中涉及伊尹的段落。事实上，这些文字都未必源于《伊尹》或《伊尹说》（《汉志·诸子略》小说家著录），其思想倾向很不一致。"可能是由于引者的改窜，更可能是由于它们本不出于一源。至于孔传本《尚书》中的《伊训》《太甲》《咸有一德》，也说是伊尹所作，更与《伊尹》无关。"通过仔细考证，李学勤先生认为《九主》的作成时代应在战国时期偏晚，而出土于西汉早期的文帝十二年（公元前168年）的马王堆3号汉墓，同出的有《黄帝书》，有《老子》，也有《伊尹》零篇，正是和西汉初年统治者重视黄老刑名思想，那个时代崇尚黄老刑名之学的反映。[①]

关于《伊尹·九主》的思想倾向，李学勤先生认为与《管子·明法》相近。他指出：《明法》强调"守法"，主张治国须"使法择人，不自举也，使法量功，不自度也"，其政治思想是鲜明的。认为《管子》的另一篇《七臣七主》更在题材结构上与《九主》相似，在内容上比《九主》更为丰富，应该看作是对《九主》的发展。《九主》整篇的中心思想是"明分"和"名"。《九主》所谓"唯天失范，四纶成则，古今四纶，道数不忒。圣王是法，法则明分"，"法君明分，法

[①] 凌襄（李学勤）：《试论马王堆汉墓帛书〈伊尹·九主〉》，《文物》1974年第11期。

臣分定",就是讲臣必须各守分职,"以无职并听有职"。故"法君之邦若无人,非无人也,皆居其职也"。这种思想在吸取了刑名学派思想的法家著作中常常可以找到,如《韩非子·扬权》"审名以定位,明分以辨类",《管子·明法》"明主在上位,则境内之众尽力,以奉其主；百官分职致治,以安国家",等等。《九主》"得道之君,邦出乎一道,制命在主。下不别党,邦无私门,诤理皆塞"与《韩非子·二柄》"守业其官,所言者贞也,则群臣不得朋党相为矣"又是一致的。《九主》之所以强调"明分"来防止"擅主之臣"集结私党的主张,其中心问题就是要加强王权,加强中央集权。《九主》还把"名"放在突出位置,它解释"天范"曰"天范无□,复生万物,生物不物,莫不以名,不可为二名,此为天范也"。主张"法君执符以听","以分听名",以杜绝"伪狱"欺诈,这种思想正属刑名的范畴,与申不害的学说最为相近。申不害说:"君设其本,臣操其末,君治其要,臣行其详；君操其柄,臣事其常。为人臣者,操契以责其名。名者,天地之纲,圣人之符,则万物之情无所逃之矣。"(《群书治要》引《申子·大体》)这样的刑名论,在《韩非子》《主道》《二柄》《扬权》中都有所发挥。①

总之,《九主》是一篇政治性很强的文章,它主言君道,总结了历史上九种不同类型的君主的成败兴亡,集中体现了黄老刑名之学的君人南面之术,对法家的影响很大,除《韩非子》以外,《商君书》的"立法明分""名分定,势治之道"等,也应该是相类似的主张。

《清华简》(壹)公布以后,经过若干学者的研究,认为《尹至》和《尹诰》两篇,当为《尚书》佚篇,《尚书》作为现存最早的史书,为古代史官所记,史官记录,意在留存档案,备后来查考之用,故其来源应当可靠,而尹挚也应该是确有其人。

然而马王堆帛书《伊尹·九主》却为假托伊尹之名的诸子著作,它的出现与战国时期各国纷纷变法,强化法治和集权统治的时代背景息息相关。《汉志·诸子略》"道家类"著录《伊尹》之后紧接着著

---

① 凌襄(李学勤):《试论马王堆汉墓帛书〈伊尹·九主〉》,《文物》1974年第11期。

录有《太公》《辛甲》《鬻子》《筦（管）子》，这五部著作均以人名命名，五个人都是古代著名的大臣贤将，都有辅佐名圣君主取天下治天下的事迹，五部著作讲的也都应是治国用兵之术。《汉志·兵书略》"权谋类"在著录十三家著作之后有"省《伊尹》《太公》《管子》"之注，可见原来刘歆的《七略》也著录这几家于"兵权谋"。《汉志》"道家类"小序说："道家者流，盖出于史官，历记成败存亡祸福古今之道，然后知秉要执本，清虚以自守，卑弱以自持，此君人南面之术也。"

那么，《伊尹·九主》作为黄老刑名之学的代表作，讲治国用兵之术，为何要假托伊尹之名？我们知道古书托古的例子很多，在《汉志》中就能看到大量托古的情景，例如以"黄帝"名、"黄帝臣"名、"黄帝相"名、"黄帝之史"名为书名或作者的典籍，就有三十一家，589篇（卷），应该说这在《汉志》所著录的典籍总数中占有相当大的比例，如此众多的依托黄帝或黄帝臣下的著作，与战国以后兴起的黄帝崇拜不无关系，也进一步证明黄帝之学的思潮在当时广泛流行。刑名学派托伊尹之名，实际上我们能够看到在古代也早有人尽力把伊尹和黄帝联系起来，如皇甫谧就讲："伊尹，力牧之后，生于空桑。"[1]力牧正是黄帝著名的臣下。可知这些做法的真正原因是尹挚助汤灭夏、治国安邦的业绩和思想在周代和后世广泛流传影响深远所致，它所体现的是这一学术流派总结邦国存亡的历史经验和教训，图强变法、强化集权政治的时代要求。

与长沙马王堆3号汉墓时代大致相同的山东临沂银雀山1号汉墓[2]，在出土《孙子兵法》等兵书的同时，还有部分至今尚未整理公布的被称作"论政论兵之类"的残简、零简出土，其中"君臣问答"中有"汤与伊尹"的对话，大约有30支简。由于残破严重，我们今天

---

[1] 见《史记·殷本纪》索隐引皇甫谧曰。
[2] 据山东省博物馆《山东临沂银雀山汉墓出土〈孙子兵法〉和〈孙膑兵法〉简报》，银雀山1号汉墓的时代上限为汉武帝建元元年（公元前140年），下限不晚于武帝元狩五年（公元前118年），而竹简抄写的年代应当更早，据该墓所出《孙子兵法》不避汉文帝刘恒之"恒"讳，可知竹简应为汉文帝以前的古抄本。载《文物》1974年第2期。

仅能看到"汤问伊尹曰公门私门俱启者其为国也何如""守也汤曰人君何守""汤问伊尹曰不底其群臣者其为国也何""使民得其望奈何伊"等①，可知亦为与《九主》相似的属于黄老之伊尹刑名学派的内容。这类竹简所抄是否也可归入《汉志》著录的《伊尹》五十一篇之中？遗憾的是简文反映的内容过少，实在难以判断其具体内容。不过，帛书《九主》也好，银雀山残简也好，都假托商汤和伊尹的对话，又出自时代大致相同的汉墓，这些均再次证明了汉初黄老之学的兴盛。

黄老之学是先秦尤其是战国中后期的一个强大的学术思潮，在先秦的诸子百家之学中占有非常重要的地位，它虽然没有来得及为列国诸侯在治理国家的政治实践中有所实施，但却在汉初再度辉煌，成功地主导了西汉前期的历史，造就了著名的文景之治，可以说它对先秦学术乃至整个中国古代的学术思想产生了深刻的影响。20世纪70年代马王堆帛书的发现使学术界掀起了一个对黄老学派的研究高潮，但人们往往对帛书《黄帝四经》的研究较多，曾经涌现出了一批研究成果，而对《伊尹·九主》这篇能够反映黄老学派中刑名之学的重要典籍却关注不够，本文写作的目的之一，也就是试图以清华简《尹至》《尹诰》篇的发现为契机，再度引起学界对帛书《伊尹·九主》的重视，以使对黄老之学的研究和估价更进一步。

原载中国秦汉史研究会编《秦汉论丛》第13辑，郑州大学出版社2014年版

---

① 见吴九龙《银雀山汉简释文》，文物出版社1985年版。

关中平原

——周人的发祥地与地缘政治中心的建立

我们借用政治地理学中"地缘政治（geopolitics）"这一概念，来分析关中平原的地理要素和西周政治格局的地域形式、西周都城范围的战略形势以及西周国家的政治行为，以期从中考察地理因素对国家政治行为的影响和作用。

一

关中平原是一个广阔而平坦的河谷地带，它由新生代第三纪大规模陆地造山运动而形成，矗立其南的是巍巍的秦岭，河谷的北缘则是以一连串石灰岩为主要特征的山脉，我们一般称为"北山山系"。河道的西段狭窄，向东则逐渐开阔。由于河道频繁迁移形成一个绵延360千米长的低地，其中段与东段的宽度可达50千米。其地表的明显特点是广泛分布的深厚黄土，是中国北方黄土高原的一个组成部分。流经这片谷地的是渭河及其众多的支流，这些支流河谷为周边的交通提供了通道，通往五个久负盛名的关隘：东面的函谷关，西南的陇关和散关，南面的武关，北面的萧关。在历史上，这些关隘一直默默守护着渭河平原，故渭河平原又有"关中"之称。这里气候温和，土地肥沃，秦岭南北两面茂盛的植被为这一地区提供了丰富多样的自然资源，充足的地下水又使这里往往免于旱灾。关中平原正是因为位居我国腹心地带，又处在我国国土之第二级阶梯东部与黄河、长江两大水系的中上游，因而面对其东部第三级阶梯上之广大平原、丘陵地区，就处于高屋建瓴、居高临下之势，在地理区位上拥有先声压人之优越地位，古代文献有多处对关中优越的自然地理环境的描述，考古发现的从距今几十万年前的远古、距今几千年的上古乃至周秦汉唐的众多遗迹也已经充分地说明了这里一直就是人类的宜居最佳环境。

对关中平原地理优势的认识，我们从《史记》中或可看到较多的描述，司马迁借几个谋士之口对这里作了恰如其分的分析。《苏秦列传》记苏秦到秦国，说秦惠文王曰："秦四塞之国，被山带渭，东有关河，西有汉中，南有巴蜀，北有代马，此天府也。以秦士民之众，兵法之教，可以吞天下，称帝而治。"而此时的秦王鉴于国内的实际却曰："毛羽未成，不可以高蜚；文理未明，不可以并兼。"《留侯世家》记在刘邦正式建立西汉王朝之前，张良对这里的赞誉："夫关中左崤函，右陇蜀，沃野千里，南有巴蜀之饶，北有胡苑之利，阻三面而守，独以一面东制诸侯。诸侯安定，河渭漕挽天下，西给京师；诸侯有变，顺流而下，足以委输，此所谓金城千里，天府之国也。"《货殖列传》："关中自汧、雍以东至河、华，膏壤沃野千里，自虞夏之贡以为上田，而公刘适邠，大王、王季在岐，文王作丰，武王治镐，故其民犹有先王之遗风，好稼穑，殖五谷，地重，重为邪。及秦文、德、缪居雍，隙陇蜀之货物而多贾。献公徙栎邑，栎邑北却戎翟，东通三晋，亦多大贾。孝、昭治咸阳，因以汉都，长安诸陵，四方辐辏并至而会，地小人众，故其民益玩巧而事末也。南则巴蜀。巴蜀亦沃野，地饶卮、姜、丹砂、石、铜、铁、竹、木之器。南御滇僰、僰僮。西近邛笮，笮马、旄牛。然四塞，栈道千里，无所不通，唯褒斜绾毂其口，以所多易所鲜。天水、陇西、北地、上郡与关中同俗，然西有羌中之利，北有戎翟之畜，畜牧为天下饶。然地亦穷险，唯京师要其道。故关中之地，于天下三分之一，而人众不过什三；然量其富，什居其六。"《汉书·高帝纪》亦记有大夫田肯曾向刘邦分析说："秦，形胜之国也，带河阻山，地势便利，其以下兵于诸侯，譬犹居高屋之上建瓴水也。"在《项羽本纪》中，司马迁通过楚霸王项羽因失关中而失天下的教训进一步借范曾之口讲道:"以关中阻山四塞,地肥饶,可都以霸",范增建议项羽定都关中以取天下,但"项王见秦宫皆以烧残破,又心怀思欲东归,'曰富贵不归故乡,如衣绣夜行,谁知之者'"。对此,司马迁借说客之口对项羽评价说"人言楚人沐猴而冠耳,果然"。总之,占据这里即拥有了黄土高原的枢纽地带,可自足于四塞之内保存实力,居高临下,时机成熟时则可迅速东出中原。在《六国年表》中司马迁又对秦国以关中为根据地最终统一六国做了另一番表述,他说:"秦始小国僻远,诸夏宾之,比于戎翟,至献公之后常雄诸侯。论秦之德义不如鲁卫之暴戾者,量秦之兵不如三晋之强也,然卒并天下,非必险固便形势利也,盖若天所助焉。或曰'东方物所始生,西方物之成孰'。夫作事者必于东南,收功实者常于西北。故禹兴于西羌,汤起于亳,周之王也以丰镐代殷,秦之帝用雍州兴,汉之兴自蜀汉。"

可以说华夏文明最早发祥于关中地区,几十万年前的蓝田猿人和大荔猿人姑且不论,至迟在6000多年前,这里便有我国最早的原始农耕的村落——代表仰韶文化的西安半坡、姜寨等遗址,其文化以精美的彩陶和锄耕农业闻名于世,不仅在我国同时期文化中居领先地位,而且烧陶技术也居世界领先地位。引人注目的是,目前已发现的1000多处仰韶文化遗址,有400多处密布于关中,可见在石器时代,关中的确曾兴盛发达。

周族是关中一个古老的姬姓部族,传说周族始祖后稷,名弃,弃在邰(今陕西杨凌)安家立业。这里位于泾渭二水下游,土地肥沃,利于农耕。弃擅长种植,"播前百谷",古称为"后稷",文献记载周人早期活动在漆水下游一带,今武功县境内漆水河东岸的郑家坡遗址就处在这个范围之中,遗址的出土文物佐证了《诗经》《史记》等史料记载的真实性,为探索先周文化提供重要的线索。弃的四世孙公刘迁居豳(今陕西旬邑、长武、彬县一带),今长武县发现的碾子坡、下孟村等遗址,其主要内涵属先周文化,据已掌握的材料分析研究,以及若干个 ^{14}C 年代数据加以判断,这些先周遗址应是周人迁岐以前的文化遗存,对探讨先周文化面貌和特征,增添了新的资料。

公刘之后又九世古公亶父率周人迁居岐山脚下的周原（今陕西扶风、岐山一带），在这里建立起国家组织。古公亶父在周族的发展史上起过重要作用，被后世尊为"太王"。周人迁岐后，与商王朝往来渐密，臣服于商，周原出土的甲骨中就有周人与商王朝交往的记录。周人在周原的活动留下了极为丰富的文化遗存，经过多年的考古发掘，可见有建筑遗址、手工作坊遗址、墓葬、甲骨及青铜器窖藏，出土大量精美青铜器。周原遗址的发掘、发现，证实这里是周人的"岐周"所在，终西周之世，都是西周王朝的政治中心，周王朝曾在这里多次举行祭祀活动，是一处探索和研究西周社会政治、经济、文化最重要的遗址。

文王继续发展周人势力，与商王朝对抗，征服附近方国，形成"三分天下有其二"的局面，并将国都迁至丰（今西安市长安区沣河西岸马王镇一带），号称"西伯"。文王之子武王继承其父遗志，继续发展周人势力，以图取商而代之并将都城进一步东迁至沣河东岸，称作镐京（今西安长安区斗门镇一带）。

纵观周族的发祥和兴起，有一个自西向东的渐进过程，但均未超出关中平原的范围。在克商、正式建立西周王朝后的数十年间，周人在扩大胜利成果方面可谓不遗余力，至康王（公元前1020—公元前996年）末年，西周国家的基础已经空前稳固。从此，一个整合中国北方两个主要地带，其范围比商王朝更为辽阔的新地缘政治统一体已经屹立在东亚的地平线上。

有学者认为："西周国家的产生，可以说是一个政治企图与地理实现相协调的产物。"[1] 这种认识颇有道理。起初，周人深居远离商文明中心的西部内陆，东西部地缘政治和文化间的差异，对周而言是一个极大的挑战，在早期将近一个世纪的时间里，克服这种差异的努力几乎一直左右着周人的政策，其后也一直继续影响着周王朝的命运。从岐周到宗周，再加上东都洛邑的营建，从西到东的地理安排，一条

---

[1] 李峰著，徐峰译，汤惠生校：《西周的灭亡——中国早期国家的地理和政治危机》，上海古籍出版社2007年版，第104页。

横贯东西的权力中轴线无形之中诞生,其战略意义显而易见。它弥补了远在西部的地理缺陷,居于"天下之中"的地理优势既符合"古之王者,择天下之中立国"①的理念,又无疑为西周国家增加了至关重要的稳定性因素和力量。

二

作为西周国家的政治中心,丰京、镐京无法替代的重要性已经由许多重大的考古发现所证明。半个多世纪以来,考古工作者在沣河两岸发现了大量遗迹。在沣西,20世纪80年代在今马王村北面发现的一组由6座建筑遗址构成的大型宫殿建筑群,在今张家坡南面的台地上发现的1500多座西周墓葬②,以及大批有铭文的青铜器和窖藏③等等,均能说明问题。越过沣河,在沣东的今斗门镇与丰镐村之间约5平方千米的范围内,可以说遍布西周遗迹。虽有汉代开凿昆明池的严重破坏,但仍有许多重要发现,如1986年在今斗门镇北面发现的一处西周时期的大型宫殿建筑基址④,还发现在这个地区广泛分布的西周墓葬,对于研究周人与猃狁之间战争的最重要的青铜器铭文之一的多友鼎,即发现于之一地区的下泉村⑤。

与中央政府有关的青铜器及其铭文的发现,更明确地证明了这一点。例如,丰京作为周王接见官员并委以职责的场所,在小臣宅簋⑥、

---

① 《吕氏春秋·慎势》,《诸子集成》第九册,高诱注《吕氏春秋》,河北人民出版社1982年版,第211页。

② 中国社会科学院考古研究所编著:《张家坡西周墓地》,中国大百科全书出版社1999年版,第2—4页。

③ 中国科学院考古研究所编著:《长安张家坡西周铜器群》,文物出版社1965年版,第1—24页。

④ 郑洪春、穆海亭:《镐京西周五号大型宫室建筑基址发掘简报》,《文博》1992年第4期。

⑤ 田醒农、雒忠如:《多友鼎的发现及其铭文释义》,《人文杂志》1981年第4期。

⑥ 中国社会科学院考古研究所编:《殷周金文集成·4201》,中华书局1984—1994年版。

作册䰩卣①、裘卫盉②以及兴鼎③四件青铜器铭文中被提到。至于镐京，通常被称为"宗周"，则在二十多件青铜器铭文中出现过，如献侯鼎④、燕侯旨鼎⑤、大盂鼎⑥、史颂鼎⑦以及大克鼎⑧等。众多青铜器铭文向我们展示了这个频繁举行国家仪典和周王接见地方诸侯的政治中心的重要地位。

那么，处于国家政治中心的丰京、镐京将如何对广阔版图内的全体人民统治呢？西周国家对全体国民控制的一个强有力措施，即大行"封建"，也就是分封制的实行。

分封制是周王朝行使对全国统治的一种方式，是西周一项重要的政治制度，也是西周历史的一个显著特点。作为从西部"小邦周"发展起来的王朝，武王灭商时是广泛联合了西部一些反商的部族，乘商纣王用兵东方，后方空虚之机，在牧野之战中一举打败了商纣王，在很短的时间内灭亡了商朝。商朝虽亡但残余势力仍很强大，特别是在东方。周灭商不久，殷遗民就在东方发动了叛乱，周公经过三年的东征，才安定了局面。平定东方叛乱以后，如何统治商朝的广大地区，是周初统治者面临的重大问题。在当时，西周统治者认为最好的方式就是实行分封制，即派遣王室子弟和异性贵族勋戚，或臣服的异族首领，带着武装家臣和俘虏，到指定地点去进行统治，把那里的土地和俘虏赐给他们使用，使他们建立起西周的属国，继续统治那些地区的部族和人民。这样，众多的地方性封国，至少是姬姓封国在东部平原上安置，其实也是一种富有远见的在对地缘政治充分考虑的基础上进行系统规划的结果。周人按照自己的血缘亲属关系，系统地将中国东部平原和其周边地区成千上万的聚落进行重新分配和编排，从而形成

---

① 中国社会科学院考古研究所编：《殷周金文集成·5432》，中华书局1984—1994年版。
② 中国社会科学院考古研究所编：《殷周金文集成·9456》，中华书局1984—1994年版。
③ 中国社会科学院考古研究所编：《殷周金文集成·2742》，中华书局1984—1994年版。
④ 中国社会科学院考古研究所编：《殷周金文集成·2626》，中华书局1984—1994年版。
⑤ 中国社会科学院考古研究所编：《殷周金文集成·2628》，中华书局1984—1994年版。
⑥ 中国社会科学院考古研究所编：《殷周金文集成·2837》，中华书局1984—1994年版。
⑦ 中国社会科学院考古研究所编：《殷周金文集成·4229》，中华书局1984—1994年版。
⑧ 中国社会科学院考古研究所编：《殷周金文集成·2836》，中华书局1984—1994年版。

了一个个有周人处其上层地位的地方政治经济实体，由诸侯作为周王的代理者来进行统治的局面。这些众多的封国，沿着横贯东西的权力中轴线呈放射状向外分布，与其地表形态完全融为一体，它们不仅沿着主要交通线而建立以便有效地控制这些道路，同时也坐落于山脉和冲积平原之间的过渡地带，均可享受发展农业之利。

可见，西周分封制的实行，诸侯国的建立，并不是一个王室随意赐予其亲属和地方首领以土地的过程，而是西周国家精心构建的地缘空间，并从而巩固其政治基础的过程，这使周王室的周围形成了很多政治的和军事的据点，起到了拱卫王室的作用。20世纪30年代以来，这些封国遗址的考古发现和研究一直不断，我们在这里仅举诸侯墓地的发现来看：早在1932—1933年，当时的中央研究院就在河南浚县辛村发现了80多座西周墓葬及车马坑，其中包括8座带斜坡墓道的高等级墓葬，这应属于周初所封的卫侯墓地[1]。20世纪70年代以后这类发现不胜枚举，如北京房山琉璃河的燕国墓地、山西天马—曲村的晋侯墓地、河南平顶山的应国墓地、河北邢台的邢国墓地、河南三门峡上村岭的虢国墓地，以及最近几年发现的陕西韩城梁代村的芮国墓地[2]、湖北随州发现的叶家山曾国墓地[3]等等，都确切无疑地证明西周王朝分封制的存在，而众多封国的存在的确是西周国家政治体系的重要特征。

除分封制之外，西周国家还有一项重要的制度，即宗法制，它与分封制紧密结合。西周统治者通过层层宗法关系使政权与族权合一，确立了贵族的等级制度。各级贵族有不同的政治地位和经济特权，由此形成了国家的基本体制。至于士以下的平民，通过各自的分亲关系与所属的贵族确立固定的亲属关系，又根据各自的亲属关系确立基层

---

[1] 郭宝钧：《浚县辛村》，科学出版社1964年版，第1、7页。

[2] 北京文物研究所：《琉璃河西周燕国墓地》，文物出版社1995年版；北京大学考古系商组：《天马—曲村（1980—1989）》，科学出版社2000年版；河南省文物考古研究所、平顶山市文物管理局：《平顶山应国墓地》，大象出版社2012年版；河南省文物研究所：《三门峡虢国墓地》，文物出版社1999年版；陕西省考古研究院等：《陕西韩城梁带村遗址M19发掘简报》《陕西韩城梁带村遗址M26发掘简报》《陕西韩城梁带村遗址M27发掘简报》等，分别见于《考古与文物》2007年第1期、《文物》2008年第1期、《考古与文物》2007年第6期。

[3] 《揭秘随州叶家山西周墓地——曾侯乙前溯500年》，搜狐新闻，2013年7月3日。

的劳动组织。这样周代国家政权的结构就表现为宗族形态，无论在周王室还是在诸侯国内，掌握政权的均为占统治地位的各级宗主。

在考古发现中，仅举渭河平原为例，除了上述表明与王室活动有关的中心遗址外，我们在几乎每一个县都发现过有重要铭文的青铜器，这些青铜器均为由不同的贵族成员所作。比如，在渭河东段的临潼出土的记有武王伐纣铭文的利簋[1]；在临潼南面灞河谷地出土的载有土地转让过程铭文的永盂[2]；渭河西段的宝鸡地区则更是一个青铜器发现的集中地，许多西周的重要宗族，譬如井、虢、㺇、散、夨都与此地有关。通常情况下，有铭文的青铜器在王室中心以外的地区发现，表示那里很可能有与王室有着诸多联系的贵族宗族的采地或墓地。我们从铭文得知，这些采邑无疑是当地的中心，与王室相对应，形成第二级的地方中心，环绕这些第二级地方中心的是众多小型的聚落或村舍，居住在这些聚落和村舍的人们组成农业生产和农村社会的基本单位，他们依附并供养着那些生活在采邑上的宗族贵族们。这些现象告诉我们，西周时期构建于关中平原地表形态之上的地缘政治结构中，确实包含着相当典型的聚落层次与等级。

在西周青铜器铭文中，这种大宗统御小宗的例证也非常之多，如常见的"小子"之称，有自己谦称的含义，也有"宗小子""小子某"等，就可能是小宗对大宗的自称。金文中命族人出兵征讨的例子更是多见，这里不再引证，仍以西周时期的墓葬来反映宗族制度的存在：浚县辛村应国墓地，大型墓8座，中小型墓57座，车马坑2座，马坑12座，排列有序，位次井然，显然是8座大墓为主体，其余均为亲属族人墓葬，是一个比较典型的贵族墓地[3]。房山琉璃河燕国墓地，从公布的两处材料看，第一处41座墓，均为南北向排列，又可分为6组，第1组分为两群，第2组分为三群，第4组也可分为两群，各群中有一座较大的墓，可能是族长或家长墓，其余各墓规模相仿，墓葬

---

[1] 中国社会科学院考古研究所编：《殷周金文集成·4231》，中华书局1984—1994年版。
[2] 中国社会科学院考古研究所编：《殷周金文集成·10332》，中华书局1984—1994年版。
[3] 郭宝钧：《浚县辛村》，科学出版社1964年版，第3—6页。

或并列或错列，此为燕国贵族墓地，其中不同的族群，可能表示着一族之中的不同分支①。上村岭虢国墓地，234 座墓，4 座车马坑，1 座马坑，墓葬大小不等，却均为南北向排列。整个布局可分为南北中三组，南组中心为五鼎大墓，两边为三鼎、两鼎墓。北组以虢国太子七鼎墓为主居西，另有五鼎墓居北。中组以三鼎墓为中心，8 座一鼎墓散居四面。可以清楚看到以上三组墓群，均以较小的墓葬拱卫大且随葬鼎数多的大墓，显然表示有三个支族各居一组。②沣西张家坡墓地，共 130 多座墓葬，以小型墓为主，分布四处，仅看第一处，53 座成人墓，17 座小孩墓，车马坑 4 座，有一定的排列规律，可见即使平民墓葬，也是按照族群排列③。

  以上所举墓地实例已经使我们清楚地看到以亲属血缘为基础的宗族组织，它实际上已经超越了地缘团体，作为分封诸侯，无论被分封到任何地方，它都始终与周王室保持着密切的关系，同时它们自身内部也一直保持着紧密的联系，这应该就是宗法制度的作用所在。

  这样，我们就清楚地看到，西周国家已经有了比较健全的行政体系，并通过一套常规程序来对全国进行管理。周王的权力似乎承载于一张网络之上，而并非集中于某一处，这张网络将若干处大小及复杂程度相当的主要城市联结起来，通过这张网络，周王频繁地在各个城邑之间巡行视察，行使权力。而分散各地的诸侯国君，也必须按照规定定期或不定期地前往丰镐都城觐见朝贡，行使自身对周王应承担的各项义务。分散于各地的封国只是西周国家的有机组成部分，它们受制于位于关中地区的权力中心。如此，西周国家精心构建的分层次的地缘政治结构已经确立。

  原载于《西周金文与西周史研究暨中国先秦史年会论文集》，三秦出版社 2018 年版

---

① 北京大学历史系考古教研室：《商周考古》，文物出版社 1979 年版，第 193—194 页。
② 北京大学历史系考古教研室：《商周考古》，文物出版社 1979 年版，第 194 页。
③ 北京大学历史系考古教研室：《商周考古》，文物出版社 1979 年版，第 190—192 页。

秦朝何以短祚？

——从秦的落后面分析

秦朝何以短祚？强盛的秦王朝何以速亡？这似乎是一个不值得讨论的问题。但西汉初年的政治思想家贾谊对此有亲身的经历和深切的思考，他的《过秦论》对其总结最为精到："秦以区区之地，致万乘之势，序八州而朝同列，百有余年矣；然后以六合为家，崤函为宫；一夫作难而七庙隳，身死人手，为天下笑者，何也？仁义不施而攻守之势异也。"贾谊认为一个戍卒发难就毁掉了强大的秦王朝，被天下人耻笑，其原因就是不施行仁义，不懂得保天下和取天下所采取的政策是不同的。秦王朝的统治者不仅"仁义不施"反而"怀贪鄙之心，行自奋之智，不信功臣，不亲士民，废王道而立私爱，禁文书而酷刑法，先诈力而后仁义，以暴虐为天下始。夫并兼者高诈力，安定者贵顺权，此言取与守不同术也。秦离战国而王天下，其道不易，其政不改，是其所以取之守之者异也。孤独而有之，故其亡可立而待"。秦二世"重之以无道，坏宗庙与民，更始作阿房宫，繁刑严诛，吏治刻深，赏罚不当，赋敛无度，天下多事，吏弗能纪，百姓困穷而主弗收恤。然后奸伪并起，而上下相遁，蒙罪者众，刑戮相望于道，而天下苦之。自君卿以下至于众庶，人怀自危之心，亲处穷苦之实，咸不安其位，故易动也"。

贾谊所总结的无非是秦政"仁义不施"未能区分攻守之道、"繁刑严诛，吏治刻深，赏罚不当，赋敛无度"、自高官贵族到平民百姓

"人怀自危之心"等等，这些不稳定因素最终引发了农民起义、六国反抗，强大的秦帝国顷刻之间土崩瓦解。贾谊的这些总结得到了历史上许多史家的赞同，也是我们今天人们的共同认识。

一

以往我们讲到秦的时候，总是过多地强调了秦的大一统，秦的种种统一措施、秦的制度创新、秦王朝在短期内的众多建树等等，往往忽略了对秦本身落后面的分析，这些落后面是否也是造成秦王朝短命、速亡的因素呢？本文试图做一些分析。

与东方六国相比，许多人都认为秦在商鞅变法以后社会制度更为先进，实际上我们仔细分析，秦国尚存在着诸多的落后面。

首先，很多材料显示，到战国晚期时秦国的奴隶制还很盛行。奴隶的称法很多，最常见的就是"臣妾"或"隶臣妾"，传世文献中最早见于《汉书》。《汉书·刑法志》："鬼薪、白粲一岁为隶臣妾，隶臣妾一岁免为庶人。"颜师古注："男子为隶臣，女子为隶妾。"汉代的隶臣妾来自秦，商鞅变法令中有一条：有军功的"各以家次，名田宅臣妾"。汉代的隶臣妾、鬼薪、白粲是刑徒，实际上是有限期的奴隶。汉代刑徒，有一岁到五岁，实际上就是一岁到五岁的奴隶。所以郑玄说："今之奴婢，古之罪人也。"古之罪人为奴隶，今之罪人仍是奴隶，不过汉之刑徒有了年限，即做官奴隶有了年限。古之罪人为奴隶，是没有时限的，不经赦免永远做奴隶。

秦汉的隶臣妾，是承自周代。古籍和金文中，都有臣妾的记载，如《尚书·费誓》："马牛其风，臣妾逋逃，勿敢越逐。……乃越逐不复，汝则有常刑。无敢寇攘逾垣墙，窃马牛，诱臣妾，汝则有常刑。"克鼎铭文："锡女井家䙡𤳊田于㽙，以厥臣妾。"

自从睡虎地秦简发现以后学术界对"隶臣妾"有太多的讨论，有学者曾经对传世文献和大量的秦简（包括睡虎地简、龙岗简、里耶简）和汉简（主要是张家山简）中的"隶臣妾"身份做过较为详尽的考证研究，认为从战国秦到秦朝再到汉朝，"隶臣妾"的发展基本轨迹是：由刑徒、官奴隶这样的混合体，逐渐走向刑徒的单一称谓。而张家山汉简《二年律令》19条律文所见的"隶臣妾"，均为汉律徒刑刑名；《奏谳书》的"隶臣妾"既有西汉初汉律徒刑刑名，又有可确定为秦律徒刑刑名的案例。由此可见，上承秦制而来的"隶臣妾"之制，发展到汉初，已成为汉律徒刑刑名[1]。其实在先秦时代刑徒和奴隶本身就有着紧密的联系，不可能截然分开。汉律的"隶臣妾"是有一定刑期的刑徒，而秦的"隶臣妾"却看不出固定的刑期。

据出土的秦简所载，秦官府使用奴隶从事各种生产及各种工程、戍守作战，秦国拥有众多的官奴，奴隶成了秦国社会的重要劳动力是无可争议的事实。这些奴隶都从何而来？高恒先生在《秦律中"隶臣妾"问题的探讨》一文里归纳为如下三个方面：一是"因本人犯罪而被判为隶臣妾"；二是"因亲属犯罪而籍没的人"；三是"投降了的敌人"[2]。之后，高敏先生在此基础上又添了三个来源：第一，是因没收私家奴隶而来的"隶臣妾"；第二，用钱买来的奴隶；第三，是奴隶的子女仍为奴隶。[3] 其实奴隶的来源远不止以上六种，比如商鞅变法还有"事末利及怠而贫者，举以为收孥"的政策，就是把私营工商业者看作罪犯，而要将其沦为奴隶。

既是奴隶，就可随意被买卖，秦国的奴隶买卖制度在云梦秦简《日书》中有多处提到，如"入人民、马牛、禾粟"，"入臣徒、马牛、它牲"，"入臣妾"，等等，都是指买进奴隶。[4] 这里的"臣徒""臣妾"指奴隶自不待言，"人民"则可参看《周礼·质人》："掌城市之货贿、人民、牛马、兵器、珍异。"郑玄注："人民，奴婢也。"可知在市场上买卖的奴隶亦称作"人民"。《法律答问》载："收其外妻、子。子小未可别，令从母为收。可（何）谓从母为收？人固买（卖），子小不可别，弗买（卖）子、母谓殹（也）。"这是官府出卖奴隶的明证。官奴也可转借给私人役使，见秦简《仓律》："妾未使而衣食公，

---

[1] 李力：《"隶臣妾"身份再研究》，中国法制出版社2007年版。
[2] 高恒：《秦律中"隶臣妾"问题的探讨》，《文物》1977年第7期。
[3] 高敏：《云梦秦简初探》，河南人民出版社1979年版，第103—104页。
[4] 于豪亮：《秦简中的奴隶》，《云梦秦简研究》，中华书局1981年版。

百姓有欲叚（假）者叚（假）之，令就衣食焉。"《封诊式》的"告臣"爰书说，士伍甲由于其臣"骄悍，不田作，不听甲令，谒卖公，斩以为城旦，受价钱"。可见私家在特殊情况下也可以把奴隶卖给公家。

可以看到"臣妾"是可买卖、赠送、陪嫁、赏赐的，成为与牛马一样的财产。

秦简《仓律》还有对刑徒和奴隶的用粮标准，云："隶臣妾其从事公，隶臣月禾二石，隶妾一石半。""隶臣田者，以二月月禀二石半石，到九月尽而止其半石。"① 同是在官府从事劳役的奴隶，男性与女性的口粮定量标准每个月有半石之差。甚至同一工种的男女奴隶也有半石多的差异："隶臣妾垣及它事与垣等者，食男子旦半夕参，女子参。"还有按身高不同的定量，亦见于秦简《仓律》："小城旦隶臣作者，月禾一石半石；未能作者，月禾一石。小妾舂作者，月禾一石二斗半斗，未能作者，月禾一石。婴儿之毋（无）母者各半石，虽有母而与其母冗居公者亦禀之，禾月半石。"《秦律》不是根据年龄分"大""小"，而是按身高，《仓律》还规定："隶臣城旦高不盈六尺五寸，隶妾高不盈六尺二寸，皆为小。"

关于以多赎少，以壮赎弱，以男赎女之奴隶法亦见云梦秦简，《仓律》曰："隶臣欲以人丁粼者二人赎，许之。其老当免老，小高五尺以下及隶妾欲以丁粼者一人赎，许之。赎者皆以男子，以其赎为隶臣。"就是说秦律允许人以爵级或用"丁粼"男子赎取隶臣妾。一般隶臣用两人赎取，达到"免老"年龄的老隶臣和高五尺以下的小隶臣以及隶妾，用一人赎取。用来赎取的人则成为隶臣，一般被用来赎取隶臣妾的人应该都是私家奴隶。此外，秦律还允许百姓以"戍边五岁"而不抵消应服之役的条件，赎取当隶妾的母亲或姐妹一人为庶人。

从秦国的《军爵律》可以知道，隶臣斩得敌首就可免除奴隶身份。此外，奴隶身份的免除还有一些比较特殊的情况，例如战国晚期

---

① 《睡虎地秦墓竹简》，文物出版社1990年版，第32页。

秦国取得新领土后，有时把奴隶免为庶人迁居到那里去。

从以上可明显看出秦律中的"隶臣妾"是很明显的奴隶制性质，并没有发展为汉律那样的单纯的刑徒性质。

其次，我们再来看秦墓的殉人。

在东周列国中，秦国殉人之风最为兴盛，据《史记·秦本纪》记秦武公"葬雍平阳，初以人从死，从死者六十六人"。秦穆公卒，"从死者百七十七人"，其中有三位良臣跟着殉葬，国人作《黄鸟》之诗刺之，认为秦穆公收其良臣从死是有辱先公，大逆不道。考古发现的秦墓中人殉比文献所记的秦武公要早，而且相当普遍，从今甘肃礼县时代较早的大堡子山秦公墓地到战国晚期乃至秦统一后的秦始皇陵，各个时期秦公墓中均发现有人殉现象。礼县大堡子山、圆顶山一带秦公陵园，现已发掘数座中字型大墓和几百座中小型墓葬中多数发现有殉人[1]。在陕西凤翔雍城秦公1号大墓中，殉葬者的尸骨层出不穷，多达165个装盛殉人的木质箱匣在第三层台阶上环绕椁室排列有序，填土中还有20人牲，165具殉人均为卷屈特甚的屈肢葬[2]。即使较小的墓葬，也常有殉人现象，1976—1977年在陕西凤翔八旗屯发掘的春秋中晚期秦人墓葬群，有人殉的也不占少数，这些墓的墓主人为仰身直肢，而殉葬人则是屈肢[3]。1983年发掘的凤翔八旗屯西沟道秦墓，一座墓就见5个殉人坑，殉人尸骨均用树皮和树枝覆盖[4]。1977年发掘的凤翔高庄战国中期的两座秦墓中亦见殉人[5]。战国晚期到秦代还有如山西侯马马桥附近发现的70多座的秦墓，葬式基本为屈肢，墓的周围有沟，沟内埋有殉人，殉葬人有的颈部有刑具铁钳，有的被肢解，最多的一墓殉有18人之多[6]。类似的中、小型秦墓殉人的现象还有陕

---

[1] 戴春阳：《礼县大堡子山秦公墓地及相关问题》，《文物》2000年第5期。
[2] 田亚岐：《东周时期殉人秦墓再探讨》，《早期秦文化研究》，三秦出版社2006年版。
[3] 韩伟：《试论战国秦的屈肢葬仪渊源及其意义》，《中国考古学会第一次年会论文集》，文物出版社1980年版。
[4] 尚志儒、赵丛苍：《陕西凤翔八旗屯西沟道秦墓发掘简报》，《文博》1986年第3期。
[5] 吴镇烽、尚志儒：《陕西凤翔秦墓地发掘简报》，《考古》1981年第1期。
[6] 山西省文物管委会、山西省考古研究所：《侯马东周殉人墓》，《文物》1960年第8、9期。文物编辑委员会：《文物考古工作三十年》，文物出版社1979年版，第61页。

西户县宋村春秋早期秦墓、凤翔西村战国中晚期秦墓、咸阳任家嘴秦墓等。总之，目前已发掘的春秋、战国时期的秦墓有40余处，墓葬总数超过2000座，其中凡是有青铜器随葬的均有殉人，殉人的数量往往与青铜器随葬的数量成正比。① 可见这类墓葬的墓主人一定是身份较高的贵族，为这些人殉葬的是否为家用奴隶？值得进一步探讨。

尽管在公元前384年，秦献公宣布"止从死"，正式以法令形式废除了这一落后野蛮的制度，然而如人们所熟知的，秦始皇死后，二世下令"先帝后宫非有子者，皆殉葬，死者甚众"。《汉书·楚元王传》记载"始皇葬骊山，多杀宫人，生埋工匠以万数"。

我们知道，周王朝迁都洛邑以后，秦人据有西周故地，在很大程度上继承了周人的文化传统，但在葬礼葬俗方面却偏偏没有依周礼行事。据长期从事考古发掘和研究工作的张天恩先生称："考古资料明确反映周文化没有以人殉葬的制度，特别是出于姬周直系的贵族和诸侯国，基本未见殉人现象。无论是发现于京畿的沣西井叔家族墓地，还是分封于外的北赵晋侯墓地、上村岭虢国墓地、黄土坡燕国墓地、卫国墓地等，基本不例外。"② 周文化没有殉人的传统，被周所灭的商王朝确曾广泛地流行殉人制度，可见秦人的殉人制度是与商文化中最黑暗、最残忍的人殉、人祭制度有着千丝万缕的联系。

《商君书·靳令》把儒家所倡导的一整套文化体系称作"六虱"，具体为："曰礼、乐，曰《诗》、《书》，曰修善，曰孝弟，曰诚信，曰贞廉，曰仁、义，曰非兵，曰羞战。"认为无六虱而国必强，有六虱而国必弱，"而好用六虱者必亡"。《商君书》将"礼"列入虱首，可知在战国中期周"礼"还未彻底崩溃，在各国中还有一定的影响力，不然也不会遭到如此抨击。秦在东周列国中要强盛、要发展，要在"东方"站稳脚跟，在文化上弃百家而唯重法家，走上了一条富国强兵的道路，但却保留了极其落后的殉人制度。

---

① 田亚岐：《东周时期殉人秦墓再探讨》，《早期秦文化研究》，三秦出版社2006年版。
② 张天恩：《试说秦西山陵区的相关问题》，《秦都咸阳与秦文化研究》，陕西人民教育出版社2003年版。

以上我们仅举出了秦人和秦王朝所存的奴隶制度和殉人制度，当然秦的落后面也不仅仅限于这两个方面，这两个在人类文明发展史上最落后、最残暴、最黑暗的制度，已经足以将秦的落后面清楚地显现出来了。

二

在人类历史上，落后文明战胜先进文明不乏实例。相对东方六国来说，地处西方一隅的秦国无论从各方面来说都应该比较落后，但它从一开始就表现出宗法血统观念淡薄，没有形成庞大的宗室贵族阶层的一面。商鞅变法以后，秦人以耕战立国，使得国力由弱而强，逐渐建立起了一个以今天的关中为中心、西至今甘肃天水一带、东至今陕西华县附近的强大诸侯国，国土由小而大，加之关中地区优越的地理环境和和易守难攻的军事战略要地，奠定了它雄吞八方、兼并天下的基础，之后秦国靠强大的军事力量在短短的数年间灭东方六国而实现了统一。秦人长期与夷、狄杂居，民风彪悍纯朴，不墨守成规，不受"礼乐"之类的条条框框限制，处事简约务实，急功近利，锐意创新，以战争思维管理天下，展现出强大无比的表象。

但是，强大并不能等同于文明，也不一定代表着先进，其实看似强大的秦帝国已在各方面表现出它的某些先天不足与脆弱。

首先，秦帝国的军事化管理体制是其弊端之一。秦国靠武力征服天下，以战争统一六国后，仍然用军事化的体制，以军人粗暴残酷的手段管理国家。秦国从商鞅变法开始实行奖励军功政策，给英勇作战的军人不仅授爵，而且斩一首者"欲为官者以五十石之官"，"斩二首者爵二级，欲为官者以百石之官"[1]，连韩非都对这种做法提出批评。"秦王朝以军人为吏，必然是各级行政机构都容易形成集权专制的特点，使行政管理和经济管理都具有军事化的形制，又使统一后不久即

---

[1] 韩非著，王先慎集解：《韩非子集解》卷十七《定法第四十三》，中华书局1998年版。

应结束的军事管制阶段在实际上无限延长,最终酿成暴政。"①

其次,在经济上实行弱关东以强关中的政策又是秦统治的一大弊端。秦王朝的行政制度总的来说是以秦人对关东地区的征服压迫和奴役为前提的。秦统一后,曾采取了一系列的措施以防范关东地区的反抗力量,除了平毁城郭,拆除堡垒,收天下兵器聚之咸阳加以销毁以外,秦王朝还强行迁徙天下豪富12万户至于咸阳,以图削弱关东地区的经济力量。秦王朝连年内连续兴建规模宏大的土木工程,肆意征发军役,承受繁重徭役负担的主要是关东人。当时有"秦富十倍天下"的说法,据睡虎地秦简《仓律》,各地仓储均为"万石一积",即以"万石"作为积储单位,而"栎阳二万石一积,咸阳十万石一积"。关中经济之丰饶富足与关东经济之凋敝残破形成鲜明对比,正是由于所实行的政策有明显的区别②。关东地区在经济上受秦政府的盘剥与控制,必然会在政治上形成反秦的立场。

再次,实行严酷的文化专制是典型的以落后、残暴的手段摧残压制先进文化的事件,是秦王朝对先秦思想文化成就的毁灭性打击。除了"挟书律"的颁行、焚书、坑儒造成了中国文化史上一次严重的浩劫外,秦王朝文化政策的一个重要特征,即强调所谓的"以法为教,以吏为师",由官吏来担任思想文化方面的领导,以替代之前私学繁荣时代的"师"。对秦王朝来说,令行禁止、上行下效,偏重法和暴力,倚重地方行政和严苛的刑罚,靠一以贯之的权力来维持整个国家的整体行动和统一步伐,远远比对人民进行教化要实际得多。禁止私学,重"法"轻"学",这种愚民政策实际上正反映了秦王朝在文化方面的愚昧与狭隘,也正是秦人在文化心理上与东方六国无法达到统一的真实写照。中国古代文化在经历了几百年"百家争鸣""百花齐放"的繁荣之后,秦政权没有使自身相对落后的文化与关东占据优势的文化相融合,反而以"法"的政治文化心理,以反动的文化政策和

---

① 王子今、方光华主编:《中国历史—秦汉魏晋南北朝卷》,高等教育出版社2001年版,第17页。
② 王子今、方光华主编:《中国历史—秦汉魏晋南北朝卷》,第17页。

暴力手段，使关东关西两大文化系统相互冲突，从而最终开启了之后中国古代文化专制主义的先河。

秦始皇统一之后声称其功业远超先周时期的各个君主，也希望自己的皇朝能够达到前人不能达到的高度。然而终因蛮族出身的限制，虽然统一了华夏，但对关东经济与文化的发展水平却不能做出正确估价，始终沉浸于统一战争中表现出来的绝对军事优势的错觉，他多次出巡、在各地刻石，又以各项宏大的工程不断地为其帝国的强盛做光环，向被征服的关东六国宣示秦帝国的强大。但这些举措最终未能掩盖他内心深处的惶恐与其帝国的脆弱，正如贾谊所说，一个戍卒发难就使貌似强大的秦王朝顷刻之间土崩瓦解了。

原载于《秦始皇陵博物院》2011年第1辑，三秦出版社2011年版

数术与秦文化

数术是中国古代学术文化的一个重要门类，在《汉书·艺文志》里与六艺、诸子、诗赋、兵书及方技并列。很久以来，由于学术界对于古代数术多持摒斥态度，加之《汉志》所列数术类的典籍绝大多数今已不存，使得人们对这一重要的古代学术文化的了解和研究几乎无法进行。值得庆幸的是，近年来随着考古事业的发展，出土资料的丰富，越来越多的属于古代数术门类的资料也相继再现，为我们了解和研究古代数术学术文化面貌提供了珍贵的实物资料，使我们深深体会到我们所处的这样一个考古大发现的时代真是幸运。

《汉志·数术略》分数术为天文、历谱、五行、蓍龟、杂占及形法六家，共190种，并在其"序"中指出："数术者，皆明堂羲和史卜之职也。"通过对《汉志》所列书目和出土数术类资料的了解，使我们认识到，即使以今天的知识水准来看，数术中蕴藏着很多合理的因素，古代的科学，如天文、历法、地理、气象等门类往往存于数术之中，数术与古代宇宙观也有极其密切的关系。所以，通过对数术的研究，可以使我们更清楚地了解古代学术和思想的真实面貌。

从现有的出土资料来看，属于数术类的竹简或帛书大部分出于古代楚地范围，因而"楚地盛行数术之风"在学界也早已成为一种共识。那么，秦地是否有无数术之风气？如果有，其风行程度如何？在当时的社会中究竟占何等地位？对当时及以后的思想文化起过什么样的作用？这就是本文打算探讨的问题。

一

一般认为，古代楚地有数术传统，而秦立国于西周王畿故地，与其他各国不同，有自己的文化特色，在某些方面比较保守，数术之风在秦地似乎并不盛行。其实，从时间概念说，数术从东周到汉代一直很流行，从地域范围看，也应该在整个华夏大地都很盛行。

既然数术属于"明堂羲和史卜之职"，其必有深远之传统。从史书记载看，远在三代以前，就有黄帝考订星历，重黎绝地天通，羲和分正四时[1]；三代时，夏有昆吾，商有巫咸，周有史佚[2]；至春秋，则周有苌弘，鲁有梓慎，宋有子韦，郑有裨灶，晋有卜偃[3]；战国，则齐有甘公，楚有唐昧，赵有尹皋，魏有石申[4]。这些人物所操之术，均为"天文历算"与"占星候气"，属于数术无疑。可见数术与三代及东周各国所设职掌有关，不单楚地，各国均有传统，只不过今天的考古发现多集中于楚地罢了。

另外，古代兵家中尚有"兵阴阳"一家，实际上正是数术在军事上的应用，兵书中如《太公》《尉缭子》等都提到数术中的刑德、风角、五音之术，《汉志·兵书略》"兵阴阳"列有16家，其中大多数依托黄帝及其臣下，还有燕国、越国诸家，像属于燕国的《师旷》，即为风角五音之类的书。在《汉志·兵书略》中列为"兵权谋"中的《吴孙子》《齐孙子》《吴子》等兵书中都有属于"兵阴阳"的内容，可见数术之学在当时极为普遍。秦国后起，虽然没有著名的兵书流传至今，但它在自己的发展过程中，尤其战国时期它在征服东方六国的过程中，必定会不断吸收各国文化以充实自身，这不仅为征服东方六国，对统治所征服地区也是十分必要的。

马王堆帛书中有秦写本《式法》（以前定名为《篆书阴阳五

---

[1] 均见《史记》，《历书》，中华书局1961年版，第1257页。
[2] 见《史记》卷二七《天官书》，中华书局1961年版，第1343页。
[3] 见《史记》卷二七《天官书》，第1343页。
[4] 见《史记》卷二七《天官书》，第1343页。

行》），书中避讳"正"字，把"正月"改为"端月"。《式法》即属于数术类"选择"的方法之一，这说明秦当时焚书的法令不禁"卜筮之书"，的确是发挥了作用的。

从现有资料看，数术类的"日书"已有大量出土，属于秦的就有：

（1）1980年甘肃天水放马滩秦墓（M1）出土的战国末年秦日书[①]；

（2）1993年湖北江陵王家台秦墓（M15）出土战国晚期秦日书[②]；

（3）1975年湖北云梦睡虎地秦墓（M11）出土的秦代日书[③]。

日书已为大家所熟识，它是古代用以选择时日、趋吉避凶的数术书籍，应该在当时是很流行、很普遍的读物。虽然现有资料最早的为战国晚期，但操这种择日之术的、当时称作日者的人至少在战国前期就已出现。《墨子·贵义篇》有："子墨子北之齐，遇日者，日者曰：'帝以今日杀黑龙于北方，而先生之色黑，不可以北。'"《史记》有《日者列传》，《索引》说："名卜筮曰日者，以《墨》所以卜筮占候时日通名日者故也。"明确指出日者之职在于占候时日。然不知什么原因司马迁却于汉以前无所述，仅讲述了一个汉时日者司马季主的故事：司马季主，楚人，"游学长安，通《易经》，术黄帝、老子，博文远见"，是西汉前期文帝时期的日者。褚少孙补《日者列传》讲到汉武帝时择日有五行家、堪舆家、建除家、丛辰家、历家、天人家、太一家等，这些大概是日者的门派，各家都应有各自的理论和具体操作方法，纷繁而复杂。而日书作为流行读物，是按一定的占卜和择日方式编排好的类似手册类书籍，其内容关乎社会生活中所有事宜禁忌，其中并无高深理论，使用起来极为方便，故而在民间广为流传。

秦始皇焚书时，对他认为"不中用"的六国史记和《诗》《书》、

---

① 分甲、乙两种，甲种见于《秦汉简牍论文集》，甘肃人民出版社1989年版；乙种见于何双全《天水放马滩秦简综述》，《文物》1989年第2期。

② 见荆州地区博物馆《江陵王家台15号秦墓》，《文物》1995年第1期。

③ 见《睡虎地秦墓竹简》，文物出版社1990年版。

百家语尽烧之，唯独"医药卜筮种树之书"得以保留，数术方技之书照样流行①。显然，秦始皇认为这类书对他和他的政权是有用的，《日书》就属于这一类在当时受到保护的书籍。除此之外，秦始皇还征用大量"文学方术士"，其中"方术士"即操数术方技之术者，秦始皇用他们，一是为了占星候气，二是为他寻仙访药，以求长生不死。史载当时秦始皇身边"候气者至三百人"②，此数字尚不包括更多的专事寻仙访药的方士，这样多的以数术见长的人养在自己左右，可以想见数术风气之盛。如果考察秦的历史，我们也可看到，卜筮、视日、占卜等活动对秦的政治、军事以及社会生活的方方面面都有着极其密切的关系③。这一风气一直传至汉代，到汉武帝时方术之士的活动在许多方面都类似秦始皇，甚至有过之而无不及。

可见无论是战国时的秦国，还是统一全国之后的秦王朝，从民间到朝廷、从老百姓到皇帝都有着浓厚的数术传统，这一传统除本身具有以外，与秦人征服东方，特别是拥有楚地、燕、齐以后，吸收、融合当地文化传统也有一定的关系。

二

从现已正式公布的日书出土情况来看，属于战国时期的有：湖北江陵九店楚简日书④、天水放马滩秦简日书、湖北江陵王家台秦简日书；属于秦时代的有：湖北云梦睡虎地秦简日书；属于西汉的有：安徽阜阳双古堆汉简日书⑤、湖北江陵张家山汉简日书⑥、河北定县八角廊汉简日书⑦、甘肃武威磨咀子东汉墓中所见西汉成帝时汉简日书⑧。

---

① 《史记》卷六《秦始皇本纪》，中华书局1961年版，第258页。
② 《史记》卷六《秦始皇本纪》，第258页。
③ 《史记·秦本纪》和《史记·秦始皇本纪》有大量这类记载。
④ 见湖北省文物考古研究所、北京大学中文系编《九店楚简》，中华书局2000年版。
⑤ 见《阜阳汉简简介》，《文物》1983年第2期。
⑥ 见《张家山汉简概述》，《文物》1985年第1期。
⑦ 见《定县40号汉墓出土竹简简介》，《文物》1978年第1期。
⑧ 见《武威汉简》，文物出版社1964年版。

这里，尚不包括其他有关择日之术的帛书或简牍资料。通过这些材料我们可以了解从战国晚期到西汉晚期二三百年间日书流传概貌，并从中了解数术的发展流传情况。以下，将以秦日书为主，对一些具体问题进行探讨。

放马滩日书和睡虎地日书的内容都有"建除"，以往以有很多学者对此进行过研究，有的学者还认为日书即是"以建除为中心构建而成的占书"①。我们知道，建除是一种时间表，它是按照建、除、满、平、定、执、破、危、成、收、开、闭十二辰与十二地支相配，排列成一个表，以定日辰的吉凶。《淮南子·天文训》："寅为建，卯为除，辰为满，巳为平，主生；午为定，未为执，主陷；申为破，主衡；酉为危，主杓；戌为成，主少德；亥为收，主大德；子为开，主太岁；丑为闭，主太阴。"《史记·日者列传》褚先生言，讲到汉武帝召集各派占卜者，询问娶妇日之吉凶，诸家说法不一，其中即有建除家，可见建除家乃古代占卜家之一。这两种日书就是按上述方法把每月各日排列成十二值，周而复始，看该日所值以定吉凶。如正月建除为寅日至丑日，二月建除即为卯日至寅日，以此类推，而每月的建除都能同该月斗柄所建相一致，建除十二日的忌宜则注在表后，只要按表查出某日地支为建除某日，就可求知可干或不可干什么。如睡虎地简文曰：

建日，良日也，可以为啬夫，可以祠，利早不利暮，可以入人、始冠、乘车、有为也，吉。除日，臣妾亡，不得，有瘇病，不死，利市责、彻□□□除地、饮乐，攻盗不可以执。盈日，可以筑间牢，可以筑官室、为啬夫、有疾难起。平日，可以娶妻、入人、起事。定日，可以藏、为官府室、祠。执日，不可以行，以亡，必执而入官而止。破日，毋可以有为也。危日，可以责执攻击。成日，可以谋事、起□、兴大事。收日，可以入人民、马

---

① 参见工藤元男《从卜筮祭祷简看"日书"的形成》，武汉大学中国文化研究院编：《郭店楚简国际学术研讨会论文集》，湖北人民出版社2000年版。

牛、禾粟，入室取妻及它物。开日，亡者，不得。请谒，得。言盗，得。闭日，可以劈决池，入臣徒、马牛、它牲。①

睡虎地《日书》称"建除"为"秦除"，显然是为了与同书中《除》所列的楚国日名相区别，有学者也指出《丛辰》在睡虎地《日书》中也分为秦、楚两种②。这部日书出土于楚国故地的云梦县，其中正好又有秦楚月名对照表，这正表明它包含了秦、楚两地的数术。如对照以九店《日书》为典型的楚日书、以放马滩《日书》为典型的秦日书，睡虎地《日书》的这一特点十分明显。大家知道，秦文化与楚文化有着很大的差异，秦为了对占领地进行有效的统治，不得不认同并且吸收占领地的风俗习惯，将其与秦本身的文化相糅合。这也说明秦国的数术风俗在战国晚期与楚国盛行的数术风气基本在一个水平线上，秦人在这方面并不显得落后。汉代以后的建除，如《淮南子·天文训》所记，则完全与秦简《日书》的"秦除"相一致，而楚地的建除则被废弃不用，由此可见汉文化对秦文化的传承。

如果我们再将九店楚《日书》与睡虎地秦《日书》作一比较，还可清楚地看到一点，那就是在九店楚《日书》中还完全看不出五行说的影响，这部成书与楚地的《日书》主要作成于建除家与丛辰家之手，主要记建除家言与丛辰家言，尚未见五行说登场。而到了睡虎地秦简《日书》，五行学说的影响就十分鲜明了。仅从字面上来看，秦简《日书》甲种83—92背面简有：

  金胜木，火胜金，水胜火，土胜水，木胜土。东方木，南方火，西方金，北方水，中央土。

秦简《日书》乙种79—87有：

---

① 见《睡虎地秦墓竹简》《日书》简一四—二五，文物出版社1990年版。
② 见李零《中国方术续考》，《读几中出土发现的选择类古书》，东方出版社2000年版，第326页。

丙丁火，火胜金。戊己土，土胜水。庚辛金，金胜水。壬癸水，水胜火。（酉）丑巳金，金胜木。□　未亥【卯木，木】胜土。辰申子水，水胜火。

饶宗颐先生据秦简《日书·梦》，明确指出《日书》有五行相生之说，其顺序为金——水——木——火——土①。

刘信芳先生则以五行破解秦《日书》，使许多疑难涣然冰释。他认为五行思想贯穿《日书》中所有时日吉凶之推算，除此之外，《日书》中还以十二支的辰、未、戌、丑代指四维，把古代方位与五行相胜之说结合起来，即可读懂《日书》中许多看起来如同天书的古怪文字。"五行学说的具体运用在《日书》中体现得最充分，几乎浸透了《日书》选择时日的各个方面。"②

顾颉刚先生早在20世纪30年代就讲道："五行，是中国人的思想律，是中国人对于宇宙系统的信仰，二千余年来，它有极强固的势力。"在当时盛行的疑古思潮中，他正是从讨论这一学说出发而推翻了儒家经典中的古史系统③，可见五行之学说在中国历史文化中所占的地位。由于疑古学派的影响，长期以来人们总习惯于把阴阳五行看作一种晚出的学说，其源头在战国时期的邹衍那里，追其流传则在汉代的董仲舒那里集迷信思想之大成。

这一观点显然不符合实际情况，应当予以纠正。五行一词，最早出现在《尚书》的《甘誓》和《洪范》中，在《甘誓》中是指"有扈氏威侮五行，怠弃三正，天用剿绝其命"。《洪范》中则指出"鲧陻洪水，汩陈其五行；帝乃震怒，不畀洪范九畴，彝伦攸斁。鲧则殛死，禹乃嗣兴，天乃锡禹洪范九畴，彝伦攸叙。初一曰五行，次二曰敬用五事，次三曰农用八政，次四曰协用五纪，次五曰建用皇极，次六曰乂用三德，次七曰明用稽疑，次八曰念用庶征，次九曰向用五福，威用

---

① 参见饶宗颐《秦简中的五行说与纳音说》，《古文字研究》第14辑，中华书局1986年。
② 参见刘信芳《日书四方四维与五行浅说》，《考古与文物》1994年第2期。
③ 见顾颉刚《五德终始说下的政治和历史》，《古史辨》第5册，上海古籍出版社1982年。

六极。一、五行：一曰水，二曰火，三曰木，四曰金，五曰土。……"我们看到，五行在《洪范》中被明确为水、火、木、金、土，而且被认为是首要之事，其次五事：貌、言、视、听、思。郑玄《注》："五事象五行。"又《汉书·艺文志》也认为"五事"是指"进用五事以顺五行也，貌、言、视、听思心失，而五行之序乱"。在这里，五行不仅是关乎自然的呈现，而且被认为是与人有关。至于五行学说或思想，则至少在战国之前就已经比较普遍了。《左传》中就记载了不少运用五行原理进行占卜活动的事例，例如昭公二十九年记晋大夫蔡墨论"有五行之官，是为五官"，即木正、火正、金正、水正、土正。昭公三十一年有赵简子占梦于史墨问吴能否入郢，史墨答曰："于郢必以庚辰，日月在辰尾。庚午之日，日始有谪。火声金，故弗克。"同样是这个史墨，在哀公九年赵鞅准备攻打齐国和宋国时，他认为，宋国子姓，按十二支与五行对应，子属水；赵鞅嬴姓，亦属水，故不得伐宋。而齐为姜姓，为炎帝后代，属火，水声火，故可伐齐。昭公二十五年还记有子大叔引子产语论述"礼"时所说："则天之明，因地之性，生其六气，用其五行。气为五味，发为五色，章为五声……"从文献明确记录来看至少在鲁昭公时代，五行思想就已经很系统、很普遍了。那么常识告诉我们，应该说五行思想的实际流行应当比文献记载更早，它必然经历了相当长时间的发展才系统化、普遍化的。大量的属于数术类的简牍帛书出土，也说明阴阳五行学说早已普及民间，成为数术流传的背景，也正是在这种普遍化的背景文化之下，才出现了睡虎地秦简《日书》对五行学说成熟运用的情景。

秦简《日书》对五行学说的成熟运用也进一步说明秦文化与当时的时代是合拍的，和当时的普遍文化是共进的，丝毫未显示出落后的一面。同时也说明，在秦始皇统治之下，秦绝不像传统所描述的那样只有商鞅的法治思想和制度，事实上秦始皇本人就是一个阴阳五行思想的积极推行者。

以数术方技为代表的思想文化是中国传统文化的一条重要线索，

它上承中国人的原始思维，下启诸子中的阴阳家、道家等学派，又具有民间知识与民间信仰的广泛基础，值得我们今天在研究古代思想文化时对其进行专门关注。以往人们对秦文化的研究已经涉及方方面面，然而从数术角度来论述的却不多见，本文也仅仅是简单而浅薄的尝试性探讨，以作抛砖引玉之用。

秦始皇出巡与求仙活动

从史书记载可知，秦始皇一生有多次出巡，在统一战争期间就曾有三次远程出巡，秦王朝建立以后，从公元前221年到公元前210年去世，在短短的12年间更有五次大规模的出巡。值得注意的是，这五次出巡除了第一次是陇西和北地，其他四次均为东方或东南方。出巡的目的固然是为了彰显"皇帝之明""临察四方""皇帝之德，存定四极""东抚东土，以省辛士"等，但笔者认为秦始皇虽心怀"欲游天下之志"多次不避霜露地辛苦出行，绝不仅仅是为了以上目的而祷祠各地名山诸神，也不仅仅是亲自慰抚镇守东方的秦军士卒，一个重要的目的是寻求长生不死之道。下面我们将依据《史记》的记载和北大简《赵正书》对秦始皇四次东南方出巡做一个梳理。

一

先看《史记》的记载。

据《秦始皇本纪》所载，秦始皇四次东南方出巡，访名山祷祠诸神，每到一地均有立石刻辞"颂秦德、明得意"之举，除此以外，更为重要的动机是求长生不死之道。这四次出巡分别是：秦始皇二十八年，始皇东行郡县，上邹峄山、登芝罘，南登琅琊；二十九年，始皇东游，至阳武博浪沙，再登芝罘，遂至琅琊；三十二年，始皇之碣石；三十七年十月癸丑，始皇出游，十一月，行至云梦，望祀虞舜于九疑山，浮江下，观籍柯，渡海渚，过丹阳，至钱唐临浙江，上会稽，望于南海，还过吴，从江乘渡，并海上，北至琅琊，又自琅琊北至荣城山，至芝罘，射大蛟鱼，并海西，至平原津而病①。

　　以上四次东巡，除了第二次（二十九年）东巡《史记》记述简单以外，其他三次均伴随有重大的求仙活动。第一次（二十八年）至琅琊时即有"齐人徐市等上书，言海中有三神山，名曰蓬莱、方丈、瀛洲，仙人居之。请得斋戒，与童男女求之"。秦始皇"于是遣徐市发童男女数千人，入海求仙人"。第三次（三十二年），"始皇之碣石，使燕人卢生求羡门、高誓。刻碣石门。坏城郭，决通堤防。……因使韩终、侯公、石生求仙人不死之药。始皇巡北边，从上郡入。燕人卢生使入海还，以鬼神事，因奏录图书，曰'亡秦者胡也'。始皇乃使将军蒙恬发兵三十万人北击胡，略取河南地。"第四次（三十七年）至琅琊，又听信徐市之言，于是乃有芝罘射杀大蛟鱼之举，"方士徐市等入海求神药，数岁不得，费多，恐谴，乃诈曰：'蓬莱药可得，然常为大蛟鱼所苦，故不得至，愿请善射与俱，见则以连弩射之。'始皇梦与海神战，如人状。问占梦，博士曰：'水神不可见，以大鱼蛟龙为候。今上祷祠备谨，而有此恶神，当除去，而善神可致。'乃令入海者赍捕巨鱼具，而自以连弩候大鱼出射之。自琅琊北至荣成山，弗见。至芝罘，见巨鱼，射杀一鱼。遂并海西。"

　　再看"北大简"《赵正书》的记载。

　　《赵正书》出自《北京大学藏西汉竹书（叁）》②，是一篇基本完整并且已经佚失了的古代典籍。篇名自题为"赵正书"，书写于第2枚简的背面。首简以圆点起头，现存51简，缀合后为50简。简长30.2—30.4厘米、宽0.8—1厘米。《赵正书》以大部分篇幅记录了秦始皇临终前与李斯的对话、李斯被害前的陈词以及子婴的谏言等，整理者认为成书年代可能在西汉早期。《赵正书》的部分内容与《史记》中的某些记载相似，但在一些重大史事的记载上又差异很大。例如，

---

① 以上四次出巡见《史记》，中华书局1982年版，第242—264页。
② 北京大学出土文献研究所编：《北京大学藏西汉竹书》（叁），上海古籍出版社2015年版，第189页。

《赵正书》说秦二世胡亥之继位是由秦始皇死前认可，而非李斯、赵高等人密谋篡改遗诏；赵高是被秦将章邯而非子婴所杀等等，这些均未见于传世文献。在这里，我们仅看第一段文字：

> 昔者，秦王赵正出游天下，还至柏人而病。病笃，喟然流涕长大息，谓左右曰："天命不可变欤？吾未尝病如此，悲□……"而告知曰："吾自视天命，年五十岁而死。吾行年十四而立，立卅七岁矣。吾当今岁死，而不知其月日，故出游天下，欲以变气易名，不可欤？今病笃，几死矣。其亟日月输趋，至白泉之置，毋须后者。其谨微密之，毋令群臣知病。"①

这讲的是秦始皇的最后一次出巡。此处秦始皇自语"吾自视天命，年五十岁而死。吾行年十四而立，立卅七岁矣。吾当今岁死，而不知其月日，故出游天下，欲以变气易名，不可欤？""天命不可变欤？"整理者赵化成注释"变气易名"是"改变气数与天命"，这正好道出了秦始皇此次出巡的真正目的是"欲以变气易名"改变天命，也就是说，秦始皇最后一次出巡实际上仍然与他笃信的神仙方术与长生观念有关。

二

先秦时期，神仙方术即已流行，古籍有不少关于仙人、仙境、仙药等传说的记载。如庄周基于出世思想，在《庄子》一书许多篇章中均有对仙人、仙境的描述。典型者如《庄子·逍遥游》说："藐姑射之山，有神人居焉，肌肤若冰雪，绰约若处子，不食五谷，吸风饮露，乘云气，御飞龙，而游乎四海之外。"《天地篇》说："千岁厌世，去而上仙，乘彼白云，至于帝乡，三患莫至，身常无殃。"此后，《列子》一书更在《庄子》基础上，对仙人、真人、至人加以引申赞美，

---

① 此为释读后文字。

进一步夸饰仙境的美妙与神秘。此外，春秋战国时期，源自上古巫觋之术等的神仙方术非常流行，并有神仙家。《汉书·艺文志·方技略》就著录有"神仙十家，二百五卷"，均属春秋战国时期。《史记·封禅书》记载与邹衍同时的即有"宋毋忌、正伯侨、充尚、羡门高以后皆燕人，为方仙道，形皆销化，依于鬼神之事。驺衍以阴阳主运显于诸侯，而燕齐海上之方士传其术不能通，然则怪迂阿谀苟合之徒自此兴，不可胜数也"。正是这些观念，为秦始皇所接受，成为秦代神仙方术与长生观念的来源。

与后世历代帝王一样，秦始皇在统一六国，建立专制帝国之后，为长久保有皇帝之位，也竭尽全力搜求春秋战国以来的神仙方术之道，以图长生不死，他多次"东游海上，行礼祠名山大川及八神，求仙人羡门之属"，他信任徐市、韩终、侯公、石生、卢生等多个方士，为他寻求仙人不死之药，并且"恶言死"。前面所述《史记·秦始皇本纪》记他的几次出巡，固然是为"威服海内"、炫耀权力，但也多与其信奉神仙方术之道有关。

在秦始皇第一次东巡时，不仅有封禅、祠祀活动，而且遣徐市发童男童女数千人，入海求仙人之举。《史记·淮南王列传》记淮南王刘安谋反时，召臣下伍被议事，伍被对淮南王讲了百年前亡秦旧事，列举暴秦诸事，也提到了令徐福（市）入海求仙事：

> 昔秦绝圣人之道，杀术士，燔诗书，弃礼义，尚诈力，任刑罚，转负海之粟致之西河。当是之时，男子疾耕不足于糟糠，女子纺绩不足于盖形。遣蒙恬筑长城，东西数千里，暴兵露师常数十万，死者不可胜数，僵尸千里，流血顷亩，百姓力竭，欲为乱者十家而五。又使徐福入海求神异物，还为伪辞曰："臣见海中大神，言曰：'汝西皇之使邪？'臣答曰：'然。''汝何求？'曰：'原请延年益寿药。'神曰：'汝秦王之礼薄，得观而不得取。'即从臣东南至蓬莱山，见芝成宫阙，有使者铜色而龙形，光上照天。于是臣再拜问曰：'宜何资以献？'海神曰：'以令名男子若振女与百工之事，即得之矣。'"秦皇帝大说，遣振男女三千人，资之

五谷种种百工而行。徐福得平原广泽，止王不来。

与《秦始皇本纪》所不同的是，除遣三千男女之外还携带有五谷种子且尚有百工同行。

然而徐市入海之后，并没有立即回来。秦始皇在三十二年第三次出巡至碣石之后，又"使燕人卢生求羡门、高誓。刻碣石门。坏城郭，决通隄防。……因使韩终、侯公、石生求仙人不死之药。始皇巡北边，从上郡入。燕人卢生使入海还，以鬼神事，因奏录图书，曰'亡秦者胡也'。始皇乃使将军蒙恬发兵三十万人北击胡，略取河南地"。羡门，《史记集解》韦昭曰"古仙人"，高誓，《史记正义》张守节曰"亦古仙人"。此行不仅命燕人卢生求古仙人羡门、高誓，并派韩终、侯公、石生求仙人不死之药，更听信卢生"亡秦者胡也"之言，"使将军蒙恬发兵三十万人北击胡，略取河南地"，竟然以神鬼之事决断军事行动。

秦始皇三十五年，卢生回来，因为没有取到不死之药，于是对秦始皇说："臣等求芝奇药仙者常弗遇，类物有害之者。方中，人主时为微行以辟恶鬼，恶鬼辟，真人至。人主所居而人臣知之，则害于神。真人者，入水不濡，入火不爇，陵云气，与天地久长。今上治天下，未能恬倓。原上所居宫毋令人知，然后不死之药殆可得也。"于是秦始皇说："吾慕真人，自谓'真人'，不称'朕'。""乃令咸阳之旁二百里内宫观二百七十复道甬道相连，帷帐钟鼓美人充之，各案署不移徙。行所幸，有言其处者，罪死。始皇帝幸梁山宫，从山上见丞相车骑众，弗善也。中人或告丞相，丞相后损车骑。始皇怒曰：'此中人泄吾语。'案问莫服。当是时，诏捕诸时在旁者，皆杀之。自是后莫知行之所在。听事，群臣受决事，悉於咸阳宫。"又听信卢生之言不仅更名号，天子自称之"朕"改为"真人"，而且"所居宫毋令人知"，这一切，为的都是得到那长生不死之药。

再看《史记·秦始皇本纪》之记：

  侯生卢生相与谋曰："始皇为人，天性刚戾自用，起诸侯，并天下，意得欲从，以为自古莫及己。专任狱吏，狱吏得亲幸。博士虽七十人，特备员弗用。丞相诸大臣皆受成事，倚辨於上。上乐以刑杀为威，天下畏罪持禄，莫敢尽忠。上不闻过而日骄，下慴伏谩欺以取容。秦法，不得兼方不验，辄死。然候星气者至三百人，皆良士，畏忌讳谀，不敢端言其过。天下之事无小大皆决于上，上至以衡石量书，日夜有呈，不中呈不得休息。贪於权势至如此，未可为求仙药。"於是乃亡去。始皇闻亡，乃大怒曰："吾前收天下书不中用者尽去之。悉召文学方术士甚众，欲以兴太平，方士欲练以求奇药。今闻韩众去不报，徐市等费以巨万计，终不得药，徒奸利相告日闻。卢生等吾尊赐之甚厚，今乃诽谤我，以重吾不德也。诸生在咸阳者，吾使人廉问，或为妖言以乱黔首。"于是使御史悉案问诸生，诸生传相告引，乃自除。犯禁者四百六十余人，皆阬之咸阳，使天下知之，以惩后。

秦始皇"坑儒"，按照《史记》记载，严格来说应称为"坑术士"，事件的缘起仍然与秦始皇求仙人或求长生不死之药而未得之有着直接的关系，使得"坑儒"，再加上"焚书"，成为中国历史上重大的历史事件和中国文化史上重大的文化标志，以及汉语的常用词汇，深刻地影响了中国历史达两千年之久。

公元前210年，秦始皇三十七年的最后一次出巡，更与不得仙人与不死之药有关，也与先一年发生的几个事件有关。

第一个事件：秦始皇三十六年有陨星坠落到东郡，有人在这块陨石上刻写"始皇帝死而地分"，秦始皇派官吏追查，结果没有查出作案的人，竟残忍地下令把住在陨石旁边的居民全都杀光。第二个事件：是年秋，秦一使者从关东夜过华阴平舒道，有人把秦始皇二十八年巡行渡江时沉入水中的玉璧送给使者，并请转告秦始皇说："为吾遗滈池君。"并明确说"今年祖龙死"。滈池君，《史记集解》服虔曰："水神也。"张晏曰："武王居镐，镐池君则武王也。武王伐商，故神云始皇荒淫若纣矣，今亦可伐也。"《史记索隐》按："服虔云水神，是也。江神以璧遗滈池之神，告始皇之将终也。且秦水德王，故其君将亡，水神先自相告也。"可见对滈池君的解释无论是比作水神或比喻武王伐纣，都暗示着秦始皇的死期。对第一个事件，秦始皇不仅杀光了陨石周边的居民，还"使博士为《仙真人诗》，及行所游天下，传令乐人歌弦之"。对第二个事件，秦始皇沉默良久，解释"祖龙者，人之先也"，仍是追慕长生真人之道，忌讳说他会死，又通过占卜得"游徙吉"之卦，于是"迁北河榆中三万家"，以应卜卦化解其疑虑。

秦始皇这最后一次出巡，从咸阳出发，向东南行径云梦，然后浮江而下，视察吴越旧地，登会稽山，临望东海。又沿海岸北上，至于琅琊（今山东胶南市）时，徐市才回来。仙药数年不得，花费巨大，仍然空手而归，徐市于是编造海上遇大鲛鱼的说法蒙骗秦始皇，秦始皇竟信以为真。"始皇梦与海神战，如人状。问占梦，博士曰：'水神不可见，以大鱼蛟龙为候。今上祷祠备谨，而有此恶神，当除去，而善神可致。'乃令入海者赍捕巨鱼具，而自以连弩候大鱼出射之。"直到行至平原津，秦始皇病重，仍然"恶言死，群臣莫敢言死事"①。

我们再回到《赵正书》所记秦始皇病重时召左右所说的一段话："今病笃，几死矣。其亟日月输趋，至白泉之置，毋须后者。""毋须后者"，整理者解释："《汉书·王莽传》'前后毋相须'，颜师古注：'须，待也。'"②意思是抓紧时间前行，不必等待前后舆车仪仗的配备完整。

关于"白泉之置"，整理者注释如下：

《广雅·释诂四》："置，驿也。"从简文来看，秦王赵正当死于"白泉之置"，与《史记》记载不同。《秦始皇本纪》："七月丙寅，始皇崩于沙丘平台。"徐广曰："沙丘去长安两千余里。赵有沙丘宫，在钜鹿，武灵王之死处。"《正义》引《括地志》："沙丘台在邢州平乡县东北二十里。又云平乡县东北四十里。"今

---

① 以上引文均见《史记·秦始皇本纪》，中华书局1982年版，第251—264页。
② 北京大学出土文献研究所编：《北京大学藏西汉竹书》（叁），上海古籍出版社2015年版，第189页。

案:"沙丘平台"在今河北省邢台市平乡东北。"白泉之置"不见于文献记载,但简文说"至柏人而病",于"白泉之置"病死,故其地当距柏人不远。①

"白泉之置",虽不见于传世文献,但我们在《太平御览》中找到有关"白泉"的记录,卷五二二引《礼稽命征》:"得礼之制,泽谷之中有赤乌、白玉、赤蛇、赤龙、赤木、白泉生出,饮酌之,使寿长。"② 卷八七三引《礼稽命征》:"王者得礼之制,则泽谷之中白泉出,饮之,使寿长。"③《太平广记》④ 卷第二十神仙二十引《博异志》有"阴隐客"故事,讲唐代有人名阴隐客,使人在自家后院打井,井打了两年不见水,却见一洞,打井人入之,见白泉水,味如乳,甘美甚,饮之而到"梯仙国","皆诸仙初得仙者,关送此国,修行七十万日,然后得至诸天,或玉京蓬莱、昆阆姑射。然方得仙宫职位,主策主印,飞行自在"。打井人在此国得到金印,即觉得身体为风云所拥,飞升起来,不一会儿云开风住,打井人发现自己已经在房州北三十里的孤星山顶的一个洞中。他出洞之后,就去寻找阴隐客家,人们告诉他,已经过去三四代人了。

《太平御览》所引《礼稽命征》言饮白泉之水"使长寿",《太平广记》引《博异志》讲打井人饮白泉之水之后得到仙宫职位与金印,亦长寿活过三四代人的故事。这些记载或故事显然与自古就有的神仙世界有关,由此我们可推断,秦始皇为何要抓紧时间急忙赶往白泉之置?并非是为了赶到那里去死,而是想尽快到达可饮白泉之水的神仙世界,以实现长寿不死的目的。

《史记·李斯列传》记秦始皇死后,赵高乘机与胡亥、李斯密谋,擅自开启密封的玺书,篡改并重新伪造秦始皇遗诏,立公子胡亥为太

---

① 北京大学出土文献研究所编:《北京大学藏西汉竹书》(叁),上海古籍出版社2015年版,第189页。
② 《太平御览》,中华书局1960年版,第2347页。
③ 《太平御览》,中华书局1960年版,第3870页。
④ 《太平广记》,吉林出版集团有限责任公司2010年版。

子，有"更为书赐长子扶苏曰：'朕巡天下，祷祠名山诸神以延寿命。'"的说法，也可作为秦始皇出巡目的的佐证。

综上所述，我们分析梳理了《史记》所载秦始皇的几次东巡与北大简《赵正书》所记录的秦始皇最后一次出巡途中与左右的对话，可明显看出他的多次出巡，固然是为"威服海内"、炫耀权力，但也多与其信奉神仙方术之道有关。尤其是最后一次出巡的目的，与继续寻找长生不死之药，借以"变气易名"，改变天命有直接的关系。

我们就以上所述梳理一下。

为达到长生不死的目的，且看他一系列举措：

1. 听信卢生"亡秦者胡也"之言，"使将军蒙恬发兵三十万人北击胡，略取河南地"，以神鬼之事决断军事行动。

2. 听信方士建议，所居宫室不让外人知道，"乃令咸阳之旁二百里内宫观二百七十复道甬道相连，帷帐钟鼓美人充之，各案署不移徙"，所幸之处有泄露者，处以死刑。

3. 自谓"真人"，不称"朕"。

4. 因侯生卢生逃亡"坑术士"，并将进谏的长子扶苏派往上郡监军蒙恬。

5. 因"滈池君"事件暗示了他的死期，占卦之后"迁北河榆中三万家"，以应卜卦。

6. 辗转琅琊、荣城山、芝罘"射大蛟鱼"。

7. "欲以变气易名"改变天命，急奔"白泉之置"以达神仙世界。

虽然秦始皇没有实现长生不死的愿望，但他对神仙方术的迷信及多次的求仙活动却使得神仙方术在秦代得以逃脱禁免的命运，秦王朝颁行的"挟书律"明确规定"所不去者，医药、卜筮、种树之书"。由此亦可见秦人注重功利的价值取向，其宗教信仰世俗性极强的特点，这与东方诸国注重崇尚祖宗神的特点有很大不同。由于秦始皇的倡导，其方仙之术为整个国家社会各阶层所信仰，成为当时社会生活中不可或缺的内容。至汉代，方仙之术更风靡一时，成千上万的方士紧步秦代方士的后尘，奔走于大海与京师之间，使方仙之术发挥到了极致。因而秦代也就成为神仙方术的承上启下时期,并在其中保留了大量的上古天文、历数、医药、化学内容,成为后来道教产生的思想渊源。

原载于《秦始皇陵博物院》第7辑,三秦出版社2017年版

浅议《论语》在西汉的流传及其地位

——从海昏侯墓出土《齐论》说开去

海昏侯墓的发掘是近几年我国考古发掘中的热门,墓中出土大量精美文物已为大家所熟知,从新闻得知,仅出土的简牍就有5000余枚,目前已释读出《论语》《易经》《礼记》《医书》《五色食胜》《悼亡赋》等多部典籍内容。据专家考证,《论语》中发现的《知道》篇,很可能属于《论语》的《齐论》版本,这是学术界的一项重大发现,不仅对于人们全面、正确地认识儒家思想的未知部分,而且对于深入研究西汉时期的思想发展史以及古代儒家学说的演进,具有重要意义[①]。《齐论》的发现,引发了大家对《论语》的特别关注,本文拟从学术史的角度,对《论语》在西汉的流传及其地位做一点梳理,进而力争对《论语》的性质做一个中肯的判定。

一

《汉书·艺文志》之"六艺略"对《论语》的著录如下:

《论语》古二十一篇。出孔子壁中,两《子张》。

[①] 王金中:《海昏侯刘贺为什么把〈齐论语〉终生带在身边?》,光明网,2016年10月26日。

《齐》二十二篇。多《问王》、《知道》。

《鲁》二十篇，《传》十九篇。

《齐说》二十九篇。

《鲁夏侯说》二十一篇。

《鲁安昌侯说》二十一篇。

《鲁王骏说》二十篇。

《燕传说》三卷。

《议奏》十八篇。石渠论。

《孔子家语》二十七卷。

《孔子三朝》七篇。

《孔子徒人图法》二卷。

凡《论语》十二家，二百二十九篇。

《论语》者，孔子应答弟子时人及弟子相与言而接闻于夫子之语也。当时弟子各有所记。夫子既卒，门人相与辑而论纂，故谓之《论语》。汉兴，有齐、鲁之说。传《齐论》者，昌邑中尉王吉、少府宋畸、御史大夫贡禹、尚书令五鹿充宗、胶东庸生，唯王阳名家。传《鲁论语》者，常山都尉龚奋、长信少府夏侯胜、丞相韦贤、鲁扶卿、前将军萧望之、安昌侯张禹，皆名家。张氏最后而行于世。

按：《论语》古二十一篇：书已亡。王应麟《汉志考证》：何晏序云：古《论》惟博士孔安国为之训解而世不传。马国翰有《古论语》辑佚六卷。《齐》：书已亡。《问王》：顾实《汉志讲疏》认为是"《问玉》"之误，并举许慎《说文》玉部有孔子论玉语，正出《齐论》。马国翰有《齐论语》辑佚一卷。《鲁》：即《鲁论》，汉以后称《论语》。《传》：解释《论语》者。已亡。陈国庆曰：《论语》在汉时即有三种：《古论》，即孔壁之书，凡二十一篇，有两《子张》篇，篇次亦不与《齐》、《鲁论》同。《齐论》，为齐人之学，凡二十二篇，多《问玉》《知道》两篇，其二十篇中，亦比《鲁论》为多。《鲁论》，为鲁人之学，凡二十篇，即现行《论语》所据之本。原作者为孔子弟子及再传弟子，经汉人张禹、郑玄两次改订。《齐说》：书已亡，王先谦《汉书补注》云：汉代传此学者，惟王吉（字子阳）名家。《鲁夏侯说》：书已亡，撰者夏侯胜，字长公，东平人，官为太子太傅。《鲁安昌侯说》：书已亡，安昌侯即张禹。《鲁王骏说》：书已亡，王骏：王吉之子。《燕传说》：书已亡。《议奏》：书已亡，参与石渠论议之《论语》家有韦玄成、萧望之、梁丘临等。《孔子家语》：书已亡，非后世所传之《家语》。《孔子三朝》：书已亡，沈钦韩曰：今《大戴记》有《千乘》《四代》《虞戴德》《诰志》《小辨》《周兵》《少闲》七篇。三朝：言孔子三次朝见鲁哀公。《孔子徒人图法》：书已亡。凡《论语》十二家，二百二十九篇：今计十二家，二百三十篇，多一篇①。

王吉：字子阳。时称王阳。贡禹：字少翁。《汉书》卷七十二有两人传。胶东：王国名。庸生：名谭。夏侯胜：字长公，东平人，《汉书》卷七十五有传。韦贤：字长孺，鲁国邹人，《汉书》有传。扶卿：孔安国之弟子（见《论衡·正说篇》）。萧望之：字长倩，东海兰陵人，《汉书》有传。张禹，字子久，河内轵人，《汉书》卷八十一有传。

《论语》《孝经》《小学》虽不是六经本体，然列于《汉志》六经之末，因《论语》为孔子所发之言，以发挥六经之精蕴，而《孝经》则被认为是六经之总汇，《小学》又是古文字的专书，三者皆与六经相表里，故附于末。

由文献可知，秦火之后，汉惠帝四年除"挟书律"，民间书籍方可自由收藏抄写并自由流通。此时，传《齐论》者，为昌邑中尉王吉、少府宋畸、琅邪王卿、御史大夫贡禹、尚书令五鹿充宗、胶东庸生等人，其中以王吉最为著名。王吉、贡禹、宋畸均生活于武、昭、宣、元时期，五鹿充宗曾生活于昭、宣、元时期，庸生亦盖为宣、元时人。这里仅就《汉书·王吉传》对传《齐论》最为著名的王吉做一点介绍。

---

① 以上按语，出自陈国庆编《汉书艺文志注释汇编》，中华书局1983年版，第75—79页。

王吉字子阳，琅琊皋虞人也。少好学明经，以郡吏举孝廉为郎，补若卢右丞，迁云阳令。举贤良为昌邑中尉。昌邑王刘贺喜好游猎，行为没有节制，王吉上书劝谏说，希望刘贺能够有所收敛。昭帝崩，亡嗣，大将军霍光秉政，遣大鸿胪、宗正迎昌邑王即帝位。而刘贺在位仅二十多天便因荒淫无度被废。封国的大臣们也因未能尽辅弼引导之职，被诛杀。唯独王吉和郎中令龚遂因忠诚刚直、屡次进谏而得以免死，髡为城旦。之后又被任用为益州刺史，因病去官。再复征为博士、谏大夫，对宣帝颇修武帝故事，宫室车服盛于昭帝，外戚贵宠等事例，上疏言得失，认为古时衣服车马之所以因拥有者地位高低卑贱而有差异，是因为要表彰贤德之人，区别上下尊卑。而如今世事混乱，人人皆不惜一切代价追逐私利，这种风气不符合礼义之道。他援引虞舜、商汤这两位明君的典故，想要劝谏君王只有任用皋陶、伊尹这般贤臣，才能趋利避害，疏远奸佞之人，使国家昌明。然而却未得宣帝看重，王吉只好称病辞归琅琊故里。王吉与贡禹为友，世称"王阳在位，贡公弹冠"，言其取舍同也。元帝初即位，遣使者征贡禹与王吉，而此时王吉年老，病卒与上任途中。元帝悼之，复遣使者吊祠。王吉兼通五经，能传邹氏《春秋》，以《诗经》《论语》传授弟子，喜欢梁丘贺说《易》，令子王骏受教。后王骏凭借孝廉做了郎官。

《汉志》云"传《齐论》者，唯王阳名家"，故《汉志》所录《齐说》二十九篇，疑为王吉所作。王先谦《汉书补注》在"《齐说》二十九篇"下补注："《吉传》云王阳说《论语》，即此《齐说》也。"[1]

传《鲁论》者为常山都尉龚奋、长信少府夏侯胜、丞相韦贤、鲁扶卿、前将军萧望之、安昌侯张禹，皆名家。张氏最后而行于世。这几人生活的鼎盛时期大都在宣、元时期，韦贤生于公元前141年，其在武帝初期或许已经开始传授《鲁论》。这里，我们仅对"最后而行于世"的张禹略作介绍。

《汉书·张禹传》云："初，禹为师，以上难数对己问经，为《论

---

[1] 王先谦：《汉书补注》，上海古籍出版社2008年版，第3117页。

语章句》献之。始，鲁扶卿及夏侯胜、王阳、萧望之、韦玄成皆说《论语》，篇第或异。禹先事王阳，后从庸生，采获所安，最后出而尊贵。诸儒为之语曰：'欲为《论》，念张文。'由是学者多从张氏，余家寝微。"

可知张禹最初所从是传《齐论》的王吉和庸生，后来应该是综合了《齐论》和《鲁论》而成《汉志》著录的"《鲁安昌侯说》二十一篇"。由此来看，"张文"也就是后来所说的《张侯论》，即张禹用来授成帝的本子。

这样，我们可知在汉武帝时，《齐论》《鲁论》就已经在传习了。

汉景帝末年孔壁所出古文经传多种，其中包括《尚书》《仪礼》《论语》《孝经》等。据《汉志》记载："鲁共王坏孔子宅，欲以广其宫，而得《古文尚书》及《礼记》《论语》《孝经》凡数十篇，皆古字也。"可知《古论语》，以古文写成，孔安国曾为之作传。

《汉书·儒林传》："孔氏有古文《尚书》，孔安国以今文字读之，因以起其家逸《书》，得十余篇，盖《尚书》兹多于是矣。遭巫蛊，未立于学官。安国为谏大夫，授都尉朝，而司马迁亦从安国问故。迁书载《尧典》《禹贡》《洪范》《微子》《金縢》诸篇，多古文说。"

孔安国（生卒年不详）：字子国，西汉时期鲁国（今山东曲阜）人，孔子十一世孙，孔忠次子，汉代经学家。少学《诗》于申培，受《尚书》于伏生，擅长经学。孔安国悉得壁中书，并将古文《尚书》"以今文字读之"。元朔五年（前124年），孔安国被诏为博士，后为谏大夫，官至临淮太守。相传其晚年作有《古文尚书传》《论语训解》《古文孝经传》等书，成为古文《尚书》学派的开创者。孔安国学识渊博，司马迁亦从其问故。《孔子家语后序》与《孔子世家谱》，言孔安国为《古文论语训》二十一篇。孔安国作《论语训解》等书既成，恰逢巫蛊事而不能上，自博士迁临淮太守，六年以病免，年六十卒。《古文论语训解》在西汉无传承学者，至东汉马融有注。

以上三种《论语》本子在东汉应当仍在流行，至少郑玄、王肃等人应见到过《齐论》，然后世皆失传，仅有以《鲁论》为主且融合三种本子的《张侯论》通行于世。

在孔壁典籍发现之后，与儒学得到发展的同时，曾经出现了搜集和整理图书的热潮。汉武帝命令广开献书之路，又设写书官抄写书籍，使儒学被禁几十年后有了一个大的发展。当时集中了相当数量的书籍，外廷有太常、太史、博士之藏，宫内有延阁、广内、秘室之府，均为藏书之处。

1973年在河北定县西汉中山怀王刘修墓中出土《论语》620枚竹简，录成释文的共7576字，不足今本的二分之一①。这是海昏侯墓出土竹简《论语》前发现最早的《论语》抄本。中山怀王刘修死于汉宣帝五凤三年（前55年），所以它是公元前55年以前的本子，是时有《鲁论》《齐论》《古论》的存在。但此简本《论语》和《鲁论》《齐论》《古论》均有差异。而今本论语基本为《张侯论》，《张侯论》又为综合鲁论、齐论而成。因此，简本不仅各篇的分章与今本多有不同，在文字上同今本的差异也达七百多处。这个简本《论语》的出土为研究《论语》的版本流传提供了新的材料。已有学者做过研究，对此简本究竟是鲁论还是齐论多有争议，如孙钦善先生说："此本当保留了古文《论语》的一些面貌"，认为它属于汉代《古文论语》系统②。李学勤先生曾推测它是"《齐论》的可能性更大一些"。他说："八角廊墓的墓主中山怀王卒于宣帝五凤三年（公元前55年），而张禹对《易》及《论语》大义是在甘露中（公元前53—前50年），因而怀王在世时张禹刚以经学著称，他以《论语》授成帝是在元帝初元二年（公元前47年）开始的。《张侯论》在中山怀王时恐怕还没有形成，八角廊《论语》不可能是张禹的本子。"写本中与今本不同的字很多，"这也说明竹简不会是《鲁论》系统的本子。考虑到《古论》流传不广，《齐论》的可能性更大一些"③。单承彬先生则断定其为"《张侯论》之外的另一种《鲁论》传本"。他将定州汉简本《论语》和《说

---

① 河北文物研究所定州汉墓竹简整理小组：《定州汉墓竹简〈论语〉》，文物出版社1997年版。
② 孙钦善：《四部要籍注疏丛刊本〈论语〉·前言》，中华书局1998年版。
③ 李学勤：《八角廊汉简儒书小议》，载《简帛佚籍与学术史》，江西教育出版社2001年版，第391页。

文解字》中《论语》引文、《论语》郑注本、东汉熹平石经本《论语》进行对比较后，指出定州本不仅与许慎所见鲁壁古文存在明显差异，而且与郑玄用作校本的《古文论语》也显然不同，应该属于今文《鲁论》系统①。陈东先生则认为是"《古论语》问世以前已经在汉代流传的今文《论语》"，早于《齐论》《鲁论》。他根据简本避讳"邦"字，惠帝以下皆不避讳，从而把定州汉墓竹简《论语》的抄写年代定位在汉高祖时期，认为该抄本当是流行于汉初（高、惠、文、景帝时期）的《论语》，即《古论语》问世以前已经在汉代流传的今文《论语》②。学者们见仁见智，各有论据，至今未能达成共识。若海昏侯墓简本《论语》可确定为齐论，必将对刘修墓竹简本《论语》的研究提供新的更加有力的证据。我们期待海昏侯墓简本《论语》完全释读出来公布于世，这对整个学术史来说将是一个非常重大的事件。

二

西汉之前，孔子及其创立的儒家学说，不过是诸子百家中的一家，在春秋之后三百多年间虽然产生很大影响，但并没有占据思想文化的统治地位。到了汉武帝时期，提出了"独尊儒术"的口号，是为安抚民心，缓解百姓对秦朝苛酷统治的恐惧，也随着国家疆域的开拓、民族的融合、经济的恢复与发展，急需有统一的思想文化，这一点与秦始皇统一中国后所面临的基本形势相差不多。但汉武帝吸取了秦始皇"焚书坑儒"的教训，采纳了董仲舒的建议："臣愚以为诸不在六艺之科孔子之术者，皆绝其道，勿使并进。邪辟之说灭息，然后统纪可一而法度可明，民知所从矣。"董仲舒提出"罢黜百家，独尊儒术"的主张为武帝采纳，从而确立了儒家思想的正统地位。

汉武帝推行"独尊儒术"的力度非常之大，除了大肆祭孔、拜谒孔庙，任命一批儒家学者为丞相、太尉、郎中令、御史大夫等高官以

---

① 单承彬：《定州汉墓竹简〈论语〉性质考辨》，《孔子研究》2002年第2期。
② 陈东：《关于定州汉墓竹简〈论语〉的几个问题》，《孔子研究》2003年第2期。

外，特别是在建元五年（前 136 年），罢黜百家，罢黜原有的诸子传记博士和信奉黄老之学的官员。规定了儒家的《诗》《书》《礼》《易》《春秋》为五经，在朝中设"五经博士"，专门研究这些经典著作，并教授弟子，以备资政。于是，除个别情况外，儒家经学以外的百家之学失去了官学中的合法地位，而五经博士成为独占官学的权威，天下学子都要把这些儒家经典作为教科书来学习，从而结束了先秦以来"师异道、人异论、百家殊方"的局面。因经学博士的设置，经学与利禄之途密切相连，通晓儒家经典成为做官食禄的主要条件，这就使儒学的传习与政权紧密连接起来。

《论语》为孔子弟子和再传弟子集体编纂而成，反映了孔门弟子对孔子思想的理解，体现了早期儒家的价值观，在儒家各派中具有权威地位。从《论语》的内容看，孔门弟子"相与辑而论纂"时，主要记载的显然不是孔子关于《诗》《书》《礼》《乐》的言论，而是关于仁、礼也即孔子人生理想和社会改革的行为和言论。在《论语》编纂者看来，孔子虽对《诗》《书》《礼》《乐》等进行了编定、整理，将其作为教学的重要内容，但孔子却并非仅仅注重典籍和知识的传授，而是在他认为当时"天下无道"的社会条件下，执着于人生理想，创立自己的学说，为人类确立信心和希望。故孔门弟子更重视的是其社会人生之学，孔子就是作为"传道者"的形象被记入《论语》中的。

《论语》在西汉初年就受到重视，文帝时一度设立博士。赵岐《孟子题辞》说："孝文皇帝欲广游学之路，《论语》《孝经》《孟子》《尔雅》皆置博士。后罢传记博士独立五经而已。"然而，文帝虽在文化上对诸子百家采取鼓励政策，但在政治上却偏重黄老、刑名之学。《史记·儒林传》说："故汉兴，然后诸儒始得修其经艺……孝文时颇征用。然孝文帝本好刑名之言。及至孝景，不任儒者，而窦太后又好黄老之术，故诸博士具官待问，未有进者。"所谓"颇征用"，即征为博士，如贾谊"颇通诸子百家之书，文帝召以为博士"[①]。但由于这时的主导思想是黄老、刑名，所征用的博士只能"具官待问"，难以在

---

① 司马迁：《史记·屈原贾生列传》，中华书局 1982 年版，第 2491 页。

现实政治生活中发挥作用。

在倡导经学的汉武帝时代，《论语》处于比五经略低的地位，在以经学为核心的汉代儒学体系中，《论语》等诸子著作往往被看作是六经的传记，具有辅翼六经的作用。比如董仲舒虽然推崇六经，但对《论语》的地位也有所肯定，他在其《天人三策》及《春秋繁露》中，常常引用《论语》的言论阐发、申明六经的大义，在他看来《论语》确实具有辅助理解六经的作用①。汉元帝时的光禄大夫、太子少傅匡衡也说："臣闻六经者，圣人所以统天地之心，著善恶之归，明吉凶之分，通人道之正，使不悖于其本性者也。故审六艺之指，则人天之理可得而和，草木昆虫可得而育，此永永不易之道也。及《论语》《孝经》圣人言行之要，宜究其意。"② 六经是圣人孔子表达天地、善恶、吉凶的最高真理，而《论语》《孝经》则是孔子平时"言行之要"，同样起着解读六经最高真理的作用，应"宜究其意"。所以汉代学者往往先习《论语》《孝经》，然后兼通一经或数经，将《论语》《孝经》看作通达五经的阶梯。如韦玄成"少时好读书，明于《诗》《论语》"。③ 汉宣帝刘询"年十八，师受《诗》《论语》《孝经》，操行节俭，慈仁爱人"。④ 广川王刘去"师受《易》《论语》《孝经》皆通，好文辞、方技、博弈、倡优"。⑤ "皇太子年十二，通《论语》《孝经》。"⑥ 王尊"事师郡文学官，治《尚书》《论语》，略通大义"。⑦ 萧望之"从夏侯胜问《论语》《礼服》。京师诸儒称述焉"⑧。故王国维说："汉人受书次第，首小学，次《孝经》《论语》，次一经。""汉时但有受《论语》《孝经》《小学》而不受一经者，无受一

---

① 董仲舒：《春秋繁露·玉杯》，中华书局2011年版。
② 班固：《汉书·匡衡传》，中华书局1962年版，第3343页。
③ 班固：《汉书·韦玄成传》，中华书局1962年版，第3108页。
④ 班固：《汉书·宣帝纪》，中华书局1962年版，第238页。
⑤ 班固：《汉书·景十三王传》，中华书局1962年版，第2428页。
⑥ 班固：《汉书·疏广传》，中华书局1962年版，第3039页。
⑦ 班固：《汉书·王尊传》，中华书局1962年版，第3227页。
⑧ 班固：《汉书·萧望之传》，中华书局1962年版，第3271页。

经而不先受《论语》《孝经》者。"① 可见《论语》虽未享受到五经的待遇,但也却高过其他儒家及诸子,是汉代皇室及士人的必读之书,到东汉时其地位更有升格之势。

1973 年在河北定县西汉中山怀王刘修墓中出土《论语》竹简 600 多枚,② 中山怀王刘修死于汉宣帝五凤三年(前 55 年),此次海昏侯刘贺(前 92 年—前 59 年)墓中再出《论语》,且时代与中山怀王刘修相当。一般来说,以书籍陪葬并不能显示墓主的身份和地位,也不能表示墓葬的等级,但一定是墓主人生前所爱并熟读的书籍,这足以证明当时《论语》确为皇室成员必读之书。海昏侯墓中还出土一件类似小型屏风的"孔子立镜",据介绍,这件立镜背表面绘有孔子及其五个弟子的画像,在镜盖、镜背、镜框上有题记共 1850 多个字,内容涉及孔子及其弟子的生平事迹,与《史记·孔子世家》《仲尼弟子列传》《太史公自序》及《论语》中的记载基本一致,可能是刘贺的老师或当时的大儒所撰,用以教育刘贺,使此立镜具有"图史自镜"的作用。③ 可见当时尊孔,儒学大盛的背景。

1973 年由甘肃居延考古队在甘肃省金塔县北部的肩水金关遗址出土的汉简中也发现有《论语》,已由《肩水金关汉简(全五册)》全部发表④。这些简牍共 13 枚,187 字,近日王楚宁、张予正两先生有《肩水金关〈齐论语〉的整理》⑤ 一文发表,可见整理出写有《论语》前二十篇章句的简牍,是今本《论语》中《雍也第六》《泰伯第八》《卫灵公第十五》《阳货第十七》诸篇中的章句。除前二十篇中的章句外,还有第二十二篇《知道》的首章。从肩水金关所出纪年简来看,以"(汉)宣帝时期的最多",这一时期正是《齐论》的传播年代。

---

① 王国维:《观堂集林》卷 4《汉魏博士考》,中华书局 1959 年版,第 180—181 页。
② 刘来成:《河北定县 40 号汉墓发掘简报》,《文物》1981 年第 8 期。
③ 据 2017 年 2 月 27 日《中国日报网》"考古中国"栏目稿"海昏侯墓考古专家发现:孔子衣镜具有四大考古价值"。
④ 甘肃简牍博物馆、甘肃省文物考古、甘肃省博物馆、中国文化遗产研究院、中国社会科学院简帛研究中心编:《肩水金关汉简》,中西书局 2016 年版。
⑤ 刊于《中国文物报》2017 年 8 月 11 日第六版。

故两位先生以为，肩水金关汉简中的《论语》，当是《齐论语》，指出："肩水金关汉简中出现的十三枚《论语》简牍，对经学研究具有重大意义。这构建出了《齐论语》的部分经义与大致面貌。"若真如此，肩水金关《论语》应当就是西北地区出土最早的汉简《齐论语》，在肩水金关有来自齐地的吏民，《齐论》简牍应是由他们自齐地带来或就地默写而成的。这也从一个侧面反映了汉代各地文化的交流及儒家代表作《论语》在西北地区传播的状况。

刘向刘歆父子整理并著录群书的《别录》《七略》及班固的《汉书·艺文志》，都将《论语》著录于"六艺"，而不是像其他儒家著作如《孟子》《荀子》《陆贾》《贾谊》《董仲舒》等列在《诸子略》的"儒家类"之中，由此可见《论语》在汉代经学、子学分类中的突出地位。

西汉时期的大司马与外戚专权

——读《汉书》札记

大司马之职，见于《周礼·夏官》，其曰："大司马之职，掌建邦国之九法，以佐王平邦国。"所谓"掌建邦国""平邦国"就是辅佐周王以纠察诸侯使之成正也，可知从一开始它就是掌军事之官，其作用举足轻重。

西汉时期的大司马一职，原为秦朝"三公"之一的太尉。作为一个掌管武事之官，其权力与地位曾有过一系列的变化。

《汉书·百官表》记载曰："太尉，秦官，金印紫绶，掌武事。武帝建元二年省。元狩四年初置大司马，以冠将军之号。宣帝地节三年置大司马，不冠将军，亦无印绶官属，禄比丞相，去将军。哀帝建平二年复去大司马印绶，置官属，去将军，位在司徒上。有长史，秩千石。"

以下对这段文字逐句阐述并做简单考证。

班固将太尉与大司马同列，认为二者职位相同，仅称法不同。秦朝与西汉初年称太尉，此后称为大司马。到东汉初建武二十七年（公元 51 年）光武帝刘秀又改称大司马为太尉。所谓"金印紫绶"为万石之公，其地位与丞相、御史大夫相同。然而所谓"掌武事"，实际上只是皇帝身边的军事顾问，并不拥有发兵、领兵之权。西汉初年至武帝改置大司马之前，太尉之职不固定常设，任此职者先后有卢绾、周勃、灌婴、周亚夫、田蚡，他们也仅仅是在平定诸吕、吴楚七国之乱等事件中因表现突出而活跃一时。

西汉一代开始置大司马之官是在汉武帝元狩四年（公元前119年），首任者即大将军卫青和骠骑将军霍去病。《通典》卷二九云："初，武帝以卫青数征伐有功，以为大将军，欲尊宠之，故置大司马官号以冠之。"《汉书·霍去病传》云："乃置大司马位，大将军、骠骑将军，皆为大司马定令，令骠骑将军秩禄与大将军同。"由此可见，加封大司马之号，是为了同一般的将军相区别，以表示汉武帝对二人征伐匈奴所取功绩的肯定而给予的恩宠地位。此时的卫青、霍去病虽得恩宠，武帝的亲信也无人可与之相比，但并不参与朝政。元封六年（公元前106年）卫青死，此后大司马之职一度空虚。

大司马权力的加重，地位的显赫是在武帝晚年时开始的。后元二年（公元前87年）汉武帝临死前召霍去病之异母弟霍光为大司马大将军。昭帝、宣帝之世，霍光以"大司马大将军兼领尚书事"之职专权西汉王朝，其实际权力已在宰相之上。大司马权力的日益加重与汉武帝时中外朝的形成有很大关系，《汉书》中多次提到"中朝"，《刘辅传》曰："中朝，内朝也。大司马、大将军、左右前后将军、侍中、常侍、散骑、诸吏为中朝；丞相以下至六百石为外朝。"秦时和西汉初年，丞相辅佐皇帝，总揽政务，在文武百官之中地位最尊，权力最大，百官对其恭谨从命，即使皇帝也对其优礼相待。如此，皇权与相权势必发生矛盾，汉武帝为了削夺丞相的权力，加强皇权，开始重用身边的文武侍从之臣，从而形成中朝与外朝之分。大司马（或称大将军）是最高最大的武官，他在中朝之中所起的作用举足轻重，故此后大司马的实际地位与权力均在丞相之上。

汉宣帝地节三年（公元前67年）车骑将军光禄勋张安世被封为大司马车骑将军兼领尚书事。数月之后，车骑将军之号被罢去，更为卫将军，统领两宫卫尉与城门北军之兵，此后《汉书·百官表》地节三年（公元前67年）至绥和元年（公元前8年）差不多60年间大司马之职缺载，据《汉书》各传，实际这期间任大司马之官者先后有十人：霍禹、韩增、许延寿、史高、王接、许嘉、王凤、王音、王商、王根。

汉成帝绥和元年（公元前8年）王氏一族中的王根由大司马骠骑将军更替为大司马，开始给予金印紫绶，未置官属，其俸禄与丞相同为万石。王根与当时的丞相翟方进、御史大夫何武同称三公。可知在此之前大司马作为中朝的主要官职无金印紫绶，亦未置官属，其俸禄亦比较薄。王根所得到的一切，看似恩宠，实际是大司马之职此后不再兼任将军之职，即不再握有军权。同年十一月，中骑都尉光禄大夫王莽任大司马，然而不久又失去此官职，次年由左将军师丹继任。

哀帝建平二年（公元前5年），哀帝刘欣之母丁太后之兄丁明就任大司马，此时印绶与官属又被废去，却再次冠予以往的将军之号。与张安世、王商相同，丁明兼有"卫将军"之号，而与以韩增开始到许嘉任此职时皆冠以"车骑将军"之号不同。不过据《秦汉官制史稿》的考证，车骑将军与卫将军之职务与地位相同，《通典》卷二九记："卫将军，位亚三司"，可知其位在大将军与骠骑将军之下。之后哀帝傅皇后之父傅晏曾任过短短十一天的大司马，继傅晏而任大司马的韦贤也仅仅就任七天就去世了。

元寿元年（公元前2年）十二月，侍中骑马都尉董贤任大司马卫将军，次年五月改任大司马，同时丞相孔光改任大司徒，御史大夫彭宣改任大司空，所谓"三公"之职正式设立。而董贤作为汉哀帝的宠臣，所任大司马之职居于大司徒孔光之上，在"三公"之中地位最高。哀帝刘欣死后任大司马之职的王莽继承了这个制度。《汉书·百官表》中所列王莽为大司马之职的最后一人，实际上据《汉书·王莽传》看，王莽之后任此职的尚有十人，即王舜、甄邯、孔永、逯并、苗䜣、陈茂、严尤、董忠、王邑、陈遵，他们都作为王莽的心腹拥有着至高无上的权力和地位。

关于《汉书·百官表》所记的"有长史，秩千石"，仅见于《汉书·儒林传》记有大司马骠骑将军王根奏请房凤除补为长史之例。其他的官职盖有"大司马司直"一职，于《汉书·百官表》中见元始二年"大司马司直沛武襄君孟为右扶风"，《金日䃅传》中有平帝即位后以金欣为大司马司直、京兆尹之例。

从以上《汉书·百官表》的简单记载和阐述情况来看，我们能够对西汉王朝大司马之职的变迁有一个粗略的了解。但《百官表》省略过多，对诸大司马的实际情况并无详细说明，这里有必要再就个别问题特别是用外戚为大司马的情况做进一步探讨。

据统计，西汉时期就任大司马之职者共计22人，其中王商与王莽为两次就任。兼有车骑将军之号者8人，兼卫将军之号者6人，兼大将军之号者4人，兼骠骑将军之号者3人。张安世从车骑将军而为卫将军；王商从卫将军而为大将军；丁明从卫将军而为骠骑大将军；王根、董贤二人被除去将军之号；王莽、师丹、傅喜三人仅为大司马而无将军之号。

22人之中外戚占了大多数。武帝时有卫青、霍去病、霍光、霍禹4人；宣帝时有许延寿、史高、王接、许嘉4人；元帝、成帝时有王凤、王音、王商、王根以及王莽5人；哀帝时有傅喜、丁明、傅晏3人。而非外戚任大司马者仅能举出张安世、韩增、师丹、韦赏、董贤、马宫6人。其中，张安世与韩增为霍光的下属，张安世是武帝时御史大夫张汤的次子，因其秉性笃实而深得霍光的信任，曾任过右将军光禄勋，元平元年（公元前74年）昭帝刘弗陵死后他作为车骑将军光禄勋与霍光一起废昌邑王刘贺而拥立宣帝刘询，地节三年（公元前68年）霍光死，张安世由御史大夫魏相奏请而就任大司马车骑将军。张安世的哥哥张贺原为卫太子家吏，作为掖庭令曾养育过皇曾孙即以后的宣帝刘询，还曾一度要把自己的女儿嫁于刘询。由此看来张氏一族其实也是被当作外戚那样的亲信对待的。韩增是西汉初年韩王信的后裔、弓高壮族韩颓当的孙子，霍光专政时，他曾做过前将军，有率三万骑兵征匈奴的功绩，张安世死后他于神爵元年（公元前61年）任大司马车骑将军并兼领尚书事，五凤二年（公元前56年）去世。师丹于成帝末年为定陶王康（以后的太子）太傅，后作为左将军而领尚书事，深得哀帝刘欣的信任，在王莽被迫辞职以后迅速升为大司马，仅三个月以后又转而为大司空。韦赏是宣帝时丞相韦贤的孙子，曾教授哀帝刘欣诗歌而为诸吏光禄大夫，亦得刘欣的信任，当外戚丁明于元寿元年（公元前2年）被免去大司马之职时，韦赏即被任为大司马车骑将军，然而他上任之后仅仅七天就去世了，接着由董贤任大司马。

董贤作为哀帝的宠臣，为"柔曼之倾意，非独女德，盖亦有男色焉"（《汉书·佞幸传》之"赞"）的人物，实际上是被哀帝玩弄的一个娈童。《佞幸传》中曾记有一个"断袖"的故事：董贤深受哀帝宠幸，为附马都尉侍中时，常与哀帝一起睡觉，某日大白天两人又睡在一起，董贤侧身而卧，压住哀帝刘欣的一只衣袖，哀帝欲起，竟不忍心叫醒董贤而剪断了那只衣袖。可见宠爱之深。董贤在21岁时被任为大司马，哀帝甚至一度提出要恢复禅让制连皇位都让给他的这位宠臣，此荒唐的提议当然很快即被阻止（《汉书·佞幸传》）。次年，哀帝死，董贤即被免职，后自杀。

　　从以上我们不难看出，西汉大司马之官的设置，最初是皇帝为给其亲近而信赖的人加官而使之显赫的一种名誉职务，其地位虽高但并无多大实权。之后，随着汉武帝"内朝"权力的加强，逐渐形成与"外朝"的对立，大司马兼有将军之职，拥有了军事方面的权力，成为皇帝个人专权机关"内朝"的骨干。正因为如此，西汉大司马之职所任者基本为外戚，不是外戚也必定是皇帝非常宠信的人物。此后，大司马之职是否专有军权均与统治阶级内部尤其是皇帝与外戚的权力之争有着密切的关系。外戚地位的上升与专权是西汉中晚期一个值得注意的政治现象。西汉皇帝对外戚的重用，至汉成帝刘骜时达到高潮，王氏一族基本控制了朝政。刘骜被公认是一个不喜政事，"湛于酒色"的荒淫君主，为满足于自己的玩乐欲望，放手让他的几个舅舅替他统治国家。成帝母王皇后名政君，有兄弟八人：凤、曼、谭、崇、商、立、根、逢时。曼早死有一子即王莽。这期间先由王凤任大司马大将军，王凤死后由其堂弟王音接任，王音死后又由王凤的弟弟王商接任，王商死后又传位于其兄弟王根，王根之后大司马之职又传给了王莽。这中间在王根任职时，以成帝为首的西汉朝廷曾一度为打击王氏家族的势力而削去了王根大将军之职，夺走了军权，但大司马之职仍保留。成帝之世始终是外戚王氏一家专权。成帝死后，其侄刘欣继位，是为哀帝，他在其母丁氏家族与祖母傅氏家族的支持之下反对王氏家族，王莽被迫辞职，哀帝又对大司马加封将军之号，大司马兼将军之职又被哀帝生母丁太后和哀帝祖母傅太后两家把持。丁氏一族任大司马者一人，傅氏一族任大司马者二人。以后哀帝的祖母与母亲相继去世，哀帝亲政，他任用了最为宠爱的董贤为大司马卫将军，并再次确立"三公"之制，而使大司马在"三公"之中地位最高、权力最大。然而哀帝亲政的时间过于短暂，他死后，获得太皇太后称号的王政君尚在世，她无可争辩地召回了王莽，西汉朝政大权再次回到外戚王氏家族的手中。

一般情况下，人们都认为王莽是从王凤以来王氏家族专权的继续，王莽篡权，建立新朝也是外戚专权的结果。的确，王莽的上台与西汉王朝重用外戚的政治情况有着不可分割的关系，但王莽的统治却不是王根那种横蛮专权的重复，王莽个人也不是王氏家族其他专权者那样的人物。他鉴于西汉后期社会的种种危机，当然也包括外戚专权的黑暗统治，进行了各方面的改革，力图解决这些矛盾，重新确立以皇帝为中心的专政体制，使西汉后期软弱的朝廷重新强固起来。然而他的统治集团的基础却是以王政君为代表的外戚，这的确又是一个矛盾。王莽是一个有争议的人物，对他及其新朝的评价不是本文所能涉及的范围，本文旨在通过《汉书》对大司马任职情况的记载，说明西汉大司马之职的变迁，而这种变迁最终导致了外戚的专权，并为王莽改制建立新朝创造了条件。

原载于《西北大学学报》2001年第1期

学术史上的"道""术"之分

——以《汉书·艺文志》为例

《汉书·艺文志》是保存至今的第一部史志目录，班固在西汉刘向、刘歆父子《别录》和《七略》基础之上，"删其要，以备篇籍"而成，著录了先秦至汉代的文化典籍。作为典籍目录，应该说它是记录先秦至汉代精神财富的资料库，与中国学术史关系非常密切，实际上就是学术史的缩影。

对于《汉志》本身体现的学术史价值，古今学者大都予以推崇。如章学诚在其《校雠通义》中曾有言，"《汉志》最重学术源流"，"刘向父子部次条别，将以辨章学术，考镜源流，非深明于道术精微，群言得失之故者，不足与此"，并指出其与后世的目录有着本质的区别，"由刘氏之旨，以博求古今之载籍，则著录部次，辨章流别，将以折衷六艺，宣明大道，不徒为甲乙纪数之需，亦已明矣"[1]。当代学者李零在谈及《汉志》的价值时，亦十分推崇它在考辨先秦学术源流中的作用，"它有学术史的意义、思想史的意义。中国学术史、中国思想史，先秦一段主要是战国时期。……这一段的思想格局是什么，现在只能看五篇东西：《庄子·天下》《荀子·非十二子》《韩非子·显学》《淮南子·要略》《六家要指》。《六家要指》后面看什么？只

---

[1] 章学诚撰，叶瑛校注：《文史通义校注》下册，中华书局2014年版，第1109页。

能看班志"①。

余嘉锡在《目录学发微》中多次强调"凡目录之书,实兼学术之史",甚至认为"目录即学术之史"。他说:"目录者学术之史也。综其体例,大要有三:一曰篇目,所以考一书之源流;二曰叙录,所以考一人之源流;三曰小序,所以考一家之源流。三者亦相为出入,要之皆辨章学术也。"② 看来目录学的任务与价值之一在于"辨章学术,考镜源流"已经成为人们的共识。

类似的推崇,不胜繁举,《汉志》确有学术史性质,而且在先秦秦汉典籍大多散佚的情况下,这种作用在今人看来尤为突出,《汉志》作为学术史篇目的性质似乎成为了学人公认的事实。然而上述学者均强调目录学之于学术史的关系,却没有注意到《汉志》在著录典籍目录中自然显现学术分流的同时,在分类时还有一个十分明显的道术之分。

《汉志》前三略《六艺》《诸子》《诗赋》偏重人文,向人们展示思想观念和价值取向,后三略《兵书》《数术》《方技》偏重技术,向人们展示当时人的知识范围和学术背景。古人称"形而上者谓之道,形而下者谓之器",前三略属于"道"的范畴,后三略属于"器"的范畴。六略的分类排列秩序无形中凸显了汉人心目中知识的等级关系。此"道"与"器",即我们所说的"道"与"术"。

其实章学诚也注意到了这一点,但他认为"《七略》以兵书、方技、数术为三部,列于诸子之外者,诸子立言以明道,兵书、方技、数术皆守法以传艺,虚理事实,义不同科故也"③。他否认这三略在辨析学术上的作用,不具备与《诸子略》相提并论的条件。但是,我们读《汉志》可以发现,后三略所著录之书,占古书之半,而且近年来的出土发现也层出不穷,可见它们在当时是非常重要的书籍。它们的内容关乎天地之道,关乎宇宙、生命,关乎养生治病,涉及自然领域

---

① 李零:《兰台万卷——读〈汉书·艺文志〉》序言,生活·读书·新知三联书店 2013 年版,第 13 页。
② 余嘉锡:《目录学发微·卷四》,商务印书馆 2011 年版,第 34 页。
③ 章学诚撰,叶瑛校注:《文史通义校注》下册,中华书局 2014 年版,第 1145 页。

和社会领域的各种实用知识和技术。这类学问在古代是重要学问，但《隋志》之后降为子学附庸，逐渐不被人们所重视，尤其是这些知识系统还是在古老思维的支配下，又和各种神秘推测，即我们今天认为是"迷信"的活动，比如占卜、相术和厌胜等等纠缠在一起，同巫术、礼仪、宗教有关，它既是科技史的资源，也是宗教史的资源，二者混而不分，而这也正是古代思想史的特点，我们要全面了解古人的思想的知识系统，就必须从"道"和"术"的关系入手。

我们十分赞赏李零先生提出"跳出诸子看诸子"的主张。在此，我们仅以《诸子略》中的"阴阳家"和《兵书略》之"兵阴阳"、《数术略》之"五行"的关系稍加分析。《诸子略》中"阴阳家"与《兵书略》中的"兵阴阳"、《数术略》中"五行"之间相近但又有别，"兵阴阳"属当时兵书分类的四种之一，"五行"则是模仿天文、历算、占验时日吉凶之类的书籍。它们为什么要别出《诸子略》的"阴阳家"？这种学术分类的依据是什么？这其中体现了怎样的认识，这里仅仅做一点小小的探讨。

《汉书·艺文志》著录"阴阳家"著作二十一种，已全部散佚。使我们今天难以窥见其具体内容，可喜的是近年来我们看到郭店简、上博简及清华简等一批年代在公元前300年前后的战国竹书陆续问世，加上之前我们看到的马王堆帛书等汉代资料，它们为阴阳这个二元论的发展提供了充分的证据。这里我们举出1999年于湖南沅陵城关镇虎溪山一号汉墓出土的《阎氏五胜》，它被学界判定为一部典型的阴阳家典籍。其《发掘简报》说："《阎氏五胜》首简自题为《阎氏五胜》，末简为《阎氏五生》，是出土时唯一的十数枚保持原有编联顺序的简。"[①] 具体内容如下：

> 五胜：金胜木，木胜土，土胜水，水胜火，火胜金。衡平力钧则能相胜，衡不平力［不］钧则不能相胜。水之数胜火，万石之积燔，一石水弗能胜；金之数胜木，一斧之力不能践（残）一

---

① 湖南省文物考古研究所等：《沅陵虎溪山一号汉墓发掘简报》，《文物》2003年第1期。

山之林；土之数胜水，一絫［之］壤不能止一河之原（源）；火之数胜金，一据（炬）之火不能烁千钧之金；木之数胜土，［一］围之木不能任万石之土。是故十火难一水，十木难一金，十水难一土，十金难一火，十土难一木。

阎昭曰：举事能谨顺春秋冬夏之时，举木水金火之兴而周还之，万物皆兴，岁乃大育，年雠（寿）益延，民不疾役（疫），强国可以广地，弱国可以枊（抑）强敌。故常以良日支干相宜而顺四时举事，其国日益。所谓顺四时者，用春甲乙，夏丙丁，秋庚辛，冬壬癸。常以困、罚日举事，其国日秏（耗）。所谓罚日者，干不胜其支者也。所谓困日者，春戊己，夏庚辛壬癸，秋甲乙，冬丙丁。是故举事，日加喜数而福大矣，日加忧数而祸大矣。祸福之来也，迟亟无常，故民莫之能察也。故残国亡家常好用困、罚日举事，故身死国亡，诸侯必加之兵。①

我们先简单分析一下其具体内容和性质。

第一段先讲五行相胜的一般原理，其为金胜木、木胜土、土胜水、水胜火、火胜金。但在具体事实上，却不尽然，五行之间只有在"衡平力均"的情况下才能保持相胜之势，并举一石之水不能胜万石之积燔等例以说明"衡不平力不均则不能相胜"。经过一番举证，最后得出结论："十火难一水，十木难一金，十水难一土，十金难一火，十土难一木。"这里的"难"，可理解为阻拦、抵挡的意思。故"五行无常胜"，这就得出与五行相胜相对立的结论。

下一段进一步用五行配四时的原理来说明顺时举事的好处和违背四时的灾害。简文认为，如果能顺应四时的规则举事，则将万物俱兴，年岁有成，民无疾疫，强国可以扩张领地，弱国可以制服强敌。这里提到"良日""困日""罚日"，有必要再解释一下。按五行配数原理，春为万物复苏，以木为当令者，位在东方，所属甲、乙、寅、卯；夏为流火之季，以火为当令者，位在南方，所属丙、丁、巳、午、未

---

① 此释文引自刘乐贤《虎溪山汉简〈阎氏五胜〉及相关问题》，《文物》2003年第7期。

等；秋为金黄收获之季，当令者为金，位在西方，所属庚、辛、申、酉、戌等；冬为寒冷凝冰之季，当令者为水，位在北方，所属壬、癸、亥、子、丑等；中方主戊、己、辰、戌为土。现依据《管子·五行》《墨子·贵义》《礼记·月令》《淮南子·天文》《五行大义·论配支干》等文献做表如下：

五行	水	火	土	金	木
五方	东	南	中	西	北
天干	甲乙	丙丁	戊己	庚辛	壬癸
地支	寅卯	巳午	辰戌丑未	申酉	亥子
四时	冬	夏		秋	春

"良日"指的是春季用甲、乙，二者都属木，夏季用丙、丁，二者都属火，以下类推，是为"顺四时"。春属木，若用戊、己，戊、己属土，木胜土；秋属金，甲、乙属木，金胜木；冬属水，丙、丁属火，水胜火，此为"困日"。"罚日"则指"干不胜其支"，也就是以支克干之日。与"良日"顺时举事相对，"困日""罚日"举事则为逆时。

"故举事日加其喜数而福大矣，日加其忧数而祸大矣"，此"喜数""忧数"应做何解？刘乐贤《睡虎地秦简日书研究》在对"禹须臾""戊己丙丁庚辛旦行，有二喜"等所列喜数解释时，认为在材料不足的情况下似乎还没有圆满的解释①。王子今《睡虎地秦简〈日书〉甲种疏证》则说："胪列喜数，是战国秦汉人的一种习惯。"他以《战国策·齐策三》举例："公孙戍曰：'臣有大喜三……'孟尝君曰：'何谓也？'公孙戍曰：'门下百数，莫敢入谏，臣独入谏，臣一喜；谏而得听，臣二喜；谏而止君之过，臣三喜。'"又引《东观汉记》卷二《明帝纪》："上幸长安，祠高庙，遂有事十一陵。历览馆舍邑居旧处，会郡县吏，劳赐作乐。有县三老大言：'陛下入东都，臣望颜色

---

① 刘乐贤：《睡虎地秦简日书研究》，文津出版社1994年版，第165—171页。

容仪,类似先帝,臣一欢喜。百官严设如旧时,臣二欢喜。见吏赏赐,识先帝时事,臣三欢喜。陛下听用直谏,默然受之,臣四欢喜。陛下至明,惩艾酷吏,视人如赤子,臣五欢喜。进贤用能,各得其所,臣六欢喜。天下太平,德合于尧,臣七欢喜。"睡虎地秦简日书甲种"禹须臾",都是以日辰配合时辰占出行,后有"二喜""三喜""五喜""七喜""九喜"等,王子今认为"行有喜"的时日排列有一定规律,做表如下:①

	甲乙	丙丁	戊己	庚辛	壬癸
旦行有二喜		○	○	○	
日中行有五喜	○	○			○
餔时行有七喜			○	○	○
夕行有九喜	○			○	○

从表可看到,诸日"行有喜"数量:甲乙14,丙丁7,戊己9,庚辛18,壬癸21。以庚辛壬癸日的喜数最高,而丙丁日的"行有喜"概率最低。

饶宗颐先生认为干支的安排与五行纳音有关,但对于其中的喜数与五行的关系却有不同的理解②。我们看到,简文中既有"喜数",又有"忧数",从竹简上下文看,"喜数"似乎是指"顺四时","忧数"则指"困日""罚日"的逆时。

由以上分析可见,《阎氏五胜》讲述阴阳五行理论,重点是借五胜理论阐明顺时举事的思想,又由此延及治国之术,内容虽短少,但其论述观点鲜明,还是可划归阴阳家范畴,这在学界已基本达成共识。

---

① 王子今:《睡虎地秦简〈日书〉甲种疏证》,湖北教育出版社2003年版,第259—262页。
② 参看饶宗颐《秦简中的五行说与纳音说》,《古文字研究》第14辑;刘乐贤《睡虎地秦简日书研究》,文津出版社1994年版,第162—171页;陈松长《帛书〈阴阳五行〉与秦简〈日书〉》,《简帛研究》第2辑。饶宗颐以为喜数与五行生成数有关,刘乐贤则以为"还不能有圆满的解释"。

以上我们举了"理"的《阎氏五胜》，不妨再来找找"术"的例子，就从《汉志》后三略中去找。

先看《汉志·兵书略》，其中有"兵阴阳"一类，就是借阴阳理论来讲具体的战术应用。班固的小序曰："阴阳者，顺时而发，推刑德，随斗击，因五胜，假鬼神而助者也。"其著录共十六家，二百三十三篇，图十卷，今已全部亡佚。然出土文献中的马王堆帛书《刑德》、张家山汉简《盖庐》等都是这方面的典型代表[①]。《刑德》中既有以历数为基础的刑德法，又有以天象观察为依据的各种占辞，论述刑、德二神的运行与行军作战的对应关系，以刑德占验为核心，又糅合了风角、望气、星占等方术。张家山汉简《盖庐》则以伍子胥与吴王阖闾的对话体现伍子胥的兵阴阳思想，讲道"用五行之道""用四时之道""用日月之道"等，既有以方向定吉凶的择日之术，又有五行相胜之术的具体运用，涉及兵忌、占验、望气及择日等方术。马王堆汉墓帛书还有一种"辟兵图"[②]，图像标有"雨师""雷公""黄龙""青龙"等，具体如何操作，由于"兵阴阳"所著录的《辟兵威胜方》亡佚，使我们今天对当时的辟兵之术的具体情况无法了解。

兵阴阳与阴阳家绝对有着十分密切的关系。《史记·太史公自序》载司马谈《论六家要指》在谈到阴阳家时说："夫阴阳四时八位，十二度，二十四节，各有教令，顺之者昌，逆之者不死则亡，未必然也，故使人拘而多畏。夫春生夏长，秋收冬藏，此天道之大经也，弗顺则无以为天下纲纪，故曰四时大顺不可失也。"《汉志》"诸子略"阴阳家小序曰："阴阳家者流，盖出于羲和之官，敬顺昊天，历象日月星辰，敬授民时，此其所长也。"由此可知阴阳家本出于古代天文之官，以天文历算为其职掌，同时又兼糅占验时日之术，以天文、地理、阴阳之向背等学说为本，进而又对五行之说做了广

[①] 《刑德》乙篇见于傅举有、陈松长编《马王堆汉墓文物》，湖南人民出版社1992年版。《刑德》甲篇（部分）见于《马王堆帛书艺术》，上海书店1996年版。《盖庐》见于《张家山汉墓竹简》，文物出版社2001年版。

[②] 李零：《马王堆汉墓"神祇图"应属辟兵图》，《考古》1991年第10期。

泛推阐，并用来解释人世间的一切活动。而兵阴阳之"阴阳者，顺时而发，推刑德，随斗击，因五胜，假鬼神而助者也"，不仅从理论上以阴阳之学为依据，而且更注重实际操作，是阴阳之学在军事上的运用。因为兵书也好，兵法也好，都是要用来指道具体作战的，它的实用性非常之强。

阴阳家的背景是数术之学，其思想表现在将自古以来的数术思想与阴阳五行学说相结合并试图进一步发展，用来建构宇宙图式，解说自然现象的成因及其变化法则，如果我们舍数术谈阴阳五行，理解都不免限于空疏。

我们知道，古人以数术作为沟通天人的重要途径，《周易·系辞上传》即有所谓"天垂象，见吉凶，圣人象之；河出图，洛出书，圣人则之"。数术之学一般由官方掌握。《周礼·春官宗伯》称大卜掌三兆、三易、三梦之占，太史属官保章氏"掌天星以志星辰日月之变动"。而据《尚书·洪范》记载，箕子谈论禹从天帝所受治国之法时，就包括建立卜筮人稽疑的一项。《汉志·数术略》序也称数术之学的渊源为"明堂羲和史卜之职也"。至春秋战国时期，数术之学也在民间盛行起来，诸子百家纷纷接纳数术之学构建的模型来说明自己的学说与主张，阴阳家借以发挥、建构自己的理论最为突出。《汉志·诸子略》"阴阳家"小序曰"阴阳家者流，盖出于羲和之官"，《数术略》序则讲"数术者，皆明堂羲和史卜之职也"，二者同源。既然如此，那么在这里，我们更应看《汉志》的《数术略》。《数术略》分为天文、历谱、五行、蓍龟、杂占、形法六大类，共一百九十家，两千五百二十八卷。现仅有属于形法类的《山海经》十三篇存，其他全部亡佚。而《山海经》向来被认为是一部古老的地理书，在此不足为证，所以也只能从出土文献中去寻找。

《汉志·数术略》"五行"的小序曰："五行者，五常之形气也。书云：'初一曰五行，次二曰羞用五事'，言进用五事以顺五行也。貌、言、视、听、思心失，而五行之序乱，五星之变作，皆出于律历之数而分为一者也。其法亦起五德终始，推其极则无不至。"依照这一定性，我们可从近年来出土的大量《日书》找到线索，《日书》

讲的正是择日的吉凶应用，属于"数术"类的"五行"范畴。我们知道，《日书》的发现很多，从战国到秦汉时期的墓葬，大凡有竹简出土几乎都会有一部或几部《日书》，即使秦火也不毁这类书籍，可见当时的流行盛况。它是古人从事婚嫁、生子、丧葬、农作、出行等各项活动时，选择时日吉凶宜忌的一种历书，以天文历法为经，以生活事件为纬，当时人们的生老病死、衣食住行都可归于《日书》的查询范围，并有着极其复杂细密的宜忌规定。它的特点是预测吉凶宜忌不需经过复杂的占卜来完成，而是开卷即得，立见吉凶，极其简便易行。

举个例子来看，《睡虎地秦简日书甲种》"归行"①：

> 凡春三月己丑不可东，夏三月戊辰不可南，秋三月己未不可西，冬三月戊戌不可北。百中大凶，二百里外必死。岁忌。
>
> 毋以辛壬东南行，日之门也。毋以癸甲西南行，月之门也。毋以乙丙西北行，星之门也。毋以丁庚东北行，辰之门也。凡四门之日，行之敚也，以行不吉。
>
> 入正月七日，入二月四日，入三月廿一日，入四月八日，入五月十六日，入六月廿四日，入七月九日，入八月□□日，入九月廿七日，入十月十日，入十一月廿日，入十二月卅日，凡此日以归，死；行，亡。

以上纯粹讲归行的忌日，没有任何论述解释，也不涉及价值判断，而且这类数术书籍从不标著者姓名，只是实用性很强的手册一类东西，与上述《阎氏五胜》明确有著者姓名，并且其论述有自己鲜明的思想观点完全不同。当然，这类数术书籍的背后肯定有着自身的知识框架和理论体系，我们在这里就不做进一步讨论了，强调的仅仅是《汉志》分类所体现的"道"与"术"的关系。

以上我们仅仅分析了这样一个侧面，就可以清楚地看出《汉志》

---

① 见《睡虎地秦墓竹简·日书甲种》一三一至一三三简，文物出版社1990年版。

六略的分类和排列秩序，它的确反映了汉人对知识等级的认识，只有像刘向、刘歆及班固这样的通博鸿儒，他们既有宏观的把握，又有对每一学科本质特点的深刻理解，才能做到准确的命名和分类。

原载于《诸子学刊》第 15 辑，上海古籍出版社 2017 年版

从"重新估价"到"走出疑古"
再到"重写学术史"

——李学勤先生治史的责任感和使命感

李学勤先生作为当代著名的学者,他集历史学家、考古学家、文献学家于一身,在学界被称为"百科全书式"的学者,是国内外学术界公认的古文字研究和简帛研究、古史研究的权威。李先生研究的领域相当广阔,然而他最多着力研究的对象,是汉武帝时代以前的历史文化。正如有学者所指出的那样:"李学勤长期致力于汉以前的历史与文化的研究,注重将文献学、考古学、古文字学成果相结合,在甲骨学、青铜器、战国文字、简牍帛书及其相关历史文化的研究领域,均有重要建树。"① 他对汉以前的考古发现利用最及时、探讨最全面、成果也最为显著,充分体现了王国维先生所倡导的以"地下之新材料"与古文献记载相互印证,这一学术界公认的科学的学术正流。

纵观李学勤先生从 20 世纪 80 年代以来的学术研究,可以说主要集中在三大领域:一是古代文明研究,二是古文献研究,三是学术史研究。三十多年来,李学勤先生在这些领域孜孜追求,以他深厚的功力并倾注了令世人瞩目的智慧和精力,在每一个领域都有精深的研究,取得了丰硕的成果。

---

① 张懋镕:《李学勤》,《中国大百科全书·中国历史》第 2 册,中国大百科全书出版社 1992 年版,第 565 页。

一

　　1981年，在《人文杂志》社和西北大学历史系联合举办的第二次先秦史学术研讨论会上，李学勤先生作了题为《重新估价中国古代文明》的发言，同时也在西北大学做了同一题目的演讲，① 发言稿收入1982年出版的《人文杂志》增刊《先秦史论文集》，后又收入《李学勤集》，1989年由黑龙江教育出版社出版。李先生在发言中指出："建国迄今三十多年，考古工作的收获，不是以往所能比拟的。考古学新取得的一系列成果，已经提出很多有深远意义的课题，这必将对人们关于古代的认识产生根本性的影响。重新估价中国古代文明的时机，现在业已成熟了。"

　　李学勤先生提出"重新估价中国古代文明"这一重要观点，其关键在于如何看待中国古代文明形成的时间和发展的程度，这也是20世纪80年代以来李先生研究古史所关注的一个重要问题。李先生认为在全世界研究中国古史的学者中，对中国古代文明形成的时间和发展的程度普遍的估计是偏晚、偏低，而新出土的考古材料说明这种偏晚、偏低的估计并不符合中国古代文明的实际。流行的观念认为中国古代文明形成于商代，但是从近些年的发现看，作为文明形成标志的一些要素，"在商代以前已有相当长的发展过程，古代文明是否迟到商代才形成，值得重新考虑"②。李先生认为新发现的考古材料显示，中国古代文明不仅在商代以前更早时期既已形成，而且其发展程度非常之高。

　　那么，"为什么学术界流行的传统观念总是把中国的古代文明估计得比较迟，比较低呢？"李先生认为，"这有着深刻的学术史上的原因，应该从近代以来我国历史学的发展过程中去寻求答案"。李先生认为原因有两个：第一，"是不适当地套用了外国历史的观点"；第

---

① 笔者当时正就读于西北大学历史系考古专业，正好聆听了此次演讲。
② 李学勤：《李学勤集》，黑龙江教育出版社1989年版，第16页。

二,"是盛行一时的经学今文学派的影响"。对今文经学派,李先生指出：今文学派"门户之见"太深,他们对古文经《左传》《周礼》及其他古书的怀疑,辨伪过头,造成不少"冤假错案",究其原因是"对古书的形成传流没有足够的了解",导致辨伪过头。李先生认为,大批古籍遭到怀疑的结果,是使古代历史文化"归于茫昧",其极端就是所谓"东周以上无史"论。而新近考古发现所出简帛佚籍,为平反这些"冤假错案"提供了条件。李先生说："用新的眼光重行审查古籍,会使我们对古代文明研究的凭借更为丰富和广泛。我们主张批判地研究古代文献,反对一味信古,也反对一味疑古"；"我们认为现在对中国古代文明的估价是不够的,应该把考古学的成果和文献的科学研究更好地结合起来,对中国古代文明作出实事求是的重新估价"。[1]

和今天我们能够看到更多的考古发现相比,20世纪80年代初学界能够了解的出土资料应该说还是相对有限的,80年代之后层出不穷的、令人震惊的考古发现都一次次证明李先生提出"重新估价"这一观点的前瞻性和敏锐性。

从那以后,李先生在多个场合多次讲道：中国古代文明是一个非常古老的文明,现在讲文化的传承、创新,就是要传承、创新中国自古以来的文化传统。世界文明古国不只有古代中国,巴比伦、古埃及、古印度,古代美索不达米亚、两河流域的文明都非常古老。然而,这些古老文明都断绝了,还有古希腊、古罗马文明,也在中世纪就中断了,只有中国文明绵延五千年不断,这在人类历史上可以说是一个奇迹,中国古代文明在世界文明史上一直占据重要位置。要认识世界文明,就离不开对中国文明的研究。探索中国古代文明,一方面对我们中华民族有重大意义,另一方面对人类文明的兴起过程和人类文化的认识同样具有重大意义。探索中国文明的起源,当然是非常重要的一件事。但是中国文明史和其他文明古国的历史有一点是共同的,那就是都具有非常古老和独立的发展和起源。然而,文明起源是一个漫长

---

[1] 李学勤：《李学勤集》,黑龙江教育出版社1989年版,第22—26页。

的历史过程,至于中国古代文明从何时起源,目前社会上包括一些学术界人士可能有些误会,他们认为探索中国古代文明的起源,就一定要追究到是哪一年起源的,比如是公元前5050年,或者5100年,其实这是不科学的。具体问题比如中国的青铜器是什么时候制造、文字是什么时候形成,等等,这一系列的问题都是文明因素的问题。古代中国与现代中国一样,是世界上人口众多、幅员广阔的国家,中国文明的起源自然是多方面文明因素共同促成的。而这些文明因素在中国会产生这样的结果,在其他国家又会产生不同的结果。探索文明起源,最主要的是探索起源的过程,在某一个阶段形成了有分层的社会,形成了恩格斯所说的国家机器,这就是文明的起源。

在《李学勤集·自序》中李先生讲道:"《重新估价中国古代文明》一文,写于1981年,粗略地勾画了我对中国古代文明几个重要问题的见解。其他好多文章,都不妨看作该文所提观点的具体引申。"①

1986年,李学勤先生发表《对古书的反思》一文②,提出"对古书的第二次反思"这个重要观点,其寓意正是对《重新估价中国古代文明》中所说的"用新的眼光重新审查古籍"的引申和强调。

为何称"第二次反思"?这仍然有学术史上的原因,李先生在这篇文章中指出,在中国新文化运动以后,出现了著名的"古史辨"讨论,"古史辨"派所代表的疑古思潮提出辨古史,其核心就是辨古书。对古书进行重新审查与批判,分辨出哪些合理、哪些不合理,哪些合乎史实、哪些不合乎史实,这是对古书的第一次反思。李先生说:"大家都记得,这一思潮怎样从根本上改变了人们心目中中国古代的形象,有着深远的影响。"第一次"对古书的反思,仍然是就书论书,一般只能是揭示古书内容可能存在的种种矛盾。考古学的成果则在书籍之外提出客观依据,特别是近年,从地下发掘出大量战国秦汉的简帛书籍,使人们亲眼见到未经后世改动过的古书原貌,是前人所未曾

---

① 李学勤:《李学勤集》之《自序》,黑龙江教育出版社1989年版。
② 见复旦大学历史系编《中国传统文化的再估计:"首届国际中国文化学术讨论会"(1986年)论文集》,上海人民出版社1987年版,后收入《李学勤集》(黑龙江教育出版社1989年版)和《简帛佚籍与学术史》(江西教育出版社2001年版)。

见的。在这种条件下，我们将能进一步了解古籍信息本身，知道如何去看待和解释它们。这可说是对古书的新的、第二次的反思，必将对古代文化的再认识产生重要的影响；同时，也能对上一次反思的成果重加考察"。李先生认为，清代以来疑古辨伪的"一些局限性延续到现在还有影响。今天要进一步探究中国古代文化，应当从这些局限中超脱出来。从这个角度看，对古书的第二次反思，在文化史研究上也有方法论的意义"。

如何实行"二次反思"？李先生经过研究新发现的大量简帛书籍，与现存古书相对比，认为首先要对古书形成的过程有所认识，他说："以前有不少著作，对古书的成书采取一种静止不变的观点，以为汉以前的书籍和后世一样，一经写定，不再作出修改。不知古代没有纸张和印刷术，任何书籍，如无官方保证，就只能传抄甚至口传，师弟相因，期间自然难免增删笔削。简帛又不像纸那样易得便携，很多书只得分偏单行。及至汇集成书，便会有次第先后和内容多寡的不同。"[①] 先生还概括出"在古书的产生和流传过程中"发生的十种"值得注意的情况"：一曰"佚失无存"；二曰"名亡实存"；三曰"为今本一部"，四曰"后人增广"；五曰"后人修改"；六曰"经过重编"；七曰"合编成卷"；八曰"篇章单行"；九曰"异本并存"；十曰"改换文字"。"希望读者由此能认识到古书的形成每每要有很长的过程"，"如果以静止的眼光看古书，不免有很大的误会"；"对古书形成和传流过程的新认识，使我们知道，大多数我国古代典籍是很难用'真'、'伪'二字来判断的"。[②]

在多年以后的今天，当我们能看到更多出土的早期简牍帛书的真实面貌时，再次体会到先生的这些认识，用"真知灼见"来形容的话，实在不为过分。

[①] 见李学勤《简帛佚籍与学术史》，江西教育出版社2001年版，第12页。
[②] 见《李学勤集》，黑龙江教育出版社1989年版，第42—46页。

二

　　1993年，李学勤先生在北京的一次小型学术座谈会上发表题为《走出疑古时代》①的谈话，针对疑古思潮，李学勤先生提出了"走出疑古时代"的观点。李先生指出："从晚清以来的疑古思潮基本上是进步的，从思想来说是冲决网罗，有很大进步意义，是要肯定的。因为它把当时古史上的偶像一脚全都踢翻了。经书也没有权威性了，起了思想解放的作用，当然很好。可是它也有副作用，在今天不能不平心而论，它对古书搞了很多'冤假错案'"②；"我想说的是，咱们今天的学术界，有些地方还没有从'疑古'的阶段脱离出来，不能摆脱一些旧的观点的束缚。在现在的条件下，我看走出'疑古'的时代，不但是必要的，而且也是可能的了"；"我们要讲理论，也要讲方法。我们把文献研究和考古研究结合起来，这是'疑古'时代所不能做到的。充分运用这样的方法，将能开拓出古代历史、文化研究的新局面，对整个中国古代文明作出重新估价"③。李先生"痛感疑古思潮在当今学术研究中产生的负面作用，于是以大量例证指出，考古发现可以证明相当多古籍记载不可轻易否定，我们应从疑古思潮笼罩的阴影下走出来，真正进入释古时代"。在之后的1995年，李先生将相关论文集为一书，《走出疑古时代》被作为导论置于书首，并以此为全书题名。1997年，此书再出修订版，流传颇广。伴随先生频繁的学术和社会活动及其相关著述的广泛传播，虽然有人提出疑义，但在这一主张之下，"走出疑古时代"迅速成为一股强大的思想潮流席卷学术界和思想界，大量学术成果的涌现已是不争的事实。

---

　　① 刊于当年《中国文化》第7期，后收入《走出疑古时代》，见《走出疑古时代》（修订本），辽宁大学出版社1997年版，第343—347页。
　　② 见《走出疑古时代》（修订本），辽宁大学出版社1997年版，第9页。
　　③ 见《走出疑古时代》（修订本），辽宁大学出版社1997年版，第19页。

1994年，李学勤先生还写了《谈"信古、疑古、释古"》①一文，作为那次发言的补充，进一步申述自己大胆提出走出疑古时代的原因。在简要追溯了疑古之风悠久的历史根源及流变过程之后，他评论说："自宋以来，学者疑古，首在辨古书之伪，其成效昭著，为人所共见。但是他们的辨伪，每每议论纷纭，难于折中，并且扩大化，以至如梁（启超）氏所说伪书极多，汉以前古书几乎无不可疑，所谓'东周以前无史'的观点于是产生"；"疑古一派的辨伪，其根本缺点在于以古书论古书，不能跳出书本上学问的圈子。限制在这样的圈子里，无法进行古史的重建"。李学勤先生认为，只有摆脱疑古的局限，才能对古代文明作出更好的估价。实际上，诚如李先生自己所说："对于盛行疑古的清末以来学术界热心讨论的种种问题，我一直不能释怀，有关历史学、文献学的小文，每每与此有关。"②的确，李先生的各项研究工作，可以说都是自己所提倡的"走出疑古"的实质性步骤。

李学勤先生极力推崇王国维的"二重证据法"，在李先生看来，王国维的"二重证据法"对于重建古史具有方法论的意义。1999年李先生发表《疑古思潮与重构古史》③一文，强调："王国维先生的《古史新证》，以其'二重证据法'，从理论和方法上为现代考古学奠定了基础。"

他说："在史料审查上，我们主张要以'二重证据法'来补充纠正疑古一派的不足之处。疑古的史料审查，由于限于纸上的材料，客观的标准不足，而'二重证据法'以地下之新材料补正、证明纸上之材料，这本身便是对古书记载的深入审查。"他再次特别强调新出简帛书籍对"走出疑古"的意义："最近这些年，学术界非常注意新出土的战国秦汉时期的简帛书籍。大量发现的这种真正的'珍本秘籍'，

---

① 李学勤：《谈"信古、疑古、释古"》，载《原道》第1辑，1994年。后收入《古文献丛论》上海远东出版社1996年版、《走出疑古时代》长春出版社2007年版。

② 见《当代学者自选文库·李学勤卷》《自序》，安徽教育出版社1999年版，又见《清路集》，团结出版社2004年版，第92页。

③ 载《中国文化研究》1999年第1期，后收入《疑古思潮回顾与前瞻》，中国书店、京华出版社2003年版。

使我们有可能对过去古书辨伪的成果进行客观的检验。事实证明，辨伪工作中造成的一些'冤假错案'，有必要予以平反。"①

之后，李学勤先生在《二重证据与古史研究》② 一文中又讲道：近些年，很多有关古史研究的论著都提到王国维先生的"二重证据法"，说明这一著名观点的影响力非常深远持久。大家知道，王国维的"二重证据法"是他 1925 年在清华研究院（即一般说的清华国学研究院）教课时提出的。那时他开了一门"古史新证"，整个课程便是以"二重证据法"的观点贯穿起来的。1994 年，该课讲义即以《古史新证》为题出版，原貌大家都容易看到。王国维先生在讲义开头"总论"中指出："研究中国古史为最纠纷之问题"，因为"上古之事传说与史实混而不分"，信古固然有过，疑古也有过，后者"其于怀疑之态度及批评之精神不无可取，然惜于古史材料未尝为充分之处理也"。由此，他提出："吾辈生于今日，幸于纸上之材料外，更得地下之新材料。由此种材料，我辈固得据以补正纸上之材料，亦得证明古书之某部分全为实录，即百家不雅驯之言，亦不无表示一面之事实。此二重证据法，惟在今日始得为之。""二重证据法"就是"纸上之材料"与"地下之新材料"的互相结合，彼此印证。

李先生强调，"考古工作中发现的种种文化遗存，都是在一定历史条件下产生和形成的，也只有置诸特定的历史背景之中才能得到认识和理解"，因此，只有"将考古学与历史理论和文献知识结合起来，更好地在历史研究中运用考古学的丰硕成果"，才可能"重建已被湮没遗忘的古代历史，探索历史发展的规律"③。

的确，李学勤先生极力倡导的这一学术主张形成了积极的影响，"二重证据法"已为学界大多数学者所公认，中国的考古学需要和中国的历史学结合起来，与典籍文献材料相结合，这是"二重证据法"的重要特点，它既规定了后来中国古代史学的发展方向，也规定了中

---

① 见《走出疑古时代》（修订本），辽宁大学出版社 1997 年版，第 345—348 页。
② 载于《清华大学学报》（哲学社会科学版）2007 年第 5 期。
③ 李学勤：《东周与秦代文明》，文物出版社 1984 年版，第 1 页。

国考古学的发展方向。

长期以来，李学勤先生不仅在自身的学术活动中践行这一方法，还再三教导他的学生们努力按照这一方法从事学术研究。早在20世纪80年代初，李先生最先承允担任西北大学的兼职教授。西北大学历史系陈直教授从事秦汉史研究多有成就，李先生肯定陈直先生倡导的学术风格"朴实精深"，又能够"开辟新境"，特别是运用"把考古和文献互相结合起来"的方法，因此能够取得"令人钦敬"的学术成绩。[1] 李先生在西北大学为历史专业和考古专业的同学授课讲学并指导多名研究生，始终提倡这种学术精神。可以说，凡是在李先生指导下攻读硕士、博士研究生的多名学生和现今从事古代文明与古代文化研究的许多学者，都得到过李先生的这些学术指导。

三

李学勤先生曾表示：反思古书、重新估价中国古代文明，最终是为了完成"重写学术史"的愿望。他说："熟悉我的朋友们都知道，我为深入研究学术史呼吁奔走，已经有一些年了。特别是沿着王国维先生在二十年代提出的以'二重证据法'为标志的道路，将考古学的成果与学术思想研究结合起来，一直为我所向往。""'重写学术史'，意味着就中国各历史阶段学术思想的演变新加解释和总结。这与我过去说的'重新估价中国古代文明'和'走出疑古时代'，其实是相承的。晚清以来的疑古之风，很大程度上是对学术史的怀疑否定，而这种学风本身又是学术史上的现象。只有摆脱疑古的局限，才能对古代文明作出更好的估价。"[2]

所谓"重写学术史"，是指由考古材料、出土简帛引起的对中国学术史的重新认识和估价。李先生提出这一主张的缘由是郭店楚简的

---

[1] 李学勤：《陈直先生其人其事》，《陈直先生纪念文集》，西北大学出版社1992年版，第23—24页。

[2] 李学勤：《重写学术史》之《后记》，河北教育出版社2002年版。

重大发现。1993年发现、1998年公布的郭店楚简包含有儒道两家最为重要的典籍，在国内外学术界引起了极大震动。尽管到目前为止对这一发现的认识和评价有所差异，但学界的共识是对先秦学术史的不少传统看法不得不有所改变。李先生说："连带着以关于先秦学术的观点为基础的汉、唐、宋、明、清以至近代的学术思想，也需要重做考虑了。"① 2000年，李先生在为自己主编的十卷本《中国学术史》撰写的《总序》中又说："研究中国学术史，写出一部《中国学术史》的想法，在我的心中酝酿，可说已经有二十年了。"他谈起自己在《重新估价中国古代文明》中提出的问题和想法，认为那是自己长期以来关注学术史的原因所在。李先生说："当时我提到：……'为什么学术界流行的传统观念总是把中国的古代文明估计得比较迟、比较低呢？我们觉得，这有着深刻的学术史上的原因。'因此，虽然我主要研究的是遥远的古代，却不能不同时将眼光注视到后世甚至是现代的学术史。""就我个人长期投入的学科领域来说，近年田野考古发现的古代简帛佚籍，其性质实在是令人深感震撼的。这大量的宝贵发现，使晚清以来在疑古思潮影响下形成的好多学术史观点，顿时不能成立了，过去被认为没有什么可供论述的，如孔孟之间的儒学、黄老一派的道家、数术与兵阴阳等等，都有了足以品信的材料。涉及先秦'枢纽时期'的学术问题，很自然地又影响到对秦汉以下各代学术流变的看法。关系着历朝学者争论不息的若干疑难，像汉学、宋学问题，今文学、古文学的问题……等等，都有了重加考虑的必要。"②

实际上不独郭店楚简，之后又相继发表公布的上海博物馆所藏战国楚简，还有最近几年陆续公布和正在讨论的清华简，这三批竹简的共同点是抄写时间都是在公元前300年上下，内容都是当时非常重要的典籍，其内容覆盖了古代文明历史的方方面面，它丰富的内涵，已经远远超过我们过去所能想象的程度。可以毫不夸张地说，这三批竹简文献的发现震动了国内外，已经影响到整个思想史、学术史、文化

---

① 李学勤：《重写学术史》之《后记》，河北教育出版社2002年版。
② 见李学勤主编《中国学术史·总序》，江西教育出版社2001年版。

史的书写。

自20世纪90年代李学勤先生提出"重写学术史"这个具有重要学术意义的口号以来，可以说已经对中国学术发展产生了深远影响。此后，不仅李学勤先生自己出版和发表了大量重写中国古代学术史的著述，学术界也出现了一大批新的各种类型的学术史著作。大家的共识是：学术史一直都在不断地"重写"，学术研究本身就是一个不断发展着的现实存在，每一个时代都会产生打上那个特定时代印记的学术史，每一位有思想、有责任的学者都会专注于融入个人思考和学术见地的学术史。由此可见，"重写学术史"实则是一个常态化的学术现象。

通过以上概述，使我们清晰地看到，从"重新估价中国古代文明"到"走出疑古时代"，再到"重写学术史"，出于一个历史学家强烈的责任感和紧迫的使命感，李学勤先生的良苦用心和艰苦卓绝的实践，他为中国古史的重建付出了太多的努力。我们也已经看到李先生的这些努力和成果均已得到学术界的共同赞誉，并且产生了深远的影响。在多年以前就有学者曾评论道："李学勤涉猎面广，学问渊博"，"思想敏锐，方法新颖，每每从大处着眼，小处着手，有极强的预见性。论证问题严谨周密，常有惊人的发明和发现"，有些"堪称是伟大的发明"[①]。

原载于《中国古代文明研究论集》，科学出版社2018年版

[①] 姚孝遂主编：《中国文字学史》，吉林教育出版社1995年版，第376页。

第二类

简牍帛书研究

《容成氏》所见舜帝事迹考

《上海博物馆藏战国楚竹书（二）》于2002年12月由上海书店出版社出版，这批楚竹书多为儒家著作，如《子羔》《鲁邦大旱》等篇，此外，还有一篇系统地记述上古帝王传说的先秦佚书，篇题为《容成氏》。这篇文章的出土，引起了很多学者的研究兴趣，从整体到局部、从文本本身到思想内涵、从竹简编连到文字隶定都有学者进行了有益的探讨。本文作者拟对此篇中之一部分进行一些粗浅的探讨。

本文将要探讨的是《容成氏》中有关舜帝的一部分。整理者李零在书中将本篇共五十三支简分为七部分：第一部分为第一至第三简，论述容成氏等上古帝王二十一人；第二部分为第四至第六简首句，论述帝尧前之某位帝王；第三部分为第六简第二句至第十二简，论述尧；第四部分为第十三简至第十七简第一句，论述舜；第五部分为第十七简后半至第三十四简，论述禹；第六部分为第三十五简至第四十三简，论述商汤；第七部分为第四十四简至第四十九简，论述周文王；其余的简所论述为周武王，因为竹简缺失而不够完整。

一 竹简的编连问题

我们所要讨论的有关舜的内容即整理者李零先生所划分的第四部分，按李零先生的编连为第十三简至第十七简第一句，有些学者撰文对这一编连表示了不同意见。陈丽桂先生认为第二十三简至第三十简虽然在内容上是关于禹的事迹，但应归属于论述舜的部分，这有两个理由：一是从篇幅上看原来的编连使得论述禹的部分过于冗长，从全文来看，与其他部分明显的不平衡；另一理由则是从文字内容本身分析，这一部分所论述的是舜"乃立禹以为司空"之后禹的作为，和文中"立后稷以为盈""立皋陶以为李"及"立夔以为乐正"是平行并列的，这一点"证诸《尚书·尧典》，答案应该很清楚"，① 这意见确实是不错的，《尧典》所载为："舜曰：'咨，四岳，有能奋庸熙帝之载，使宅百揆，亮采惠畴？'佥曰：'伯禹作司空。'帝曰：'俞，咨，禹，汝平水土，惟时懋哉！'禹拜稽首，让于稷、契暨皋陶。""帝曰：'皋陶，蛮夷猾夏，寇贼奸宄，女作士。'""帝曰：'夔，命汝典乐。'"与简文两相对照，基本上是符合的，② 就是说禹、皋陶、夔曾同侍于帝舜的左右，同为帝舜所任命，而古典文献中并没有禹曾任命后稷、皋陶、夔为官的记载。陈丽桂先生一文最后的编连次序是这样的：第十三至第十五简+第二十三简至第三十一简+第十六简至第十八简，也即将第二十三简至第三十一简移至于第十五和第十六两简之间，这一大变动无疑要比原先的编连合理，可是因为陈丽桂先生一文仅着眼于简文中论述舜和论述禹的部分，然而考察全文我们发现这一编连依然存在问题。

陈剑先生也就《容成氏》的编连问题撰文进行了讨论，而他没有局限于某一部分，而是对全篇的竹简都重新进行了考虑。我们现在就来讨论他对有关舜的论述这一部分竹简的编连意见。按照陈剑先生的编连，这一部分的简序如下：第十三简+第十四简+第八简第十二简+第二十三简+第十五简+第二十四至第三十简+第十六至第十八简。大体上与陈丽桂先生的编连类似，不过我们注意到他加入了第八简和第十三简，调整了第十五简和第二十三简，并剔除了第三十一简，这几处改动的理由，我们将在下文进行讨论，为方便起见，我们将以陈

---

① 陈丽桂：《谈〈容成氏〉的列简错置问题》，载《上博馆藏战国楚竹书研究续编》，上海书店出版社2004年版，第335页。

② 关于字句及内容上的差别，将在本文第二部分进行具体讨论。

剑先生的意见编连的简文抄录于此：①

昔舜耕于鬲丘，陶于河滨，渔于雷泽，孝养父母，以善其亲，乃及邦子。尧闻之，十三而美其行。尧于是乎为车十有五乘，以三从舜于畎亩之中。舜于是始免执开耨、锸，谒而坐之子。尧南面，舜十四于是乎始语天地人民之道。与之言政，悦简以行；与之言乐，悦和以长；与之言礼，悦敀而不逆，尧乃悦。尧八囗〔尧乃老，视不明，〕听不聪。尧有子九人，不以其子为后，见舜之贤也，而欲以为后。十二

舜听政三年，山陵不疏，水潦不湝，乃立禹为司空。禹既已二十三受命，乃卉服菁箬，帽芙囗囗足囗囗十五囗面囗（　）囗囗，不生之毛，囗滠湝流，禹亲执畚耜，以陂明都之泽，决九河二十四之阻，于是乎夹州、徐州始可处。禹通淮与沂，东注之海，于是乎竞州、莒州始可处也。禹及通蒌与易，东二十五注之海，于是乎蓏（并）州始可处也。禹乃通三江五湖，东注之海，于是乎荆州、扬州始可处也。禹乃通伊、洛，并瀍、涧，东二十六注之海河，于是乎豫州始可处也。禹乃通泾与渭，北注之河，于是虐（雍）州始可处也，禹乃从汉以南为名谷五百，从二十七汉以北，为名谷五百。

天下之民居奠，乃饮食，乃立后稷以为盈。后稷既已受命，乃食于野、宿于野，复谷豢土，五年乃穰。二十八

民有馀食，无求不得，民乃赛，骄态始作，乃立皋陶以为李（理）。皋陶既已受命，乃辨阴阳之气，而听其讼狱，三二十九年而天下之人无讼狱者，天下大和均。

舜乃欲会天地之气而听用之，乃立质（夔）以为乐正。质（夔）既受命，作六律六三十郰（吕），辨为五音，以定男女之声。当是时也，疠疫不至，妖祥不行，祸灾去之，禽兽肥大，草

---

① 陈剑：《上博简〈容成氏〉的竹简拼合与遍连问题小议》，载《上博馆藏战国楚竹书研究续编》，上海书店出版社2004年版，第327页。

木晋长。昔者天地之佐舜而十六祐善,如是状也。

舜乃老,视不明,听不聪。舜有子七人,不以其子为后,见禹之贤也没,而欲以为后,禹乃五让以天下之贤十七者,不得已,然后敢受之。

我们现在来讨论陈剑先生对编连作出的改动是否成立。

将第八简置于第十四简之后,陈先生注中说:"原以简七、简八相次,则简八开头的'于是乎始语尧天地人民之道'主语不明。"并以上博简《子羔》篇第五简"尧之取舜也,从诸草茅之中,与之言礼,悦尃□"一语与《容成氏》之第八简"与之言礼,悦 而不逆"相勘比,证明对话两人的一定是尧和舜,从而证明此处如此编连的合理性。① 而刘乐贤先生则在一篇文章中更是为此处的编连提供了传统文献方面的有力佐证,他指出"传世古籍中也有类似说法",并举出《尸子》(汪继培辑本)、《慎子》、《资治通鉴外纪》及《路史》等书中的语句。因而,此处的改动应该是没有问题的了②。

而第十二简的加入及其前后的文字补缀,则基于对古书行文习惯的稔熟,同篇第十七简"舜乃老,视不明,听不聪"一语可谓内证,将第八简与第十二简相次,认为两简之间"从内容看不大可能还有缺简"固然有些主观,但在目前看来,没有太大问题,较之原书的编连也更为合理。

至于第十五简和第二十三简的调整,乃是加入了第八简和第十二简的必然结果,第八简接在了第十四简之后,第十五简的"受命,乃卉服菩箬,帽芺□□足□□"自然需要一个新的位置,而将之接在第二十三简之后则浑然一体,文句通顺,对叙述节奏也无影响。而陈剑先生又为第二十三简大胆地补缀出上半部分所残文字,使其与第十二简地衔接更加榫合。这种补缀和对第十二简的补缀一样不是随意的,

---

① 见上引陈剑一文的注释8,载《上博馆藏战国楚竹书研究续编》,上海书店出版社2004年版,第333页。

② 刘乐贤:《读上博简〈容成氏〉小劄》,载《上博馆藏战国楚竹书研究续编》,上海书店出版社2004年版,第353页。

而是参考了上下文并参考古书文例而作出的，文句范式既合于原篇文字，字数也契合于简牍形制，我们认为是可以接受的。

第三十一简的取舍，我们认为与对于第十六简第一字及第三十一简第六字的隶定有很大关系。在李零先生的编连中，第三十简的"六律六"之后补缀了一个"吕"字，并在注释中说"下面的'六'字应接'吕'字"，因为六律六吕即十二律吕，为古代音乐术语，古书习见①，所以李零先生比较肯定地这样说，而陈剑先生认为李零先生隶定为"佸"的字"显然是'邵'的误字"②，这么一来，以第十六简接第三十简就再自然不过了。此外还有一字会影响到竹简的编连，即第三十一简中的"佸"字。李零先生在原书的注里说："'佸'疑读为'调'"，为一与音乐有关的字眼，又因为"上文是讲十二律"，③那么他将之视为叙述乐官之作为的内容而置于第三十简之后自然是有道理的，而陈剑先生认为此句"其义待考"④，我们推想，其实是对"佸"字的隶定还没有把握。另有王志平先生曾专文讨论《容成氏》中有关制乐的简文，他的主张又与前二人不同，认为应当以第十六简接第三十简，再以第三十一简接第十六简，关于"佸"字，王志平先生也和陈剑先生一样认为"比较费解"，但又认为李零先生"似乎是说以十二律分属四方，每方各为三调"的意见是正确的，他认为这个字可读之为"宫"⑤。李、王二先生的意见的确是颇有见地的，但尚非定论，因此我们出于审慎的态度，暂以陈剑先生的编连意见为是，另外，我们考虑到以第十七简接第十六简比以第三十一简接第十六简的编连在文字上更为连贯，文意上也更为通畅。

以上是关于这一部分竹简编连问题的一些讨论，总的来说，我们

---

① 马承源主编：《上海博物馆藏战国楚竹书（二）》，上海古籍出版社2002年版。
② 见陈剑一文的注释12，载《上博馆藏战国楚竹书研究续编》，上海书店出版社2004年版，第334页。
③ 马承源主编：《上海博物馆藏战国楚竹书（二）》，上海古籍出版社2002年版。
④ 见陈剑一文的注释14，载《上博馆藏战国楚竹书研究续编》，上海书店出版社2004年版，第334页。
⑤ 王志平：《〈容成氏〉中制乐诸简的新阐释》，载《上博馆藏战国楚竹书研究续编》，上海书店出版社2004年版，第397页。

认为陈剑先生的编连在整理者李零先生的编连基础上作出了一些更为合理的调整，目前来看是较为可取的。我们在以上的讨论中所关注的只是简文中有关舜的论述部分，实际上陈剑先生是对全篇的编连问题进行了探讨，也许新的编连中依然存在问题，但他的工作使我们更加接近简文的本来面目是毋庸置疑的。

二　事迹之考证

《容成氏》这一篇中所叙述的有关舜的事迹可概括为以下几件：舜之出身，尧访舜，舜立禹、后稷、皋陶、质为官，舜举禹并禅以天下，尧举舜并禅以天下的事情虽然因为竹简残缺而不存，但是结合上下文不难推测，而其他各事皆有传世文献的记载可资考证。

首先，关于舜的出身，简文叙曰："昔舜耕于鬲丘，陶于河滨，渔于雷泽，孝养父母，以善其亲，乃及邦子。"我们将之与传世文献相对照可以发现，简文的说法是简练而概括的。《史记·五帝本纪》中是这样说的："舜，冀州之人也。舜耕历山，渔雷泽，陶河滨，作什器于寿丘，就时于负夏。……舜耕历山，历山之人皆让畔；渔雷泽，渔泽之人皆让居；陶河滨，河滨器皆不苦窳。一年所居成聚，二年成邑，三年成都。""历山""鬲丘"，实为一地，陈剑先生的编连中将"鬲"隶定为"历"[①]，因为"舜耕历山"是各种文献众口一词的说法，这是没有什么问题的。不过，司马迁的说法很可能是总结之前的儒、墨、诸子的各种说法而成的。《墨子·尚贤中》说："古者舜耕历山，陶河滨，渔雷泽"，提到的三个地方和简文所载相同。《韩非子·难一》演绎成分较此为多，"历山之农者侵畔，舜往耕焉，期年 亩正；河滨之渔者争坻，舜往渔焉，期年而让长；东夷之陶者器苦窳，舜往陶焉，期年而器牢"。所谓"一徙成邑，二徙成都，三徙成国"的说法更是屡见于《管子·治国》《吕氏春秋·慎大览》及刘乐贤先生一文中所引的《尸子》诸种著作。可以说，简文对于舜出身的记载

---

① 所引仍为陈剑文。

是可靠的，不像许多传世文献的记载那样掺杂了后人的演绎成分。

尧在古史中是以"举贤"闻名的，尧寻访舜并举之为官最后禅以天下的事迹，许多文献都有记载，刘乐贤先生提到的《尸子》《慎子》皆言"尧闻其（舜）贤，征诸（《慎子》一书中'诸'作'之'）草茅之中"，略同于简文"以三从舜于畎亩之中。而两书接下来说的"与之语礼，乐而不逆"，"与之语政，至简而易行"，"与之语道，广大而不穷"，更和简文"与之言政，悦简以行；与之言乐，悦和以长；与之言礼，悦　而不逆"文句相近，很可能有相同的来源，或是当时流行的说法。

"尧有子九人，不以其子为后，见舜之贤也，而欲以为后"这一句后陈剑先生接以第二十三简并补上"舜乃五让以天下之贤者，不得已，然后敢受之"十八字，这说的是尧年老将天下禅让给舜的事情。《史记·五帝本纪》是如此说的："尧立七十年得舜，二十年而老，令舜摄天子之政，荐之于天。"其他文献（如《尚书》《墨子》《孟子》等）的记载皆大同小异。不过，也有一种完全不同的表述，即所谓"舜逼尧，禹逼舜"，认为那种传说中的禅让实为篡夺，这一说法我们可以从《荀子》《韩非子》和《竹书纪年》等书里看到。两种说法的是非本文不作讨论，不过我们由此可以看出《容成氏》的表述是属于前一种的，因为与其同出的其他竹书皆为儒家作品，那么，我们推想这一种叙述法应该来源于早期儒家作品。

在此之后，简文叙述了舜立四人为官以辅助他治理天下诸事，在传统文献中《尚书·尧典》所载较详，我们可以对照二者，看它们有怎样的异同。按照简文的记载，舜践天子位后，"（舜听政三年）山陵不序，水潦不湝，乃立禹为司空"，"天下之民居奠，乃饮食，乃立后稷以为盈"，"民有馀食，无求不得，民乃赛，骄态始作，乃立皋陶以为李（理）"，"舜乃欲会天地之气而听用之，乃立质（夔）以为乐正"。而《尚书·尧典》是这么说的："舜曰：'咨，四岳，有能奋庸熙帝之载，使宅百揆，亮采惠畴？'佥曰：'伯禹作司空。'帝曰：'俞，咨，禹，汝平水土，惟时懋哉！'帝曰：'俞，汝往哉！'禹拜稽首，让于稷、契及皋陶。帝曰：'黎民阻饥，汝后稷时播百谷。'……

帝曰：'皋陶，蛮夷猾夏，寇贼奸宄，女作士。'……帝曰：'夔，命汝典乐。'"两者似乎在文字上还是有不少差异，那么，实际情况是怎样的呢？舜立禹作司空一事，简文与《尧典》是一致的，无须再作讨论。舜立后稷为盈官一事在《尧典》中则似乎没有记载，《尧典》中周人的始祖弃担任了负责粮食生产的官职，而弃和后稷是什么关系呢？我们从孙星衍的疏中可以得知，二者实系一人。孙疏引郑玄注云："初，尧天官为稷"，这位"稷"据《诗·閟宫》笺所说就是弃，笺云："后稷生而名弃，长大，尧登用之，使居稷官。民赖其功，后虽作司马，天下犹以后稷称焉。"①那么后稷的事也没有问题了。我们再来看舜立皋陶为李一事，在《尧典》中皋陶的官职名称与简文不同，称作"士"，不过我们又发现孙星衍的疏中引《说苑·修文篇》"皋陶为大理"一语，而整理者李零在注释中说："'李'，法官。字亦作'理'。"又引《管子·法法》"皋陶为李"之语②，由此显见《尧典》的"士"和简文的"李"应当是同样的官职。接下来我们看看舜立质为乐正一事的究竟。"质"字在原书中未有隶定，李零先生经过对字形和字音的考察及结合《吕氏春秋·古乐》的相关记载得出"疑读为质"的意见③。在传世文献的记载中多有舜立夔为乐正以定五音十二律的说法，"质"字大约是"夔"字的讹误，在《吕氏春秋》的《察传》中也写作"夔"，文曰："昔者舜欲以乐传教于天下，乃令重黎举夔于草莽之中而进之。舜以为乐正。"足可见舜立夔为乐正正是当时的共同观念，而通过对前三事的考证可以看出简文的记载与传统文献的记载并无事实上的出入，可以说二者只是文字上有所不同而已，内容上并不相左。

以上我们对简文中有关舜的诸事迹做了一些较为粗浅的文献考证工作，可以看到《容成氏》的记载虽然在语言上有其自身特色，但在内容上并没有超出我们从传统文献中得到的古史知识的范畴。

---

① 孙星衍：《尚书今古文注疏》，中华书局2004年版。
② 孙星衍：《尚书今古文注疏》，中华书局2004年版。
③ 马承源主编：《上海博物馆藏战国楚竹书（二）》，上海古籍出版社2002年版。

三 余论

我们通过对《容成氏》中关于舜的事迹部分的竹简编连问题的讨论，以及对其内容进行的文献考证，得出以下一些认识：第一，与传世文献《尚书》及诸子著作的记载相比，《容成氏》关于古代帝王的记载可以说整体上系统化、局部上概括化，大量细节性的信息很可能是人为地省略了。第二，与许多传世文献的记载相比，《容成氏》的文字比较平实，没有往古代帝王身上附会神异之事。第三，《容成氏》作为出土的原本形态的古书，具有较高的可信度，可以帮助我们重新审查传说时代的中国历史。第四，《容成氏》具有的文献价值可以帮我们重新考察传统文献的真实性。第五，《容成氏》及其他古书的发现可以帮助我们纠正"古史辨"派盛行以来的许多流弊，引导我们找到研究中国历史的新方向。

王国维先生曾说"古来之新学问起，大都由于新发见"，在当今，我们国家不断出土的简帛古书已经吸引了许多学者的注意，相关的研究机构也不断成立，并且已经有了大量的研究成果，可以说，一门"新学问"已经建立起来了，新时代的学人自当利用这些古人所未见的新材料使我们的古史研究达到一个新的境界。

此文系与王瑜合著，原载于《虞舜文化研究集》，山西古籍出版社2005年版

《程寤》"六木"寓意另解

自清华简第一册公布之后，已有多名学者对《程寤》一篇发表讨论，如黄怀信、沈宝春、黄杰、李锐等，均分别从不同的角度对简文提到的棘、梓、松、柏、棫、柞"六木"作了解释。本文将在诸多学者研究的基础之上再做一点小小的讨论。

先看清华简《程寤》涉及"六木"的原文（释后通用文字）：

> 佳王正月既生魄，太姒梦见商廷惟棘，迺小子发取周廷梓树于厥间，化为松柏棫柞。寤惊，告王。王弗敢占，诏太子发，俾灵名凶，祓。祝忻祓王，巫率祓太姒，宗丁祓太子发。币告宗祊社稷，祈于六末山川，攻于商神，望，烝，占于明堂。王及太子发并拜吉梦，受商命于皇上帝。①

这里，太姒之梦应当与当时的时代背景即商周之间的关系息息相关，太姒所做之梦当是她对政治局势焦虑的体现，以荆比作商，以梓比作周，梓如何在商廷存活并战胜荆而取而代之？是所谓政治大梦，凶或吉？"王弗敢占"。那么，棘、梓、松、柏、棫、柞"六木"的象征含义就是理解"太姒之梦"与"受商命"之间关系的关键所在，研究者多根据"六木"的材质来分析其各自的寓意，在此我们也分别对这"六木"的原本含义以及古人以其的比喻加以进一步讨论。

---

① 《清华大学藏战国竹简（壹）》，中西书局2010年版，第136页。

棘，丛生的小枣树，即酸枣树，《说文》"小枣丛生者也"，为难长之木。常"荆棘"并称，古人多用以比喻小人，如《楚辞·七谏·怨思》："行明白而曰黑兮，荆棘聚而成林。"王逸注："荆棘多刺，以喻谗贼。"《文选·袁宏〈三国名臣序赞〉》："思树芳兰，剪除荆棘。"李善注："荆棘以喻小人。"简文的整理者亦"以棘比喻奸佞朋党，与此相对，以松柏比喻贤良善人"。①

梓，《诗经·鄘风·定之方中》："树之榛栗，椅、桐、梓、漆。"《史记·货殖列传》："江南出楠梓。"《说文·木部》："梓，楸也。"《尔雅·释木》："大而皵，楸；小而皵，榎。椅，梓。"郭璞注亦曰："即楸。"梓树即现代植物学中紫葳科，属乔木落叶树，木质轻而易割，古代常用作琴瑟或建筑木材。《周礼·考工记》："攻木之工，轮、舆、弓、卢、匠、车、梓。"古人称木工为梓人或梓匠，《仪礼·大射》"工人士与梓人，升自北阶两楹之间"，注曰："工人士、梓人，皆司空之属。"《墨子·节葬中》云"凡天下群百工……陶冶梓匠，使各从事其所能"。《埤雅·释木》："梓为木王，盖木莫良于梓，故《书》以《梓材》名篇，《礼》以《梓人》名匠也。"② 称木工为梓人或梓匠，可见梓也可泛指一般的木材。

松，典籍常见树木，常绿。《诗经·小雅·斯干》："如竹苞矣，如松茂矣。"因其经冬不凋，树龄长久，常常以喻坚贞，祝寿考。

柏，与松树相同，皆为典籍常见树木，其木质坚硬，不畏霜雪，经冬不凋，枝叶繁茂，古代诗文中往往与松树并称，作为志操坚贞的象征，《论语·子罕》"岁寒然后知松柏之不凋也"，也以耐寒不凋敝喻栋梁之材。

棫、柞，亦为木类。《诗·大雅·皇矣》"柞棫斯拔，松柏斯兑"。《释文》引《三苍》："棫，即柞也。"《诗经·大雅》有《棫朴》篇，曰："芃芃棫朴，薪之槱之，济济辟王，左右趣之。"意味棫朴丛生，根枝茂密，共相附着，比喻贤人众多，人才济济，国家兴盛。

---

① 《清华大学藏战国竹简（壹）》，中西书局2010年版，第137页。
② （宋）陆佃：《埤雅》，中华书局1985年版，第360页。

黄怀信先生也认为"棘"是朋比小人的象征,"松柏梫柞"则是质地较梓坚硬的木材,都是栋梁之材的象征①。其他学者亦将"棘"视为小人的象征,"梓""松""柏"则都是良材之喻。而对于"梫""柞"两木的喻义则存在分歧,袁莹认为:"'棘'与'梫''柞'为一类,都是低矮的灌木,可用作薪火之材,是树种中低劣的品种;'梓'与'松''柏'为一类,都是高大的乔木,是树中尊贵的品种","'棘''梫''柞'比喻小人庸才,'梓''松''柏'比喻贤良善人。"②陈民镇先生则认为"梫""柞"二木在《诗经·大雅·旱麓》《梫朴》《绵》等篇中的喻义并非小人,"据郑笺,梫、朴是用以燎达于上帝的薪材,据毛传,则是以繁盛的梫、柞比作济济贤人。""松、柏、梫、柞四者应该是同一类事物,是正面的树种,与棘相对。太姒梦见商廷棘草丛生,之后太子发将周的梓树种下,结果化为松、柏、梫、柞,个中的潜隐意涵或是:殷商衰败,而周的良木种于商庭,则繁衍出松、柏、梫、柞等树木,是天命将授予周人的征兆。"③李锐先生认为梫柞乃商棘所化,而松柏乃周梓所化④。除此以外,尚有复旦大学出土文献与古文字研究中心研究生读书会对"六木"的解读⑤等,都对此问题有各自的看法。

从上述"六木"材质本意及学者对其在《程寤》中的寓意理解来看,虽小有分歧,但大致结论却大同小异,即松、柏、梫、柞,皆高大繁茂,质地较坚硬,与丛生矮小的棘类树木相对,均可谓栋梁之材,"小子发取周廷梓树于厥间,化为松柏梫柞"即象征着周人受天命取而代商。

---

① 黄怀信:《清华简〈程寤〉解读》,《鲁东大学学报》(哲学社会科学版) 2011 年第 4 期。

② 袁莹:《清华简〈程寤〉校读》,复旦大学出土文献与古文字研究中心网站,2011 年 1 月 11 日。

③ 陈民镇:《清华简〈尹至〉、〈尹诰〉研读札记(附:〈尹至〉、〈尹诰〉、〈程寤〉释文)》(复旦大学出土文献与古文字研究中心 2011 年 1 月 5 日)跟帖。

④ 李锐:《〈程寤〉试读》,《学灯》第十八期。

⑤ 《清华简〈程寤〉简序调整一则》,复旦大学出土文献与古文字研究中心,2011 年 1 月 5 日。

简文又曰：

兴，曰："发，汝敬听吉梦。朋棘寿支梓松，梓松柏副，棫覆柞柞，化为𦝫。呜呼，何惊非朋，何戒非商，何用非树。树因欲，不违材。如天降疾，旨味既用，不可药，时不远。惟商戚在周，周戚在商。欲惟柏梦，徒庶言徒，矧有物亡秋，明武威，如棫柞亡根。呜呼，敬哉。朕闻周长不贰，务择用周，果拜不忍，绥用多福。惟梓敝不义，芃于商，俾行量亡乏，明明在上，惟容纳棘，亿亡勿用，不宿，使卑柔和顺，生民不灾，怀允。呜呼，何监非时，何务非和，何裸非文，何保非道，何爱非身，何力非人。人谋竟，不可以藏。后戒后戒，人用汝谋，爱日不足。

以上文字明确说"树因欲，不违材"，可见"六木"确是解读"太姒之梦"的关键所在。从简文的内容看，"朋棘寿支梓松""惟梓敝不义，芃于商"，说明"周梓"以及由梓化作的松柏棫柞与商廷之"朋棘"确为两种对立之物的象征，难以共存。但问题在于，在简文的语境下，此两者的对立是否就能由材质的优劣之分而必然联系到"受天命"？我们能否从这几种植物的生长环境与习性出发，看看古人对这些树木生长状况的描述有无其他的比喻？

如前所述，"棘"，《说文》曰："小枣丛生者也。"《诗经·魏风·园有桃》："园有棘，其实之食。"《毛传》言："棘，枣也。"《吕氏春秋·分职》言："枣，棘之有；裘，狐之有也。食棘之枣，衣狐之皮，先王固用非其有，而己有之。"可见"棘"也可作酸枣树之指，酸枣"系中国各省常见灌木。陕西产绥德、长安、眉县、鳌屋、宝雞和秦岭南北坡等地，适应性极强，耐干旱，抗寒冷，喜阳光，对土壤亦选择不严，常见于向阳、干燥、瘠薄或荒废地区，未见低湿地区"。① 正是因为酸枣树的生长习性既耐干旱、寒冷，又耐瘠薄，所以其丛生之地往往环境干燥、瘠薄，不但不适宜农作物的生长，一般草

---

① 牛春山主编：《陕西树木志》，中国林业出版社1990年版，第784页。

木也难以生长和繁殖。《易·坎卦》："系用徽纆，寘于丛棘，三岁不得，凶。"① 这里将丛棘比作监狱，说有人被官府置于监狱之中历时三年而得不到释放，是为凶矣。《老子·三十章》言"师之所处，荆棘生焉"，是以荆棘丛生来形容战争的肃杀、荒废、残破之景象。《吕氏春秋·知化》载吴王夫差将伐齐，伍子胥认为伐齐对吴国不利，劝谏吴王，夫差不听其言，而用太宰嚭之谋决议伐齐，"子胥两袪高蹶而出于廷，曰：'嗟乎！吴朝必生荆棘矣！'"伍子胥所言的"吴朝必生荆棘"指的即是吴国的灭亡，此处"吴朝生荆棘"正是吴亡国的象征。而在《墨子·非攻下》中"棘生乎国道"则直接出现在商亡国的诸种征兆之中："至乎商王纣，天不序其德，祀用失时，兼夜中，十日雨土于薄，九鼎迁止，妇妖宵出，有鬼宵吟……棘生乎国道，王兄自纵也。"由此可见，太姒梦境中的"商廷惟棘"也可作商将亡国的象征之解，不一定非作"以棘比喻奸佞朋党"之解。

而"周梓"之所以"化为松柏棫柞"，是否可考虑梓树的生长习性决定其难以在恶劣的环境下生存呢？因为梓树作为一种一般的落叶乔木，"性喜光，宜温暖气候，根系深，直根发达，宜深厚湿润肥沃土壤。在陕西境内常见于河滩，往往自成群落"②。梓树的生长习性决定了其并不适应干旱、贫瘠的土壤，因此在朋棘丛生的商廷中难以存活。周梓在商廷的消失，或是太姒"癙惊"的原因所在。而周梓所化之"松、柏、棫、柞"四木最终在商廷挺立，与朋棘共存，说明此"四木"较之梓树更能适应朋棘丛生的恶劣环境。

松柏为常绿乔木，从生长习性上看，其喜温抗寒，具有极强的抗寒能力，对土壤酸碱度适应性亦强，广泛分布于我国广大区域，亦常用作园林观赏树种，自古以来国人就对松柏树怀有一种特殊的感情，常用其象征坚强不屈的品格。先秦文献中常以松柏为历经霜雪而不凋的典范，如《论语·子罕》："岁寒，然后知松柏之后凋也。"《庄子·让王》："天寒既至，霜雪既降，吾是以知松柏之茂也。"而松柏耐严

---

① 高亨：《周易大传今注》，齐鲁书社1989年版，第278页。
② 牛春山主编：《陕西树木志》，中国林业出版社1990年版，第1075页。

寒的同时亦能耐干旱、瘠薄，所以松柏的生长环境也较为恶劣，与松柏共生的草木往往在霜雪之下早早凋落。

《左传》襄公二十九年载楚康王死后，郏敖即位，王子围为令尹，郑国行人子羽却言："是谓不宜，必代之昌。松柏之下，其草不殖。"杜预注："言楚君弱，令尹强，物不两盛。为昭元年围弑郏敖起本。"所谓"物不两盛"即是以松柏象征王子围势力的强大，楚王郏敖很难与王子围共存。

《国语·晋语九》："智襄子为室美，士茁夕焉。智伯曰：'室美夫！'对曰：'美则美矣，抑臣亦有惧也。'智伯曰：'何惧？'对曰：'臣以秉笔事君。《志》有之曰：高山峻原，不生草木。松柏之地，其土不肥。今土木胜，臣惧其不安人也。'室成，三年而智氏亡。"

"松柏之地，其土不肥"说的也是松柏所生之地往往地力并不肥沃，无法为草木的繁殖提供足够的养料。士茁认为智伯之室虽美，但同时亦意味着"土木胜"，而这恰恰说明智伯难以如松柏一般能够经历霜雪而不凋。

从以上《左传》与《国语》所记两例可以看出，春秋时人不但视松柏为历经霜雪而不凋之良木，同时也已经认识到松柏的生长环境并不适于草木的繁殖，"松柏之地"往往是地力瘠薄的象征。

"棫""柞"二木在《诗经》中往往同时出现，而且都与文王有关，《大雅·皇矣》作"帝省其山，柞棫斯拔，松柏斯兑"，《郑笺》曰："天既顾文王，乃和其国之风雨，使其山树木茂盛，言非徒养其民人而已。"《大雅·绵》："柞棫拔矣，行道兑矣。"《郑笺》曰："柞，栎也。棫，白桵也。"《大雅·棫朴》："芃芃棫朴，薪之槱之。济济辟王，左右趣之。"《毛传》："芃芃，木盛貌。朴，枹木也。槱，积也。山木茂盛，万民得而薪之。贤人众多，国家得用蕃兴。"《郑笺》言："白桵相朴属而生者，枝条芃芃然，豫斫以为薪。至祭皇天上帝及三辰，则聚积以燎之。"《大雅·旱麓》："瑟彼柞棫，民所燎矣。"据郑玄所言，"棫"即为白桵，又称白蕤，宋人庞元英《文昌杂录》卷一言："兵部杜员外言，今关中有白蕤，棫朴也。芃芃丛生，民家多采作薪，且言烟与他木异。"① 可见"棫"既可作为贤人的象征，也应是周人的薪材之选，《旱麓》中的棫柞即是用作燎祭时的薪材。夏纬瑛《古代西北黄土高原的几种代表植物》②一文指出"棫又称白桵，即今之单花扁核木"。扁核木的生长习性为"喜光，耐寒，深根性，耐干旱瘠薄，忌水湿，以在深厚肥沃的土壤上生长较好"。以此可以看出，"棫"同样具备耐寒、耐干旱瘠薄的特性。而"柞"，如郑玄所言，指的是栎树，据《陕西树木志》载，陕西分布比较普遍的栓皮栎"以秦岭和巴山较为集中，常为松栎混交林中重要组成树种，有时也自成小片纯林。性喜光，寿命较长，栓皮发达，不易遭受火灾，萌芽力强，根系深，生长尚速，适应性较强，无论在温带或亚热带的褐色土，还是棕色森林土，甚至红壤皆能生长"③。可见从生长习性来看，"棫""柞"两木无疑都具备与松柏共生的特性，或许正是如此，上述《诗经·大雅》中的多篇才会出现"松柏"与"棫柞"并称的情景。

通过以上分析，我们可以看出梓树作为一般的树种，其耐受力仅适应于生长环境和土壤条件相对较好的地区，而"松柏棫柞"四木对于环境的适应性都比梓树要强，尤其是松、柏二木，能够历霜雪而不凋，其在商廷的挺立应该是周人强大生命力的象征。太姒梦中太子发所植之周梓在商廷的凋敝，意味着商廷恶劣的政治环境只能容纳朋棘的生长，适应性相对较差的梓树在那里无法存活，这也就强化了"商廷惟棘"的象征意义。而周梓最终所化之"四木"则具有与朋棘共存的品性，它们可以应对商廷恶劣的环境，同时也象征着周必代商而立。简文中所言的"如天降疾，旨味既用，不可药，时不远"正是针对"太姒之梦"所作出的商亡国之日指日可待的判断。也正是因为"惟商戚在周，周戚在商"，这种商周之间剑拔弩张的政治形势下，太姒梦中"四木"的出现预示着周人必将取商而代之。

---

① 《丛书集成》影印本中华书局 1985 年版，第 334 页。
② 载于《植物杂志》1979 年第 3 期。
③ 牛春山主编：《陕西树木志》，中国林业出版社 1990 年版，第 157 页。

以上我们从另一角度，即从"六木"的生长环境与习性出发，同样得出了"商将亡而周将取而代之"的结论，所以，不一定仅有"以棘比喻奸佞朋党"，与此相对，以松柏比喻贤良善人"这个唯一的结论。

此篇系与路懿菡合著原载《出土文献与中国古代文明——李学勤先生八十寿诞纪念论文集》，中华书局2016年版

清华简《耆夜》中的礼乐实践

新近公布的清华大学藏战国楚简中有《耆夜》一篇①，共 14 支简，篇题表明为"耆夜"，"耆"古书作"黎"，"夜"通"舍"。讲的是武王八年出师戡耆（黎），大胜之后归周，在"文大室"即文王宗庙进行"饮至"典礼，武王君臣饮酒作歌的情事。简文正式公布之前，李学勤先生曾对《耆夜》做过介绍②，也有学者对该篇简文中的若干问题做过研究考证③，本文仅对其中涉及的礼制问题再做一点讨论。

何谓"饮至"？战争胜利结束，天子要宴享功臣，论功行赏，古代把这种"享有功于祖庙，舍爵策勋"的礼仪称为"饮至"。"饮至"意在庆功，如《左传》桓公二年云："凡公行，告于宗庙；反行，饮至，舍爵、策勋焉，礼也。"杨伯峻先生《春秋左传注》解释说，师返，于宗庙"祭告后，合群臣饮酒，谓之饮至"，并说明"舍爵"是"设置酒杯，犹言饮酒"。《左传》僖公二十八年亦有："秋七月丙申，振旅，恺以入于晋。献俘授馘，饮至大赏。"《孔丛子·问军礼》也说："用备乐飨，有功于祖庙，舍爵策勋焉，谓之饮至。"

实际上"饮至"是古军礼的内容之一，应属"大师礼"中的凯旋

---

① 李学勤主编：《清华大学藏战国竹简（壹）》，中西书局 2010 年，第 149—155 页。
② 李学勤：《清华简〈耆夜〉》，《光明日报》2009 年 8 月 3 日。
③ 如陈致《清华简所见古饮至礼及〈耆夜〉中古佚诗试解》，载清华大学出土文献研究与保护中心编《出土文献》第一辑，中西书局 2010 年版；马楠《清华简《耆夜》礼制小札》，《清华大学学报》2010 年第 5 期等。

庆功礼。出征还师告至于宗庙，献俘，并在宗庙中饮酒庆贺，策勋，指把功劳记在简册上。唐人裴潾《奉和御制平湖》诗有："饮至明军礼，酬勋锡武功。"李华《吊古战场文》有："饮至策勋，和乐且闲。"都讲的是这一军礼。

在"饮至"礼中，献俘应该是一项重要的内容，《虢季子白盘》①铭文云："唯十又二年正月初吉丁亥，虢季子白……搏伐猃狁于洛之阳。折首五百，执讯五十，是以先行，趫趫子白，献馘于王。"《小盂鼎》②铭文所记周师对鬼方征讨，斩获众多，仅俘人即数以万计。铭文中多次提到庆功用酒，郭沫若先生已指出，这就是"归而饮至"之礼，在"饮至"礼上，周王还赏赐给盂以弓矢、干戈、甲胄等。③关于献俘，传世文献中最典型的莫过于《逸周书》的《世俘》一篇，即是武王伐纣归来大规模的献捷献俘的记载：

武王遂征四方，凡憝国九十有九国，馘磿亿有十万七千七百七十有九，俘人三亿万有二百三十，凡服国六百五十有二。

武王狩，禽虎二十有二、猫二、麋五千二百三十有五、犀十有二、氂七百二十有一、熊百五十有一、羆百一十有八、豕三百五十有二、貉十有八、麈十有六、麝五十、麇三十、鹿三千五百有八。

所献既有俘虏，又有战场上所杀的敌人的首级或耳朵（馘），还有狩猎所获的各类野兽以及以鼎、玉器为主的礼器，其数量巨大，令人瞠目，故称作"世俘"④。

---

① 西周晚期周宣王青铜器，清道光时期从陕西宝鸡虢川司出土。长130.2厘米，宽82.7厘米，高41.3厘米，为传世体积最大的西周时代青铜器。铭文8行，共111字，记述虢季子白奉王命征伐西北猃狁族后于周庙受赏的情况。现藏于中国历史博物馆。

② 西周早期青铜器，清道光年间出土于陕西眉县礼村，铭文长达四百字左右，其内容对探讨周初典章制度意义重大。该器已不存，铭文拓本见《两周金文辞大系》。

③ 郭沫若：《两周金文辞大系图录考释》（三），小盂鼎，科学出版社1957年版。

④ 黄怀信、张懋镕、田旭东：《逸周书汇校集注》，上海古籍出版社2007年版：411 朱右曾云："世、大古通用。世俘者，大俘也。"

这类例子在《左传》中常见，如隐公五年臧僖伯的一段谏僖公言就已经将饮至的内容讲得很清楚：

> 五年春，公将如棠观鱼者。臧僖伯谏曰："凡物不足以讲大事，其材不足以备器用，则君不举焉。君将纳民于轨物者也。故讲事以度轨量谓之轨，取材以章物采谓之物，不轨不物谓之乱政。乱政亟行，所以败也。故春蒐夏苗，秋狝冬狩，皆于农隙以讲事也。三年而治兵，入而振旅，归而饮至，以数军实。昭文章，明贵贱，辨等列，顺少长，习威仪也。

又如僖公二十八年：

> 城濮之战，晋中军风于泽，亡大旆之左旃。祁瞒奸命，司马杀之，以徇于诸侯，使茅伐代之。师还。壬午，济河。舟之侨先归，士会摄右。秋七月丙申，振旅，恺以入于晋。献俘授馘，饮至大赏，征会讨贰。杀舟之侨以徇于国，民于是大服。

可知在"饮至"仪式上，有献俘献馘、表彰功绩、论功行赏、整饬师旅、演习军威等内容。

《耆夜》简文首先曰：

> 武王八年，征伐耆，大戡之，还，乃饮至于文大室。毕公高为客，召公保奭为夹，周公叔旦为宝，辛公臣甲为位，作册逸为东堂之客，吕尚父命为司正，监饮酒。①

这段简文讲的是饮至礼的缘起、参与宾客及身份。"毕公高为客，召公奭为夹，周公叔旦为宝，辛公甲为位，作策逸为东堂之客，吕尚父命为司正，监饮酒。"这里记有客、夹、宝、位、东堂之客、司正几种身份。客，应当就是《周礼·司几筵》和《礼记·丧大记》的"国宾"、《仪礼》之《乡饮酒礼》《乡射礼》和《燕礼》中的"宾"，

---

① 本文所引简文均为释后文字，未用原简文中的古字、通假字等。

《礼记·乡饮酒义》："宾者，接人以义者也。"《司几筵》注引郑众之说，以"国宾"为"老臣"，这很符合毕公的身份。夹可训为介，《仪礼·乡饮酒》有"介西阶上立，主人实爵，酢于西阶上介右"之类的记载，注曰："贤者为宾，其次为介，又其次为众宾。"可知召公奭也是作为宾客，其位置在西阶，当为助宾客行礼者。宝，即主，简文注释曰："据《仪礼》君不与臣抗礼，故诸侯燕礼膳宰为主人。此次饮至之礼，而使周公为主，盖尊毕公。以《燕礼》例之，应为武王席在阼阶上，西面；毕公席在户牖之间，南面；召公为介，辅毕公为礼，席在西阶上，东面。周公为主人，献宾，献君，自酢于君。"司正，《礼记·乡饮酒义》："工告乐备。遂出，一人扬觯，乃立司正焉。"《国语·晋语一》："公饮大夫酒，令司正实爵与史苏。"韦昭注："司正，正宾主之礼者也。"可知司正为古代行乡饮酒礼或宾主宴会时的监礼者，这是师尚父的在此仪式上的角色。《史记·周本纪》："武王即位，太公望为师，周公旦为辅，召公、毕公之徒左右王师，修文王绪业。"可知在这次饮至礼上这几位都在场。位，《说文》和《尔雅·释宫》均曰："中廷之左右谓之位。"古代宫殿，中庭左右两侧叫作"位"。辛公见《左传》襄公四年，称辛甲，为周大史，在仪式中位于中庭之侧。东堂之客，亦应和"位"相似，言在仪式上所处的位置。作册逸，《尚书·洛诰》有"王命作册逸祝册""王命周公后，作册逸诰"，此作册逸古书里又称史逸（佚）、尹逸。《国语·晋语四》云文王"访于辛、尹"，韦昭注："辛，辛甲，尹，尹佚，皆周太史。"《周礼·春官》有大史、内史之职，《大戴礼记·盛德》："内史、大史，左右手也。"这样来看，"饮至"仪式以周公作为主持者，以师尚父作为监礼者，以毕公高、召公奭为宾客，尹逸、辛甲分别为记言、记事的左右史，仪式的主人当然就是武王了。

小盂鼎铭文和《逸周书·世俘》都详述了这种庆功仪式的入门次序、各宾客在大廷中所处位置以及仪式的整个过程，除献俘、饮酒庆祝以外，还包括在宗庙禘祀先王、赏赐宾客等内容。《耆夜》与之相比，所不同的是简文没有详述仪式的仪节及过程，主要讲的是饮酒过程中武王和周公所赋的诗。

《耆夜》简文接着云：

　　王咤爵酬毕公，作歌一终，曰《乐乐旨酒》："乐乐旨酒，宴以二公；恁仁兄弟，庶民和同。方臧方武，穆穆克邦；嘉爵速饮，后爵乃从。"王咤爵酬周公，作歌一终曰《輶乘》："輶乘既饬，人服余不胄；□士奋甲，系民之秀；方臧方武，克燮仇雠；嘉爵速饮，后爵乃复。"周公咤爵酬毕公，作歌一终曰《赑赑》："赑赑戎服，臧武赳赳悤精谋猷，裕德乃救；王有旨酒，我忧以风，既醉又侑，明日勿稻。"周公或咤爵酬王，作祝诵一终，曰《明明上帝》："明明上帝，临下之光，丕显来格，歆厥禋盟，于……月有盈缺，岁有歇行，作兹祝诵，万寿亡疆。"周公秉爵未饮，蟋蟀□降于堂，周公作歌一终，曰《蟋蟀》："蟋蟀在堂，役车而行；今夫君子，不喜不乐；夫日□□，□□□荒；毋已大乐，则终以康，康乐而毋荒，是为良士之方。蟋蟀在席，岁裔云莫；今夫君子，不喜不乐，日月其迈，从朝及夕，毋已大康，则终以祚。康乐而毋荒，是为良士之惧。蟋蟀在舒，岁裔云□，□□□□，□□□□，□□□□。毋已大康，则终以惧。康乐而毋荒，是为良士之惧。"

简文讲到饮酒间武王和周公都先："爵酬毕公"，向立有战功的毕公敬酒，武王又"作歌一终"，曰《乐乐旨酒》，武王又有致周公的诗，题为《輶乘》。其"作歌一终"就是赋诗一首的意思，武王先致毕公、周公诗，周公又回致武王诗，显然是在相互表达自己的心情和意愿。简文又说："周公秉爵未饮，蟋蟀□降于堂"，讲到周公见蟋蟀在堂，又作了《蟋蟀》一诗，此《蟋蟀》与《诗·唐风·蟋蟀》："蟋蟀在堂，岁聿其莫。今我不乐，日月其除。无已大康，职思其居。好乐无荒，良士瞿瞿。蟋蟀在堂，岁聿其逝。今我不乐，日月其迈。无已大康，职思其外。好乐无荒，良士蹶蹶。蟋蟀在堂，役车其休。今我不乐，日月其慆。无已大康，职思其忧。好乐无荒，良士休休。"三章有密切关系，对比二者，其诗句十分相似，据李学勤先生介绍，

"周公作这首《蟋蟀》，是含有深意的，要旨在于告诫大家，不可耽于欢乐，忘记前途的艰难。"① 这应该就是周公根据当时情景表达自己忧虑之情的即兴之作。

从《仪礼》等文献得知，赋诗颂歌是各种宴享场合的重要组成部分。《仪礼·燕礼》对此的记载有：

> 乐正先升，北面立于其西。小臣纳工，工四人，二瑟，小臣左何瑟，面鼓，执越，内弦，右手。相入，升自西阶，北面东上坐，小臣坐授瑟乃降；工歌《鹿鸣》《四牡》《皇皇者华》，卒歌……笙入，立于县中；奏《南陔》《白华》《华黍》……乃间歌《鱼丽》，笙《由庚》；歌《南有嘉鱼》，笙《崇丘》；歌《南山有台》，笙《由仪》。遂歌乡乐：周南：《关雎》《葛覃》《卷耳》。召南：《鹊巢》《采蘩》《采苹》。大师告于乐正曰：正歌备。
>
> ……若以乐纳宾，则宾及庭奏《肆夏》。宾拜酒，主人答拜，而乐阕。公拜受爵而奏《肆夏》。公卒爵，主人升，受爵以下而乐阕。升歌《鹿鸣》，下管《新宫》，笙入三成，遂合乡乐。若舞则《勺》。

《乡饮酒礼》《乡射礼》中也有类似的配乐歌诗的安排，这里有正歌和纳宾之歌的区别，应该说是一种固定的格式。我们从《左传》中可了解到许多这类飨宴场合由主人安排乐歌，以表达对客人的某种意愿，而客人一般也都能理解主人用乐歌所表达的意思，同时还要做出相应的反应。比如《左传》襄公四年的一段：

> 穆叔如晋，报知武子之聘也。晋侯享之。金奏《肆夏》之三，不拜。工歌《文王》之三，又不拜。歌《鹿鸣》之三，三拜。韩献子使行人子员问之，曰："子以君命，辱于敝邑。先君

---

① 李学勤：《清华简〈耆夜〉》，《光明日报》2009年8月3日。

之礼，借之以乐，以辱吾子。吾子舍其大，而重拜其细，敢问何礼也？"对曰："《三夏》，天子所以享元侯也，使臣弗敢与闻。《文王》，两君相见之乐也，使臣不敢及。《鹿鸣》，君所以嘉寡君也，敢不拜嘉？《四牡》，君所以劳使臣也，敢不重拜？《皇皇者华》，君教使臣曰：'必咨于周。'臣闻之：'访问于善为咨，咨亲为询，咨礼为度，咨事为诹，咨难为谋。'臣获五善，敢不重拜？"①

讲的是鲁国的叔孙穆子访问晋国，作为对知武子访鲁的回访，晋侯享礼接待，先以钟奏《肆夏》之三，穆叔并不拜谢，又让乐工歌《诗经》大雅的《文王》之三，穆叔还是不拜谢。之后，乐工歌《诗经》小雅的《鹿鸣》之三，穆叔这才拜谢三次。② 韩献子搞不明白，叫人去问穆叔，穆叔答道：《肆夏》之乐是天子享诸侯之乐，《文王》是两君相见之乐，我作为使臣，当然不敢接受。而《鹿鸣》是晋侯用以致意鲁君的，我作为鲁国的使臣，怎么敢不接受呢？《四牡》是晋侯用以慰劳我远道而来的，我怎么敢不重拜？《皇皇者华》是晋侯用来教诲我的，我当然要重拜而谢了。作为西周礼乐文化影响最为深厚的鲁国，我们从叔孙穆子的言行即可领略一斑。

除了歌诗以外，赋诗也是宴享之礼的重要内容。歌诗是以歌伴奏而歌咏之，赋诗则无歌伴奏，一般情况下，以口赋《诗经》中的诗句作为相互表达意愿的形式，多种时候它是一种赋诗者根据当时情景而自选诗句来表达意愿的，与纯粹礼仪化的、有固定格式的歌诗不同。在《左传》众多的这类例子中，它还是一种外交辞令，在相互赋诗的过程中包含着实质性的主客应对。

《逸周书·世俘》有"王奏《庸大享》一终，王拜手稽首。王定，奏《其大享》三终""王佩赤白旂，籥人奏《武》王入，进《万》，

---

① 杨伯峻：《春秋左传注》，中华书局1981年版，第932页。
② 《文王》之三，杜预注："大雅之首，《文王》《大明》《绵》。"即《文王之什》首三章。《鹿鸣》之三，杜预注："小雅之首，《鹿鸣》《四牡》《皇皇者华》。"

献《明明》三终""籥人奏《崇禹生开》三钟终"等记，如果说这里的《庸大享》《其大享》为乐名，《武》《万》为舞乐名的话，那么《明明》则应该即现存《诗》中的《大明》①。《逸周书·世俘》作为传世文献中庆功献俘仪式的最早记载，也使我们看到了赋诗颂歌是这种场合必不可少的重要内容。

  《耆夜》简给我们展示了西周初年庆功典礼饮至的有限内容，或许这时的典礼仪式还没有形成像《仪礼》所记的那样周全完备。即便如此，我们也看到了周人在"饮至"这种重要的典礼活动中雍容典雅的场景，它生动地反映了周人礼乐文化的华贵气象和卓越水平，当时社会上层赋诗待宾，歌诗言志的风气，使我们对孔子所说的"不学诗，无以言"的意义有了更深的体会。

原载《考古与文物》2012年第1期

---

  ① 李学勤《清华简〈耆夜〉》："清代惠栋以为是现存《诗》中的《大明》，陈逢衡《逸周书补注》已指出《大明》句中有'武王'谥，成篇应该较后。现在看，《明明》或许即是周公这篇《明明上帝》。"

先秦训体与训诫制度抉微：
清华简《保训》《命训》
与北大汉简《周驯》释例

《尚书》文体之论由来久矣，自东晋梅赜献《孔传古文尚书》，其疑伪汉孔安国撰《尚书序》首倡《尚书》"六体"之说，递后唐陆德明《经典释文》、宋熊朋来《经说》卷二演为"正""摄"二体，而唐孔颖达《尚书正义》又有《尚书》"十体"之论。

就《尚书》"六体"或"十体"之"训体"而言，依百篇《书序》而观，仅《伊训》《高宗之训》二篇，而《高宗之训》早佚，今所见《伊训》又为梅赜所献疑伪之本，由此，训体之文体讨论材料匮乏，纵依唐陆德明《经典释文》、宋熊朋来《经说》以《无逸》等篇为训体所摄，然此诸篇既未以"训"名篇，则于理据未协。

《尚书》而外，"书"类文献尚有《逸周书》诸篇，其中以"训"名篇者有《度训解》《命训解》《常训解》《时训解》四篇，黄怀信先生《逸周书校补注译（修订本）·前言——〈逸周书〉的源流与传本》①已论及，张怀通先生著《〈逸周书〉新研》之《〈度训〉等篇与周人的"训诫"文化传统》，始以《逸周书》"三训"（指《度训解》《命训解》《常训解》）论其例②。

---

① 黄怀信：《逸周书校补注译（修订本）·前言——〈逸周书〉的源流与传本》，三秦出版社2006年版，第47—48页。

② 张怀通：《〈逸周书〉新研》，中华书局2013年版，第353—357页。

2008年7月，清华大学入藏战国竹简有《保训》（整理者命篇）与《命训》（与《逸周书·命训解》相应）两篇属训体，因《〈逸周书〉新研》一书成书较早，著者于书成后又略加补记一段，已语及清华简《保训》，云：

> 补记：本目底稿大约作于2005年末。2008年7月清华大学收藏了一批战国竹简，其中有《保训》，记载了文王临终时对武王的训诫。《保训》为本目由三"训"所论周人的训诫文化传统增添了一个有力证据。笔者2010年9月谨志。

然此后尚未见张先生新撰。2014年，马智全先生发表《从清华简〈保训〉看"训"文体特征》一文①，始加详论。

2009年1月，北京大学入藏西汉竹书（简称"北大汉简""北大藏简""北大简"）有《周驯》一书，疑即《汉书·艺文志》所载《周训》十四篇。初，学界仅以其是否如《汉书·艺文志》所载属道家类而议，笔者窃惟《周驯》一书虽非"书"类文献，然其体例实可与清华简《保训》相发明，以此探论先秦文献训体之特征，2016年10月于"第六届西南大学出土文献研究与比较文字学博士生论坛"发表《清华简〈保训〉论札》一文略加论及。今谨结合《尚书》训体诸篇、《逸周书》训类诸篇、清华简《保训》与《命训》、北大汉简《周驯》等综论先秦训体体例，并窥先秦训诫制度。

一 前人论《尚书》训体辨正

先是，[东晋]豫章内史梅赜于丧乱后献《孔传古文尚书》五十八篇并《尚书序》（后世谓之"大序"）一篇，云为汉孔安国壁中书并孔氏传及序，其《尚书序》首倡《尚书》"六体"，云"典、谟、

---

① 马智全：《从清华简〈保训〉看"训"文体特征》，《鲁东大学学报》（哲学社会科学版）2014年第4期。

训、诰、誓、命之文凡百篇"①，递后梅氏所献本之二十五篇经文并五十八篇传（含姚方兴所补一篇）及序皆证伪，然《尚书序》纵非孔安国所作，其论《尚书》文体之发明之功犹尚不灭，且开《尚书》文体学之先河。

纵《尚书》"六体"之说未必可信，依黄怀信先生所考，训体亦出西周，黄先生著《逸周书校补注译（修订本）·前言——〈逸周书〉的源流与传本》云：

> 考周之有"训"，或系传统。《国语·郑语》载史伯（周幽王太师）对郑桓公曰："训语有之，曰：'夏之衰也……'"云，韦昭注："训语，《周书》。"可见"训"自西周而有。又《周语下》载太子晋谏周灵王之言曰："若启先君之遗训，省其典图刑法，而观其废兴者，皆可知也。"亦见周王确乎有"训"。又《楚语上》载申叔时告庄王之言曰："教之故志，使知废兴者而戒惧焉；教之训典，使知族类，行比义焉。""训典"，即"先王之遗训"。本属蛮夷之楚此时亦知教之训典，可见周有训典之早。②

梅赜献《古文尚书》之后，唐陆德明《经典释文》、宋熊朋来《经说》卷二依百篇《书序》（小序）将"六体"之说演为"正""摄"二体，熊氏并详列诸篇，所论训体云：

> 训，十六篇，正者二，《伊训》《高宗之训》；摄者十四，《五子之歌》《太甲》三篇《咸有一德》《高宗肜日》《旅獒》《无逸》《周官》《吕刑》《典宝》《明居》《徂后》《沃丁》。③

---

① （汉）孔安国传，（唐）孔颖达正义：《尚书正义·尚书序》，黄怀信整理，张岂之主编："十三经注疏整理本"，上海古籍出版社 2007 年版，第 11 页。
② 黄怀信：《逸周书校补注译（修订本）·前言——〈逸周书〉的源流与传本》，三秦出版社 2006 年版，第 47—48 页。
③ （宋）熊朋来：《经说》卷二，台北故宫博物院《景印文渊阁四库全书》本。

按此十六篇，《高宗之训》《典宝》《明居》《徂后》《沃丁》五篇皆为佚篇，无从论列，《伊训》《五子之歌》《太甲》三篇《咸有一德》《旅獒》《周官》八篇出自梅献本《古文尚书》之二十五篇，疑伪，当另加论断，且其中《咸有一德》自东汉郑玄注《礼记·缁衣》已云《咸有一德》即《尹吉》，而《尹吉》当即《尹诰》之误，今据郭店楚简、上海博物馆藏战国竹简《缁衣》而观，传世本《礼记·缁衣》所云《尹吉》确为《尹诰》之讹，如此，《咸有一德》为诰体，自当移出。如此，熊氏所列十六篇，仅余《高宗肜日》《无逸》《吕刑》三篇属"梅献本五十八篇内与汉今文二十八篇相应三十三篇"之篇章。

由"书"类文献综观，训体篇章及存亡情况表列如下：

表1　　　　　　　　　　传世文献类

文献所属性质	篇名	存亡情况
《尚书》逸篇	《高宗之训》	今亡
《尚书》逸篇	《伊训》	今亡
梅献本《古文尚书》二十五篇（疑伪）	《伊训》	今存
《逸周书》	《度训解》	今存
	《命训解》	今存
	《常训解》	今存
	《时训解》	今存
《尚书》（篇题无"训"字，前人归训体所摄）	《高宗肜日》《无逸》《吕刑》	今存
《尚书》逸篇（篇题无"训"字，前人归训体所摄）	《典宝》《明居》《徂后》《沃丁》	今亡
梅献本《古文尚书》二十五篇（疑伪）（篇题无"训"字，前人归训体所摄）	《五子之歌》《太甲》三篇、《咸有一德》《旅獒》《周官》	今存

表 2　　　　　　　　　　　　　出土文献类

文献所属性质	篇名	存亡情况
清华大学藏战国竹简（清华简）	《保训》（整理者命篇）	古代未知未见，今见
	《命训》	与《逸周书·命训解》相应，今见
北京大学藏西汉竹书（北大汉简）	《周驯》	《汉书·艺文志》著录，古代亡，今见

按熊朋来氏以训体所摄之三篇《高宗肜日》《无逸》《吕刑》，因《高宗肜日》云"乃训于王曰"，可知属训体无疑，而《无逸》《吕刑》尚待下文辨析。

《说文解字》云："训。说教也。从言川声。"［南唐至北宋］徐锴《说文解字系传》曰："训者，顺其意以训之也。故太宗皇帝教诫诸王，见其立于木则谓之曰'汝知之乎？此木虽曲，从绳则正'是也。"段玉裁《说文解字注》云："说教者，说释而教之，必顺其理。引伸之凡顺皆曰训，如'五品不训''闻六律、五声、八音、七始，训以出内五言'是也。"

又《尔雅·释诂下》云："道也。"如《诗经·大雅·烝民》云："古道是训。"毛传云："道也。"

又《广雅·释诂》云："顺也。"如《尚书·毕命》云："子孙训其成式。"南宋蔡沉《书集传》云："顺也。"《尚书·顾命》云："皇天用训厥道。"清刘逢禄《尚书今古文集解》云："顺也。"

可见"训"本为说教，有"教"之义，且可训为"道（道）""顺"，有"顺"之义，徐锴所云"顺其意以训之"近是。

而"训"又有"诫"之义，如《玉篇·言部》，又如《希麟音义》卷十"贻训"，注引《说文》云"诫也"。又因古人所从"道（道）"者多为古之道，故可谓"顺古之道以教诫"为训，或曰："训者，述古以诫今。"

由此而观前人所解《尚书》诸体之名义。以李零先生《简帛古书与学术源流》所云为确，云："'训'，是教训之辞。"①

而李民、王健先生撰《尚书译注·前言》云："训，是臣下对君王的劝教之辞，总结历史教训，劝道当今君王以史为鉴，改善统治。如《伊训》《高宗肜日》之类。"②则仅言明臣下对君王劝教之一端，未及君训诫太子臣下一类。

故《尚书》或"书"类文献之训体，当为"顺古之道以教诫"之体，以此审度《无逸》与《吕刑》二篇，确皆以训诫成篇，归入训体实可。

二 清华简《保训》与北大汉简《周驯》体例

2009年1月，北京大学入藏西汉竹书，中有《周驯》一书，2015年9月整理报告公布，是书自有篇题曰"周驯"，整理者以为即《汉书·艺文志》之诸子略道家类所著录《周训》十四篇，"驯"即"训"字，"应归入宣扬治国用兵、君人南面之术的'黄老'学派"③，此论断当属无差。

清孙诒让论《逸周书》训体时，已注意《汉书·艺文志》著于道家类之《周训》，云："《汉书·艺文志》道家有《周训》十四篇，此与下《命训》、《常训》三篇义恉与道家亦略相近，此书（《逸周书》）如《官人》、《职方》诸篇，多摭取古经典，此三篇或即《周训》训文仅存者。"④因《汉书·艺文志》已著录《周书》七十一篇，故前人以孙氏所言为非，且云"刘向《别录》说《周训》'人间小书，其言俗薄'⑤，则与周文王大训更是无关"。今观之，《周训》确与《逸

---

① 李零：《简帛古书与学术源流》，生活·读书·新知三联书店2004年版，第64页。
② 李民、王健撰：《尚书译注·前言》，上海古籍出版社"十三经译注"，2004年7月，第29页。
③ 北京大学出土文献研究所编：《北京大学藏西汉竹书（叁）》，上海古籍出版社2015年版，第122页。
④ 黄怀信、张懋镕、田旭东撰，黄怀信修订，李学勤审订：《逸周书彙校集注（修订本）》，上海古籍出版社2007年版，第1页。
⑤ 《汉书》，中华书局1962年版，第1732页。

周书》不同，然确又同属训体，可证孙氏之揣度。

今观《周驯》文本，虽属黄老学派著作，然多述古事，颇引《诗》《书》故志，仅就体例而言，颇近于清华简《保训》，而又同属"训"体，同为君王训太子之书，有资于《保训》之解读，今试以《周驯》正月章与清华简《保训》比列如下。

清华简《保训》	北大简《周驯》
惟王五十年	维岁正月更旦之日
王念日之多鬲（历），恐述（坠）保训	周昭文公自身贰（敕）之，用兹念也，曰：……
今朕疾允病，恐弗念（忞）终。汝以箸（书）受之。	已学（教），大子用兹念，欺（斯）乃受（授）之书
钦哉！勿淫。 呜呼！只之哉！ 微志弗忘，传贻子孙，至于成汤，只服不懈，用受大命。呜呼！发，敬哉！	而曰自身属（嘱）之曰：女（汝）勉毋忘。

此外，《周驯》闰月章所载周昭文公所训之内容为赵简子训子之事，与清华简《保训》比列如下：

清华简《保训》	北大简《周驯》
昔前人传保（宝），必授之以詷。今朕疾允病，恐弗念（忞）终。汝以箸（书）受之。	昔赵闲（简）子身书一牍，而亲口籀之。……已籀兹书，右手把一以予柏（伯）鲁，左手把一以予无邺（卹）。俱……在。柏（伯）鲁亡其书，令之口讽之而弗能得。无邺（卹）出其书于左袂，跪而进之，令口讽之而习。①

---

① 北京大学出土文献研究所编：《北京大学藏西汉竹书（叁）》，上海古籍出版社 2015 年版，第 140 页。

按清华简《保训》所云"必授之以詷",前人多解,整理者云:"詷,《顾命》作'侗',《释文》:'侗,马本作詷。'字与'童'通,指幼稚童蒙。或说此处读为'诵',与下文'以书受之'对举。"① 今由北大简《周驯》闰月章可见,古时君王传训于太子,必以书授之,并促其成诵,至周昭文公自身,亦亲训太子,并授之以书,或解为命太子用其所念,识之于书,则"受"作本字解。由此观之,《保训》本亦此类训诫,所不同者,在于文王病笃,不及促太子发成诵,故命其以书记之,以待归后诵之,故"女(汝)以箸(书)受之"者,太子发记之于书也,"必受之以詷"者,以诵受之耳。

又北大简《周驯》十四章,每章末句整理者皆连读,如"而曰自身属(嘱)之曰:女(汝)勉毋忘岁正月更旦之驯(训)",以"岁某月更旦之驯(训)"为"女(汝)勉毋忘"之宾语,非也,"女(汝)勉毋忘"如《保训》所云"呜呼!发,敬哉!"而"岁某月更旦之驯(训)"为本章末之章题。

由此可见,两训文体之例殊为相近,皆先言时日,述王有其念,且欲以此教太子,故书之以授太子或命太子自书之,且皆以古事训诫,与"训"之本义相合,后且诫以讽诵之,勉以敬保之,以此得训诫之效,至如《周驯》闰月章所载赵简子训子之事,则尚有核验太子之情节,可见二训皆依前人传训制度以载其训诫内容而成篇。

北大汉简《周驯》面世后,学界多以其所载周昭文公训诫龏(共)太子之事为伪托,因其所载之事多为传说性质,个别称谓如"(楚)昭王""越王"等于礼制有违,遂以为假托以说理者。今就文体观之,虽所载史实或非其真,其文体尚合于先秦训体之例,以"驯(训)"名之确当其实。

由此总结先秦训诫制度之例如下。若依常例,皆为君王有训诫太子之念,而以前代古事故训书之于简牍,待召问太子或太子朝见之时,以此所书授之以训,且命太子讽诵,或遇王病重,不及书写,则当太

---

① 清华大学出土文献研究与保护中心编,李学勤主编:《清华大学藏战国竹简(壹)》,上海文艺出版集团、中西书局2010年版,第144—145页。

子之面口述，命太子自书之，然无论自书或命太子书，皆以儆勉之辞嘱之，示教子之意。

此外，《尚书·顾命》一篇，前人多归于命体。而因其亦为王临终所命，学界则多与《保训》论列，今察所载王曰"病日臻，既弥留，恐不获誓言嗣，兹予审训命汝"，既云"审训命汝"，亦有训诫之意，然因其为临终所命，亦有命体之意，故当以"训命"视之，即就训诫之体而言，当与清华简《保训》无异，就其临终所命而言，又为顾命之体，为双重性质。

三 清华简《命训》与《逸周书》训类诸篇

黄怀信先生著《逸周书校补注译（修订本）·前言——〈逸周书〉的源流与传本》云：

> （《度训解》、《命训解》、《常训解》）三篇动辄云"明王"如何如何，显然是王者师的口气，故以"训"名。考周之有"训"，或系传统。……本属蛮夷之楚此时亦知教之训典，可见周有训典之早。所以，三《训》有可能出自西周。不过以文字观之，似当为春秋早期的作品。①

罗家湘先生《〈逸周书〉研究》将《逸周书》诸篇文体分为对问体、教令体、谏诤体、训诫体、格言体等数类，其中有训诫体一类云："当对问体、教令体、谏诤体文章中那些有关政治、经济、军事的训诫部分独立出来后，就构成了训诫体。"② 罗先生归纳《逸周书》训诫体篇章有《度训》《命训》《常训》《文酌》《籴匡》《武称》《允文》《大武》《大明武》《小明武》《武纪》《武顺》《武穆》《周月》《时

---

① 黄怀信：《逸周书校补注译（修订本）·前言——〈逸周书〉的源流与传本》，三秦出版社 2006 年版，第 47—48 页。

② 罗家湘：《〈逸周书〉研究》，上海古籍出版社 2006 年版，第 95 页。

训》诸篇。今谨就"三训"(《度训解》《命训解》《常训解》)与《时训解》四篇以"训"名篇者而论。

察《逸周书》训体四篇,皆无作训缘由,亦无作训承训人物,可见者唯论说之语,与《尚书·高宗肜日》、清华简《厚父》、北大汉简《周驯》等文体殊异,试推断其性质如下。

《左传·襄公二十五年》载衞大叔文子曰:"《书》曰:'慎始而敬终,终以不困。'"为《常训解》之文。刘起釪、李学勤、程元敏等先生已论先秦引"书"论"书"并不以《尚书》与《逸周书》等别之[①],而皆可为论说取资。今观《周驯》之文,亦多引"《诗》曰"或"《书》曰",其引《诗》多与今《诗经》相合,而引《书》未必相合,其原因或所引文为"书"类文献逸文,或有浅近者当为"书"之泛指,疑即指王所书诫子之书之谓。就其前者而论,多止数句,而句式整齐易诵,格言性强,与《左传·襄公二十五年》载卫大叔文子所引大似,故《逸周书》训体诸篇,当出自先王之训语,虽未必文王自作,亦如前引黄怀信先生考证,出西周而经春秋润色,以其本为训语,遂名曰"训",仅不载其作训缘由、作训承训之人耳,然其训诫之文意犹灼然可见,是为训体之训语一类。

至于《逸周书·时训解》一篇,马智全先生云:"至于《逸周书》以'训'为名的另一篇文献《时训解》,则是讲述四时节气现象,只可看作古训。《诗·大雅·烝民》:'古训是式,威仪是力。'郑玄笺:'故训,先王之遗典也。''训'即成为了从古代流传下来的训辞的代表。"[②] 按时节气候为古时王政所重,时训亦多诫告之语,视之为先王经验传承之总结当不为过,故《时训解》实与"三训"相近,只形式依物候分列耳。

[①] 李学勤:《清华简与〈尚书〉、〈逸周书〉的研究》,《史学史研究》2011年第2期。
[②] 马智全:《从清华简〈保训〉看"训"文体特征》,《鲁东大学学报》(哲学社会科学版)2014年第4期,第61页。

四　先秦训体总说

总上所考，就性质而言，训体为"顺其事以教诫"之体，尤常以古事训道，为"顺古之道以教诫"或"述古以诫今"之体。先秦训体文章主要分为三类，一为诫子之训，如清华简《保训》与北大汉简《周驯》；一为君臣互诫之训，如《尚书》之《高宗肜日》《无逸》《吕刑》等；一为格言性质之训语，失其所作缘由，仅存训语，且递相流传加工，多有韵语，以便记诵，如《逸周书》之"三训"（《度训解》《命训解》《常训解》）与《时训解》，其中《时训解》内容较为殊类，为以时令训政之语。

此文系与杨家刚合著

尹挚与伊尹学派

——以出土文献为考察中心

新近公布的《清华大学藏战国竹简（壹）》中有《尹至》和《尹诰》两篇，引起了我们对尹挚这个夏末商初的重要人物产生了浓厚的兴趣。我们知道在20世纪70年代出土的马王堆帛书中，还有一部《伊尹·九主》，被学界认定为伊尹学派刑名之学的作品。本文拟以这些出土的新材料为主，结合传世文献，对尹挚其人和在战国时期出现的伊尹刑名学派做一点考察。

一　尹挚其人

尹挚，传世文献称作"伊尹"或"尹挚"不等，"伊"为地名，"尹"为官名，挚为其名。《尚书·汤誓》、古本《竹书纪年》《史记》之《夏、殷本纪》《国语·晋语》《孟子》《墨子》《吕氏春秋》等均有记载，其中尤以《史记·殷本纪》记录最详。综合各种文献记载，我们得知尹挚是夏末商初的著名间谍，助商汤灭夏之后又成为商代初年的杰出政治家，为商王朝的治国安邦做出了重要的贡献。清华简《尹至》《尹诰》作为《尚书》的佚篇，应该是我们目前所能见到的最早材料，对于补充和证实上述传世文献的记载可谓弥足珍贵。至于尹挚的出身和他以何种身份成为商汤的重要宰辅，文献有"伊尹为有莘氏陪嫁的媵臣,为庖厨之身份而成汤之宰辅"① 和 "伊尹为有德之士,为汤王亲自往见,伊尹以尧舜之道说汤而成为汤之宰辅"② 两说,在此我们不做讨论。

先看作为著名间谍的尹挚。

清华简《尹至》③:

> 惟尹自夏徂亳,逯至在汤。汤曰:"格,汝其有吉志。"尹曰:"后,我来,越今旬日。余闵其有夏众□吉好,其有后厥志其爽,宠二玉,弗虞其有众。民噂曰:'余及汝偕亡。'惟灾虐极暴童,亡典。夏有祥,在西在东,见章于天,其有民率曰:'惟我速祸。'咸曰:'胡今东祥不章?今其如台?'"汤曰:"汝告我夏隐率若时?"尹曰:"若时。"汤盟誓及尹,兹乃柔大萦。汤往征弗服,挚度,挚德不僭。自西捷西邑,戡其有夏。夏播民入于水曰战,帝曰:"一勿遗。"

简文"惟尹自夏徂亳,逯至在汤",《孟子·告子下》有"五就汤五就桀者,伊尹也",《夏本纪》:"夏桀为虐政淫荒,而诸侯昆吾氏为乱。汤乃兴师率诸侯,伊尹从汤。"《殷本纪》记伊尹为阿衡,汤举任以国政之后,"伊尹去汤适夏,既丑有夏,复归于亳"。下面一段简文又可证之《吕氏春秋·慎大》,其曰:"桀为无道,暴戾顽贪,天下颤恐而患之,言者不同,纷纷分分,其情难得。……汤乃惕惧,忧天下之不宁,欲令伊尹往视旷夏,恐其不信,汤由(乃)亲自射伊尹。伊尹奔夏三年,反报于亳,曰:'桀迷惑于末嬉,好彼琬、琰,不恤其众,众志不堪,上下相疾,民心积怨,皆曰:上天弗恤,夏命其卒。'"讲到汤派伊尹入夏,恐夏人不信,还故意施了苦肉计,亲自追

---

① 见《楚辞·天问》、《墨子·尚贤》(上、中、下)、《吕氏春秋·孝行览·本位》《史记·殷本纪》等。
② 见《墨子·贵义》《孟子·万章上》《史记·殷本纪》等。
③ 见李学勤主编:《清华大学藏战国竹简(壹)》,中西书局 2010 年版。本文所录为释读后的文字,以下《尹诰》亦同。

射伊尹。伊尹对汤所言"宠二玉"而冷落末喜氏,又见于古本《竹书纪年》,其曰:"后桀伐岷山,岷山女于桀二人,曰琬、曰琰。桀受二女,无子,刻其名于苕、华之玉。苕是琬,华是琰。而弃其元妃于洛,曰末喜氏。"因而"末喜氏以与伊尹交,遂以间夏"①。《国语·晋语一》记大夫史苏在谈到三代女祸时,把夏之末喜氏与商之妲己、周之褒姒并列,说:"昔夏桀伐有施,有施人以妹喜女焉,妹喜有宠,于是乎与伊尹比而亡夏。"虽然我们无从了解其用间的具体情况,但可看出尹挚是巧妙地利用了夏桀喜新厌旧,末喜氏失宠的矛盾,从而成功地间夏、并在时机成熟时助汤灭夏。简文中汤问伐夏的时机是否成熟并与尹挚盟一举灭夏的内容,又可以《吕氏春秋·慎大》为证:"汤谓伊尹曰:'若告我旷夏尽如诗(时)。'汤与伊尹盟,以示必灭夏。伊尹又复往视旷夏,听于末嬉。末嬉言曰:'今昔(夕)天子梦西方有日,东方有日,两日相与斗,西方日胜,东方日不胜。'伊尹以告汤。商涸旱,汤犹发师,以信伊尹之盟。故令师从东方出于国,西以进。未接刃而桀走,逐之至大沙,身体离散,为天下戮,不可正谏,虽后悔之,将可奈何?"《尚书·汤誓》曰:"伊尹相汤伐桀,升自陑,遂与桀战于鸣条之野。"

《鬼谷子·午合》:"伊尹五就汤,五就桀,然后合于汤。"

《孙子兵法·用间》也充分肯定了伊尹用间的作用:"昔殷之兴也,尹挚在夏。"关于伊尹究竟如何"五就汤、五就桀"几出几入地从事具体的间谍活动,必定十分复杂,而我们今天只能了解个上述大概。孙武还总结说:"故明君贤将能以上智为间者,必成大功。此兵之要,三军之所恃而动也。""用间"的重要性随着战争的发展越来越受重视,而伊尹作为中国军事史上成功"用间"第一人,其功绩不言自明。

再看作为商初著名政治家的尹挚。

清华简《尹诰》:

---

① 《御览》卷一三五引。

惟尹既及汤咸有一德，尹念天之败西邑夏，曰："夏自绝其有民，亦惟厥众，非民无与守邑，厥辟作怨于民，民复之用离心，我捷灭夏。今后胡不监？"挚告汤曰："我克协我友，今惟民远邦归志。"汤曰："呜呼，吾何祚于民，俾我众勿违朕言？"挚曰："后其赉之，其有夏之金玉实邑，舍之吉言。"乃致众于亳中邑。

《史记·殷本纪》言汤灭夏归亳践天子位，作《汤诰》告诫诸侯，要有功于民，如果不有功于民，就将受到惩罚，乃至失国。尹挚作《咸有一德》，即此《尹诰》。[①] 言君臣皆有一德，要好好地安定民众，天之所以败夏，就是因为其失去了民心。商汤任尹挚以国政，《殷本纪·索隐》引皇甫谧曰："尹，正也，谓汤使之正天下。"虽史书未明载商王朝建立后尹挚辅佐商王汤的具体情况，但从后世人对他的评价和赞誉中，可知其在商初治国安邦中的重要作用。《尚书·君奭》周公语："我闻在昔成汤既受命，时则有若伊尹，格于皇天。"把伊尹作为皇天的代表。《孟子·万章》："伊尹，圣之任者也。"孟子认为在四种圣人伯夷、伊尹、柳下惠、孔子中，伊尹是最具强烈的责任感和使命感的。《诗经·长发》有"实维阿衡，实左右商王"诗句，亦把尹挚看作商王的有力辅佐。

《史记·殷本纪》记汤死后，尹挚又辅佐外丙、中壬，中壬死后，尹挚立太丁之子太甲。尹挚作《伊训》《肆命》《徂后》三篇[②]，告诫太甲如何行政，以继承成汤法度。"帝太甲既立三年，不明，暴虐，不遵汤法，乱德，于是伊尹放之于桐宫。三年，伊尹摄行政当国，以朝诸侯。帝太甲居桐宫三年，悔过自责，反善，于是伊尹迎帝太甲而授之政。"在尹挚的教育帮助下，"帝太甲修德，诸侯咸归殷，百姓以

---

① 李学勤主编：《清华大学藏战国竹简（壹）》，《尹诰》释文说明：《尹诰》为《尚书》中的一篇，或称《咸有一德》。据《书·尧典》孔颖达《正义》所述，西汉景帝末（或说武帝时）曲阜孔壁发现的古文《尚书》即有此篇，称《咸有一德》。《史记·殷本纪》今传孔传本《尚书》及《尚书序》也都称《咸有一德》。简文与孔传本《咸有一德》全然不同，东晋梅赜所献的孔传本确如宋以来学者所考，系后世伪作。

② 三篇皆《尚书》篇名，《肆命》《徂后》亡佚，《伊训》今文无，古文有。

宁。"于是尹挚又作《太甲》三篇，褒扬太甲，使太甲终成有为之君，被后代称为"太宗"。《孟子·万章上》所说与《殷本纪》相类："伊尹相汤以王于天下，汤崩，大丁未立，外丙二年，仲壬四年。太甲颠覆汤之典刑，伊尹放之于桐。三年，太甲悔过，自怨自艾，于桐处仁迁义，三年以听伊尹之训己也，复归于亳。"《楚辞·天问》有"初汤臣挚，后兹承辅，何卒官汤，尊食宗绪？"《吕氏春秋·慎大》有"尽行伊尹之盟，不避旱殃，祖伊尹世世享商"等，都可见后人对尹挚的评价充满了褒扬之语。

尹挚卒于太甲之后的沃丁之时，《史记正义》引《帝王世纪》：尹挚"年百岁卒，大雾三日，沃丁以天子礼葬之"。尹挚辅佐了商代前期的几任商王，为商王朝几百年的历史奠定了牢固的政治基础，成为中国古代著名的贤相。在商代的甲骨卜辞中屡见致祭尹挚的记载，其地位之尊可比之商王，如："丁亥贞：多甯以邕侑伊尹黽示？兹用。"（《屯南》2567）"乙巳贞：其求禾于伊？"（《合集》33282）"其甯风伊？"（《合集》30259）等，除了祭祀以外，作为先臣神灵，伊尹还可用以宁风息雨，保佑庄禾的成长。直到春秋时的铜器《叔夷钟》还有"赫赫成汤，有严在帝所，溥受天命。□伐夏后，贯厥灵师，伊小臣唯辅，咸有九州，处禹之土"的铭文，[①] 可见尹挚在商人和后世人们心目中的地位是相当崇高的。

二 伊尹学派

《汉书·艺文志·诸子略》道家类首篇即著录《伊尹》五十一篇，已亡佚，《隋书·经籍志》已无著录。现有马国翰辑佚本一卷、严可均辑佚本一卷，马王堆汉墓出土有帛书《伊尹·九主》一篇，是我们今天可以看到的有关伊尹书的资料。20世纪70年代，马王堆汉墓帛书刚出土不久，李学勤先生就撰文对《伊尹·九主》作了讲疏，并且

---

① 铭文摹刻本著录于北宋王黼《博古图》、南宋王俅《啸堂集古录》和薛尚功《历代钟鼎彝器款识法帖》等书。

指出，马王堆汉墓帛书佚籍《伊尹·九主》是《汉书·艺文志》所载《伊尹》五十一篇之佚篇，属于黄老刑名之学[1]。之后又有魏启鹏、余明光两先生对《伊尹·九主》作进一步考证，他们列举了大量证据认定其属于黄老学派的伊尹刑名之学无疑[2]。

战国时的黄老刑名之学是介于道家和法家之间的一种学术流派，所谓黄老之学，实为道家和法家思想结合，并兼采阴阳、儒、墨等诸家观点而成。而刑名法术之学则是战国时以申不害和慎到为代表的学派，其将"刑名"和"法术"两词连在一起，其中"名"指的是循名责实、赏罚分明。"术"指的是君主实行统治的策略、手段。《史记》曰申不害为韩昭侯相，其"学本于黄老而主刑名"，慎到为赵人，亦"学黄老道德之术"，法家的商鞅亦是"少好刑名之学"，韩非"喜刑名法术之学，而其归本于黄老"[3]。《韩非子·奸劫弑臣》有曰："汤得伊尹，以百里之地，立为天子；桓公得管仲，立为五霸主，九合诸侯，一匡天下；孝公得商君，地以广，兵以强。"可见在战国时期备受推崇的伊尹、吕尚、管仲、商鞅这几个人物都是具有君人南面之术的典型，而他们的思想共同点就是黄老刑名之学。

《九主》为马王堆汉墓帛书《老子》的附录内容之一，共有52行，近两千字，是一篇完整的文章，现列如下：

> 汤用伊尹，既放夏桀以君天，伊尹为三公，天下太平。汤乃自吾吾，致伊尹，乃是其能悟，达伊尹，伊尹见之，□于汤曰："诸侯时有稠罪，过不在主。干主之不明，遏下蔽上，□法乱常，以危主者恒在臣。请明臣法，以绳敌臣之罪。"汤曰："非臣之罪也。主不失□……主法，以绳敌主之罪。"乃许伊尹。
>
> 伊尹受命于汤，乃论海内，四邦……图，□知存亡若会符者，得八主。八主适□德，专授之君一。……于寄一，破邦之主二，

---

[1] 凌襄（李学勤）：《试论马王堆汉墓帛书〈伊尹·九主〉》，《文物》1974年第11期。
[2] 见陈鼓应主编《道家文化研究》第三辑"马王堆帛书研究专号"，上海古籍出版社1993年版。
[3] 见《史记》之《庄老申韩列传》《孟子荀卿列传》和《商君列传》。

灭社之主二，凡与法君为九主。从古以来，存者亡者，□此九已。九主成图，请效之汤，汤乃延三公，伊尹布图陈策，以明法君、法臣。

"法君者，法天地之则者。志曰：天，曰□□四时，覆生万物，神圣是则，以配天地。礼数四则。曰天纶。唯天不失乏'范'，四纶成则，古今四纶，道数不忒。圣王是法，法则明分。"后曰："天范何也？"伊尹对曰："天范无□，覆生万物。生物不物，莫不以名，不可为二名，此天范也。"后曰："大矣哉！大矣哉！不失范。法则明分，何也？"伊尹对曰："主法天，佐法地，辅臣法四时，民法万物，此谓法则。天覆地载，生长收藏，分四时，故曰事分在职臣。是故受织……分也。有民、主分：以无职并听有职，主分也；听□不敬……分也，此之谓明分。名法既定，法君之佐，主无声。谓天之命四则，四则当□，天纶乃得。得道之君，邦出乎一道，制命在主。下不别党，邦无私门，诤理皆塞。"

〔后〕曰："〔法君之〕佐主无声，何也？"伊尹对曰："故法君为官，求人，弗自求也。为官者不以妄予人，故智臣者不敢诬能□主不妄予，以分听名；臣不以妄进，自强以受也。自强者无名，无名者自责。夫无名者，自强之命已。名命者，符节也。法君之所以强也。法君执符以听，故自强之臣莫〔敢〕伪狯以当其君。佐者无遍职，有分守也。谓□之命，佐主之明，并列百官之职者也。是故法君执符以听，则伪狯不可□主，伪狯不可□主矣，〔则〕贱不事贵，远不事近，皆反其职。信□在忌心。是故……不出其身，□□〔不〕离其职。故法君之邦若无人，非无人也，皆居其职也。贱不事贵，远不事〔近〕，则法君之佐何道别主之臣，以为其党；空主之廷，朝之其门？所谓法君之佐主无声者，此之谓也。"后曰："至矣哉，至矣哉！法君、法臣。木直绳弗能罪也。木其能侵绳乎？"

伊尹或请陈策以明八谪，辩过之所道生："志曰：唯天无胜，凡物有胜。"后曰："天无胜，何也？"伊尹对曰："胜者，物之所以备也，所以得也。天不见端，故不可得原，是无胜。"后曰："□卜不见?"伊尹对曰："□故圣王□□，故曰：主不法则，乃反为物。端见必得，得有巨哉。得主之才。得主者，□□能用主，□有二道。二道之邦，长诤之理，辨党长争……夫争道蘴起，大干天纶，四则相侵，主轻臣重。邦多私门，族主与……矣。虞讻可知，以命破灭。"

伊尹既明八谪之所道生，请命八谪法君明分，法臣分定，以绳八谪，八谪毕名：过在主者四，罪在臣者三，臣主同罪者一。〔后曰〕："四主之罪，何也?"伊尹对曰："专授，失道之君也，故得乎人，非得人者也；作人邦，非用者也，用乎人者也。是□□得擅主之前，用主之邦，故制主之臣。是故专授失政之君也，过在主。虽然，犹〔君〕也。主悟，则犹制其臣者也。"后曰："于呼危哉！得主之才。"

"劳君者专授之能悟者也，□悟于专授主者也。能悟，不能反道，自为其邦者，主劳臣佚。为人君任臣之□，〔臣〕因主〔为〕知，倚事于君，逆道也。凶归于主，不君。臣主□，□侵君也，未免于□□，过在主。虽然，犹君也，自制其臣者也，非作人者。

用威法其臣，其臣为一，以听其君，恐惧而不敢……是……者……仇雠，□知之，无所告愬，是故同刑共共谋为一，民自□□。王君所明号令□愆(?)，无道处安其民。故兵不用而邦□举。两主异过同罪，灭社之主也，过尽(?)在上矣。"后曰："嗟！夏桀氏已夫！三臣之罪何?"

伊尹对曰："专授之臣擅主之前，〔□下〕蔽上，幸主之不悟，以侵其君，是故擅主之臣罪无赦。

半君者，专授而□□者也，〔□〕故擅主之臣见主之不悟，故用其主严杀僇，□臣恐惧，然后□□私□主之臣成党于下，与主分权，是故臣获邦之〔半〕，主亦获其半则……危。臣生横，危危之至，是故半君之臣罪无〔赦〕。"〔后〕曰："于呼危哉！半君也。"

"寄主者,半君之不悟者。主(?)……臣见主之(?)……则主寄矣。是故或闻道而能悟,悟正其横臣者,……未闻寄主之能悟者也。"后曰:"哀哉!寄主。臣主同罪,何也?"

伊尹对曰:"破邦之主,专授之不悟者也。臣主同术为一,以策于民。百姓绝望于上,分倚父兄大臣。此王君之所因以破邦也。两□异过同罪,破邦之理也,故曰臣主同罪。法君明分,法臣分定,八谪毕名。"后曰:"□哉!"

"九主之图,所谓守备悉具、外内无寇者,〔此〕之谓也。后还择悟见素□□三公,以为葆守,藏之重屋,臣主始不相牾也。"

《史记·殷本纪》言汤使人聘迎尹挚,"五反然后肯往从汤,言素王及九主之事",记尹挚言九主之事在灭夏之前,而帛书所记尹挚言九主乃为汤灭夏之后,总结正定名分,加强王权,防止重蹈夏桀覆辙的经验教训。李学勤先生通过对《九主》的释读、注解和研究,纠正了《史记集解》引刘向《别录》解释"九主"之义的错误,并且指出:马国翰所辑《伊尹》书除《九主》外,还收录了《伊尹献朝》(《逸周书·王会》之附)和《尸子》《吕览·本味》《先己》《韩诗外传》《说苑·君道》《臣术》《权谋》,以及《氾胜之书》中涉及伊尹的段落。事实上,这些文字都未必源于《伊尹》或《伊尹说》(《汉志·诸子略》小说家著录),其思想倾向很不一致。"可能是由于引者的改窜,更可能是由于它们本不出于一源。至于孔传本《尚书》中的《伊训》《太甲》《咸有一德》,也说是伊尹所作,更与《伊尹》无关。"通过仔细考证,李学勤先生认为《九主》的作成时代应在战国时期偏晚,而出土于西汉早期的文帝十二年(公元前168年)的马王堆3号汉墓,同出的有《黄帝书》,有《老子》也有《伊尹》零篇,正是和西汉初年统治者重视黄老刑名,那个时代崇尚黄老刑名之学的反映①。

关于《伊尹·九主》的思想倾向,李学勤先生认为与《管子·明

---

① 凌襄(李学勤):《试论马王堆汉墓帛书〈伊尹·九主〉》,《文物》1974年第11期。

法》相近。指出:《明法》强调"守法",主张治国须"使法择人,不自举也,使法量功,不自度也",其政治思想是鲜明的。认为《管子》的另一篇《七臣七主》更在题材结构上与《九主》相似,在内容上比《九主》更为丰富,应该看作是对《九主》的发展。《九主》整篇的中心思想是"明分"和"名"。《九主》所谓"唯天失范,四纶成则,古今四纶,道数不忒。圣王是法,法则明分"。"法君明分,法臣分定",就是讲臣必须各守分职,"以无职并听有职。"故"法君之邦若无人,非无人也,皆居其职也"。这种思想在吸取了刑名学派思想的法家著作中常可以找到,如《韩非子·扬权》"审名以定位,明分以辨类",《管子·明法》"明主在上位,则境内之众尽力,以奉其主;百官分职致治,以安国家"。《九主》:"得道之君,邦出乎一道,制命在主。下不别党,邦无私门,诤理皆塞。"与《韩非子·二柄》"守业其官,所言者贞也,则群臣不得朋党相为矣"又是一致的。《九主》之所以强调"明分"来防止"擅主之臣"集结私党的主张,其中心问题就是要加强王权,加强中央集权。《九主》还把"名"放在突出位置,它解释"天范"曰"天范无□,复生万物,生物不物,莫不以名,不可为二名,此为天范也"。主张"法君执符以听","以分听名",以杜绝"伪狯"欺诈,这种思想正属刑名的范畴,与申不害的学说最为相近。申不害说:"君设其本,臣操其末,君治其要,臣行其详;君操其柄,臣事其常。为人臣者,操契以责其名。名者,天地之纲,圣人之符,则万物之情无所逃之矣。"(《群书治要》引《申子·大体》)这样的刑名论,在《韩非子》《主道》《二柄》《扬权》中都有所发挥[①]。

总之,《九主》是一篇政治性很强的文章,它主言君道,总结了历史上九种不同类型的君主的成败兴亡,集中体现了黄老刑名之学的君人南面之术,对法家的影响很大,除《韩非子》以外,《商君书》的"立法明分""名分定,势治之道"等,也应该是相类似的主张。

综上所述,清华简《尹至》和《尹诰》两篇,当为《尚书》佚

---

① 凌襄(李学勤):《试论马王堆汉墓帛书〈伊尹·九主〉》,《文物》1974年第11期。

篇，《尚书》作为现存最早的史书，为古代史官所记，史官记录，意在留存档案，备后来查考之用，故其来源应当可靠，而尹挚也应该是确有其人。

马王堆帛书《伊尹·九主》却为假托伊尹之名的诸子著作，它的出现与战国时期各国纷纷变法，强化法治和集权统治的时代背景息息相关。《汉志·诸子略》道家类著录《伊尹》之后紧接着著录《太公》《辛甲》《鹖子》《筦（管）子》，这五部著作均以人名命名，五个人都是古代著名的大臣贤将，都有辅佐名圣君主取天下治天下的事迹，五部著作讲的也都应是治国用兵之术。《汉志·兵书略》权谋类在著录十三家之后有"省《伊尹》《太公》《管子》"之注，可见原来刘歆的《七略》也著录这几家于兵权谋。《汉志》道家类小序说："道家者流，盖出于史官，历记成败存亡祸福古今之道，然后知秉要执本，清虚以自守，卑弱以自持，此君人南面之术也。"

《伊尹》作为黄老刑名之学的代表作，讲治国用兵之术，为何要假托伊尹之名？我们知道古书托古的例子很多，在《汉志》中就能看到大量托古的情景，例如以"黄帝"名、"黄帝臣"名、"黄帝相"名、"黄帝之史"名为书名或作者的典籍，共有三十一家，589篇（卷），应该说这在《汉志》所著录的典籍总数中占有相当大的比例，如此众多的依托黄帝或黄帝臣下的著作，与战国以后兴起的黄帝崇拜不无关系，也进一步证明黄帝之学的思潮在当时广泛流行。刑名学派托伊尹之名，历史上早就有人也尽力把伊尹和黄帝联系起来，如皇甫谧就讲："伊尹，力牧之后，生于空桑。"[①] 力牧正是黄帝著名的臣下。其实真正的原因是尹挚助汤灭夏、治国安邦的业绩和思想在周代和后世广泛流传影响深远所致，它所体现的是这一学术流派总结邦国存亡的历史经验和教训，图强变法、强化集权政治的时代要求。

[①] 见《史记·殷本纪》索隐引皇甫谧曰。

与长沙马王堆3号汉墓时代大致相同的山东临沂银雀山1号汉墓[1]，在出土《孙子兵法》等兵书的同时，还有部分至今尚未整理公布的被称作"论政论兵之类"的残简、零简，其中"君臣问答"中有"汤与伊尹"的对话，大约30支简。由于残破严重，仅能看到"汤问伊尹曰公门私门俱启者其为国也何如""守也汤曰人君何守""汤问伊尹曰不底其群臣者其为国也何""使民得其望奈何伊"等[2]，可知亦为与《九主》相似的属于黄老之伊尹刑法学派的内容。这类简所抄是否也可归入《汉志》著录的《伊尹》五十一篇中之？遗憾的是简文反映的内容过少，实在难以判断。不过，帛书《九主》也好，银雀山残简也好，都假托商汤和伊尹的对话，又出自时代大致相同的汉墓，再次证明了汉初黄老之学的兴盛。

原载于《清华简研究》第一辑，中西书局2012年版

---

[1] 据山东省博物馆《山东临沂银雀山汉墓出土〈孙子兵法〉和〈孙膑兵法〉简报》，银雀山1号汉墓的时代上限为汉武帝建元元年（公元前140年），下限不晚于武帝元狩五年（公元前118年），而竹简抄写的年代应当更早，据该墓所出《孙子兵法》不避汉文帝刘恒之"恒"讳，可知竹简应为汉文帝以前的古抄本。载《文物》1974年第2期。

[2] 见吴九龙《银雀山汉简释文》，文物出版社1985年版。

《系年》所记"录子圣"与周初"武庚之乱"

"武庚之乱"是西周初年一次较大的政治事件，它的爆发及对其的处理不但涉及周初一些重要人物，还涉及西周政权的巩固与否，更有学者认为由"武庚之乱"引起了周代国家形态的变化。多年来对此的研究已有大量成果，清华简《系年》的公布引起我们对这一问题的再次关注。

一 "录子圣"与"武庚"

《系年》第三章简文云："周武王既克殷，乃设三监于殷。武王陟，商邑兴反，杀三监而立彔子耿。"简文中的"彔子耿"与大保簋铭文中的"录子䎽"相印证。李学勤先生指出："'䎽'可通读为'圣'，古音书母耕部，'耿'则是见部耕部字，可相通转。"① 因此"彔子耿"亦作"录子圣"。大保簋是清末出土于山东寿张县的"梁山七器"之一。铭文作："王伐录子䎽，叡氒（厥）反。王降征令于大（太）保。大（太）保克敬亡遣。王永太保，易休余土。用兹彝对令。"（图一）学者多将该器定为成王时器，铭文记载周成王命大保讨伐录子䎽的叛乱，大保恪守其职完成王命，成王赐以余地，大保作器以称颂王命。大保，为召公奭。"䎽"从耳从口，《甲骨文编》："从耳

---

① 李学勤：《清华简〈系年〉及有关古史问题》，《文物》2011年第3期。

从口，《说文》所无，魏石经古文以为听字。"① 郭沫若认为："古听、声、圣乃一字，其字即作耴。从口耳会意，言口有所言，耳得之而为声。其得声之动作则为听。圣、声、听均后起之字也。"② 因此"录子耴"也作"录子圣"。大保簋铭文所载的成王征伐录子圣之事正是简文所载的录子圣叛乱，亦是见于传世文献的"武庚之乱""禄父之乱"。

对于"录子圣"的身份一直存有多种意见。陈梦家推测"录"在南土，与楚为近③。杨宽则推测"录"在今安徽六安，认为"西周王朝在淮水流域原已征服录国，因这一地带少数部族的部落众多，而少数部族原来的贵族有着传统的号召力，故周采用羁縻策略，仍让其中比较服从的领袖为君长，给以'子'爵……这时由于录子圣反叛乃再度用兵加以征服"④。台湾学者杜正胜认为："大保即召公君奭，估计其年代，录子圣之叛可能在成王晚年。世传有王子圣匜（《缀遗》14.39）、天子圣觚（《三代》14.31.3）和多亚圣彝（《三代》6.49.1），足证录子圣是殷王子孙。录子圣叛，周天子派遣召公征伐，未及周公，当与武庚无关，录和武庚不是同一人，多亚圣彝云'用作大子丁彝，天子圣觚亦曰：'天子圣作父丁彝。'则录子圣与武庚也不是亲兄弟。不过，录子圣因属于殷王族，故自称'王子'，表示他的出身，而称天子可能是反叛时的僭号，后人犹尊美曰：'鳌王'（录伯冬簋），是有其家族背景的。"⑤ 此种意见肯定了录子圣的殷王室子孙的身份，但却认为录子圣与武庚无关。

日本学者白川静较早指出"录子圣"即是文献中所见的"王子禄父"，他认为："本器上的录子圣，很可能也是天子圣觚上所称的天子圣。天子圣觚铭曰：'天子圣作父丁彝'，按纣之庙号为辛，圣虽不是

---

① 中国社会科学院考古研究所：《甲骨文编》，中华书局 1969 年版，第 466 页。
② 郭沫若：《卜辞通纂》，科学出版社 1983 年版，第 137 页。
③ 陈梦家：《西周铜器断代》，中华书局 2004 年版，第 47 页。
④ 杨宽：《西周史》，上海人民出版社 2000 年版，第 552 页。
⑤ 杜正胜：《古代社会与国家》，台北允晨文化实业股份有限公司 1992 年版，第 529—530 页。

纣的直系之亲，然可能为殷室王子中的一人。他之所以称天子圣，想是有意要与宣称新受天命的周室对抗的缘故吧！"① 白氏认为"录子圣"即"王子禄父"，但依据天子圣觚铭文，"王子禄父"又不是商纣之子，而只是殷室的王子之一。此与《史记》所言"禄父"为商纣子的身份不相符合。《系年》简文的出现虽然证实了白氏以"录子圣"为"王子禄父"的推断，但白氏所提供的论据却值得进一步商榷。

"天子"之称不见于商代甲骨卜辞和金文，陈梦家认为："西周初期稍晚，才有了'天令'即天命，'王'与'天子'并称。"② 同时白氏对于天子圣觚铭文的释读也是不准确的，该器首字铭文作"■"（图二），从字形上看，其不当释作"天"，因为考之商周金文，"天"字多作"■"（天父乙觯）、"■"（天亡簋）、"■"（何尊）、"■"（大盂鼎）等，以此观之，天子圣觚铭文中的"■"不当释为"天"字。此觚之"■"在《殷周金文集成释文》中被释为"王"，铭文即作"王子耴作父丁彝"③（图三）。《殷周金文集成》中另收录一件西周早期的王子圣觚，铭文作"王子耴"④ 三字（图四）。《流散欧美殷周有铭青铜器集录》⑤ 一书中亦收录有一件殷代的王子圣鼎（图五），铭文作"王子耴"（图六）。根据资料显示，该鼎通高 14.6 厘米，双耳，圆腹圜底，三柱足。从铭文看，"王子耴"三字与王子圣觚的铭文极为相似，而且该鼎所饰的蝉纹作为一种写实性动物纹饰流行于商代晚期至西周早期，从该鼎所饰蝉纹的类型看，无足、心形吻、桃形身体，此种类型多见于商代晚期器物，如 1970 年河南安阳孝民屯南 M1118 出

---

① 白川静著，温天河、蔡哲茂译：《金文的世界：殷周社会史》，台北联经出版社1989年版，第36页。
② 陈梦家：《殷虚卜辞综述》，科学出版社1956年版，第581页。
③ 中国社会科学院考古研究所编：《殷周金文集成释文》第四卷，香港中文大学出版社2000年版，第467页。
④ 中国社会科学院考古研究所编：《殷周金文集成释文》第五卷，香港中文大学出版社2000年版，第334页。
⑤ 刘雨、汪涛：《流散欧美殷周有铭青铜器集录》，上海辞书出版社2005年版，第54页。

土的告宁鼎①、1978 年河南安阳孝民屯南 M1573 出土的父乙鼎②等，该鼎所饰的蛇纹与蝉纹相组合的纹饰见于 1985 年山西灵石旌介出土的邑鼎③，结合铭文来看，天（王）子圣觚、王子圣鼎、王子圣觥很可能即为同一人所作之器。而从"录子圣"的称名方式上看，其本身完全有可能具有商室王子的身份，因此可以证明"王子圣"与"录子圣"应为同一人。

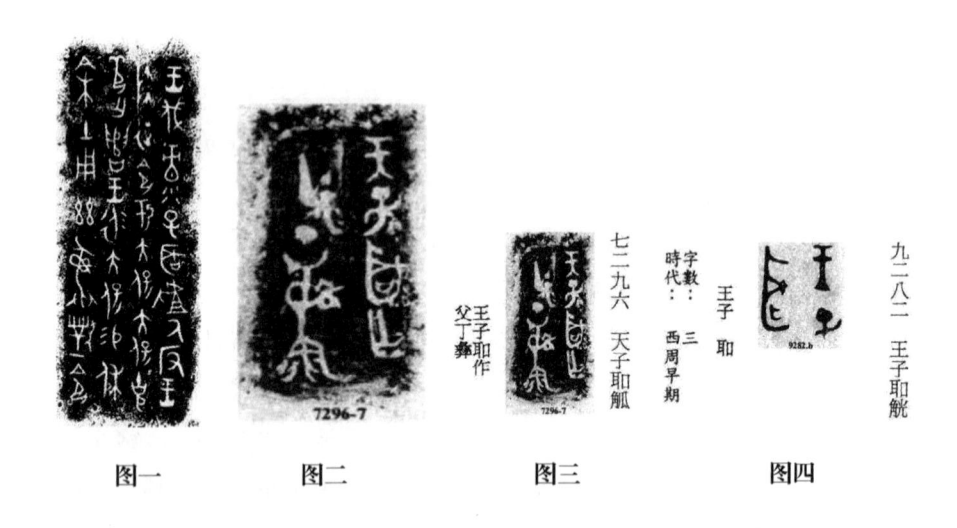

图一　　　　图二　　　　图三　　　　图四

"录子圣"的称名方式，同传世文献中所见的殷商王室贵族如微子、箕子等的称名方式是一致的。《史记·宋微子世家》载："微子开（启）者，殷帝乙之首子而帝纣之庶兄也"，《集解》孔安国曰："微，畿内国名。子，爵也。"朱凤瀚先生认为："此所谓畿内之国，实即商王畿地区内微子家族属地，微是族名，亦是地名，为商人习俗。'子'在这里是指族长而非爵称。"④ 录子、箕子应与此类似，"录""箕"

---

① 《中国青铜器全集》编辑委员会：《中国青铜器全集》2，文物出版社 1998 年版，第 26 页。

② 《中国青铜器全集》编辑委员会：《中国青铜器全集》2，文物出版社 1998 年版，第 56 页。

③ 《中国青铜器全集》编辑委员会：《中国青铜器全集》4，文物出版社 1998 年版，第 4 页。

④ 朱凤瀚：《商周家族形态研究（增订版）》，天津古籍出版社 2003 年版，第 283 页。

《系年》所记"录子圣"与周初"武庚之乱"　◀◀　175

图五

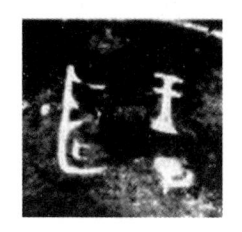

图六

也应既是族名又是地名，各自代表其在商王畿区内的家族属地。而微子本人，作为商先王帝乙之长子、纣之庶兄，太师径以"王子"称之。商代王子（不限于时王之子）在甲骨卜辞中皆以"子某"称之，如武丁时期的子渔等，而根据朱凤瀚先生的研究，"王卜辞中作为王子的诸'子某'，有的在其父王逝后，即从原来的王族中分化出去自立族氏，成为卜辞所见'子族'，而本身为其族之长"[①]。据研究者统

---

① 朱凤瀚：《商周家族形态研究（增订版）》，天津古籍出版社2003年版，第56页。

计,"甲骨金文中称'子某'者有156名,称'某子'者有29名,其中人地同名者有90例,约占总数185名的49%"[1],研究者认为这些同子名相合的地名"大致分布于王畿区内外周围一带,属于商王朝政治地理结构中的基层地区性单位""这些子某或某子,作为商代社会生活组成体的一部分,已相继在特定的社会条件和社会政治经济关系中,与一定的地域相结合……换言之,这批子已成家立业,以各自的土田族邑相命名,由此构成分宗立族的家族标志"[2]。以此来看,录子、微子、箕子等人在具有王子身份的同时,已分宗立族,拥有各自的族邑,本身又是所建宗族的族长。以此来看"录子圣"的称名方式,"录"是族名亦是地名,"子"表族长身份,"圣"则为其私名。文献中的"禄父"之"禄"本当作"录",陈致先生指出:"'禄'字所从之'示'乃周秦间所加为意符。'父'为殷周之际男子的美称"[3]。因此"录父"很可能是录族后裔对"录子圣"的尊称,《逸周书·作雒》遂以"王子禄父"称之,而《克殷》则以"王子武庚"称之,"武庚"作为庙号,这同商人对先王的称呼是一致的,从《诗经》之《商颂·玄鸟》《长发》及甲骨卜辞来看,商王朝的缔造者太乙号武王、武汤、武唐,盘庚之后的小乙称武父乙,文丁称文武、文武帝、文武丁,帝乙又称文武帝乙。在日名之前冠以"武"字,当是美称。《史记之殷本纪》《鲁周公世家》《管蔡世家》《卫康叔世家》等见有"武庚禄父"之称,《风俗通义·佚文》言:"禄氏,殷纣子武庚字禄父,其后以王父字为氏。"从以上分析看,"武庚"与"禄(录)父"都是商族后裔在录子圣死后对他的称呼,"禄(录)父"并不是"武庚"的字,而且"武庚"也不是生称。

因此我们认为"录子圣"确与"王子圣"是同一人,具有商室王子的身份,正是传世文献中的"王子禄父"。那么其是否为商纣之子?我们认为不能排除这种可能,因为天(王)子圣觚铭文虽作"王子圣

---

[1] 宋镇豪:《商代社会生活与礼俗》,中国社会科学出版社2011年版,第442页。
[2] 宋镇豪:《商代社会生活与礼俗》,中国社会科学出版社2011年版,第444页。
[3] 陈致:《从王国维〈北伯鼎跋〉看周初"邶人于燕"的史事》,《学灯》2010年第4期。

作父丁彝",但据学者言,在商代的宗亲称谓里,"'父'的称谓并不仅仅限于生父一人,也兼及尊一辈男性旁系血亲,父亲的兄弟皆被称为父,不分直系、旁系,父只是一个分辨性别、世代(含尊卑及世次)的所谓类分性(claasificatory)的亲属称谓词"①。因此,"父丁"并不一定是指生父帝辛,可能是帝辛的某位兄弟。"王子圣"为"父丁"作器,并不一定代表其非商纣之子,况且在其所具有王子身份的时候,殷商应尚未灭亡,商纣仍为商王,"王子圣"不可能为父作器。而在殷商灭亡后,王子的身份已不复存在,周人遂以"录子圣"称之,"录子圣"应为武庚的生称。

二 "武庚之乱"的深层原因

先看传世文献所载的"武庚之乱":

《逸周书·作雒》:周公立,相天子,三叔及殷、东、徐、奄及熊盈以略。

《尚书大传》:武王杀纣,而立公子禄父,使管叔、蔡叔监禄父。武王死,成王幼,周公盛养成王。使召公奭为傅,周公身居位,听天下为政。管蔡疑周公而流言于国曰:公将不利于王。奄君、蒲姑谓禄父曰:武王既死矣,成王尚幼矣,周公见疑矣,此百世之时也,请举事。然后禄父及三监叛也。周公以成王之命杀禄父,遂践奄。践之云者,谓杀其身,执其家。

《史记·殷本纪》:周武王崩,武庚与管叔、蔡叔作乱,成王命周公诛之。

《史记·周本纪》:管叔蔡叔群弟疑周公,与武庚作乱叛周。周公奉成王命,伐诛武庚、管叔,放蔡叔。以微子开代殷后,国于宋。颇收殷余民以封武王少弟封为卫康叔。

《史记·鲁周公世家》:管蔡武庚等果率淮夷而反,周公乃奉

---

① 宋镇豪:《商代社会生活与礼俗》,中国社会科学出版社2011年版,第449页。

成王命兴师东伐，作《大诰》。遂诛管叔，杀武庚，放蔡叔。

《史记·管蔡世家》：管叔、蔡叔疑周公之为不利于成王，乃挟武庚以作乱。

《史记·卫世家》：管叔、蔡叔疑周公，乃与武庚禄父作乱，欲攻成周。

《史记·宋世家》：管蔡疑之，乃与武庚作乱，欲袭成周周公。

《书序·微子之命》：成王既黜殷命，杀武庚，命微子启代殷后，作《微子之命》。

在以上征引的史料中，《尚书大传》所载的武庚叛乱的直接原因是"成王尚幼""周公见疑"，即武庚发动叛乱是利用周初政局动荡的时机，所谓"管蔡疑周公而流言于国"只是叛乱的诱因。在《史记》中的《周本纪》《管蔡世家》等诸篇中，武庚则是与管叔、蔡叔联合发动叛乱，甚至于是出于二叔的胁迫。而管蔡二人作乱的原因则是"疑周公之为不利于成王"，其针对的对象是周公。在司马迁的眼中，武庚只是充当了管蔡作乱的工具。《史记·周本纪》言："成王少，周初定天下，周公恐诸侯畔，周公乃摄行政，当国。"正是因为周公的摄政当国，导致了管蔡的不满，从而联合武庚共同发动叛乱。照此逻辑，管蔡发动叛乱是为了维护成王的统治，铲除周公，但在司马迁的叙事中，却将管蔡之乱定性为"叛周"，周公从被见疑者忽而成为匡扶社稷的股肱之臣。武庚也作为管、蔡的同党而被剿灭。这种叙事逻辑上的矛盾或是由于史料的缺失，但却对认识周初的这段历史造成了极大的障碍。尤其是《鲁周公世家》言："成王少在强葆之中，周公恐天下闻武王崩而畔，周公乃践阼，代成王摄行政，当国。"这种对成王年龄记载的相互抵牾，又导致后世对于周公是否摄政乃至称王的诸多争论。而对此问题的认识直接关系到对整个周初历史的理解和解读。

《系年》简文云："武王陟，商邑兴反，杀三监而立彔子耿。成王屎伐商邑，杀彔子耿。"该条简文不但透露出关于周初"三监"的历史信息，同时也为我们重新考察"武庚之乱"的性质及深层原因提供了珍贵的历史资料。

据《系年》所载，商人的叛乱不但杀了武王设置的行使监管之责的"三监"，而且"立录子圣"，即以录子圣为新的商王。《尚书·大诰》载周公的"命龟"之词曰："有大艰于西土，西土人亦不静，越兹蠢殷小腆，诞敢纪其叙；天降威，知我国有疵，民不康，曰：'予复！'反鄙我周邦。"所谓"殷小腆"指的正是武庚等商室贵族，"诞敢纪其叙"则是言武庚等要恢复殷商原有的统治，即"予复"。而"反鄙我周邦"，如刘起釪先生所言，"是说'反而要把我周邦作为他的边鄙的地方'，即灭周后把它作为属殷的边远地的意思"[1]。从周公的"命龟"之词中能看出，以武庚为首的商室贵族发动叛乱的目的就是恢复殷商原来的"共主"地位，此与《系年》简文所载正相符合。因此，我们认为"武庚之乱"实为商人的"复国"之举。

《尚书大传》载："武王死，成王幼，周公盛养成王，使召公奭为傅。周公身居位，听天下为政。管叔、蔡叔疑周公，流言于国曰：'公将不利于王！'奄君薄姑谓禄父曰：'武王既死矣，今王尚幼矣，周公见疑矣，此百世之时也，请举事！'"（《毛诗·邶鄘卫谱疏》引）西周早期的禽簋铭文言："王伐䇂侯，周公谋禽祝。"马承源说："䇂侯，䇂国的君长。䇂从去得声，读为盖，即奄国。奄、盖同声字。《韩非子·说林》的'商盖'即商奄。奄国故址在今山东曲阜县境。"[2] 㝬方鼎铭文言："隹周公于征伐东尸（夷），丰伯、尃古（薄姑）咸㦵。"铭文中的"东夷"是商周时期对山东境内的东夷族的统称，《路史·国名纪六》："薄姑，商诸侯，即薄丘。一曰蒲姑，在青之博兴。《地志》有薄姑城，在临淄西北五十。《青图经》云：与四国作乱，成王灭之，以封太公。"马承源认为："丰伯，东夷国的君长，丰国故址在今山东益都县境。蒲姑，或作亳姑、薄姑，国名，其地在今山东省博

---

[1] 顾颉刚、刘起釪：《尚书校释译论》第三册，中华书局2005年版，第1268页。
[2] 马承源主编：《商周青铜器铭文选》第三卷，文物出版社1990年版，第70页。

兴县东北。丰国与蒲姑属于东夷诸国之强者。"①

奄、丰、薄姑皆为商王朝在山东地区的臣属方国，武庚的叛乱之所以发生并能得到这些东方方国的响应，说明在商周之际的历史情境下，周人虽然在极短的时间内攻克商都，克商成功，但却并没有完全确立其在东土的统治地位。

有研究者根据《逸周书·世俘》所见的武王征商的战争日程，指出"周人主要对商王畿的都城附近和王畿南部进行了直接的征服，周人势力所达的范围局限于河南中北部地区"②。而在商纣统治时期，据《殷本纪》所载，"纣愈淫乱不止，微子数谏不听，乃与大师、少师谋，遂去。比干曰：'为人臣者，不得不以死争。'乃强谏纣。纣怒曰：'吾闻圣人心有七窍。'剖比干，观其心。箕子惧，乃详狂为奴，纣又囚之"。以此可见在商纣在位期间，商室贵族大多遭到残酷打压，而这些遭受残酷打压的商室贵族在周人的克商过程中由于其自身与商纣的尖锐矛盾并没有对周人进行实质的抵抗，杜正胜先生曾言："殷代氏族皆是政治社会体，有土地，有人民，相当独立自主。他们和殷王室不一定共具高度的认同意识。即使是殷王后裔之族，武王革命对某些人来说，不过换了一位共主，无所谓亡国之痛。"③ 周人之所以能以相对较低的军事代价攻克商都，或许正是由于此点，但是随着商纣的覆灭，这些商室大族虽然无强烈的"亡国之痛"，但其与新的统治者周人之间却存在着现实的利益冲突和文化隔阂。《系年》简文言"周武王既克殷，乃设三监于殷"，恰恰反映出两者之间无法回避的矛盾，这些盘踞在商邑内的商室贵族始终是周人的心腹大患，只是由于当时周人尚无完全对之进行铲除的实力，只能采取设置"三监"的方式对之进行监管。而对于这些商室贵族来说，虽然接受了周人的统治，但只要双方产生利益冲突，随时都有可能发生叛乱。

再来看奄、丰、薄姑等位于山东地区的原商属国。从考古学的背

---

① 马承源主编：《商周青铜器铭文选》第三卷，文物出版社1990年版，第69页。
② 宫长为、徐义华：《殷遗与殷鉴》，中国社会科学出版社2011年版，第101页。
③ 杜正胜：《略论殷遗民的遭遇与地位》，《历史语言研究所集刊》第五十三本四分，1982年12月。

景看，"从中商开始，商王朝开始了对东夷诸族长达300余年的持续经略。经过中商直至商末，原东夷族的岳石文化分布区内的豫东、山东地区的潍河和沂河一线以西地区、苏北的徐州一带已成为商文化的分布区。该区域的商文化存在多种形式，如商族的支系直接统治、完全商化的商东土方国，商化程度较深的商东土方国等等形成的商文化，或者还有时叛时服的商东土方国"[1]。从奄、丰、薄姑所处的地理位置看，奄国所在的曲阜县位于山东省偏南部，该区域是商文化遗址分布密集，"是海岱地区商化程度最高的地区"[2]，滕县前掌大商代遗址便位于此区域内，研究者认为，"前掌大墓地的墓主应为商王朝东土方国上层或最高统治者，墓地所代表的文化实体应有双重来源，可能是既接受商文化的巨大影响，又保存了某些土著传统；也可能是既带来了商文化，又接受了土著文化的某些因素"。有学者认为前掌大遗址便是奄国所在。而丰、薄姑所在的鲁北地区，晚商时期的遗址分布亦相当密集，以青州市益都苏埠屯遗址为代表，该遗址的文化分期大致相当于殷墟文化三期至四期，有学者根据墓中出土青铜器上的"亚丑"铭文，认为该墓地即为商末的薄姑氏所有。奄、丰、薄姑所在区域正是山东境内商文化分布较为密集的区域，三国应为商王朝在东土册封的方国中商化程度较深的方国。正如学者所言，"周灭商后，跟随武庚叛乱的东国，正是山东地区商化较深的地方，这与当地接受商王朝统治和文化传播较早，形成并维持了当地部族对商人的认同有关"[3]。

由此或可以看出武庚之乱的发生有着更为深刻的内在原因，武王死后的"管蔡之乱"充其量只是武庚叛乱的外在诱因。而商奄等东土方国之所以会响应商室贵族的叛乱，原因在于其自身对于商文化有着较高程度的认同，武王克商后并未继续东进，成王之世的东征既是平定商室叛乱的"二次克商"，同时亦是通过武力征服的方式将原殷商

---

[1] 徐昭峰：《商王朝东征与商夷关系》，《考古》2012年第2期。
[2] 高广仁：《海岱地区的商代文化遗存》，《考古学报》2000年第2期。
[3] 王宇信、徐义华：《商代国家与社会》，中国社会科学出版社2011年版，第363页。

在东方的统治区域纳入西周的政治版图。

通过以上分析，我们认为《系年》简文中关于"武庚之乱"的记载不但同大保簋等西周早期金文相印证，更提供了关于"武庚之乱"的丰富的历史细节。通过考察"武庚之乱"的性质及深层原因，可以看出《史记》中所载的管蔡二叔联合甚至胁迫武庚发动叛乱，是不符合当时的历史情境的。以武庚为首的商室贵族发动叛乱，目的在于恢复殷商在东方的统治，通过"杀三监"的方式公然背叛周的统治。而所谓的"管蔡之乱"则是周王室内部的权力之争。从此一层面上说，管、蔡二人与武庚等商室贵族并不存在共同的政治利益，因此我们认为，两者联合发动叛乱的可能性极低。

此文系与路懿菡合著，原载于《古文字研究》第31辑，中华书局2016年版。

《天下之道》的"道"与《孙子兵法》的"道"

——比较二者的异同

新近公布的清华简（捌）有一篇《天下之道》[①]，有学者已经明确指出其为战国中晚期儒家学者的一篇论武事之作，认为"《天下之道》虽然是一篇与用兵相关的文献，但对于兵学技巧却没有太多的涉及，其关注的焦点主要集中于政治伦理道德的层面"。[②] 我们同意这一认识和观点。其实，早期兵家在政治伦理道德方面也多有论述，我们在此仅举《孙子兵法》所言之"道"，与《天下之道》的"道"做一对比，以观二者异同，进而对儒家和兵家所言之"道"的内涵稍作讨论。

一 儒家论"道"

先秦儒家的兵学思想，集中反映在《论语》、《孟子》和《荀子》等儒学著作中。在此我们主要看《天下之道》，其论道：[③]

[①] 见李学勤主编《清华大学藏战国竹简》（捌），中西书局2018年版。
[②] 程薇：《清华简〈天下之道〉初探》，《清华大学学报》（哲学社会科学版）2018年第6期。
[③] 此处仅用隶定释后文字。

天下之道二而已，一者守之之器，一者攻之之器。今之守者，高其城，深其壑而利其渠谮，芳其食，是非守之道。昔天下之守者，民心是守。如不得其民之情伪、性教，亦无守也。今之攻者，多其车兵，至其冲阶，以发其一日之怒，是非攻之道也。所谓攻者，乘其民之心，是谓攻。如不得[其民]之情，亦无攻也。

昔三王者之所以取之之器：一曰归之以中以安其邦，一曰归之谋人以悦之心，一曰庆其脩以丽其众。□□昔三王之所谓阵者，非陈其车徒，其民心是陈：一曰砺之，二曰劝之，三曰骛之，四曰壮之，五曰斗之。五道既成，乃速用之。如不得用之，乃顾察之，如弗察，邦家其乱，子孙不昌。

全文不长，仅两段话，文意也少有疑难之处，几个稍难的疑点程薇文中已做了很好的处理，故我们读起来基本没有障碍。所讲天下之道无非有二：一攻一守。既然是论武事之作，具体所指应该就是攻城与守城，尤其是文中还提到了守城和攻城的兵器渠谮和冲阶。古代军事，从战争来说，攻城和守城相对于阵地战、野战等来说是比较难的，攻城术与守城术也是技术含量最高的，古代的所谓高科技和最尖端的武器首先会用到攻城与守城上来。《汉志·兵书略》列兵家四种：权谋、形势、阴阳、技巧，其中前两类属于"谋略"，后两类属于"技术"，而阴阳可归之于"软科学"，技巧是以武器、武术、军事训练、军事体育为主，属于真正的"硬科学"。《汉志·兵书略》给其的小序是："习手足，便器械，积机关，以立攻守之胜者也。"《墨子》有城守各篇，原在刘歆的《七略》"兵技巧"中，可班固却因《诸子略》中的《墨子》也有这几篇，故在《兵书略》中将其删除，其实它才是兵技巧中最具代表性的作品。

《天下之道》将攻城与守城作为论军事最为要害的问题，可谓抓住了古代军事论战争中最核心的问题，以这个最核心的问题来阐述自己的主张，其讲"民心是守"，认为攻城也好，守城也好，武器装备的先进与否，城池的高下坚固与否，都不是最重要的因素，只有取得民众的支持，才是攻必克战必胜守必坚的不二法宝。这正是对孔子以来儒家学说所提倡的把取信于民放在第一位,把人心向背视为估量战争胜败的首要因素等论述的继承。

据《史记·孔子世家》,孔子奉行"有文事者必有武备,有武事者必有文备","足食,足兵,民信之矣","自古皆有死,民无信不立"(《论语·颜渊》)。孔子的有关军事论述与礼乐文献的种种论述是融会贯通的,他主张实行宽厚的统治政策,富国强兵,让人民丰衣足食,对人民讲求礼义信,此为取信于民的基本条件,把取信于民看作是立国之根本。孔子精通军事,却并不好战:"子之所慎:斋,战,疾。"(《论语·述而》)他对于战争持十分审慎的态度,反对鲁莽行事、打无准备之仗,更反对欺负小弱的不义战争。

孟子(约公元前372—前289年)发展了孔子的战争观。他把早期儒家"取信于民"的基本主张发展为"得道者多助,失道者寡助"的著名论断,《孟子·公孙丑下》曰:

> 天时不如地利,地利不如人和。
>
> 三里之城,七里之郭,环而攻之而不胜。夫环而攻之,必有得天时者矣;然而不胜者,是天时不如地利也。城非不高也,池非不深也,兵革非不坚利也,米粟非不多也;委而去之,是地利不如人和也。
>
> 故曰:域民不以封疆之界,固国不以山溪之险,威天下不以兵革之利。得道者多助,失道者寡助。寡助之至,亲戚畔之;多助之至,天下顺之。以天下之所顺,攻亲戚之所畔,故君子有不战,战必胜矣。

孟子提出三个概念:天时、地利、人和。并将这三者加以比较,层层推进,把"人和"放在"天时""地利"之上的崇高位置,结构严谨,气势通畅。主张攻伐取之事是否可行,关键看是否符合仁义,是否符合民意,民悦则取之,民不悦则不取。孟子以此来判断战争的正义与非正义性质,《离娄上》说:"桀纣之失天下也,失其民也;失其民者,失其心也。得天下有道:得其民,斯得天下矣。得其民有道:

得其心，斯得民矣。"指出夏桀、商纣是众叛亲离的独夫，成汤放逐夏桀、周武王讨伐商纣是得民心的正义战争。

荀子（约公元前313年—公元前238年）根据战国后期的新形势，发展和改造了儒家的战争观。《荀子·议兵》记赵孝成王问及"兵之要"时，临武君答曰："上得天时，下得地利，观敌之变动，后之发，先之至，此用兵之要术也。"强调了天时地利及有效的战术，而荀子却不以为然，曰："不然。臣所闻古之道，凡用兵攻占之术，在乎壹民。弓矢不调，则羿不能以中微；六马不和，则造父不能以致远；士民不亲附，则汤、武不能以必胜也。故善附民者，是乃善用兵者也。故兵要在乎善附民而已。"当临武君强调孙子吴子用变诈之道而无敌于天下，何必在乎附民之道时，荀子又有大篇的对答：

孙卿子曰：不然。臣之所谓道，仁者之兵，王者之志也。君之所贵，权谋势力也，所行，攻夺变诈也；诸侯之事也。仁人之兵，不可诈也，彼可诈者，怠慢者也，路亶者也，君臣上下之间涣然有离德者也。故以桀诈桀，犹巧拙有幸焉；以桀诈尧，譬之若以卵投石，以指挠沸，若赴水火，入焉焦没耳。故仁人上下，百将一心，三军同力，臣之于君也，下之于上也，若子之事父，弟之事兄，若手臂之扞头目而覆胸腹也，诈而袭之，与先惊而后击之，一也。且仁人之用十里之国，则将有百里之听，必将聪明警戒，和传而一。故仁人之兵，聚则成卒，散则成列，延则成莫邪之长刃，婴之者断；兑则若莫邪之利锋，当之者溃。圜居而方止，则若磐石然，触之者角摧，案角鹿埵、陇种、东笼而退耳。且夫暴国之君，将谁与至哉？彼其所与至者，必其民也，而其民之亲我，欢若父母，其好我芬若椒兰，彼反顾其上，则若灼黥，若雠仇；人之情，虽桀、跖，岂又肯为其所恶，贼其所好者哉？是犹使人之子孙自贼其父母也，彼必将来告之，夫又何可诈也？故仁人用国日明，诸侯先顺者安，后顺者危，虑敌之者削，反之者亡。诗曰："武王载发，有虔秉钺，如火烈烈。则莫我敢遏。"此之谓也。

荀子指出：征服天下的根本武器不是军队，而是昌明的政治，战场上的胜利靠的不是权谋之术，而是君臣上下的同心同德，百将一心，三军同力，百姓亲君如同父母。君行仁义则政治昌明，这样的国家能吸引天下之人，因而能够兼有天下。他还特别强调"以德兼人"："凡兼人者三术：有以德兼人者，有以力兼人者，有以富兼人者。……故曰：以德兼人者王，以力兼人者弱，以富兼人者贫，古今一也。"他认为以仁诛暴、以义诛不义，出师一定奏凯，主张不战而胜、不攻而得的以仁义服天下的战争。这一点，基本是继承孔、孟的学说。同时，他从实际出发，赞赏开辟土地、充实仓廪、改进器械、募选材士、推行赏罚的霸者的做法，这些比之孟子更加通达。由此可见，荀子的战争观是适应了发展的历史潮流，兼容了法家等一些不同学派的思想。

《天下之道》作为介于孔孟之间的七十子或七十子弟子的作品，也就是思孟学派的作品[①]，不仅强调取信于民，而且特别主张了解民众的"情伪性教"，这与《大戴礼记·文王官人》"太师慎维深思，内观民务，察度情伪"，《中庸》"天命之谓性，率性之谓道，修道之谓教"，郭店简《性自命出》"《诗》《书》《礼》《乐》，其始出皆生于人。《诗》，有为为之也；《书》，有为言之也；《礼》《乐》，有为举之也。圣人比其类而论会之，观其先后，而逆训之，体其义而节度之，礼其情而出入之，然后复以教。教，所以生德于中也。"等相类似，这正是先秦儒家关注的焦点，因而也对后世儒家代表人物孟、荀的思想主张产生了一定的影响。

总括上述儒家的论兵之"道"，无非是行仁义，以德服人，顺应民心，取信于民，君民上下万众一心，方能攻必克，守必固，从而实现"仁人无敌于天下"的结果。

[①] 程薇：《清华简〈天下之道〉初探》，《清华大学学报》（哲学社会科学版）2018 年第 6 期。

二 兵家论"道"

先秦兵家言"道",最典型这莫过于《孙子兵法·计》之五事:"经之于五事,校之以计,而索其情:一曰道,二曰天,三曰地,四曰将,五曰法。道者,令民于上同意也,可与之死,可与众生,而不畏也。"五事之中,"道"最重要,明确指出道就是民心向背。得人心者得天下,失人心者失天下。得道多助,失道寡助。这就是政治,孙子把道放在了天、地、将、法之前,这个道就是老百姓与统治者一条心,同生死,共患难,绝不违背。与孔子"自古皆有死,民无信不立",孟子"天时不如地利,地利不如人和"是一个意思。民信就是与上同意,人和就是民不违背,所以也可以说道就是民信,就是人和。

在《孙子兵法》中,除了《计》篇明言"道"及其所指以外,我们在其他篇中也可多次领略到"道"这种无形的力量。比如《形》《势》及《虚实》等篇,讲"形",可理解为看得见的东西,如军队数量的多寡与否,武器装备的精良先进与否,防御工事的坚固与否,后勤积蓄的厚实与否等,这些都是看得见的、可用以计量的东西,而"势",则是藏于"形"之后,看不见摸不着,深不可测,但却是与"形"相伴的东西,我们完全可以把这些理解为"道",即民信、民心,人心的向背。当然这无形的东西还应包括士卒的理想信念、组织纪律、作风、传统、战术技术水平,以及将帅的性格、智慧、意志、作风、能力等。以形应形好对付,用看得见的东西对付可得见的东西容易,而对付隐蔽在形之后看不见的军心、民心就不容易了。

《形》篇着重谈的是内在之形,要求战争指挥者全面把握事物形态,充分认识内外整体特征。任何事物既有外部表面的形态,又有内在深层的形态,不应只看到外部的表面的因素。譬如:敌我双方兵力的多少、所处的位置、各自如何协同、敌对双方如何攻守等,了解这些的同时更要注重内在的深层的因素,如人心向背、参战者的斗志、将帅的思维性格特点、军队战斗作风及技术状况等,全面把握"形"的内外两方面,不可偏废哪一方面。

《势》曰："治乱，数也；勇怯，势也；强弱，形也。"其意思是，社会的安定局面和混乱局面的相互转换是由"数"决定的；作战者的勇敢和怯懦是由一定的"势"造成的；军事斗争双方力量强弱对比及其转化，是由"形"来体现的。孙武在这里揭示了战争的基本规律。就其中的"数"来说，"数"，原来是表示事物量的多少，谓气数、命运。这里则表示带有趋向性的事物发展的必然过程，即自然之理。"数"，看不见，摸不着，表现在许多具体事物中是有形的，但又无法确认为某一具体形态，所以又是无形的。它顽强又从容不迫地表现自己，把万事万物的发展过程呈现出来。它具有不可逆转的特点，使人们顺则昌，逆则亡，于冥冥之中把人们引向命运的结局。据此，军事集团统帅不应孤立地考虑战争，而应在社会发展趋势的大背景下研究战争的必要性和正义性，认准人心向背，为维护国家、民族和广大民众的最高利益而以战争手段惩恶扬善，才能得道多助，从而符合于社会发展之"数"。

《虚实》篇讲"善攻者，敌不知所守；善守者，敌不知其所攻。微乎微乎，至于无形；神乎神乎，至于无声，故能为敌之司命。""形人而我无形，则我专而敌分。""兵形之极，至于无形。无形，则深间不能窥，智者不能谋。"

读这几篇使我们看到，《孙子兵法》的高明之处就在于，它不仅仅看到了取得战争胜利的有形因素，而且深刻洞悉了隐于"有形"之中的无形因素，并且致力于揭示无形因素内在的奥秘及其与有形因素之间构成的相互关系，从而揭示了战争规律，把握了制胜的武器。

战争是活人与活人的全面较量，兵学的高深之处在于参悟"无形"，而"无形"不像"有形"那样显而易见，往往隐藏在"有形"的运动过程之中，并支配影响着"有形"的发展进程。那么这种"无形"的东西到底是什么？在此我们完全可以认为它其实就是"道"。从这一点来看，兵家和儒家所强调的东西是一样的。然而二者又有很大的不同，儒家的"道"，着重于政治方面、伦理方面，如前所述，它所强调的是统治者的统治方式及社会的治理，民心的向背；而兵家的"道"则内涵更多一些，除了与儒家相同的政治因素，如君心、民心以外，它还要注重"军心"，这个"军心"指的就是军队的治理。军心是看不见无形的东西，《形》篇讲："善用兵者，修道而保法，故能为胜败之政。"孙子治军之"道"虽然也注重政治在治军中的作用，比如"令民与上同意"，使民众与君主意愿一致。国君、将帅"与众相得"，即上下团结和睦；"齐勇若一"等。但它还有更为强调的"令之以文，齐之以武"（《行军》篇），这是孙子治军理论的核心。"令之以文"，即用宽仁的思想工作和人文关怀手段使得官兵思想统一；"齐之以武"，则是用严格的军纪军法来规范军队，从而使官兵行动整齐如一。以"文"治军，其出发点是以人为本，目的是调动士卒的积极性，发挥人的主观能动性。还要用"武"治军，"武"治是"文"治的延续和补充，"文""武"两个方面包含了恩威并重、信赏明罚、爱卒善俘、严格要求等诸多以法治军的含义。

除此以外，《孙子兵法》还提出了"将帅五德"，这是治军的基础。将帅是军队指挥作战的主体，也是管理军队的主体，是治军的基石。孙子高度重视将帅的作用，他在《谋攻篇》中说："夫将者，国之辅也，辅周则国必强，辅隙则国必弱。"他将"将孰有能"作为决定战争胜负的"七计"之一，认为"知兵之将，民之司命，国家安危之主"。就是说懂得用兵之道的将帅，是民众命运的掌管者和统领者，是国家安危的主宰者。对将帅应该具备的才能，孙子系统论述了将帅特质的结构，提出了"智、信、仁、勇、严"的五德标准。即智谋才能、赏罚有信、爱抚士卒、勇敢果断、军纪严明。这五个标准高度简明地概括了军队将帅所必须具备的领导素质，同时也是选择将帅的主要标准。

以上我们看到《天下之道》作为儒家的论兵之作，它和最能代表先秦兵家的《孙子兵法》想对比，两者都在讲"道"，然而它们的区别却非常明显。儒家所强调的"道"，其伦理道德性超越了功利性，从它表面上看是论兵之作，但它并不把战争的胜负即功利的实现作为唯一的价值标准。而《孙子兵法》则是中国古代兵家走向成熟的代表，兵家和政治家一样，并不喜欢拿道德说事，它所提倡的"道"，实际上体现的是中国古代兵家注重现实利益的实用理性精神。

清华简《系年》与秦人西迁新探

一

在早期秦发展史的研究中，秦族的始源始终是一个绕不过去的话题，经过几十年来学者们大量卓有成效的研究，已经形成大致"西来说""东来说"及"东源西成说"三种不同的意见。

以蒙文通先生为代表的"西来说"，主要见于20世纪30年代《禹贡》杂志上刊登的《秦为戎族考》，此文后收入《周秦少数民族研究》[①] 一书中，蒙文通先生认为嬴秦为西戎的一支，源于西部，是西方土生土长的戎族。除此之外，其他前辈学者如翦伯赞亦认为秦为西方氏族部落，乃羌人的一支[②]。吕振羽先生甚至认为秦人与周人同属于一个氏族[③]。之后有熊铁基先生亦执秦人乃西方戎族一支的说法。[④]

"东来西成"说的代表者为黄留珠先生，他认为"西来说"与"东来说"看起来相互对立，但实际上它们之间有着共同的特点，"西来说"敏锐地抓住了秦文化与西戎文化融合的历史真实，而"东来说"则成功地揭示了中潏以前秦人活动与东方的秘密。他将二说的合理部分结合，撷取其精华，从而提出了认识秦文化渊源的新思路，即秦文化"源于东而兴于西"，也就是说秦人、秦文化的原始发祥地在

---

① 龙门书局1958年版。
② 翦伯赞：《秦汉史》，北京大学出版社1984年版。
③ 吕振羽：《中国原始社会史》补订本，生活·读书·新知三联书店1961年版。
④ 熊铁基：《秦人早期历史的两个问题》，《社会科学战线》1980年第2期。

东方，而秦人、秦文化的复兴之地在西方①。

"东来说"最早提出者是傅斯年先生，他于1933年在《夷夏东西说》②一文中指出："秦赵以西方立国，而用东方之姓者，盖商代西向拓土，嬴姓东夷在商人旗帜下入于西戎。《秦本纪》说此事本甚明白。"之后又有卫聚贤③、黄文弼④、徐旭生⑤、林剑鸣⑥等诸位学者的深入研究，使"东来说"不断地发扬光大，得到目前学界大多数学者的赞同。

纵观"东来说"的理由，大致可概括为以下几条：

1. 秦人先世的神话传说与殷人传说相同

《诗经·商颂》云商族祖先为"天命玄鸟，降而生商"，与《史记·秦本纪》讲秦之先祖大业的诞生："玄鸟陨卵，女修吞之，生子大业"，还有大业之后的诸位先祖如大廉"实鸟俗氏"，孟戏、中衍"鸟身人言"等，可见秦人与殷人、东夷同样，与鸟有着神秘的关系，以鸟为图腾崇拜。

2. 秦人与殷商有着密切的关系

《秦本纪》载大业之子大费佐舜调训鸟兽，舜赐姓嬴氏。大费之子一曰大廉，一曰若木，实费氏。费氏玄孙曰费昌，"费昌当夏桀之时，去夏归商，为汤御，以败桀于鸣条"。大廉玄孙曰孟戏、中衍为太戊御。"自太戊以下，中衍之后，遂世有功，以佐殷国，故嬴姓多显，遂为诸侯。"之后有中潏，在西戎，保西陲。至商末，有中潏之子孙蜚廉、恶来，"父子俱以材力事殷纣"。周武王伐纣克殷，"并杀恶来"，"是时，蜚廉为纣石北方，还，无所报，为坛霍太山而报，得石棺，铭曰'帝令处父不与殷乱，赐尔石棺以华氏'。死，遂葬于霍

---

① 黄留珠：《秦文化二源说》，《西北大学学报》1995年第3期。
② 傅斯年：《夷夏东西说》，载1933年1月国立中央研究院《历史语言研究所集刊》外编第一种《庆祝蔡元培先生六十五岁文集》。
③ 卫聚贤：《中国民族的来源》，载《古史研究》第三集，上海商务印书馆1934年版，第49—51页。
④ 黄文弼：《嬴秦的东方氏族考》，载《史学杂志》创刊号，1945年。
⑤ 徐旭生：《中国古史的传说时代》（增订本），文物出版社1985年版，第48—52页。
⑥ 林剑鸣：《秦史稿》，上海人民出版社1981年版，第30—31页。

太山"。

从《秦本纪》可见，自成汤以来，至周武王克商，嬴姓秦人一直与殷人即殷商王朝有着密切的关系。

3. 秦为嬴姓，嬴姓诸国均在东方

《秦本纪》太史公曰："秦之先为嬴姓。其后分封，以国为姓，有徐氏、郯氏、莒氏、终黎氏、运奄氏、菟裘氏、将梁氏、黄氏、江氏、修鱼氏、白冥氏、蜚廉氏、秦氏。"据《汉书·地理志》载记及顾栋高《春秋大事表》所考，以上诸国，自西周至春秋时，大多在东方，尤以今黄河下游的河南、山东为多。如：徐即今安徽盱眙，郯即今山东郯县，莒即今山东莒县，终黎即今安徽凤阳，运奄当即奄，即今山东曲阜，黄即今河南潢川，江即今河南安阳，等等。

4. 秦人为"帝颛顼之裔"，主少昊之神，颛顼、少昊均为传说中的东夷部落首领

《秦本纪》曰"秦之先，帝颛顼之苗裔"。《封禅书》载：秦襄公既侯，"自以为主少昊之神，作西畤，祠白帝，其牲骝驹、黄牛、羝羊各一云"。秦襄公为何自称主少昊之神？正由于少昊嬴姓，《说文》："嬴，帝少昊氏之姓也。"

文献多载颛顼高阳氏都帝丘在今河南濮阳。《春秋经》僖公三十一年：卫迁于帝丘。《左传》昭公十七年载："卫，颛顼之虚也，故为帝丘。"杜预注："卫，今濮阳县，昔帝颛顼居之，其城内有颛顼冢。"《汉书·地理志》载东郡属县濮阳，"故帝丘，颛顼墟"，又称"颛顼遗都"。《史记集解》引《皇览》称："颛顼冢在东郡濮阳顿丘城门外广阳里中。"少昊之墟，《左传》定公四年记周初封鲁，"因商、奄之民，命以伯禽，而封于少昊之虚"。杜预注："商奄，国名也。少昊之虚，曲阜也。"

以上四条基本是从对文献考证和研究中得来的，除此以外，林剑鸣先生在《秦史稿》中还提出了秦人与殷人具有经济生产的共同性和相似的葬俗，最终，林先生说："秦人的祖先与殷人祖先，最早可能同属一个氏族部落联盟，既然殷人早期活动于我国东方已成不疑之论，那么秦人的祖先最早也应生活在我国东海之滨，大约在今山东境内，

这也是可以肯定的。"①

二

秦人始源于东方,从以上回顾可见已不成问题。但是,《秦本纪》讲中潏"在西戎,保西垂",又说中潏之子孙蜚廉、恶来却仍留在商王纣的身旁,"父子俱以材力事殷纣",可见中潏"在西戎,保西垂"并不代表秦人已经西迁。秦人何时西迁?为何西迁?《史记》并未交代,成了一个留给后人争论不休的话题。

《清华大学藏战国竹简(贰)·〈系年〉》② 第三章正好回答了这一疑问。

简文叙述了周武王死后发生三监之乱,周成王伐商邑平叛的情况:

> 周武王既克殷,乃设三监于殷。武王陟,商邑兴反,杀三监而立彔子耿。成王屎伐商邑,杀彔子耿,飞厤(廉)东逃于商盍(盖)氏。成王伐商盍(盖),杀飞厤(廉),西迁商盍(盖)之民于邾圉,以御 奴之戎,是秦先人,殜(世)乍(作)周尸(扞)。

根据李学勤先生的解读③,"飞厤"就是飞廉,厤、廉同属谈部,古音相近通假。"商盍氏"即《墨子·耕柱篇》《韩非子·说林上》的"商盍",也便是称作"商奄"的奄。

《系年》所说的成王"杀飞廉"与《秦本纪》所云:"周武王之伐纣,并杀恶来。是时蜚廉为纣石(使)北方……死,遂葬于霍太山"不同。李先生指出《孟子·滕文公下》有"周公相武王,诛纣。伐奄,三年讨其君,驱飞廉于海隅而戮之"之记,与《系年》一样,

---

① 林剑鸣:《秦史稿》,上海人民出版社1981年版,第15—19页。
② 上海文艺出版集团中西书局2011年版。
③ 李学勤:《清华简关于秦人始源的重要发现》,《光明日报》2011年9月8日。

是说飞廉最后死在东方。《逸周书·作雒篇》记载了殷纣亡国后，嬴姓诸国与殷遗民一同抗周的情景："周公立，相天子，三叔（管叔、蔡叔、霍叔）及殷、东、徐、奄及熊盈（嬴）以畔（叛）。……二年，又作师旅，临卫政（征）殷，殷大震溃。……凡所征熊盈（嬴）族十有七国，俘维九邑。"《系年》所说的飞廉参与三监之乱，失败后东逃到奄。奄也即是《秦本纪》讲的运奄氏，属于嬴姓，飞廉向那里投靠，正是由于同一族姓。当时今山东到苏北的嬴姓国族都是反周的，这充分讲明了嬴姓国族在这场战乱中的地位。

由此可见，飞廉参与了以奄国为首的东方各诸侯国联盟的抗周斗争，直到奄国被灭，他才继续向今天的山东半岛一带退却，最后被迫到海边而亡。那么，秦人西迁的时间正是在成王时期的周公东征平叛三监之乱以后，是被周人强迫西迁的，其性质与后世的"谪戍"或"发配"相类似。

其实史籍中记载这种或被迫迁徙或被管制奴役的史事还可以举出一些：

《尚书·多方》记成王平灭奄国后，发布文告："今尔尚宅尔宅，畋尔田，尔曷不惠王熙天之命？尔乃迪屡不静，尔心未爱；尔乃不大宅天命，尔乃屑播天命；尔乃自作不典，图忱于正。我惟时其教告之，我惟时其战要囚之，至于再，至于三。乃有不用我降尔命，我乃其大罚殛之。非我有周秉德不康宁，乃惟尔自速辜。"这是劝诱被征服的各国要顺从"天命"，若不服从，将"大殛伐之"。

《尚书·多士》记周公营建洛邑之后以武力强行将淮海一带的殷民迁往洛邑，并发布公告："王曰：告尔殷多士！今予惟不尔杀，予惟时命有申。今朕作大邑于兹洛，予惟四方罔攸宾。亦惟多士攸服，奔走臣我，多逊。尔乃尚有尔土，尔乃尚宁干止。尔克敬，天惟畀矜尔；尔不克敬，尔不啻不有尔土，予亦致天之罚于尔躬。今尔惟时宅尔邑，继尔居，尔厥有干有年于兹洛，尔小子乃兴，从尔迁。"

周人在强行管制和迁徙东方各反抗诸侯国的同时又分遣重臣，统治东方各地，封太公望于齐，封周公于鲁，"处少昊之虚"。

《逸周书·作雒》："元年夏六月，葬武王于毕。二年，又作师旅，临卫政殷，殷大震溃。降辟三叔，王子禄父北奔，管叔经而卒，乃囚蔡叔于郭凌。凡所征熊盈族十有七国，俘维九邑。俘殷献民，迁于九毕。"毕原又名毕陌，在今陕西咸阳、西安附近渭水南北岸，境域很广。周初王季建都于毕，武王封毕公高，在渭水北岸。相传周文王、武王、周公坟墓，却在今渭水南岸的西安市东南长安区境内。可知当时周人迁奄等东方人往西方，人数应该很多，除上述《多士》所说洛邑外，还应一直向西延伸，直到今陕西西部乃至甘肃东部一带。

　　李先生在文中有又讲道：《系年》的记载还有一点十分重要，就是明确指出周成王把商奄之民西迁到"邾圉"这个地点，这也就是秦人最早居住的地方。"邾圉"即是《尚书·禹贡》雍州的"朱圉"，《汉书·地理志》天水郡冀县的"朱圉"，在冀县南梧中聚，可确定在今甘肃甘谷县西南。

三

　　近半个世纪以来的考古调查和发掘工作正好在秦文化的发祥地甘肃省东部天水地区的甘谷县、清水县、礼县一带多有发现。例如甘谷县的毛家坪遗址，自 1947 年即被裴文中先生发现，1956 年省文管会做过再次调查，1963 年又被甘肃省列为省级文保单位。1982 年、1983 年甘肃省文物工作队与北京大学考古队两次发掘[1]，发掘所见有大量墓葬和居住遗址，通过对墓葬形制、葬式、随葬品陶器组合、陶质、器形等各种遗存的分类研究，发掘者将其分为 A 组和 B 组两种不同的文化遗存。又将 A 组文化遗存的性质分成前、后两段：前段包括一、二期土坑墓和居址一、二期，时代为西周时期；后段包括三、四、五期土坑墓和居址三、四期，时代为东周时期。又通过与关中发现的西周遗存和东周秦文化遗存相比较，得出了 A 组文化遗存与陕西关中的西周文化与东周秦文化相似或相同的结论。但报告总结说：

---

[1]《甘肃甘谷毛家坪遗址发掘报告》，《考古学报》1987 年第 3 期。

毛家坪A组遗存前段虽然在年代上为西周时期，但文化面貌与西周文化并不完全相同。它虽有西周文化的因素，但有些特点又不见于西周文化而与东周秦文化有某些联系。这种独特的文化面貌究竟是地域特征的反映呢？还是文化性质的不同呢？由于发掘资料的限制，对此有待于今后的研究。但是，由于毛家坪A组遗存前段中的某些因素与东周秦文化相似，而且A组遗存前、后两段之间有较强的连续性，那么，毛家坪A组遗存前段的发现为我们研究东周秦文化的形成提供了重要线索，应予以充分的注意。

这一考古发现无疑弥补了史籍记载的不足，它解决了秦人早期活动的时间和地区的问题，它以有力的证据说明了秦人在今甘肃东部天水地区的活动至少可上溯到西周时期，其后的延续发展又可以毛家坪三、四、五期文化遗存与今陕西西部宝鸡、关中地区的秦文化遗存相统一。

当时的主要发掘者北京大学考古系赵化成教授，发表了《寻找秦文化渊源的新线索》[①]一文，他说："毛家坪西周时期秦早期文化年代上限可到西周早期，这说明，至少在这一时期秦人已经活动于甘肃东部地区了。再则，西周时期秦人的基本生活用品即陶器已经周式化了，那么，由原来的文化转变为现在这种情况须有一个过程，这个过程的开始自然至迟在商代晚期就应当发生了。……考古发现和文献记载都表明，秦人至迟在商代末年已经活动于甘肃东部，也就是说已经在西方了。可以肯定，一些人主张的周公东征迁秦人于西方的说法是难以成立的。"

赵化成先生所说的文献记载应该就是《史记·秦本纪》所讲中潏"在西戎，保西垂"，学界也有一些学者认为秦人的一支的确是在商代就已经西迁至陇东一带，而且这里也就是司马迁所说的"非子居犬

[①] 《文博》1987年第1期。

丘"之地，后来的非子正是中潏的一支①。可是《秦本纪》又明记到商代末年，有中潏之子孙蜚廉、恶来，"父子俱以材力事殷纣"。据此我们可以推想，中潏"在西戎，保西垂"只是一时的经历，并不代表这一支秦人已经迁往西方，而秦人的正式西迁一定与一个重大的历史事件相关联，那么，正如清华简《系年》所记，这个重大的历史事件就是西周初年的东方三监之乱和成王、周公东征，也就是说嬴秦参与了抗周活动，是受到惩罚被迫西迁的。

近年来，尤其是自2004年以来，由甘肃省文物考古研究所、北京大学考古文博学院、国家博物馆田野考古部、陕西省考古研究院、西北大学文博学院联合组成考古队在甘肃礼县西山、大堡子山一带做了多次调查和发掘工作，其发现不仅有目前所知最早的城址、大型聚落遗址和时代最早、等级最高的秦人墓以及祭祀遗址等，可知其秦文化出现的时间约为西周中期，城的使用年代则在西周东周之际②，这一年代正好可与甘谷毛家坪遗址的年代相衔接，也就是说，秦人西迁之后的最早活动地在《系年》所说的"邾圉"即今甘谷西南一带，之后又逐渐向南迁往礼县的西山、大堡子山一带。其实，从东起陇山脚下的张家川回族自治县、清水县一直延伸到天水市、秦安县、甘谷县、武山县为止，沿渭水两岸，这类文化遗存广泛分布，大约有数百处之多，只不过以前均被认为是"周代遗存"③，现在有了近些年的发掘成果，再加上清华简的记载，我们就可以考虑把这一地带的秦文化因素联系起来，作为十分有价值的探讨秦人早期历史和秦早期都邑建立等情况的证据。但仅有这些还是不够，还有必要得到进一步的证明，诚如李学勤先生所言"既然秦人本来是自东方迁来的商奄之民，最早的

---

① 韩伟：《关于秦人族属与文化渊源管见》，《文物》1986年第4期。尚志儒：《早期嬴秦西迁史迹的考察》，《中国史研究》1990年第1期。何清谷：《嬴秦族西迁考》，《考古与文物》1991年第5期。

② 《甘肃礼县三座周代城址调查报告》，载北京大学中国考古学研究中心、北京大学震旦古代文明研究中心编《古代文明》第7卷；《中国文物报》2008年4月4日所刊赵丛苍、王志友、侯红伟：《甘肃礼县西山遗址发掘取得重要收获》。

③ 赵化成：《寻找秦文化渊源的新线索》，《文博》1987年第1期。

秦文化应该具有一定的东方色彩，并与商文化有较密切的关系，希望这一点今后会得到考古研究的验证"。

原载于《秦汉研究》第 6 辑，陕西人民出版社 2012 年版

从里耶简"祠先农"看秦的祭祀活动

新公布的里耶秦简中有二十多支与"祠先农"有关的简[①]，给我们传递了秦代基层县祭祀先农的有关信息。中国自古就有祭先之风，像先炊、先火、先牧、先蚕、先师、先啬等等，都是古人祭祀的对象。然而对先农的祭祀在早期的文献中却不多见，本文试图对这一问题作一点粗浅的考证，同时联系出土文献《日书》中记载的秦对"五祀"之神的记载，来窥视秦代的祭祀活动。

一 文献中与祭先农有关的记载

（一）祭先啬

《礼记·郊特牲》："天子大蜡八。伊耆氏始为蜡。蜡也者，索也，岁十二月，合聚万物而索飨之也。蜡之祭也，主先啬而祭司啬也。祭百种以报啬也。飨农及邮表畷、禽兽，仁之至，义之尽也。古之君子，使之必报之。迎猫，为其食田鼠也；迎虎，为其食田豕也；迎而祭之也。祭坊与水庸，事也。……蜡之祭，仁之至义之尽也。黄衣黄冠而祭，息田夫也。"郑玄注"四方，方有祭也，蜡有八者：先啬一也；司啬二也；农三也，邮表畷四也；猫虎五也；坊六也；水庸七也、昆虫八也"。啬通穑，郑玄注："先啬若神农者。司啬，后稷是也。"可知先啬是始教民稼穑者，如传说中神农氏一类的人物。司啬应当是

[①] 见《里耶发掘报告》，岳麓书社2007年版，第194—196页。

掌管农事的官吏，如后稷。

神农教民稼穑，故奉为先啬而祭之。然而先啬是否与先农同为一神？恐不能贸然结论。祭先啬属于蜡祭，是一种在岁末年终举行的祭典活动，即祭祀以先啬为主的掌管农业的官和与农业有关的神，以报答他们教民稼穑之功，这里明显有年终祈祝丰收、酬谢神祇的意思。而祭先农一般在春季，在春耕开始的时候举行。

（二）借田礼

《礼记·月令》载：孟春之月，"天子乃以元日祈谷于上帝。乃择元辰，天子亲载耒耜，措之于参保介之御间。帅三公、九卿、诸侯、大夫，躬耕帝借。天子三推，三公五推，卿、诸侯九推"。"躬耕帝借"的"借"，即借田，郑玄注："帝借，为天神借民力所治之田也。"《礼记正义》引《说文》：藉，帝藉千亩也。古者使民如借，故谓之藉。孙希旦《礼记集解》："岁事莫重于农，故孟春祭上帝，仲春又祈之于社稷。先上帝次社稷，尊卑之序也。"其他先秦文献如《左传》《诗经》等也有"借田"的记载，如《诗·周颂·载芟》有："春借田而祈社稷。"

《礼记·月令》以春、夏、秋、冬为序，每季又以孟、仲、季排出先后，总共为十二个月。其内容主要包括每个月的天象特征；物候；天子在当月的居处、服饰、车马和饮食；每月的王命；农事和禁忌；不行当月节令的后果等项。这一条是讲天子在这一个月元日祭祀上帝以祈求保佑粮食丰收。然后再选择一个吉日，天子亲自用车载着耒耜，率领三公、九卿、诸侯、大夫们，亲自耕种借田。这是天子祭天祈谷和亲耕借田之礼。这种礼仪起源于原始的开耕典礼，在古代历法不发达的时候具有颁历的性质，通过这种开耕典礼，宣布春耕的开始。《月令》在这之后紧跟的是"王命布农事"，所以，祭天与借礼同时举行，其地位不同于一般的庆贺性质的典礼，而是与颁历活动结合在一起的。在一个以农耕民族为主体，以农业生产为主要生产活动的国度里，历法的颁行是一件大事，故历代帝王对借田都十分重视，在以后的典籍里多见对"借田"的记载。但是这里讲的是"祈谷于上帝"而并非祭先农,《诗·周颂·载芟》的借田却是"祈社稷",即祭祀土地之神与五谷之神,后世文献往往讲借田礼的祭祀就是祭先农,但较早的文献并没有"祭先农"的说法。

(三) 祠先农

有文献引刘向《五经要义》云:"立坛于田,所以祠先农,坛之制度如社。"

又引卫宏《汉旧仪》:"春始东耕于借田,官祠先农,则神农也。"

比如:《后汉书·礼仪志》"力田种各耰讫"刘昭注引《汉旧仪》:"春始东耕于借田,官祠先农。先农即神农炎帝也。"

《全唐文》卷189有韦叔夏"建太社议",原文如下:

> 谨按祭法云:王者立太社,然王社所祭之处,书传无文。《汉书·郊祀志》:"汉兴。已有官社,未立官稷。遂于官社后立官稷,以夏禹配食官社,以后稷配食官稷。"瓒云:"案高纪,立汉社稷,所谓太社也。时又有官社,配以夏禹,所谓王社也。"见汉祠令,而未立官稷,至此始立之。光武中兴,不产官稷,相承至今,魏以官稷为帝社。故挚虞议曰:"魏氏故事立大社帝社是也。"晋初或废或置,皆不言当时所置之处。或云:"两社同处,王社在大社之西。"崔氏、皇甫氏并云:"王社在借田",引《诗》借田而祈社稷为证。
>
> 今谨按卫宏《汉旧仪》,"春始东耕于借田,官祠先农,则神农也。"又《五经要义》云:"立坛于田,所以祠先农,坛之制度如社。"

韦叔夏,唐高宗时人,历任太常博士、春官侍郎、太常少卿、光禄大夫、国子祭酒等职,精通礼仪,在唐代旧仪多废缺时,与当时大儒祝钦明、郭山恽撰定仪注。所立之议,均得到认可。武则天久视元年,特下制规定对国家所修的重要礼仪,必须经由韦叔夏等刊定讫,然后进奏国家①。以上《全唐文》所载"建太社议"是关于建社稷之议，韦叔夏熟悉历代礼仪制度，在议文中叙述了唐以前各朝建社稷的情况，他所引的《五经要义》和《汉旧仪》应当是可靠的。

刘向为西汉中后期人，熟悉西汉礼仪制度自不容怀疑，卫宏是西汉末东汉初人，曾集西汉杂事为《汉旧仪》四篇，他熟知西汉制度，也是理所当然，他们都讲到"祠先农"，《汉旧仪》还将借田与先农联系起来，并指明先农即神农。由此可见，西汉已有立坛祠先农的制度，借田已从原来的祀上帝、祀社稷演变为祠先农。

《后汉书·礼仪志》曰："正月始耕，昼漏上水初纳，执事告祠先农已享。耕时，有司请行事，就耕位，天子、三公、九卿、诸侯、百官以次耕。"刘昭注引贺循《借田仪》云，"汉耕日，以太牢祭先农于田所"。

《通典》卷第一百六《礼典》记"吉礼，其仪五十有五"，其第二十四项，即"孟春吉亥享先农，耕籍"。

汉以后经南北朝，历朝皆在京城设坛祭祀先农，以太牢祭之，为国家典礼，而且成为借田的内容之一，已成定制。

从以上我们所引的几处典籍可知，文献中有关"祠先农"的记载，是从汉代以后才有的，汉以前是否祠先农，不得而知。里耶间的发现，为我们了解汉以前的祠先农提供了重要资料。

二 里耶秦简的"祠先农"

里耶秦简中有关祠先农的简有20多支，编为1-22号，1-7号简为准备物品以供祭，8-21号简为祭祀之后的分胙记录，22号简为书写练习简。

综合1-21号简，所提供的信息有以下：

1. 祠先农的日期。是"卅二年三月丁丑朔丙申"，有14支简明确记录这个日期，整理者考察为秦始皇三十二年三月二十日，分胙也在

---

① 《旧唐书》列传第一百三十九《儒学下》。

这一天祭祀之后进行。

2. 祭祀所供的物品。如：

简（14）639、762 "卅二年三月丁丑朔丙申，仓是佐狗出牂以祠先农"

简（14）656、（15）434 "卅二年三月丁丑朔丙申，仓是佐狗出黍米四斗以祠先农"

具体有：盐、黍米、牂羊（母羊）、羊头、豚肉、酒、肉汁、肉、食等。

3. 所用为少牢。整理者认为此祠先农用的是"少牢"。《礼记·王制》谓："天子社稷皆太牢，诸侯社稷皆少牢。"而牛羊猪三牲全备者，谓之太牢；只有猪羊者，曰少牢。里耶简见供品中有羊、有猪（豚），加之礼制有明确规定，此作为基层乡县的祭祀，用少牢是符合制度的。

4. 分胙。胙就是祭肉的意思，在祭祀完了之后，祭祀所用的肉，都要分给参与祭祀的人，称为分胙。胙有多种类同其他字的含义，有"酢"的酬灵义，"阼"的位尊义，"祚"的福佑义。古人认为，祈福时以牲体通神，神灵在享受祭肉之后，便将福祉寄寓在祭肉中，所以，分胙就能够得到神的恩赐。因此，分胙也是祭祀活动的一个重要环节，往往是祭礼的高潮部分。分胙既要求平均，又要求体现等级尊卑，由主祭者掌握分配权力，又从受胙部位和次序上体现受胙者的身份尊卑。里耶简可见分胙时就有称作"视平"的人"令史尚"来监督分胙。从某种意义上说，"分胙礼仪"也是古代祭祀文化的功能和特征的一种体现。但有意思的是，里耶简所反映的分胙大部分是将撤供后的剩余供品出卖掉了，如：

简（14）300、764 "卅二年三月丁丑朔丙申，仓是佐狗杂出祠先农馀彻羊头一足四卖于城旦赫所取钱四□……"

简（14）650、652 "卅二年三月丁丑朔丙申，仓是佐狗杂出祠［先］农馀彻酒一斗半斗卖于城旦取所取钱一率之一斗半斗一钱。令史尚视平，狗手"。

可知供品卖给城旦某某，卖的是"撤余"部分，这个"撤余"应该是分胙所余。所卖之钱如数入库，可见秦的仓库管理制度之严，即使基层乡县也不例外。还有一个深刻印象，秦的刑罚严明，城旦作为受刑的刑徒没有资格参加祠先农仪式，因而也就得不到祀典过后的分胙，只能出钱去买了。

这二十多支简的性质，是一个叫作"是"的仓库管理者和他的助手"狗"，所作的仓库出入记录，属于典型的文书简，所以祭祀过程简文无从反映。

其实除里耶秦简之外，出土文献中还可找到"祠先农"的记载。周家台 30 号秦墓简① 348－353 亦有祠先农的内容。

以腊日，令女子之市买牛胙、市酒。过街，即行拜，言曰："人皆祠泰父，我独祠先农。"

到囷下，为一席，东乡（向），三腏，以酒沃，祝曰："某以壶露、牛胙，为先农除舍。先农苟令某禾多一邑，先农恒先泰父食。"

到囷下，先侍（持）豚，即言囷下曰："某为农夫畜，农夫苟如□□，岁归其祷。"即斩豚耳，与腏以并涂囷廥下。恒以腊日赛祷如故。

从周家台简可得到如下信息：

1. "祠先农"并非都在春季，也可在"腊日"举行。《说文》："腊，冬至后三戌，腊祭百神。"

2. "人皆祠泰父"，反映了当时人祭祀"泰父"的普遍性，这应当是民间的礼俗。"泰父"即"大父"，祖父的意思，腊祭祖先，当是传统礼俗。

3. "我独祠先农"，可看出这里的祠先农完全是个人行为。人皆腊祭祖先，我却腊祭先农。可见民间祭祀活动较灵活，具有可选择性。

4. 祠先农仪式简洁，"到囷下，为一席，东乡（向），三腏，以酒

---

① 湖北省荆州市周梁玉桥遗址博物馆编：《关沮秦汉墓简牍》，中华书局 2001 年版。

沃"。祭辞也很直白，曰："某以壶露、牛胙，为先农除舍。先农苟令某禾多一邑，先农恒先泰父食。"反映出农夫对丰收的渴望。

5. 祠先农亦以"牛胙""酒"等，与里耶简所用相近。

周家台 30 号秦墓，是 1993 年发掘的一座典型的秦代末期的墓，具体年代相当明确，在秦二世元年（公元前 209 年）或稍晚些时间，墓主人是一名南郡府署的低级官吏。墓中出竹简 381 枚，木牍 1 枚，根据简的形制和内容可分成 3 组。编者将 3 组分别定名为《历谱》《日书》《病方及其它》[1]。《历谱》由"秦始皇三十四年"到"秦二世元年"（公元前 213—公元前 209 年），而里耶秦简"祠先农"为"秦始皇三十二年"，两者年代接近。如果说里耶秦简反映的"祠先农"是秦代基层县祭祀先农的有关信息的话，那么周家台简涉及的"祠先农"则属于民间的行为了。

传世文献中有关秦代祭祀的资料甚少，通过《史记·秦始皇本纪》只知道一些皇帝的祭祀活动，具体的祭祀制度和民间的祭祀活动无从了解，传统的看法是秦王朝焚书坏礼，把以前的礼制都废除掉了，里耶简和周家台简"祠先农"的记录，促使我们必须重新认识这一问题。

三 其他秦简中所见的祭祀

其实其他秦简中也有一些与祭祀活动有关的记载，我们在这里仅举现已发现的秦《日书》等简牍中就有关于"祠五祀"的记载。

1. 云梦睡虎地 M11 简《日书（甲）·除》：[2]

交日：凿井，吉。以祭门、行，行水吉。（4 正贰）

害日：利以除凶厉，兑（说）不祥。祭门、行，吉。（5 正

---

[1] 湖北省荆州市周梁玉桥遗址博物馆编：《关沮秦汉墓简牍》，中华书局 2001 年版。
[2] 以下所引云梦睡虎地秦简均见睡虎地秦墓竹简整理小组《睡虎地秦墓竹简》，文物出版社 1990 年版。

贰）

阴日：利以家室。（6 正贰）

2. 云梦睡虎地秦简《日书》（乙）有"祠五祀日"，列有"五祀"祭祷的时日宜忌：

祠室中日：辛丑、癸亥、乙酉、己酉吉，龙壬辰、申。
祠户日：壬申、丁酉、癸丑、亥吉，龙丙寅、庚寅。
祠门日：甲申、辰、乙亥、丑、酉吉，龙戊寅、辛巳。
祠行日：甲申、丙申、戊申、壬申、乙亥吉，龙戊、巳。
祠［灶］日：己亥、辛丑、乙亥、丁丑吉，龙辛□。
祠五祀日：丙丁灶，戊巳内中土，［甲］乙户；壬癸行，庚辛［门］。（31贰 –40贰）

睡虎地秦简注释者根据《礼记·月令》，认为"内中土"就是中溜，这里的室中也当指中溜。前面四支简明确地先列出祭"五祀"的吉日，再列出祭"五祀"的龙日，据日书研究专家刘乐贤考证，这里的龙日即"忌日"[①]，也就是不适合祭"五祀"的日子。

3. 睡虎地《日书》（乙）又有《行祠》：

祠常行，甲辰、甲申、庚申、壬辰，吉。毋以丙、丁、戊、壬……（144）

同时还有关于祭祀行神的祝词。简148有《祠》：

祠室，己卯、戊辰、戊寅，吉。祠户，丑、午……（148）

可惜此篇简残泐，在五祀中只有室（中溜）和户祀两种得到反

[①] 见刘乐贤《简帛数术文献探论》，河北教育出版社2003年版，第88—98页。

映，其下应该还有门、行、灶诸祀的禁忌。不过仅从所余的残简内容看来，其宜忌日辰与同属于乙种《日书》的《行祠》有所不同。

4. 甘肃天水放马滩 M1 出土《日书》乙种：①

祠门良日：甲申、庚申、壬申。（24）

甲申日与睡虎地秦简《日书》一致。

5. 湖北江陵岳山秦墓出土两枚木牍，为两面墨书，其内容也是日书，记有祀大父、祠门、祠灶等良日②：

祠门良日：甲申、辰、乙丑、亥、酉、丁酉；忌丙。

祠灶良日：乙丑、酉、未、己丑、酉、癸丑、甲辰、巳（子）、辛、壬。

祠门良日中的"忌"显然同于睡虎地《日书》（乙）"祠五祀日"中的"龙"，即忌日。

6. 周家台 M30 秦简《日书》③：

周家台 30 号秦墓《日书》中，有一幅线图（四），画有始皇三十六年的地支神位图，十二地支按顺时针方向旋转，占据十二角。傍于其侧的文字解释是：

卅六年，置居金，上公、兵死、阳（殇）主岁，岁在中。置居火，塾（筑）囚、行、炊（灶）主岁，岁为下。

[置居水]，……主岁（残）

置居土，田社、木并主岁。

置居木，里社、冢主岁，岁为上。（298–302 壹）

---

① 何双全：《天水放马滩秦简综述》，《文物》1989 年第 2 期。
② 湖北江陵县文物局等：《江陵岳山秦汉墓》，《考古学报》2000 年第 4 期。
③ 湖北省荆州市周梁玉桥遗址博物馆：《关沮秦汉墓简牍》，中华书局 2001 年版，第 107—117 页。

《礼记·月令》中将五祀分置于四季之中，分别与五行相对应，具体是：春气木，祀户；夏气火，祀灶；中央土，祀中溜；秋气金，祀门；冬气水，祀行。以之检验周家台秦墓《日书》中的式盘图，可知文中"居火"的时期，由"行、灶主岁"，此种运行原则与《月令》中的排列规律有相同的一面，也有不同之处——"行"神应在居水的时节主岁，但在这里却与灶神同时主岁。

"五祀"是古代祭祀内容之一，《周礼·春官·大宗伯》讲到吉、凶、军、宾、嘉五礼，"五祀"属吉礼，吉礼又将古代名目繁多的祭祀按祭祀规模分为大祀、中祀和小祀，"五祀"与社、稷、日、月、星辰等排列一起，为中祀，一般由帝王派遣高官致祭。

关于"五祀"的内容，文献中多见。

《礼记·曲礼下》记："天子祭天地，祭四方，祭山川，祭五祀。岁遍。诸侯方祀，祭山川，祭五祀。岁遍。大夫祭五祀，岁遍。士祭其先。"郑玄注曰："五祀，户、灶、中溜、门、行也。"

《礼记·王制》记："天子祭天地，诸侯祭社稷，大夫祭五祀。"

《礼记·祭法》记："王为群姓立七祀，曰司命，曰中溜，曰国门，曰国行，曰泰厉，曰户，曰灶；王自为立七祀。诸侯为五祀，曰司命，曰中溜，曰国门，曰国行，曰公厉；诸侯自为立五祀。大夫立三祀，曰族厉，曰门，曰行。适士立二祀，曰门，曰行。庶人立一祀，或立户，或立灶。"

同样为《礼记》的记载，《曲礼下》所记从天子到大夫，所祭之"五祀"相同，没有等级差别。而《祭法》却从天子到庶人，所祭祀的对象有等级差别：天子七祀，诸侯五祀，大夫三祀，士二祀，庶人一祀。郑玄对此的解释是："五祀，户、灶、中溜、门、行也。盖殷时制也。《祭法》曰天子立七祀，诸侯立五祀，大夫立三祀，士立二祀。谓周制也。"其中是否有等级的差别，抑或殷制周制之别？我们在这里先不作讨论。其实，从大量文献记载可知，"五祀"作为与人们的日常生活密切相关的神煞，上至天子，下到一般百姓，无不进行经常的祭祀。

班固《白虎通德论·五祀》："五祀者何谓也？谓门、户、井、灶、中溜也。所以祭何？人之所出入、所饮食，故为神而祭之。"这里没有行神而有井神，但解释了祭"五祀"的原因，是因为与人们的出入、饮食有直接的关系。

再看祭"五祀"之方式，《周礼·春官·大宗伯》曰："以血祭祭社稷、五祀、五岳。"《周礼·夏官·小子》曰："小子掌祭祀，羞羊肆、羊殽、肉豆，而掌珥于社稷，祈于五祀。"血祭，贾公彦疏曰："先荐血以歆神。"血祭最初用人，后来以牲畜代之，前代以杀人后用人血祭祀的，后来均以牲畜之血代之，《左传》中常见之"衅鼓"，《孟子·梁惠王》中之"衅钟"，即此类。羊肆、羊殽、肉豆、珥，亦指祭祀用牲，据郑司农注，羊肆谓全烝之羊，羊殽谓体解节折之羊，珥即牲头也。由此看来仍是以动物作为牺牲。班固《白虎通·五祀》也有："祭五祀，天子诸侯以牛，卿大夫以羊，因四时牲也。"又曰："一说户以羊，灶以鸡，中溜以豚，门以犬，井以豕。或曰中溜用牛，余不得用豚，井以鱼。"虽然后者所记对不同的对象用不同的祭物，但总的来说祭"五祀"是一定以牲畜为牺牲的。

关于祭"五祀"的时间，据《礼记·月令》记，一年四时之中春祭户神，夏祭灶神，秋祭门神，冬祭行神。至于祭中溜，则在季夏之月。孟冬之月又记有："天子乃祈来年于天宗，大割祠于公社及门闾，腊先祖、五祀。"这里一年四时之祭盖皆为天子或诸侯之祭，至于民间何时而祭，我们可以从以上所举出土简牍材料中最常见的《日书》中去了解。

综合以上，无论是祠先农还是祭五祀，在秦代都比较流行。祭祀典礼是古代中国政治社会生活的重大内容，是人与各种神祇进行沟通联系的特定仪式，"国之大事，惟祀与戎"一语道尽了传统中国的政治奥秘。先农在中国古代一直到明清时期都是国家的祭祀之神，被列入国家祭祀的典礼。在以农为本的古代中国，历代帝王借重先农感召力，亲自重礼祭奠，其中无疑包括劝农耕、兴农固本的含义，应该算作一项具有积极意义的举措。五祀神与人们的住行出入饮食有关，对五祀的祭祀原本也是正式的、体现等级关系的礼制之一，它可能在礼崩乐坏的大变革中逐渐成为民间的礼俗，在春秋战国以至于秦汉以后被保留下来，在民间长期流行。总之，在秦代，这些祭祀活动无论是在基层乡县，还是在民间，都属定制，它在一定程度上反映了秦代对礼制的继承，以往那种认为秦废除了先秦礼制的看法应当重新认识。

原载《里耶古城·秦简与秦文化研究国际学术研讨会论文集》，科学出版社2009年版

里耶秦简所见的秦代户籍格式和相关问题

《里耶发掘报告》[①] 公布了在 2002 年湖南龙山县里耶镇里耶古城遗址出土的部分秦代竹简，其中有 24 枚为户籍登记档案的简牍，经整理拼复缀合得整简 10 枚，残简 14 枚，资料十分有限，但这却是秦代户籍材料的第一次出土，为我们了解秦代户籍制度提供了难得的第一手资料。本文尝试分析这批户籍档案的格式，并对相关问题稍加讨论。

一　户籍登记格式

先选几枚户籍简列于以下：

1（K27）

　　第一栏：南阳户人荆不更蛮强

　　第二栏：妻曰嗛

　　第三栏：子小上造□

　　第四栏：子小女子驼

　　第五栏：臣曰聚

　　　　　　伍长

5（K17）

　　第一栏：南阳户人荆不更黄□

[①] 岳麓书社 2007 年版。

子不更昌

第二栏：妻曰不实

第三栏：子小上造悍

　　　　子小上造

第四栏：子小女规

　　　　子小女移

7（K42/46）

第一栏：南阳户人荆不更□□

第二栏：妻曰义

第三栏：……

第四栏：母睢

第五栏：伍长

8（K30/45）

第一栏：南阳户人不更彭奄

第二栏：母曰错

　　　　妾曰□

第三栏：子小上造状

10（K2/23）

第一栏：南阳户人荆不更宋午

弟不更熊

弟不更卫

第二栏：熊妻曰□□

卫妻曰□

第三栏：子小上造传

子小上造逐

□子小上造□

熊子小上造□

第四栏：卫子小女子□

第五栏：臣曰？

此简第二栏第一行应是宋午妻名，原有文字被削去。

以上是几枚完整的秦代户籍简,这应该是迄今所见的秦户籍登记的最标准格式,现对以上几枚简的内容作一点分析。

从以上 4 例可知完整的户籍简分为上下五栏书写。

第一栏,登记某地户人某某,包括户人姓名和同户籍兄弟之爵、名,多为"南阳户人荆不更××",个别简也有省去"荆"的情况。这里的"南阳"指何?《报告》指出:"'南阳'在此处可能是里名,也可能是郡名,联系到'荆'字,'南阳'表示郡名的可能性似乎更大。然而,南阳郡人的户籍为什么出现在这里?却是一个值得探讨的问题。"的确,诚如《报告》所说,南阳郡人的户籍不可能出现在这里,故"南阳"应该不是郡的名称。"户人"即户主,已见于湖北江陵凤凰山 10 号汉墓西汉简第一类,简上记有户人某某,能田所少人,该户其几口人,田多少亩,贷多少石多少斗等内容。如:"户人不章,能田四人,口七人,田卅七亩。贷三石七斗。"① "荆"指楚地,表明户人出生之地。"不更"是秦爵第四级,这里连称"荆不更",应该指的是秦占有楚地之后对当地居民以秦的爵位等级进行户口登记。5 号简户主的成年儿子"不更昌"也在第一栏。10 号简有兄弟三人同时列在第一栏里的情况,而且户主宋午的两个弟弟熊和卫都已结婚生子,俨然是一个同室不分家的联合大家庭。秦自商鞅变法后,改变家庭结构,令"民有二男以上不分异者,倍其赋",是否这一规定并未波及之后占领的楚国边地?这个问题还有待进一步考证。

第二栏,主要登记户主配偶。也包括兄弟配偶,如上面所列的 10 号简。也有登记户主母亲和妾的例子,如上面所列的 8 号简。10 号简户主宋午配偶的名字被有意削去,可能是死亡或者离去,已不予录入。

第三栏,登记的是户主的儿子,也包括兄弟儿子。

第四栏,登记的是女儿,7 号简还包括母亲,10 号简还包括兄弟的女儿,但也有将母亲列在第二栏的情况,例如 8 号简。

第五栏,以较大字体注明户人是否为伍长,或记录同户籍之臣。

从里耶出土的户籍简中,我们可以清楚地看到,秦代户籍以户主

---

① 《湖北江陵凤凰山西汉墓发掘简报》,《文物》1974 年第 6 期。

所居之地（南阳）、家内身份（户人）、出生地（荆）、爵位、姓名为首，包括户内家庭成员，即户主的成人弟弟与儿子、户主的妻子与弟媳、户主的未成年儿子或侄子、户主的母亲及未成年女子或侄女、家庭奴婢、户主担任的职务等内容。

里耶简所见的所有户籍登记格式和内容以户主为核心，其他家庭成员的身份以与户主的关系为准，体现了男尊女卑的父权家长制特点，这种模式一直在中国延续两千多年，基本没有大的变化。

二　相关问题

1. "南阳"何指？到底是乡名还是里名？从秦的行政区划来看，县以下是乡，作为洞庭郡迁陵县的政府档案，我们认为"南阳"是乡名的可能性更大一些。再则"南阳"作为乡的名称，在秦汉之时也比较常见，孙慰祖《古封泥集成》收录"南阳乡印"就有六例[①]。乡在先秦具有很重要的作用，至秦仍是，簿籍的登记和管理应当是乡这一级基层政权重要行政功能之一，汉以后乡的作用才逐渐变小。然而按照秦汉公文书书写爵里的惯例，"南阳"所指为里的可能性也是有的，敦煌悬泉简中即有"骊靬武都里户人大女高者君"[②]，悬泉简虽然时代较晚，但其文书的书写格式应是沿袭秦代而来。看来"南阳"究竟是乡还是里的问题目前还不好下结论，有待进一步的发现和研究。

2. 所见的户主爵位及户主的成年儿子的爵位、户主弟弟的爵位几乎全为不更（仅有一例为大夫，为简 17，本文未列），其未成年子女的登记格式也完全相同，其中未成年男子皆为小上造，这一点值得注意。秦爵有种类繁多的称号，即使民爵也有多种称号，而这里的情况却整齐划一，是否说明秦的户籍是按爵位分类登记的？抑或是秦占领楚地后对这里的居民统统赐爵，以此笼络人心，便于对征服之地的统治？"不更"是秦爵第四级，这一点似乎没有疑问。而"小上造"则

[①] 孙慰祖：《古封泥集成》，上海书店出版社 1994 年版，第 302—303 页。
[②] 《敦煌悬泉汉简释粹》，简六三，上海古籍出版社 2001 年版，第 61 页。

不应指秦二十级爵的第十五级小上造，按照王子今先生的意见，而应与居延汉简所见的"小男"有关，指张家山汉简《二年律令·傅律》中的"小爵"无疑，是对未成年者于爵名前加上"小"字以示区别。①

3. 未见里耶户籍简以前，人们往往依据睡虎地简②来推测秦代登记户口的内容。除了必须写明户主的姓名、籍贯、身份及其家庭成员的情况外，依《秦律杂抄》中的《傅律》有"匿敖童""占癃不审""不当老"等内容，认为户主及家内成员的年龄及健康状况，也必须在户口册中注明。其理由是如果户籍中没有年龄、健康状况等项目的登记，又怎么会有诈老、诈小和"占癃不审"的情况呢？至于《史记·秦始皇本纪》所载秦王政十六年（公元前231年）"初令男子书年"，则更明显地说明户籍中必须登记年龄大小。又依据入《为吏之道》中的《魏户律》、入《封诊式》中的《封守》爰书以及《仓律》等内容推测秦的户籍中还必须注明被登记者的体貌身高肤色以及祖宗三代的出身情况、家庭财产情况，等等。这些都是在材料不足的情况下所作的判断。

现在里耶简的新发现使我们清楚地看到，户籍简中并未见以前所认为的秦的户口登记应有年龄、身高、肤色形貌、健康状况和财产等等的记录。由此也可推测秦代应当另有与户籍登记配套的田宅或财产以及其他情况的簿籍，这一点在已出土的秦汉简牍中也能找到答案。如《里耶发掘报告》"简牍和封简"部分之（16）9就有"劾等十七户徙都乡，皆不移年籍。令白移言，今问之劾等徙□"之记。

这里的"年籍"，就是关于年岁的记录文件，应该包括出生年月日和至今年数。用在人口迁徙之时，年籍当随人迁移，类似今天的办理户口迁移手续。

人口迁徙时年籍必须随人迁移，在汉初亦有明文规定，这是对迁

---

① 王子今：《试说里耶户籍简所见"小上造"、"小女子"》提要，载《中国里耶古城秦简与秦文化国际学术研讨会论文提要集》。

② 以下《秦律杂抄》《为吏之道》《封诊式》等均见《睡虎地秦墓竹简》，文物出版社1978年版。

移者的户籍进行管理的办法之一。如张家山汉简①《二年律令》有："有移徙者，辄移户及年籍细徙所，并封。"（简328）

张家山汉简《户律》有"民宅园户籍、年细籍、田比地籍、田命籍、田租籍，谨副上县廷"（简331）。

由此可知西汉初年的户籍不仅包括民宅园户籍、年细籍，还包括田比地籍、田命籍、田租籍等，汉承秦制，秦代的情况亦当如此。

4. 以往对秦的户籍制度的认识还有一个最基本的看法，就是认为用强制手段迫使一般平民建立一夫一妇的小家庭（或称核心家庭），是秦户籍制度的一大特征。小家庭在农耕社会始终都是主要的家庭单位，秦汉均如此。到魏晋南北朝时，大族把持乡村，小家庭依附于大家族之下，隋以后又打击豪强，之后仍以小家庭为主，国家税收、征兵、徭役之来源均为小家庭。

《史记·商君列传》记秦孝公用商鞅变法时，制定了"民有二男以上不分异者倍其赋""令民父子兄弟同室内息者为禁"的规定，这显然是为了取缔大家族制下的大家庭，鼓励小家庭的建立，以发展小农经济。据此，人们多认为秦自商鞅变法后，其家庭形式当是以核心家庭为主的个体家庭。商鞅变法将家庭结构由大变小主要是为了发展生产，增加赋税，挖掘农业潜力，以利农战。但现在里耶简文反映的情况却不然，从这些户籍简所反映的家庭类型看，以一夫一妻制的核心家庭为主，也有跨代的家庭，还有兄弟几人在一起的联合家庭，如10号简就是三个小家庭合在一起的户籍登记。这和我们通常的看法相左，原因为何？一种解释是商鞅变法的政策当时仅在秦国范围内实行，秦对之后兼并的大量土地，还未来得及推广，故在当时的楚地就未必实行过秦原有的政策，多种家庭形式的存在就是合理的了。还有一种解释，就是说当时商鞅下令推行的家庭政策根本就不是小家庭政策，秦也没有实行过小家庭政策，所以简文反映的各种家庭形态就是理所当然的了。哪一种解释的可能性更大一些，还有待于新材料的发现和研究。

---

① 《张家山汉墓竹简》247号墓，文物出版社2001年版。

5. 臣妾及私家奴婢也被编入主人家的户籍，有的女奴还成为户主的妻室，这也是以前未曾发现的现象，可以想见当时的有爵之家私养奴婢是比较普遍的现象。

6. "伍长"的出现，说明当时是以五家为一个户籍编组，"令民为什伍"，设伍长统领其他四户，实行的是同伍之间互相监督的政策。看来的确是秦国在商鞅变法前后，通过推行"户籍相伍"的政策加强了对户籍制度的管理。

据《史记·秦始皇本纪》，公元前375年，秦献公"令民为户籍相伍而相牧司连坐，不告奸者腰斩，告奸者与斩敌首同赏，匿奸者与降敌同罚"，即命令臣民向国家申报身份、户口，并按家出一丁、五户成一伍、十户成一什的"什伍制"，仿军队编制编组民众，并赋予告密防奸、联保连坐的维持治安责任。秦献公为户籍相伍，是秦国逐步强盛并最终统一的开端，《史记·秦始皇本纪》中的这一记载，是目前所知汉语"户籍"一词的最早出处。至秦孝公六年（公元前356年）商鞅变法又规定"四境之内，丈夫女子皆有名于上，生者著，死者削"，①就是说不论男女，出生后都要列名户籍，死后除名，还作出了不许擅徙，徙时必经审核和办理更籍手续等规定，进一步完善"令民为什伍"，有罪连坐的制度。到秦王嬴政统治时期，户籍制度更趋于完备，除基本的户籍登记以外，还相应地有其他各项登记。如秦王嬴政十六年（前231年）令男子申报年龄，叫作"书年"。据云梦秦简推定，秦制男年十五要予以登记，以给公家徭役，叫作"傅籍"。始皇三十一年（前216年）又"使黔首自实田"，令百姓自己申报土地，土地应当载入"田籍"。书年、傅籍、"自实田"是国家征发力役和租税的依据。与户籍相应的年纪、土地等项内容的登记，使国家对民众的统治远远超过仅仅"告奸"的需要，而更是便于征发兵役、徭役及课取赋税的需要了。

户籍制度是我国古代的一项重要的户口登记与管理制度，它是统

---

① 见《商君书·境内》，《商君书维指》，中华书局1986年版。

治者征调赋役、落实行政管理的重要依据，是统治者控制社会人口的重要手段。里耶秦简中的户籍简作为当时地处极偏远的迁陵县的户口登记簿籍，正好反映了秦统一全国后，随着郡县制在全国范围内的全面实行，户籍制度也更加严密的实际情况。

原载《四川文物》2009年第1期

新公布的竹简兵书

——《盖庐》

新近出版的《张家山汉墓竹简》一书①（文物出版社2001年版），发表了1983年底发掘的湖北江陵张家山247号汉墓中出土竹简的全部资料。其中有大量内容都十分重要，比如有关汉代法律制度的具体律令、汉代关津制度、汉代官吏制度等，都将会引起学术界的兴趣，掀起研究的热潮。

在这里介绍的是该书中新公布的兵书——《盖庐》。

盖庐即春秋时的吴王阖闾，这部兵书实际上是吴王阖闾与申胥即伍子胥的对话。全书共有竹简55枚，简长30—30.5厘米，书题"盖庐"写于末简背面。全书共九章，各章皆以盖庐的提问为开头，申胥（伍子胥）的回答为主体，实际上所体现的是伍子胥的军事思想。该书除涉及治理国家和用兵作战的原则外，有浓厚的兵阴阳家色彩，一直被学术界认为是一部属于兵阴阳家性质的兵书②。

一

伍子胥乃春秋时期著名的谋臣，据《史记·伍子胥列传》载，伍

---

① 文物出版社2001年版。
② 见李学勤《失落的文明》，上海文艺出版社1997年版，第412页。

子胥本为楚国人，其父伍奢为楚平王太子太傅，楚平王听信谗言而杀伍奢及长子伍尚，伍子胥逃避楚平王之追捕而到吴国，并立志为其父兄报仇雪耻。吴王阖闾执政以后，伍子胥被举为行人参与图谋国事。这一时期，吴国进行了一系列政治、经济、军事方面的改革，建造城郭，设立守备，充实仓廪，整治府库，大大发展了实力。在此基础之上，吴国派大军更番袭扰楚国边境，使得楚国在昭王以后"无岁不有吴师"，公元前506年，伍子胥亲率吴军伐楚，五战五捷，楚昭王仓皇出逃，伍子胥入楚都郢，"乃掘平王墓，出其尸，鞭之三百"，报了楚王残杀父兄之深仇大恨。

当伍子胥出逃吴国之时，恰逢来自齐国的孙武亦因躲避齐国卿大夫之争而隐居于吴都姑苏城外，伍子胥与潜心研究兵法的孙武结为挚友，在做了行人之后曾一连七次向吴王阖闾推荐孙武，而孙武则以"兵法十三篇"见吴王，并以一场"以法制军"的宫女试兵显示了自己的胆识与指挥才能，最终被吴王任命为将军。之后，"吴以伍子胥、孙武之谋，西破强楚，北威齐晋，南服越人"，于春秋晚期称霸一时。

孙武以其著名的《孙子兵法》闻名于世，传世至今历两千五百多年，长盛不衰。而伍子胥作为与孙武同一时代的重要谋臣，对当时历史起过举足轻重的作用，却不见著述流传于世，这并非伍子胥本人没有著述，而是因种种原因未能流传至今。

《汉书·艺文志·兵书略》"兵技巧"著录有《五（伍）子胥》十篇，图一卷，早已亡佚，对其具体内容已无从了解。严可均《全上古三代秦汉三国六朝文》卷六辑有伍子胥《水战法》三条。

《吴越春秋》卷四《阖闾内传》记载吴王阖闾委任伍子胥"造筑大城，周回四十七里，陆门八以象天八风，水门八以法地八聪；筑小城，周十里，陵门三，不开东面者，予以绝越也"。又《越绝书》卷六《越绝外传记策考》记有吴王阖闾与伍子胥的问答，子胥曰："……安危之兆，各有明纪。虹霓牵牛，其异女，黄气在上，青黑于下。太岁八会，壬子数九。王相之气，自十一倍。死由无气，如法而止。太子无气，其异三世。日月光明，历南斗。吴越为邻，同俗并土，西州大江，东绝大海，两邻同城，相亚门户，忧在于斯，必将为咎。

越有神山，难与为邻，愿王定之，毋泄臣言。"这两段术语今人均难以通晓，显然属于古代数术之学中的风角之术与望气之术。

张家山汉简《盖庐》中所记伍子胥的对话中仍多有"天之时"、阴阳、刑德、"用日月之道"、"用五行之道"等明显属于兵阴阳家的内容，可见在当时伍子胥是以兵阴阳家著称的。

关于兵阴阳家，笔者将在下一问题中专门探讨，先看《盖庐》的其他内容①：

《盖庐》第一章：

吴王阖闾问："凡有天下，何毁何举，何上何下？治民之道，何慎何守？使民之方，何短何长？循天之则，何去何服？行地之德，何范何极？用兵之极何服？"伍子胥答曰："凡有天下，无道则毁，有道则举。行义则上，废义则下。治民之道，食为大宝，刑罚为末，德政为首。使民之方，安之则昌，危之则亡，利之则富，害之有殃。循天之时，逆之有祸，顺之有福。行地之德，得时则岁有熟，百姓饱食；失时则危其国家，倾其社稷。凡用兵之谋，必得天时，王名可成，妖孽不来，凤鸟之下，毋有灾饥，蛮夷宾服，国无盗贼，贤愍则起，暴乱皆伏，此谓顺天之时。黄帝之征天下也，太上用意，其次用色，其次用德，其下用兵革，而天下人民、禽兽皆服。"

第八章：

阖闾问："天之生民，无有恒亲，相利则吉，相害则灭。吾欲杀其害民者，若何？"伍子胥答："贵而无义，富而不施者，攻之。不孝父兄，不敬长叟者，攻之。不慈稚弟，不入伦第者，攻之。商贩贾市，约价强卖不已者，攻之。居里不正直，强而不听□正，出入不请者，攻之。公耳公孙，与耳□门，暴骜不邻者，

---

① 以下所引内容中的部分字皆按释读后应读的字写出，未依原文。

攻之。为吏不直，枉法式，留难必得者，攻之。不喜田作，出入甚客者，攻之。常以夺人，众以无亲，喜反人者，攻之。此十者，救民道也。"

第九章：

阖闾问起"何以为德攻"时，伍子胥答道："其毋德者，自置为君，自立为王者，攻之。暴而无亲，贪而不仁者，攻之。赋敛重，强夺人者，攻之。刑政危，使民苛者，攻之。缓令而急征，使务胜者，攻之。□有虎狼之心，内有盗贼之智者，攻之。暴乱毋亲而喜相诖者，攻之。众劳卒罢，虑众患多者，攻之。中空守疏而无亲□□者，攻之。群臣申，三日用暴兵者，攻之。地大而无守备，城众而无合者，攻之。国□室毋度，名其台榭，重其征赋者，攻之。国大而德衰，天旱而数饥者，攻之。此十者，救乱之道也。有天下而不治，名曰不能；治而不服，名曰乱则。"

这三段内容，显然属于治国用兵之术中的"治国安邦之策"，或为"建国方略"，此类内容在当时兵书中常见。比如太公《六韬》中的《文韬》和《武韬》，大多讲如何"取天下"和"治天下"，而较少涉及具体的行军用兵之法。《管子》中的"七法""兵法""参患""制分"等属于"兵家言"的内容，讲"通德者王"，讲"用兵之患"等，也属于这一类。再如《司马法·仁本》篇最后一段"九伐之法"："会之以发禁者九：凭弱犯寡则眚之；贼贤害民则伐之；暴内凌外则坛之；野荒民散则削之；负固不服则侵之；贼杀其亲则正之；放杀其君则残之；犯令陵政则杜之；外内乱、禽兽行则灭之"，与上述内容也极为相似。《司马法》与《周礼》语句相袭，互为表里，被班固出《兵书略》而入《六艺略》之礼类，后人也视其为一部古"军礼"。上述伍子胥与太公、管子及《司马法》所言看似与儒传六艺相似，讲的都是"以德治国"，实际上若从学术源流寻找其根的话，或可追溯至道家。《太公》《管子》在《汉志》中即列于《诸子略》之道家类。

《史记·齐太公世家》就讲到"后世之言兵及周之阴权,皆宗太公为本谋",可见其言多为"治国用兵之术"。

《盖庐》中所反映出的伍子胥之"行军用兵之法",则多与《孙子兵法》相类。如:

> 第三章阖闾问"凡军之举,何处何去?"伍子胥的一段有关如何"处军"的回答,"军之道,冬军军于高者,夏军军于埤者,此其胜也。当陵而军,命曰申固;背陵而军,命曰乘势;前陵而军,命曰范光;右陵而军,命曰大武;左陵而军,命曰清施。……"

《孙子兵法·行军篇》中"处军"之处山、处水、处斥泽、处平陆的原则,与此有相似之处。

> 第六章阖闾问"攻军回众,何去何就?何如而喜,何如而凶?"伍子胥谈到"相敌攻军"十条原则,曰:"凡攻军回众之道,相其前后,与其进退,甚其尘埃,与其炎气。旦望其气,夕望其埃,其以如云者,未可军也。埃气乱挛,浊以高远者,其中有动志,介意须知,不去且来。有军于外,甚风甚雨,道留于野,粮少卒饥,毋以食马者,攻之。甚寒甚暑,军数进舍,卒则劳苦,道则辽远,粮食绝者,攻之。军少则恐,众则乱,舍于易,毋后援者,攻之。军众则迷,将争以乖者,攻之。军老而不治,将少以疑者,攻之。道远日暮,疾行不舍者,攻之。军急以却,甚雨甚风,众有惧心者,攻之。军少以恐,不□□不童,欲后不敢者,攻之。"

这与《孙子兵法·行军篇》中所列数十种以各种征候判断敌情的"相敌"方法,从而决定进攻与否的内容相近,其中又有与兵阴阳中的望气之术相近的内容。

第七章阖闾问："凡击敌人，何前何后，何取何予？"伍子胥回答有十条原则，诸如："凡击敌人，必以其始至，马牛未食，卒毋行次，前垒未固，后人未舍，卒徒饥恐，我则疾呼，从而击之，可尽其处。敌人待我以戒，吾待之以怠，彼欲击我，我其不能，彼则数击，有燥气，义有静志，起而击之，可使毋兹。敌人阵以实，吾欲以希，彼有乐志，吾示以悲，有胜意，我善待我伏待之，敌人易我，我乃疾击之。……"

这一段与《孙子兵法·军争篇》之治气、治心、治力、治变的作战原则及《九地篇》之"古之善用兵者，能使敌人前后不相及，众寡不相恃，贵贱不相救，上下不相收，卒离而不集，兵合而不齐。……"等御敌之术相似。

上述内容与《孙子兵法》中具体的一些作战原则大同小异，可视为伍子胥受孙武的影响，或受当时齐地兵学的影响，但大多是一些战争实践经验的总结，不见齐兵学长于思辨的特点，更看不到《孙子兵法》中那种与众不同的具有高远意境的战略文化。《孙子兵法》带给人们的是高屋建瓴的智慧和一种高深莫测、超凡脱俗的"圣者"意境，而《盖庐》却只是阐述了一些具体的作战原则。这或许又与学术传统有着一定的关系，孙武与伍子胥二人的学术背景不同，孙武的兵学思想在齐地学术环境中形成，比如在稷下之学众多的学术派别中兵家有融汇各家之长的传统，特别是受道家的影响，在天人合一、物我同一的意境中去把握和体验宇宙及其运化规律的"道"，这种人的主观世界对客观世界基本规律的理性反映，用于战争时即可达到战略的最高境界。伍子胥尚达不到此种境界，所以他的言论只能局限于具体的作战方针，但他却继承了楚、吴、越学术传统善用阴阳之术的特点，这就是兵阴阳家的特点，以下详论之。

二

兵阴阳家是《汉书·艺文志》中《兵书略》所列的兵家之一，其他三家分别是"兵权谋""兵形势""兵技巧"。著录于"兵阴阳家"的典籍有16家，249篇，图10卷，今已全部亡佚，要了解兵阴阳家的内容只能从其他兵书或文献中去挖掘。所幸近年来考古发现中不断有属于数术方面的资料面世，其中一部分即可作为兵阴阳家的文献，最典型的是马王堆汉墓所出帛书《刑德》，而这部《盖庐》所反映的伍子胥论兵之言的主要部分亦被认为属于兵阴阳家。以下来看其具体内容。

第一章后半曰："建执四辅，及彼太极，行彼四时，还彼武德。日为地徽，月为天则，以治下民，及破不服。其法曰：天为父，地为母，三辰为纲，列星为纪，维斗为击，转动更始。苍苍上天，其央安在？洋洋下之，孰知其始？央之所至，孰知其止？天之所夺，孰知其已？祸之所发，孰知其起？福之所至，孰知而喜？东方为左，西方为右，南方为表，北方为里，此谓顺天之道。乱为破亡，治为人长久。"

这段话实际上讲了兵阴阳家的一些基本概念及所要遵循的一些原则，诸如天、地、四时、五行、三辰、列星、斗击、四象等。四时指春、夏、秋、冬；五行指金、木、水、火、土；三辰指日、月、星；列星盖指二十八星宿；斗击盖指斗柄所指；四象即东、南、西、北四个方向。以天为父，以地为母，以三辰为纲，以列星为纪，以斗为击，此谓顺天之道。尊之，即可知苍苍上天之央安在、知洋洋大地之何始、知天之所夺之何已、知祸之所发之何起、知福之所至之何喜，方可掌治乱之主动。这与《汉志·兵书略》"兵阴阳家"小序所云"阴阳者，顺时而发，推刑德，随斗击，因五胜，假鬼神而助者也"的原则是一致的。

第二章讲何谓天之时，具体为"九野为兵，九州为粮，四时五行，以更相攻。天地为方圆，水火为阴阳，日月为刑德，立为四时，分为五行，顺者王，逆者亡"。

《孙子兵法》有"九天"与"九地",据李零先生考证,应和九宫格局相对应,《楚辞》中的《天问》《离骚》《鹖冠子·世兵》《吕氏春秋·有始览》《淮南子·天文》《尚书考灵曜》《广雅·释天》等书均有按九宫划分天宇的记载,与九天相对应的即是九野,应当与式法有关[1]。这段内容也当具有式法的含义。式法是古代数术中的一种,是以"式"为工具占验时日的方法,分有太一式、遁甲式、六壬式等,都是模仿古代的宇宙模式(盖天),按照"天圆地方"做成天、地两盘及按中央和四方八分化分的图式,这种图即九宫图或从九宫图派生的十二宫图。其中遁甲式因"以天文为优",常常被兵家所用,以后的兵书如《太白阴经》中的兵家用式,即以遁甲为主。这段话除"九野""九州"以外,提到"天圆地方""四时五行""水火阴阳""日月刑德"等术语,都是和式法有关的内容,其中"九地""九野"也恰好就是遁甲术中阳遁九局和阴遁九局的术语。

第四章阖闾问:"凡战之道,何如而顺,何如而逆,何如而进,何如而却?"伍子胥答曰:"凡战之道,冬战从高者击之,夏战从卑者击之,此其胜也。其时曰:黄麦可以战,黄秋可以战,白冬可以战,德在土、木在金可以战,昼背日、夜背月可以战,是谓用天之八时。左太岁、右五行可以战,前赤鸟、后背天鼓可以战,左青龙、右白虎可以战,招摇在上、大阵其后可以战,一左一右、一逆再背可以战,是谓顺天之时。鼓于阴以攻其耳,阵于阳以观其耳目,异章惑以非其阵,毋要堤堤之期,毋击堂堂之阵,毋攻逢逢之气,是谓战有七术。太白入月、荧惑入月可以战,日月并食可以战,是谓从天四殃,以战必庆。丙午、丁未可以西向战,壬子、癸亥可以南向战,庚申、辛酉可以东向战,戊辰、己巳可以北向战,是谓日有八胜。彼兴之以金,吾击之以火;彼兴之以火,吾击之以水;彼兴之以水,吾击之以土;彼兴之以土,吾击之以木;彼兴之以木,吾击之以金。此用五行胜也。春击其

---

[1] 见李零《读孙子札记》(续),《孙子新论集粹》,长征出版社1992年版。

右。夏击其里，秋击其左，冬击其表，此谓背生击死，此四时胜也。"

第五章阖闾问："凡攻之道，何如而喜，何如而有咎？"伍子胥答："凡攻之道，德义是守，星辰日月，更胜为右。四时五行，周而更始。大白金也，秋金强，可以攻木；岁星木也，春木强，可以攻土；填星土也，六月土强，可以攻水；相星水也，冬水强，可以攻火；荧惑火也，四月火强，可以攻金。此用五行之道也。秋生阳也，木死阴也，秋可以攻其左；春生阳也，金死阴也，春可以攻其右；冬生阳也，火死阴也，冬可以攻其表；夏生阳也，水死阴也，夏可以工其里。此用四时之道也。地动八日，日动八日，日陷十二日，皆可以攻，此用日月之道也。"

第四章中"毋要堤堤之期"句意思难解，"要"字当作"约"解，"堤堤"，按注释疑作"偍"，弛缓之意，即"毋约偍偍之期"，其下接"无击堂堂之阵"。《孙子兵法·军争篇》有"无邀正正之旗"，其下与此同："无击堂堂之阵"。银雀山竹简《孙子兵法》亦作"无邀正正之旗，无击堂堂之阵"，其"正"写作"𤳉"[1]，若仅取中间部分即"呈"，古音"呈"在澄纽清部，"正"在章纽劲部，二者音相近，或可通用。故笔者认为采用《孙子兵法》之意更为妥当。

"前赤鸟、后背天鼓可以战，左青龙、右白虎可以战，招摇在上，大阵其后可以战"句与《吴子·治兵》中"必左青龙，右白虎，前朱雀，后玄武，招摇在上，从事于下"句相似，《吴子》此句下接"将战之时，审候风所从来，风顺致呼而从之，风逆坚阵以待之"，这是典型的兵阴阳家的术语，而以往研究《吴子》者却没有注意到。

以上两章讲到的"用天之八时""顺天之时""七术""从天四殃""日有八胜""用五行胜""四时胜""五行之道""四时之道""日月之道"等，实际涉及兵阴阳家的兵忌、占验、望气及择日等方面的内容。具体说其兵忌涉及地形与季节时辰，占验涉及日、月、星

---

[1] 见《银雀山汉墓竹简》，文物出版社1985年版。

象，而凡此等等最终都体现在择日之术之上，以选择适当的作战时机，从而战胜敌人。

古代数术之学中的阴阳、日月星辰、四时、五行、八方等基本要素，都属于传统宇宙论的概念，古人将天、地、人串通一气，构成一个整体。数术正是将天与地沟通的具体方法，当时的人们通过自身的联想和体验，创造出种种避凶趋吉的技术，因而数术之学中包含有大量与今天的天文、历法、地理、气象等方面有关的科学知识。行师用兵乃军国大事，必须经过吉凶的预测以选择时日，从春秋、战国直到西汉初年，这几百年战争频繁的时期，也正是数术之学普遍发展的时期，这一历史条件使得兵家之中的阴阳学派迅速成长起来，他们"顺时而发，推刑德，随斗击，因五胜，假鬼神而为助者"，把阴阳数术的各种专业技巧用到了极致。由于"兵阴阳家"著述大量遗失，以往对其具体情形的了解受到很大限制，《盖庐》的正式公布对这一学术领域的研究，对伍子胥兵家思想的研究必将起到积极的推动作用。

原载于《中华文史论丛》2003年第3期

第三类

考古学研究

浅谈中国考古学于中国先秦史研究的作用

1925年,王国维先生在清华国学研究院讲授的《古史新证》课程中讲道:"吾辈生于今日,幸于纸上之材料外,更得地下之新材料。由此种材料,我辈固得据以补正纸上之材料,亦得证明古书之某部分全为实录,即百家不雅训之言亦不无表示一面之事实。此二重证据法,惟在今日始得为之。"①《古史新证》也是王国维运用地下出土的甲骨文、金文材料考证文献材料,研究商代历史的一部专著,是他所倡导的"二重证据法"的最典型的运用。

自1926年我们中国学者首次进行现代考古学的发掘之后,中国考古学从兴起到发展成熟,一直沿着这条"二重证据"的道路,考古学始终与历史研究紧密结合,80多年来解决了先秦史及古史研究中的许多重大问题,实践证明这条道路是正确的。

一 国外学者对中国考古学的评价

中国考古学与中国历史研究紧密联系,这正是中国考古学的重要特点。然而,外国学者对此却有异议。比如美国加州大学洛杉矶分校艺术系教授罗泰(Lother Von Falkenhausen)曾写过一篇批评中国考古

---

① 《古史新证——王国维最后的讲义》第一章"总论",清华大学出版社1994年版。

学传统的编史习惯的文章，发表于英国《古代》杂志①。

文章认为传统的中国编史学只关注统治者的意志，所宣扬的也不过是朝廷官方对历史事件的意见。"由于从未间断的文化、民族和历史的延续以及统一的观念，它提倡一种事件直线延续的序列，因而很容易忽略歧异的传统。许多努力是以传记为中心的，而一种有力的政治宣导和道德说教直至今天仍然是大部分中国历史著作的特点。"值得注意的是，罗泰认为这些传统历史学家的关注却成为今天中国考古学的基础，因为"发掘出来的材料可以从书中和铭刻上所知的人们联系起来，中国历史所经历的明显延续性一直延伸到没有原始文字流传下来的远古阶段，而可以将考古材料与现在民族直接联系起来"，所以中国的考古学者比欧美的田野考古工作者们更加偏爱他们的编史目的。

首先，对现代考古学为什么能在20世纪20年代在中国建立，罗泰认为这也与这种倾向有着很深的关系。他指出，在当时的历史学领域，以顾颉刚为首的疑古派对流传下来的经典著作的权威发难，他们强调古籍的层累性质和其中的臆测、渲染及伪造的成分。这些"新历史学家"扬弃了早期中国编史中的许多虚构内容，并走得如此之远，以至于对最古老的朝代在历史上的存在也提出质疑，而正是这种极为激进的行动导致了中国考古学的建立。他说："如果古代史籍不再可信，人们又如何才能了解早期的历史呢？为了探索阐明历史真相更可靠的标准，怀疑论者和传统论者开始意识到考古学田野工作的潜在意义。"也正是在这个时候，安特生在中国的华北发掘了一些新石器时代遗址，其后中国考古学的先驱们如李济、梁思永等人相继开展了考古发掘工作，包括再以后的学者如冯汉骥、吴金鼎、夏鼐等无一不是"充分意识到以史籍为基础的知识在中国的传统研究中的中心地位，他们试图把考古学坚定地放在当时的历史学探究之内"。

其次，对20世纪二三十年代的殷墟发掘工作及所取得的成就，罗

---

① "on the Historiographical Orientation of Chinese Archaeology"，*Antiquity*，67. 257，pp. 839 – 849.

泰也有自己的看法。他认为最关键的是20世纪初以来在这一地区发现的刻辞卜骨促成了王国维复原商王室谱系的开创性工作，而这一工作正好满足了那些相信传世史籍准确性的人，表明司马迁记载的谱系基本上是正确的。他说："从1928年到1935年，殷墟的发掘获得了更多的刻辞材料以及宫殿遗迹和王室陵墓，雄辩地表明了考古学能如何证实历史的记载。这些发掘正式确立了这门学科在中国学术界的地位。考古学被接纳是因为在她的处女航中（如果可以这样说的话）为反驳疑古派提供了武器，并能被用来维护传统。""但是，殷墟的考古遗存与商代晚期史籍记载的吻合一旦确立，令人惊讶的是并没有进一步提出问题。尽管自50年代以来在这一地区进行了40年的发掘，没有人曾系统地调查过安阳周围的商代遗址。由于殷墟明显缺乏封闭的城墙（传统上是一座中国都邑的特点），仍不清楚它究竟是一处政治中心，或只不过是王室墓地周围的寺庙群。有人也提出过晚商首都的其他位置，但从未在考古学上进行验证。对于非贵族的商文化几乎一无所知，这种缺乏学术进取心的局限是中国考古学狭隘编史倾向的表现。"

对于这种编史倾向，罗泰承认在世界范围的历史考古学中是常见的。但他同时指出，"由于中国拥有大量的历史记录和以史籍为中心的传统使这些问题更为突出"。他认为"从事考古研究故意忽略这些证据是荒唐和不可能的"，但他又强调审慎地应用文献来设计和处理考古分析与将这种分析完全按编史途径设计是截然不同的。他感到遗憾的是，迄今中国大部分田野工作者一直没有充分利用田野考古的丰富潜力，而是执着于把各种问题紧密地依附于"狭隘历史学"。考古学家常常没有设法去寻找那些只有考古学家才能提供的证据，这些证据与书面文献是完全不同的。他希望"把考古学从当前狭隘的编史模式中解放出来能使考古学家集中他们的材料并能勇敢地表达新的见解。不要都挤在一起，有朝一日除了狭隘历史学外，它可以使各种不同的学科如土壤学、环境科学、物质科学和数理科学相互交叉"。

二 中国考古学的特点

对于罗泰先生的上述看法，我们可以作具体分析，他在某些方面的批评应该说是中肯的。但是有一个事实是不可忽视的，就是说，中国考古学与中国历史研究紧密联系，这正是中国考古学的重要特点。以下我们就中国考古学对于古代史研究的意义来具体讨论这个问题。

第一，中国考古学正以历史研究为其目的。这与传统的"编史"截然不同。回顾20世纪二三十年代的中国考古学，诚如罗泰所说，中国考古学从起步开始，就以研究历史为目的，自安阳发掘起，就以重建古史作为学科的最终追求。现代科学考古学诞生以前，历史研究在中国差不多已有了2000多年的历史，只是到了19世纪末20世纪初时，随着中国社会的变革和西方进步思想的传入，传统史学才开始出现近代化的趋势。"五四"以后，变革传统史学的步伐大大加快，当思想上的启蒙与救亡运动演变为科玄论战之时，中国古史领域涌现出新的潮流，这就是疑古思想的兴起和现代考古学的进入。两种潮流对传统史学展开猛烈攻击，使中国古史研究出现了革命性的变化。疑古的"破"与考古的"立"二者相得益彰，使得传统的史学研究开始走上科学之路，特别是考古学，无疑是一条走进历史的真实之道。考古学作为一门学科的设置，首先以研究历史为目的，这无论在中国还是其他国家大约都是相同的，而中国因为历史久远，文明从未湮灭，则考古材料更能证明其发展和发达的每一过程。但西方则不同，西方的考古学属于人类学，比如像美国既无多长历史，也谈不上史籍，考古学为独立于历史学以外的学科，考古学对人类进化和文化历程进行整体研究，丝毫没有修补和改写的负担，与沉重的传统没有任何关系。中国考古学的前辈苏秉琦先生在回忆中国两家最早设置的考古学研究机构时说道："中央研究院的考古组一成立，就直奔安阳，因为那里发现了甲骨文，目的是研究商史；北平研究院的考古组先去了燕下都，后去了宝鸡，因为那里出了青铜器，目的是研究先周先秦史。因此，从考古学专门机构的设置之日起，目标就很明确：修国史。"① 苏秉琦先生讲到的中央研究院考古组的安阳发掘，是要证明《史记·殷本纪》的真实性；北平研究院考古组的燕下都和宝鸡的发掘，则是要补写西周史的缺环。这在当时古史辨学派对中国上古史的一片质疑声中，在一个向来都把今天建立在连续、一统的历史观念之上的国度里，在一个山雨欲来，革故思新的重要关头，重新考量自己民族的历史，几乎是再自然不过的事情了。

对先秦史领域来说，不仅是商周史的研究和补写，中国古代的文明，中国古史的系统，都已经在考古学者的锄头下逐渐显现出来。

第一，考古学改变了有关中华古文明的狭隘认识。长期以来，对于中国文明起源的具体时间以及她所遍布的空间范围等问题，在传统观念中，有许多片面的看法。特别是疑古学派将中华民族几千年的文明史拦腰截断，认为东周以上没有信史，中国古代可信的历史始于西周共和元年，即公元前841年，这在很大程度上使人们对中国古代文明与古史系统无法建立一个正确的观念。而20世纪以来中国考古学所取得的一系列成就，无疑改变了人们对中国古代文明的传统认识，尤其有力地冲击着疑古思潮。

殷墟的发掘使商代后期的历史文化建立在坚实的基础之上；郑州二里岗、郑州商城、偃师商城、郑州小双桥遗址、邢台东先贤遗址、安阳三家庄遗址的发掘使我们得以恢复商代前期的历史文化概貌；偃师二里头遗址、夏县东下冯等遗址的发掘，为夏王朝的确实存在找到了可靠依据；登封王城岗城址、禹县瓦店遗址以及襄汾陶寺城址的发现，又使我们对夏文化的认识有可能一直追溯到尧、舜、禹、启时代；大量的属于龙山文化的遗址如淮阳平粮台遗址、寿光边线王遗址、邹平丁公遗址、阳谷景阳冈遗址、偃师郝家台遗址、辉县孟庄遗址的发现，使五帝时代由传说走向信史成为可能；考古发掘中常见的龙山文化遗存与仰韶文化遗存的叠压关系，又使我们完全可能由龙山文化上溯到仰韶文化，从而非常确切地说明中国文明有着自己的源头。

---

① 苏秉琦：《中国文明起源新探》，香港商务印书馆1997年版。

以上几个方面的考古与研究前后相连，使得中国5000年文明史的上古一段，即由五帝传说到夏商周三代，都有了坚实可信的文化序列。

不仅如此，在中原以外的广大地区，长江下游的良渚文化，长江中游的大溪文化、屈家岭文化，长江上游的三星堆文化，江淮地区龙虬庄文化，辽河流域的红山文化，西北地区的大地湾文化等的相继发现，又清楚地向我们表明，过去那种"中原文明中心论"的文明起源单元论的观念需要彻底改变了。中国古代文明以黄河、长江流域为基地，是多元并起、相互促进的。

第二，正如罗泰所说"由于中国拥有大量的历史记录和以史籍为中心的传统使这些问题更为突出"，以流传至今的文献与考古发掘所得资料相印证，这更是中国考古学的一大特点。从王国维首创"二重证据法"开始，中国考古学一直循着这条道路走过70多年，解决了先秦史及古史研究中的许多重大问题，实践证明这条道路是正确的。

中国考古学从一开始就没有脱离文献的记载，1926年李济之所以选择地处晋南汾河流域的夏县西阴村遗址进行首次发掘，正是因为《史记》记载了尧都平阳、舜都蒲坂、禹都安邑，几个都邑均在这一范围之内。尽管当时的发掘并没有找到尧、舜、禹的都城，而是发掘了一处新石器时代的遗址，但李济的目的性很强：他要通过考古发掘的证据来重新建立被疑古学派判作伪史的中国古史系统。李济必须也只能从文献出发，因为中国有这样丰富的文献流传下来，他总不能抛开文献记载不顾而盲目地跑到一个别的什么地方去寻找尧舜禹的遗迹。况且在此之前，王国维对殷墟出土的甲骨文的研究已经证明《史记》所载商王先公先世的不伪。在那以后，殷墟大量遗迹、遗物的出土及多年的研究，已经明确地向人们宣告司马迁《史记·殷本纪》所记载的商代历史基本可信。同样，1958年，当徐旭生先生探索夏文化时，仍然是从文献出发，依《史记·夏本纪》所载，到豫西和晋南一带去做调查，寻找夏族活动的遗迹，后来偃师二里头遗址和夏县东下冯遗址的发掘已经以事实说明了夏王朝的确实存在。今天，这一类从文献出发有目的地寻找调查古文化遗迹，再以考古发掘得出的真实情况来印证文献记载确实可靠的例证已经数不胜数，无法一一列举。

实际上，依文献记载而有目的的寻找发掘古代遗迹的情况绝非中国仅有，德国考古学家谢里曼（Heinrich Schliemann）依照《荷马史诗》发掘特洛伊城址即是典型事例。谢里曼从小读《荷马史诗》，坚信史诗所述特洛伊战争为史实而非虚构，立志要把埋藏在地下的特洛伊城发掘出来，后来他不顾世人的嘲笑果真在土耳其小亚细亚半岛东岸的希萨立克发掘出了特洛伊城，遗址和大量珍贵遗物印证了《荷马史诗》羡称的特洛伊城的富裕和王宫的宝藏，使整个西方学术界为之震动。之后，谢里曼又相继在史诗中提到的其他希腊古城迈锡尼、梯林斯、奥尔霍曼诺斯发掘，均取得惊人成果，进一步印证《荷马史诗》所载历史内容的真实性。经过谢里曼的发掘和研究，西方学术界开始认识到希腊古典时代之前，确有一系列灿烂的古代文化，从而揭开了欧洲古代史研究的新篇章。

第三，无论是文献学还是考古学，二者都具有一定的局限性，双方都需要对方来证明自己的可靠与否。中国拥有世界上任何一个民族都无法比拟的、一直从古代流传至今的、浩如烟海的文献典籍，可谓一笔珍贵财富，我们守着这笔宝贵遗产理应充分运用。但是，文献典籍也有一个是否可靠的问题，特别是先秦流传至今的古书，其年代、其记录的历史事件是否真实可靠？过去疑古学派对古书提出过普遍怀疑，像过筛子一样把古书统统过了一遍，他们把先秦古书的年代普遍往后拉，甚至认为许多书是汉代刘歆伪造或更晚的伪造，留下许多弊端，造成了许多"冤假错案"。这些弊端直接影响着人们对中国古代文明的整体认识。我们究竟该如何对待这些文献？最有效的方法就是依靠考古学提供具有说服力的证据，来考证这些文献的是否可信。

20世纪40年代以来，各地考古发现中不断有简帛佚籍出土，如长沙子弹库帛书、长沙马王堆帛书、信阳长台关竹简、荆门包山楚简、荆门郭店楚简、上海博物馆藏战国楚竹书、云梦睡虎地秦简、江陵张家山汉简、临沂银雀山汉简、阜阳双古堆汉简、连云港尹湾汉简、定县八角廊汉简还有近年相继公布的清华简等。这些简帛佚籍的时代基本在战国至西汉初年的范围以内，其数量之多，内容之珍贵，都是当年孔壁中经和汲冢竹书无法比拟的。这些简帛佚籍的出现，使我们亲眼见到未经后世改动的古书原貌，这不仅有力地说明了先秦的许多古籍并非伪造，使一大批疑古学派造成的"冤假错案"得以纠正平反，而且使我们对一些古书的成书年代必须重新估价，这对中国学术史的研究产生了深远的影响。

而考古学也同样具有自身的局限性。首先，考古发现是不完全的，它只能局部地反映古代某个时期人们物质生活的某个方面，即使一个遗址、一个墓葬也不一定就是保存非常完好的，所以我们今天不可能单纯依靠考古发现来全面揭示古代社会的整体面貌。其次，考古学所展示给人们的大都是物质遗存，像墓葬、房屋、遗址等，反映的多是物质方面的情况。然而古代人们的活动绝不仅仅限于物质领域，还有广阔的精神世界，像礼仪行为以及只能用文字和语言才能表达的思想，就很难在实际考古工作中被发现，我们所发现的大量遗迹、遗物并不是文字或具有文字说明的东西。当然，物质亦可以反映诸如制度等意识形态的情况，但对大量的人的精神生活，考古学只能通过具体的实物用今天的经验及思维方式去揣测。再次，由于种种原因，考古学要确切、全面地了解考古发掘所展现的一处遗址或墓葬的具体时间和所处的特定的人文和自然环境的空间，还相当困难。基于诸如此类的局限性，考古学也非常需要文献的佐证和说明，如果没有文献的记载来说明古代社会及当时人们活动的种种情况，很多考古发现便不会为人们所理解、所认识，因为我们今天与古代毕竟隔着漫漫的历史长河。所以像罗泰所说的单纯的"充分利用田野考古的丰富潜力"，而不依靠古代留下来的信息载体——文献，来"更勇敢地表达新的见解"，其实是很难的。

只有将考古发现与文献结合起来，也就是王国维当年所提倡的纸上之学问和地下之学问相互印证，方能较为全面地揭示古代社会生活的方方面面，也才能正确地揭示历史。所以，"二重证据法"一经提出并被证明行之有效，很快就在学术界产生了深远的影响。半个多世纪以来中国考古学从无到有、从创立到发展成一门成熟的学科，特别是近年来取得的巨大成就，正因为走了这样一条"二重证据"的道路。然而，历史现象是错综复杂的，尤其是要全面正确地了解距我们今天十分遥远的古代文明，实践证明仅仅依靠"地下"和"纸上"两方面的材料依然不够。因此，以多学科相结合、从多角度入手去了解和研究，更有利于揭示历史的本来面目，这种多学科相结合的科学方法经过实践证明是行之有效的，目前已被越来越多的人所接受，而它也早已远远超出了罗泰所批评的"狭隘历史学"的范围。

原载于田旭东《周秦汉唐历史文化十八讲》，陕西人民出版社2008年版

关于石峁遗址的一点粗浅思考

大家都知道，考古学界经过几十年的发现和研究，至少在中原地区，考古文化的链条已经连接起来，从仰韶、龙山，以至夏、商、周，文明的萌芽形成，直到发扬光大的历程，已尽在视野之中了。尽管这一历程还有很多环节有待具体化，有关研究需要深入，理论水平也有待提高，但比较完整地链条已经形成，这是不争的事实。那么，中原以外呢？由于地处较偏远地区的考古发现有限，尚不能像中原地区那样形成较为完整的文明发生与发展的链条，近年来地处陕北榆林地区的石峁遗址的发现就极具代表性。

一 遗址概述

石峁遗址位于陕西省神木县高家堡镇，地处黄土高原北部的黄河西岸、毛乌素沙漠东南缘，考古发掘调查确认了石峁遗址由"皇城台"、内城、外城三座基本完整并相对独立的石构城址组成。内城面积约210万平方米，内、外城之间的面积约190万平方米，整个城址的总面积超过400万平方米。"皇城台"位于内城靠近西墙的中心部，是一个由石砌护坡包裹起来的高台，台顶面积约8万平方米，台顶分布有成组的宫殿建筑基址，北侧有池苑遗址。整个石峁城的规模远大于年代相近的良渚遗址、陶寺遗址等已知城址，成为已知史前城址中最大的一个。

该遗址曾于1976—1981年进行过初步发掘，发现有房址、灰坑以及土坑墓、石椁墓、瓮棺葬等，出土陶、玉、石器等数百件，尤以磨制玉器十分精细，颇具特色，其原料主要为墨玉和玉髓，有刀、镰、斧、钺、铲、璇玑、璜、牙璋、人面形雕像等。

2011年开始，陕西省考古研究院等相关单位对石峁遗址开展了系统考古调查和有重点的考古发掘，发现了由"皇城台"、内城和外城构成的城址以及多处集中分布的居住区、墓葬区、陶窑、祭坛等遗迹。"皇城台"作为高等级建筑的核心分布区，其功能相当于后世城址中的"宫城"。内城将"皇城台"包围其中，城墙依山势大致呈东北—西南向分布。外城是利用内城东南部墙体向东南方向扩建的一道弧形石墙形成的封闭空间。内外城墙长度约10千米，宽度亦在2.5米以上。经过大量考古调查、勘探和部分发掘，考古队在遗址中发现了保存相当完整、基本可以闭合的石砌城墙及城门、角楼和疑似"马面"等附属设施。2016年在皇城台东侧门址的第二层堆积还发现三件铜器：铜刀、铜镞、铜锥和四件制作铜器的石范。通过分析调查，又经碳十四系列测年确认，石峁城址兴盛年代不晚于公元前2300年，废弃于公元前1800年前后。如果用考古学年代来看，石峁城当始建于龙山中期，延续至龙山晚期至二里头早期阶段，它无疑是黄河中游地区龙山晚期至夏代早期之间的一个超大型中心聚落，是黄河腹地二里头遗址之外一个重要遗址。

值得一提的是，早在19世纪末就有石峁出土的玉器流向海外，20世纪70年代陕西考古研究所戴应星研究员即在这里收集到一些玉器，继而有之后的考古发掘出多件玉器，以玉刀、玉钺、玉圭、牙璋、玉璧及玉雕人头像最具代表性。2018年在"皇城台"大台基南护墙方向又发现了30余件精美的石雕作品，雕刻内容分为符号、人面、神面、动物、神兽等，雕刻技艺精湛，体现出成熟的艺术构思。几件铜器及石范的发现也为中国北方早期同期的形制和技术特征提供了珍贵的实物资料。

2012年10月，经中国考古学会、国家文物局、陕西省文物局、中国社科院考古研究所、国家博物馆等40余位考古专家，对石峁遗址发掘现场联合考察认为，石峁遗址是已发现的中国史前时期规模最大城址，对于进一步探索中华文明起源等具有重要意义，同时这一遗址规模宏大的石砌城墙与以往发现的数量庞大的玉器，显示出石峁遗址在北方文化圈中的核心地位。

此遗址2006年被公布为全国重点文物保护单位。石峁遗址以"中国文明的前夜"入选并荣获2012年度"全国十大考古新发现"和"世界重大田野考古发现"等荣誉。2016年再获全国"田野考古奖一等奖"。由于石峁遗址的考古报告尚未正式发表，在此仅依媒体新闻稿对此遗址作如上简单描述①。

二 一点讨论

世界上不同地区的人们，在不同的条件下，不同的年代，分别跨进文明的门槛，各个古代文明的演进有共同的规律性，也有其特殊的途径。中国地域广阔，居民众多，区域文化传统特征明显，其文明的起源与发展进程也并非千篇一律，对特殊地域环境下的个体文明形态进行分析探讨，不仅对中国，而且对研究整个人类的历史也应该有重要的价值和意义。龙山时期的城邑散处各地，仅就这些城邑的分布格局来看，可以说已经呈现出一个邦国林立的局面。像一些如陶寺、良渚、石峁等大遗址来看，都表明它们应该是文明发祥点的核心区域之一。而相对于龙山文化的城址大多数具有农耕文化的大背景，石峁遗址的确是比较特殊的一例。

城邑或城市的出现，可以视为许多民族文明社会形成的条件之一，英国考古学者丹尼尔在他的著作《最初的文明：文明起源的考古学》中，即把5000人以上居住的城市作为文明起源的标准之一，②但它并不是每一个民族都具备的。由于古代文明所处的生态地理环境和社会环境的不同，其文明到来的现象即文明的因素及其表现形式，自然也

---

① 《石峁遗址：探寻中华文明起源的窗口》，见《中国文物报》2014年7月16日。《揭开陕西石峁遗址的秘密》，2014年7月22日《人民日报》《人民网》等。《陕西神木石峁遗址入选"中国六项考古新发现"》2017年1月11日《西安晚报》。

② 参见李学勤《丹尼尔及其〈考古学简史〉》，《文物研究》第5集，黄山书社1989年版。

不尽一致，它体现了各地文明社会演进格局的多样性。过去我们总认为城邑的出现是农耕民族政治、经济、军事、文化、宗教的中心，是社会结构的物化形式，而对非农耕民族比如游牧民族来说，它可能就不是绝对性的条件。新的考古发现或许正在打破或修订我们过去的一些认识，至少在半农半牧地区已经出现了规模可观的城市或城邑。

石峁遗址地处陕晋高原的黄河岸边，远离农耕为主的中原地区，自古就是多民族的聚集地，至今也仍沿袭半农半牧的生产方式，而在距今4000多年前的龙山晚期就有如此巨大的城址，且文明程度并不亚于同一时间段的中原地区。那么，它与中原文明的相互影响关系如何？具有什么样的独特性？与北方草原文明是否有交融关系？它的性质该如何认识？是纯粹的超大型聚落，还是已经具备了国家形态？这些都是摆在我们面前不可回避的问题。在此，仅就后一问题，即这处遗址是否已经具备了国家形态？如果是国家，其性质是什么样的国家？做一点粗浅的讨论。

按照恩格斯"国家是文明社会的概括"，将国家的出现作为史前社会的终结与文明社会的开端，一百多年来已在学术界相当广的范围内达成了共识[1]。但恩格斯在《家庭、私有制和国家的起源》中所提出的国家形成的两个标志——按地区来划分它的国民及凌驾于社会之上的公共权力的设立，其中按地区来划分它的国民，对于古希腊罗马来说是适用的，而对其他向中国这样更古老的民族则有一定的局限性。本文赞成王震中《文明与国家——东夷民族的起源》的主张，将国家形成的标志修正为：一是阶级或阶层存在；二是强制性权力系统的设立[2]。阶级、阶层或等级之类的出现是国家得以建立的社会基础，凌驾于全社会之上的强制性的公共权力系统的设立则是国家的社会职能，是国家机构的本质特征。尽管在国家形成途径的解释上有管理论、内部冲突论、外部冲突论、融合论等理论观点的不同，但作为国家形成

---

[1] 参见［美］乔纳森·哈斯《史前国家的演进》，求实出版社1988年版；《中国文明起源研讨会纪要》，《考古》1992年第6期。

[2] 王震中：《文明与国家——东夷民族的起源》，《中国史研究》1990年第3期。

的结果，都有阶级或阶层、等级之类社会分化的存在，都有某种形式的强制性权力系统的设立，则是确凿无疑的。所以，各古文明国家中阶层、阶级和强制性权力系统形成途径和存在形式的差异，并不影响将国家的出现作为进入文明社会的标志①。

具体分析石峁城址，我们可以看到：第一，它具有工程庞大的城墙及城内的庙宇宫室的建筑。石峁遗址面积达400万平方米以上，由"皇城台"、内城、外城三座基本完整并相对独立的石构城址组成，三重城墙，还发现墙体装饰的壁画和在城址修建过程用于祭祀或其他礼仪活动的玉器与头骨遗迹。这一点充分显示了人力、物力、资源的集中，显示了行政控制与组织管理的复杂，如果没有凌驾于整个大型聚落之上的公共权力系统是不可能做到的，这说明当时已经建立了强制性的权力系统。第二，城址可见阶级或阶层的划分。从石峁遗址墓地的规模来看，规模比较大，墓葬数量比较多，墓葬形制非常一致，一般的墓葬都有壁龛，还有殉人，应该是石峁城里面一处非常重要的贵族墓地。在外城东门外城东门门道入口处，有一个头骨坑，东门附近还发现5个头骨坑，坑中的头骨数量从7到24个不等。头骨的主人多为年轻女性，部分头骨还留有明显的砍斩痕迹，有的枕骨和下颌部位还有灼烧过的迹象。据分析，这两处集中发现的头骨坑可能与城墙修建时的奠基活动或祭祀活动有关，砍掉年轻女性的头，放置在城墙下，用来祈愿或祭神。这些迹象从侧面反映了在粗暴凶残的仪式背后依稀可见的社会关系的复杂化。在2012年发掘的一个土坑墓中，发现一具年轻女性的尸骨，在墓主位置的东南侧，应是殉人。由于该墓早年被盗，墓主情况不明。这具尸骨发掘出来的时候仍保持当时下葬时的姿态，侧身面向主人，身体弯曲，呈卑躬屈膝状。不管是被集中砍头奠基的头骨，还是卑躬屈膝的尸体，都可以看出，当时已经有了明显的尊卑贵贱之分。这些已经充分显示出中国早期文明形成关键阶段的社会复杂化倾向，或许就代表了阶级的形成②。

---

① 王震中：《中国文明起源的比较研究》，陕西人民出版社1994年版，第3—5页。
② 《4000年前石峁城址现头骨坑：砍女性头奠基城墙》，《光明日报》2014年7月25日。

另外，这个遗址有大量精美的玉器出土，玉器本身是伴随着贵族的出现而产生的，一件精美的玉器要花费不少的人工，这是不言而喻的，更何况是在技术原始的史前时期。对玉石手工业的控制，对玉产品的消费，突出地表现出了社会的权力，我们可通过"古物"来认识古人和古代社会，通过物质文化反映出社会结构和等级制度。石峁玉器中的一些品种，如圭、璋、璧、钺等，实际上属于礼器，礼器则是伴随国家的产生而出现的，这也从另一方面昭示出石峁遗址并非一般的大型聚落。

从以上两点看，可以说石峁城符合国家形成的两大条件，已经从大型聚落形态演变到了国家形成阶段。那么，这个偏离中原地区的国家属于什么形式或性质呢？以下就其国家形式做一点讨论。

关于国家形式，鉴于学界对我国近年来考古发现的众多史前城址或大型聚落形态或性质讨论，我们看到有国外早期社会新进化模式的"酋邦论"[①] 和"古国论"[②] 两种基本的形式。

1983年，张光直先生在《中国青铜时代》一书中，首次将塞维斯的这一模式介绍到中国，并将其模式与中国当时的考古分期加以对照，认为旧石器时代和中石器时代属游团阶段，仰韶文化属部落阶段，龙山时代属由平定社会向国家过渡的酋邦阶段，从三代开始进入国家阶段[③]。

[①] "酋邦论"是源自20世纪60年代美国人类学家埃尔曼·塞维斯（E Service）提出的早期人类进化新模式。他将人类社会自发生至国家产生所经历的社会组织分为四个连续进化阶段，即游团（Bands）、部落（Tribes）、酋邦（Chiefdoms）、国家（States）。酋邦"是家庭式的，但不平等；它没有政府，但是拥有权威与集中的管理；它没有资源上的私有财产，没有经营性质的市场贸易，但是在对物品与生产的掌控方面，却是不平等的；它有阶等区分，但是没有明显的社会经济阶级，或者政治阶级"。在上述四个连续进化模式中，"酋邦"是由部落向国家过渡的关键阶段，因而是国家起源研究中的核心概念之一。

[②] "古国论"是由苏秉琦先生提出的，他依据辽西地区发现的三个时期的三种考古学文化，即新石器时代的红山文化，早期青铜时代的夏家店下层文化和晚期青铜时代、早期铁器时代的燕文化，提出了"古文化—古城—古国"的文明起源三阶段模式。其古文化主要指原始文化；古城主要指城乡最初分化意义上的城和镇，并非指通常所理解的城市或都市；古国指高于部落之上的、稳定的、独立的政治实体。（苏秉琦：《辽西古文化古城古国——兼说当前田野考古工作的重点或大课题》，《文物》1986年第8期。）

[③] 张光直：《中国青铜时代》，生活·读书·新知三联书店1983年版，第49—52页。

这一模式的提出，是基于中国学者长期的考古实践和思考归纳出来的，特别是"古国"概念提出后，很快得到中国学者的积极响应，随着大量史前城址的发现，许多学者对各地的古文化古城古国问题展开了探索，产生了许多新的成果，进而提出了"古国时代"的概念。苏秉琦先生认为："就全国六大区系而言，社会发展总是不平衡的，是有快有慢的，但相对历史长河而言，史前社会发展的步伐又是大体同步的。不迟于四五千年前大体都进入古国时代，即城邦、万国林立时代。"①

我们认为，在此对照石峁城址，应当从考古资料本身呈现的文化现象进行分析，在此基础之上归纳总结理论认识。故，我们另辟蹊径，运用德国学者罗曼·赫尔佐克关于世界早期国家形成的另一种理论模式——贵族国家说，对石峁遗址的国家形式略作探索。罗曼·赫尔佐克在他的著作《古代的国家——起源和统治形式》② 中，对世界早期国家形成的路径有一种新的见解，即由贵族统治的面貌出现的早期国家形式。

按照赫尔佐克的观点，贵族国家是指单个的贵族领主拥有自己的部落国（civitas），每个部落国都有自己的领土，也就是说每个贵族领主都统治着一个各自为政的小国家。在这样的贵族国家里，社会分化已经相当明显，产生出一个富裕而强大的贵族阶层，世袭掌握着统治机关。贵族领主拥有控制支配其依附者的权力，并以效忠自己的"随从"即专门以打仗为职业的士兵作为实现其经济和政治目的的重要工具。贵族领主居住在加固设防的巨大城堡，建有组织严密的行政实体，还有维护内部治安的常设司法机关，从而形成行使国家权力的政治中心。这种"贵族形式和领导形式，是人类几千年的历史中创造出来的大多数国家在它们摇篮时期的形态"。③ 赫尔佐克认为，这种贵族统治开始还是一些较小的国家。虽然这些较小的统治者有时也有"国王"一类的头衔或称谓，但实际与"真正"的国王是有所区别的，主要在于其统治的疆域较小，另外还在于他们很容易成为"真正"国王的附

---

① 苏秉琦：《中国文明起源新探》，三联书店1998年版，第131页。

② ［德］罗曼·赫尔佐克著，赵蓉恒译：《古代的国家——起源和统治形式》，北京大学出版社1998年版。

③ ［德］罗曼·赫尔佐克著，赵蓉恒译：《古代的国家——起源和统治形式》，第169页。

庸。所以，对这种麾下或多或少有一批臣民的统治者，赫尔佐克提出，最好还是称"诸侯"或仅仅是"贵族领主"更为确切。那么，在这之上还应该有一个以多个"贵族领主"形成的较大的联合体，这种联合体以一个宗主国为核心，由一些贵族统治的部落通过自愿或被迫的方式联合成一个较大的贵族国家。[1] 赫尔佐克还认为中国在建立帝国（公元前221年）之前那批相互竞争的国家，都具有与贵族国家完全相同的结构。[2] 也就是说我们所称的包含夏、商、周的早期国家，都被他认为是这种贵族国家。

以赫尔佐克的理论分析，石峁城址应该是他所说的"贵族领主"，是一个在陕北地区聚合起来的势力强大、有着大型都邑的范围广大的社会集团。

与此同一时期，也就是公元前第三千年期间，特别是中晚期间，即文献所记的五帝时期，在黄河、长江流域的史前文化发生了大的社会变革，众多属于考古学上的龙山文化晚期的城址，散处各地，如河南淮阳平粮台城址[3]、登封王城岗城址[4]、偃师郝家台城址[5]、辉县孟庄城址[6]、山东寿光边线王城址[7]、邹平丁公城址[8]、阳谷景阳冈城址[9]以及浙江杭州良渚城址[10]、山西襄汾陶寺城址[11]等，似乎都可以纳

---

[1] [德] 罗曼·赫尔佐克著，赵蓉恒译：《古代的国家——起源和统治形式》，第176—177页。
[2] [德] 罗曼·赫尔佐克著，赵蓉恒译：《古代的国家——起源和统治形式》，第247页。
[3] 河南省文物研究所等：《河南淮阳平粮台龙山文化城址发掘简报》，《文物》1983年第3期。
[4] 河南省文物研究所、中国历史博物馆考古部：《登封王城岗与阳城》，文物出版社1992年版。
[5] 河南省文物研究所等：《偃师郝家台遗址的发掘》，《华夏考古》1992年第3期。
[6] 河南省文物研究所：《河南辉县孟庄龙山文化遗址发掘报告》《考古》2000年第3期。
[7] 山东省文物考古研究所、潍坊市博物馆、寿光市博物馆：《寿光边线王龙山文化城址的考古发掘》，《海岱考古》2015年第1期。
[8] 山东大学历史系考古专业、邹平县文化局：《山东邹平丁公遗址试掘简报》，《考古》1989年第6期。
[9] 陈坤麟、孙淮生：《阳谷景阳冈龙山文化城址》，《中国考古学年鉴·1995》，文物出版社1996年版。
[10] 刘斌：《杭州市余杭区良渚古城遗址2006—2007年的发掘》，《考古》2008年第7期。
[11] 梁星彭、严志斌：《襄汾陶寺新石器时代遗址》，《中国考古学年鉴·2002》，文物出版社2003年版，第137页。

入这个范围,这些龙山文化的群体,是中国文明形成的基地。这其中一些大的城址,像陶寺、良渚以及石峁,无论是从遗迹的规模大小来看,还是从所见墓葬的等级来看,都表明它们应该是文明发祥点的核心区域之一,之后兴起的夏王朝,就是凌驾于石峁以及与石峁同一时期的众多的"贵族领主"之上的联合体,或曰宗主国。

首先,面积超过400万平方米的石峁遗址,是迄今发现的公元前2300年该地区乃至整个中国北方的一处特大中心聚落,具备复杂的防御设施——城墙,石砌城垣长度达10千米左右,宽度不小于2.5米,城门、角楼和疑似"马面"等附属设施完备,在外城东门还发现了内、外瓮城①。这不仅是出于守卫的需要而构筑的防御性设施,更具有神权或王权的象征意义,它的出现暗示着在公共权力督导下修建公共设施等活动已经成为石峁这一北方地区早期都邑性聚落的重要特征。

其次,内城中的"皇城台"是一个由石砌护坡包裹起来的高台,台顶面积约8万平方米,台顶分布有成组的宫殿建筑基址,北侧有池苑遗址。2015年发掘其北部尚有多达9级的护坡城墙,垂直高差约70米。通向皇城台的门道位于台体东北部,面向内外城墙②。台顶建筑基址布局有序,坚固雄厚,可推测为整个石峁城的中心,也是宫庙、祭祀的场所,应该是贵族顶端的最高统治者的居所,也是权力机关的所在地,它无可争辩地体现了这一超大都邑性聚落的政治和宗教景观。

再次,多年来征集和出土了大量玉器,其中尤以玉牙璋、玉钺、玉圭、玉铲、玉刀为多,其中数量众多的牙璋、钺、圭等,均不是生产工具或作战用的武器,因为我们在石峁遗址中尚未见到有特殊的有关战争的遗存,牙璋、钺等是否强调军权或是否存在着军权的集中至今尚不清楚,那么,这一类玉器只能是礼器。"藏礼于器"这种通过特定物质载体来表达社会等级和秩序的方式,在青铜礼器出现以前在石峁遗址中已经清楚地展现出来。到了之后的夏商周时期,随着青铜

---

① 孙周勇、邵晶:《瓮城溯源——以石峁遗址外城东门址为中心》,《文物》2016年第2期。

② 孙周勇、邵晶:《石峁是座什么城?》,《光明日报》2015年12月12日第16版。

器的普遍使用和等级制的日益复杂，其中的玉钺又演化成青铜钺，其礼仪属性进一步提升。无论文献记载还是考古发现都表明，这类礼器主要是作为一种礼仪性的象征物而存在，它总是与贵族与王者如影相随。

总之，史前的陕北高原，处于北方草原文化和农业文化的过渡地带，是一个诸文化交汇、融合、演化的重要区域，它在文明起源王邦林立，多元一体的发展过程中起到了重要的作用。石峁遗址的种种迹象都表明了一点，即它在从聚落走向国家形态的过程中，如果还不能达到完全的国家形态的话，至少也是一个类似于我们前面所述的，有着自己独立的政治实体和经济实力的"贵族领主"。

新疆巴里坤东黑沟遗址所见匈奴人信仰初探

自 21 世纪初以来，西北大学考古队与新疆考古所联合对在天山北麓的巴里坤东黑沟做了连续多年的考古发掘工作，发现大量包括大型居址、墓葬和岩画在内的属于匈奴人的活动遗迹，为我们对文献记载有限的匈奴社会生活及信仰世界等问题的探讨提供了可贵的第一手资料。本文即试图运用这些考古发掘材料结合文献对匈奴人的信仰做探讨。

东黑沟遗址位于新疆维吾尔自治区巴里坤哈萨克族自治县石人子乡石人子村南的东天山（巴里坤山）北麓，西距巴里坤县城 23 千米。遗址在南北长约 5 千米、东西宽约 3.5 千米，面积约 8.75 平方千米的范围内，分布有 3 座大型石筑高台、140 座石围居住基址、1666 座墓葬、2485 块刻有岩画的岩石，故被考古工作者确认为一处规模较大、内涵较丰富、具有代表性的古代游牧文化大型聚落遗址。

该遗址所发现的三座石筑高台，从南到北呈倒品字形分布，据考古工作者分析推断为匈奴人的祭祀遗址。其中 GT1 为中部高台，位于遗址南部山坡上的最高处，东、西高台分别位于遗址东、西侧的山坡下。从遗址的整体布局看，中高台应该是东黑沟遗址的中心，其原状是一平面近圆角方形的覆斗状高丘，东西长 30 米、南北宽 26 米、高 4.6 米，石块暴露不多。清除表土后，发现其为一座土石混合筑成的高台，边缘石块多，层层垒叠，而内部石块较少，以填土为主。上部堆积逐层发掘至第 5 层时，发现堆积为大量的烧土、灰烬和木炭，该层全部清除后，露出长 17 米、宽 13 米的较为完整的活动面。在该活动面的南半部偏中，发现一用长方形石块修砌的保存完整的平面近方形的灶坑，其东、西侧整齐地排列有 15 块顶面内凹的大型"石磨盘"。在灶坑内和周围活动面上还发现有数量较多的可复原陶器和大量的陶器残片。根据对遗迹和遗物现象的观察，这一活动面应该反映的是大型祭祀活动的场面。在祭祀活动以后，经过剧烈火烧，留下了大量木炭和烧土，许多陶器都被烧黑甚至烧变形，大型"石磨盘"也均被烧裂①。

由于发掘报告尚未正式公布，我们仅能在此依据所披露的材料并结合文献记载做一些推测和讨论。

迄今为止，学界讨论关于匈奴信仰问题最经常引用的一段史料，见载于《史记·匈奴列传》："岁正月，诸长小会单于庭，祠。五月，大会茏城，祭其先、天地、鬼神。秋，马肥，大会蹛林，课校人畜计。……而单于朝出营，拜日之始生，夕拜月。其坐，长左而北向。"《汉书·匈奴传》所记一致。文献记载揭示了匈奴人举行祭祀活动的时间、地点、对象及其他课校人畜、议事聚会等诸多信息。

从相关文献记载来看，匈奴举行祭祀或聚会的地点因时而异。每年岁首即"正月"诸酋聚于"单于庭"，举行一年一度的春祭。《后汉书·南匈奴传》中还提到了"三龙堆"，是匈奴人的祭祀中心，此"三龙堆"应与《史记》中的"茏城"为同一地点。从文献记载行文来看，匈奴人定期举行祭祀的地方主要为三处，即单于庭、龙城、②蹛林③。对

---

① 中国文物报社：《新疆巴里坤东黑沟遗址考古取得重要收获》，《发现中国：2006 年 100 个重要考古新发现》，文物出版社 2007 年版。

② 茏城，《汉书》作龙城，《后汉书》作龙祠。江上波夫《欧亚大陆古代北方文化》（全国书房1948 年版）第225—279 页说，龙城非固有名词，实为后世蒙古族"敖包"之小土包。为其上堆积以草木等物供祭祀之小土包。但据城、庭之字判断，又据《汉书》所记汉军烧打龙城等大规模行动判断之，可认为龙城为匈奴祭祀祖先之大庙祠。见内田吟风《〈史记·匈奴传〉笺注》，《北方民族史与蒙古史译文集》，余大钧译，云南人民出版社 2003 年版，第 23 页注 26。可见在整个匈奴时代，龙城一词的具体含义并非固定不变，但在作为匈奴重要祭祀之所这一点上则前后并无变化。

③ 蹛林，司马贞《史记索隐》引服虔曰："匈奴秋社八月中皆会祭处。"张守节《史记正义》引颜师古曰："蹛者，〔绕也，言〕绕林木而祭也。鲜卑之俗，自古相传，秋祭无林木者，尚竖柳枝，众骑驰绕三周乃止，此其遗法也。"江上波夫：蹛林非地名，而为在"林中到处驰走之祭礼"，见氏著前揭书第225—279 页。可见，蹛林应既为匈奴举行传统秋祭之处，同时也是其秋祭仪式，如此理解似更稳妥。

于后两个祭祀或聚会之地，学界讨论较多，意见虽有分歧，但大体上已趋于明晰。

古代汉文文献对游牧民族的记述，多以"居无定所，逐水草而居"来凸显其生计和居住特点，似乎他们很难留下固定的居住遗址。但在中国北方地区特定的气候环境条件下，冬季气候寒冷，长期游牧几无可能，不同季节牧民需要寻找避风向阳水草丰富的地方作为相对稳定的居所以度过寒冬。换句话说，称其"居无定所"言过其实，"逐水草而居"则为游牧民族的真实写照。事实上，游牧中有相应的定居处所应该是中国北方游牧民族普遍和常见的生活方式。

从2000年开始，西北大学考古队在甘肃西北部和新疆北部进行了大范围的调查，已发现古代游牧文化遗址280多处，其中绝大多数是位于牧民冬季营地的小型聚落遗址，可见以家族为单位的小型聚落的存在是普遍的，同时也发现了东天山以南哈密乌拉台、鄯善洋海等属于冬季营地的大型聚落遗址。但东天山以北的巴里坤草原自古以来水草丰美，夏季气候凉爽、雨量充沛，是东来西往的游牧民族传统夏季牧场，这里发现的一系列古代游牧文化的大中型聚落遗址，应属于古代历史上不同时期留居此处的游牧民族夏季牧场的统治中心。

匈奴人的活动见诸史载最早始于公元前4世纪末。《史记·秦本纪》载：（公元前318年）"韩、赵、魏、燕、齐帅匈奴共攻秦。"可见此时匈奴已经成为我国北方一支不可忽视的力量。及至战国后期，以匈奴为代表的北方游牧部落逐渐形成为一个有别于中原农耕族群的人群，并为之后更大规模的统一奠定了基础。从公元前3世纪末至公元前2世纪前半期，匈奴帝国强盛期的第一代单于——冒顿（公元前209年—公元前174年）时期，通过大规模对外用兵和东西扩张，至2世纪前半期，匈奴已将势力深入西域、中亚一带，"定楼兰、乌孙、呼揭及其旁二十六国，皆以为匈奴"，完成了北方游牧民族空前大统一，形成冒顿单于时期所谓"诸引弓之民并为一家"[①] 的局面，其时匈奴帝国的统治区域以蒙古高原为中心、几乎覆盖了整个北亚草原，

[①] 《史记》卷110《匈奴列传》，中华书局1982年版，第2896页。

成为当时亚洲乃至世界范围内控制领土最广的政权。尤其在冒顿时期，为了统治疆域辽阔、部族众多的庞大帝国，在内政方面也多有创制和改革。初步建立起以单于为最高统治者、下辖中央至地方各级僚属的中央集权体制，设定游牧帝国的统治中心——单于庭。并将其辖区划分为东、中、西三部（区），其中东、西二部（区）分别由地位仅次于单于的中央大员左、右贤王统辖，中部（区）则由单于直辖。故匈奴单于庭的位置在蒙古高原这一区域内求之应无大谬[1]。但值得注意的是，在辽阔的匈奴帝国内，除了单于直辖区以及左、右贤王的东、西两辖区等中心、次中心地区之外，还应有单于封授的其他诸王管辖一些具体区域，即所谓"各有地分"。如汉武帝时代匈奴浑邪王和休屠王驻牧于祁连山下的河西走廊。为适应其游牧生活，匈奴人的驻牧之处从单于庭到一般牧户的居所均应有冬、夏之分。位于新疆境内东天山北麓的东黑沟大型游牧聚落遗址，所在环境水草丰茂，处在欧亚大陆东西向交通的咽喉之地，该聚落遗址呈现出的大规模的、集中的居址、墓葬与岩画三位一体的特征，在草原丝路上十分罕见，其所展现的工程规模与精神力量，似可以断定此处应是游牧民族的统治中心——王庭的所在地[2]。如若此推论不谬，考虑到当地的气候和草场环境，可以进一步认定此处应是游牧民族夏季王庭所在地。在王庭所在遗址发现体现匈奴人信仰的祭祀遗迹自在情理之中。不过，从该聚落遗址所处位置可以断定，此处应只是匈奴统辖西部地方某王之治所所在，而不可能是整个匈奴帝国统治中心——单于庭所在地。

另外，现存东汉碑刻《裴岑纪功碑》[3]中的相关信息也可作为此处曾为匈奴西部地方王王庭的佐证。《裴岑纪功碑》刻于东汉永和二年（137）八月，全称《汉敦煌太守裴岑纪功碑》，于清雍正七年（1725）在巴里坤县石人子乡石人子村发现，又称《镇海碑》。碑文

---

[1] 对匈奴单于庭之位置，学界已有讨论。初期被认为在今内蒙古呼和浩特，后期在蒙古人民共和国鄂尔浑河流域哈喇和林附近。见内田吟风《关于单于的称号及单于庭的位置》及其《北亚史研究匈奴篇》。笔者倾向于这一认识。
[2] 据人民网（北京），2011年7月15日。
[3] 现存新疆维吾尔自治区博物馆。

载:"惟汉永和二年八月,敦煌太守云中裴岑将郡兵三千人,诛呼衍王等,斩馘部众,克敌全师,除西域之灾,蠲四郡之害,边境艾安,振威到此。立海祠以表万世。"匈奴自东汉光武帝建武二十四年(公元48年)分裂为南、北两部,南匈奴随即南下附汉,原活跃于漠北的北匈奴大部则因东汉军队的打击于1世纪末西迁西域,包括今天新疆在内的西域、中亚成为西迁后北匈奴的主要留居和活跃之地。作为东汉镇守西陲重镇的地方官员、敦煌太守,裴岑为免除边患而率郡兵亲征进入西域的北匈奴,诛其呼衍王,振威当地。遂刻碑立石以纪其事。《裴岑碑》发现地石人子村即在已发现的大型聚落遗址——东黑沟遗址附近,这说明北匈奴呼衍王的王庭(治所)很有可能也曾立于此地。

此处还发现有诸多岩画,多用金属工具雕刻,线条细腻,造型生动,虽不能作为直接证明此处是匈奴某部地方王王庭的依据,但这里大量岩画集中出现,已经体现出作为统治中心或次中心的文明程度与精神力量。

据文献记载,在一年中于特定的时间举行集体祭祀,是匈奴人的传统习俗。每年三次集会的日期,《史记》记载为正月、五月及秋季,《后汉书》为正月、五月及九月,两者所载时间大体一致。大致而言,正月的集会是小集会,《史记》明言"诸长小会单于庭,祠"。参加者是匈奴"诸长",即左右贤王以下的二十四长。"小会",谓其规模,以别于五月和秋天八、九月的两次大会。五月的大会最富宗教色彩,参加的人数应该很多,不限于诸长,显然是大规模的集体祭祀活动,祭祀对象包括其先祖、天地及鬼神。秋季的集会则是为庆祝秋天的收获而感谢天神的集会。《史记》记载,既"大会蹛林",还要"课校人畜",即统计人口、牲畜的数字,以确定诸王、长向单于缴纳赋税的份额,也就是说祭祀的同时还要商讨国家大计等事宜。

关于匈奴人崇拜和祭祀的对象,据记载主要是祖先、天地、鬼神。其中比较典型的是对"天"的崇拜。《史记索隐》云"匈奴俗,岁有三龙祠,祭天神",《汉书·匈奴传》:"单于姓挛鞮氏,其国称之曰'撑犁孤涂单于'。匈奴谓'天'为'撑犁',谓'子'为'孤涂'。单于者广大之貌也,言其象天单于然也。"有学者认为:"撑黎孤涂不过是匈奴人对于汉朝天子一词的匈奴语直译。"①《史记·匈奴列传》记汉文帝四年匈奴冒顿单于向汉廷请和事,"单于遗汉书曰:天所立匈奴大单于敬问皇帝无恙"。《汉书·匈奴传》记汉宣帝时匈奴呼韩邪单于来朝,与前此降汉的伊秩訾相见,"伊秩訾曰,单于赖天命,自归于汉,得以安宁"。近年来出版的《内蒙古出土瓦当》中也多见包头所出"天降单于"瓦当②。这种"天之子""天所立""天降"的"天"意识,都可反映出天神信仰在匈奴人的信仰和精神世界中的尊崇地位。

《史记·匈奴列传》又云"单于朝出营,拜日之始升,夕拜月"。匈奴对日月的崇拜也可见于考古材料。20世纪50年代,苏联考古工作者在蒙古人民共和国后杭爱呼尼河发掘的匈奴墓葬,12号墓北面椁壁上钉着饰有日月的金片,部位在死者头部附近③,证明匈奴人对日月的崇拜,此与《史记》所记相合。"举事而候星月,月盛壮则攻战,月亏则退兵。"草原游牧民族原本没有历法,俟月光盈满时出击,是他们根据经验借助自然现象来选择战机。游牧的匈奴人对月亮的崇拜,显然蕴含着月神能佑其获得战事成功和胜利的期望。

《史记·匈奴列传》记汉武帝元狩二年(前121年),"汉使骠骑将军去病将万骑出陇西,过焉支山千余里,击匈奴,得胡首虏万八千余级,破得休屠王祭天金人"。所获休屠王金人,其用就在祭天。《汉书·金日䃅传》也记"休屠作金人为祭天主",金日䃅之"金"姓是为纪念汉武帝虏获休屠金人而赐以汉姓,"日䃅"盖原名之译音。《汉书·郊祀志下》载匈奴在"云阳有径路神祠,祭休屠王"。今陕西淳化(汉云阳)有著名的甘泉宫,是汉代最重要的祭祀中心。其中设于甘泉宫的甘泉泰畤是祭天中心,在汉代地位最高。甘泉,秦夺其地前,就有所谓"黄帝明廷"和"匈奴祭天处"之称,原本就是个古老的祭祀中心。泰畤,有祭天圜丘,上为太一坛(紫坛),周环五帝坛和群

---

① 罗新:《匈奴单于号研究》,《中国史研究》2006年第2期。
② 陈永志:《内蒙古出土瓦当》,文物出版社2003年版。
③ 林幹:《匈奴墓葬简介》,《匈奴史论文选集》,中华书局1983年版,第383页。

神坛，有如后世的天坛（旁边有紫殿），这是西汉最高的祭祀中心。此外，它还有六座象征武帝怀柔政策的祠庙。其中三座是胡祠，径路神祠是祭匈奴的刀剑之神；休屠祠应是匈奴休屠部的神祠；金人祠是祭匈奴供奉的"祭天主"，神像是胡貌胡装，用铜铸造，也是虏自匈奴休屠部。它们都是西汉为胡而设，祭胡之神，既可抚绥远在北方和住在当地的胡人，又契合汉人自己的宗教信仰需要。汉族祭天，太一无象。匈奴祭天，则有金人。两种信仰，和平共处，并存于甘泉，是一大奇特景观①。

匈奴还有所谓"祠兵"之俗。《汉书·匈奴传》载："胡故时祠兵，常言得贰师以社。"内田吟风认为匈奴人视兵器为神体，即其军神②。盖为其设祠以祀，与前述径路神祠性质相同，由此可见匈奴尚武之风在其信仰系统中之体现。另外，战时，匈奴人还相信各种占卜预测之术，常常"参以蓍龟，不吉不行"。匈奴与汉廷争斗，胡巫也常"祝诅"。所谓"祝诅"，就是念咒语加害仇敌的巫术或称魔术、法术。据《汉书·西域传》记载，汉出兵讨匈奴，单于闻讯，"使巫埋牛羊所出诸道及水上以诅军"。同传又载"匈奴缚马前后足，置城下，驰言'秦人，我匄若马'……缚马者，诅军事也"。可见匈奴企图借助巫术来挫败汉军。匈奴巫术后来流行于中原地区，汉武帝时胡巫肆行，宫廷内大埋木人已为祝诅，甚至酿成著名的"巫蛊之祸"。

在前述聚落遗址中的祭祀高台上，考古人员在做完一个遗迹面的清理之后又在其下面发现一个石屋，石屋有两间结构规则的木构房屋建筑，看起来像是一个集中使用的生活场所，其内所见相邻的两个羊骨坑，所埋的羊骨数量都是"七"，头骨均朝着一个方向，这显然不是随意造成的，一定与祭祀习俗有关③。在高台遗址发现的羊骨、马骨均刻有神秘图案，关节光洁完整，泛着神秘的黄色，考古人员推测它们绝非玩具，也非生活用具，更可能是一种占卜用的工具。

---

① 李零：《避暑山庄和甘泉宫》，载《花间一壶酒》，同心出版社 2005 年版，第 136—137 页。
② 内田吟风：《〈汉书·匈奴传〉笺注》，第 28 页。
③ 张波：《巴里坤——月氏与匈奴的远古王庭》，《时代先锋历史》2009 年第 2 期。

据介绍，在祭祀高台周边成组分布着石围居住基址，东半部破坏严重，西半部保存较好。石围居住基址之上的堆积第一层为夹有大量草根和植物腐殖质的黑褐色土，第二层为含有砂石粒的黄褐色土。堆积在以高台为中心的遗迹群区域内广泛分布，石围居住基址均修建于第二层下。其中经发掘的 P3 平面近方形，东西长约 10 米、南北宽约 7 米，南、北、西面墙体保存较为完整，东侧墙体已被破坏，仅留下一些原为墙基的大石块。经解剖发现，石围居住基址的墙体下部多用自然留存或人工搬动的较大石块作墙基，其上墙体内、外侧用较大卵石块垒砌，其间夹有较小石块和土。墙体现存宽 0.5—2 米、最高为 0.8 米。墙体范围内堆积由南向北呈倾斜状，南半部堆积第一和二层与墙体外相同。在第二层和第三层下，均发现了数量较多的烧灶遗迹。这些灶址均用石块围砌，内有大量烧土、灰烬、动物骨骼残块，并放置有一些石器和可复原的陶器。同一居住基址内的同一使用面有许多灶址的发现表明，高台周围的居址并非一般的居住场所，可能是祭祀等集体活动的遗存。在方形石围居址范围内，发现有圆形石堆或石圈打破居址，其内石块下均发现有被肢解的人骨残骸，判断应为在方形石围居址被废弃后发生的用人作牺牲进行祭祀的活动所留存。类似的圆形石堆和石圈在高台周围石围居址以外的区域也有发现。从石筑高台及周边遗迹的发掘情况看，它们均应与祭祀活动有关。而且，这些祭祀活动应在较长时间内举行过多次，并形成了不同层次的堆积[①]。

从以上考古发掘材料和文献记载综合考察来看，匈奴人在踏入文明门槛之后，形成了有别于中原农耕文明的游牧文明，其独具特色的宗教信仰则是其所创造游牧文明的重要内容之一，并对其后北方诸游牧民族的信仰世界和神灵系统产生了直接影响。

匈奴拜天地日月，祭祀祖先，敬畏鬼神，为多神崇拜。其信仰崇拜的形式表现出多样性的特点，即使是对天地、祖先、鬼神的祭祀活动，也分焚火、殉人、殉牲、血祭等形式，如"刑白马"即用动物作

---

① 中国文物报社：《新疆巴里坤东黑沟遗址考古取得重要收获》，《发现中国：2006 年 100 个重要考古新发现》，文物出版社 2007 年版。

牺牲，"屠贰师"则是用作人牲，像祭天金人（黄金像）则表明还有祭祀偶像存在。此外，尚有饮血以盟誓的风俗，盟约的仪式很严肃，既是一种盟誓，也是一种宗教仪式。考古发掘所见以动物骨骼为占卜工具以及以埋动物而期望达到克敌制胜的巫术，都说明此类宗教信仰已成为匈奴游牧帝国的精神支柱和统驭力量。近年来新发现新疆境内东天山北麓的东黑沟大型游牧聚落遗址中所见祭祀遗址和相关遗迹，在相当程度上印证了文献对匈奴宗教信仰的相关记载，更从实物层面进一步加深我们对游牧的匈奴人信仰的认识。

原载于《汉代西域考古与汉文化》，科学出版社 2014 年版

杂说罗家坝出土的钺

罗家坝战国至秦汉时期的墓葬共发掘65座，其中7座空墓，58座有随葬品，出土青铜钺43件，几乎都是剑、矛、钺三件组合，这批青铜钺均带有明显的巴蜀文化特征。晚期的几个墓葬还出土了9件斧[①]。在一个墓地出土这么多的青铜钺和斧，这个现象实在令人瞩目。

钺作为中国古代的一种兵器或礼器。其形制似斧，以砍劈为主。《说文解字》曰："大者称钺，小者称斧。"两者区别在于斧刃较钺为窄，钺刃较宽大，呈弧形。从新石器时代晚期随着文明时代的到来而出现。斧钺在古代不仅是用于作战的兵器，而且是军权和国家统治权的象征。

在新石器时代，石钺和石斧曾是重要的手持武器，并演化出具有礼仪性质的玉斧、玉钺（见图一）。到了夏商周时期，随着等级制的日益复杂，青铜钺的礼仪属性进一步提升，而战场上的主要手持兵器则已更新换代为青铜戈。事实上，普通的士兵是不能使用青铜钺的。无论文献记载还是考古发现都表明，青铜钺主要是作为一种礼仪性的象征物而存在，它总是与王者如影随形。目前考古发现的确切证据是，钺在新石器时代已经出现，而青铜钺的最早出现多属商代前期（见图二）。

早期文献中多有记载：《司马法》："夏执玄戈，殷执白戚，周左

[①] 见四川省文物考古研究院、达州市文物管理所、宣汉县文物管理所编著《宣汉罗家坝》陆"东周墓葬之"二"铜器器型分类"之（四）"兵器类"，文物出版社2015年版，第317—325页。

图一　良渚良渚文化玉钺

杖黄戉，右秉白髦。"《诗·商颂·长发》："武王（成汤）载旆，有虔秉钺。如火烈烈，则莫我敢曷。"《史记·殷本纪》："汤自把钺，以伐昆吾，遂伐桀。"《左传·昭公四年》："王弗听，负之斧钺，以徇于诸侯。"

　　从王权象征物引申开去，青铜钺也被视为军事指挥权的象征。《淮南子·兵略训》中比较详细地描述了君王授命将军时的具体情形：君王"亲操钺，持头授将军其柄曰：'从此上至天者，将军制之。'复执斧，持头授将军曰：'从此下至渊者，将军制之。'"说明斧钺作为军事统帅权的象征，乃是将军率军征战的必需之物。王者进行朝政与礼仪活动，斧钺同样不可或缺。《逸周书·世浮》中云："（周武）王秉黄钺正国伯……王秉黄钺正邦君。"说明周王作为宗主国或者盟主国国君，必须秉黄钺亲理政事。而大凡有大型国事活动，王者身后须设有绘制斧钺图案的屏风状礼仪设施。

杂说罗家坝出土的钺 ◂◂ 263

图二 最典型的妇好钺、酗亚钺、兽面纹钺

钺还有大小之分,文献记载甚为清楚。《史记·周本纪》记载:武王即位,太公望为师,周公旦为辅,召公、毕公之徒左右王,"周公旦把大钺，毕公把小钺，以夹武王"。周公与毕公的地位非常接近，但所用斧钺仍有大小之别，说明斧钺的大小与使用者的身份地位密切相关。斧钺之上往往饰有神秘威严的纹饰，以显示使用者的权力和地位（见图三）。

图三　神秘纹饰钺：蛙纹钺、透雕龙纹钺

汉代以后青铜钺逐渐失去了昔日的辉煌，但作为皇权的象征之一仍残留在礼制之中。《后汉书·舆服志》中记载的天子出行，"乘舆法驾……后有金钲黄钺，黄门鼓车。"沂南汉画像墓中有"车马出行图"，其中的斧车，应是钺车的传承[1]（见图四）。

罗家坝墓葬出土的钺分作 A、B 两型（见图五）：

无论是 A 型还是 B 型均与中原地区钺的形状有很大差异，这两种钺从早期到晚期一直流行，具有非常明显的巴蜀文化的特征。而且这

---

[1] 中国画像石编辑委员会编：《中国画像石全集》1，山东汉画像石，图 207 沂南汉墓中室北壁横额西段画像，河南美术出版社 2000 年版，第 155 页。

杂说罗家坝出土的钺 ◀◀ 265

图四 沂南汉画像墓车马出行图之斧车

图五 A型（有肩、束腰、圆弧刃）B型（无肩、宽弧刃、銎口有突棱）

两种钺与同组合的兵器矛和剑相比从体量上看很小,仅有9厘米左右①,如果矛和剑属于实用兵器,而钺只能看做是不适于实用的象征性器物,它的象征意义大于实用,可能象征着墓主人的身份是具有领兵征战资格的贵族。

早期M33,3人合葬,出土4件A型钺,另有大量陶器、青铜器、兵器陪葬,文化因素复杂,发掘者推断此墓可能是巴国王侯一级人物②。我们认为,从目前有限的发掘资料来看,这个墓的墓主即使不能肯定为巴国王侯级的人物,也应该是一个有统兵权力的高级贵族人物。《报告》说:剑、矛、钺的组合与四川其他地区,如云阳李家坝等地东周墓葬的组合特征相似,同属巴文化青铜器兵器组合,体现了巴人勇武精神和战事频繁的历史情景。

罗家坝出土青铜钺的巴蜀文化特色,我们还可以再作一点比较,陕西境内秦岭以南的汉水流域的城固、洋县两地曾出大量时代属于商代中晚期的青铜器,兵器中多有与之后巴蜀文化中常见的柳叶形矛、柳叶形短剑,亦有青铜钺出土,见图六(《城洋青铜器》图版127、137):

还有更多的形状相似的小圆钺(见图七):

自20世纪50年代以来,陕西汉中地区的城固、洋县两县曾出土多批青铜器,其中兵器占据多数,我们仅举兵器中的20多件钺来看,其中既有商文化特点浓厚的中原地区的钺,也有造型独特与后来的巴蜀地区所出极其相似的钺,从此处所举以上的几件钺来看,不仅造型与其他地区不同,其銎与柄的装式为竖装式,与其他地区銎柄为横装式截然不同,显示出鲜明的地方特色。这里的钺一般都为7—10厘米,重310—950克,最小的通长仅有7厘米,重190克,与同出的长22—23厘米的三角援戈相比,显然不适于实战所用,仅仅是象征意义的兵器罢了。虽然这些兵器多为窖藏而非墓葬出土,仍然可显示出拥有者必定是贵族的身份地位。

---

① 见四川省文物考古研究院、达州市文物管理所、宣汉县文物管理所编著《宣汉罗家坝》"兵器类"。文物出版社2015年版,第317—325页。

② 见四川省文物考古研究院、达州市文物管理所、宣汉县文物管理所编著《宣汉罗家坝》文物出版社2015年版,第133—173、336页。

杂说罗家坝出土的钺   267

图六   陕西汉中地区城固、洋县出土青铜钺

图七   ①城洋小圆钺：

我们还可以与时代属于西周时期的宝鸡弓鱼国墓地出土的青铜钺相

---

① 图六、图七见于西北大学文博学院、陕西省文物局编，赵丛苍主编《城洋青铜器》，科学出版社2006年版，图版127、137、140。

比较。下图是宝鸡㠱国墓地出土的钺与斧（图八、图九）[①]，这里的钺是西周风格无疑，而斧则与罗家坝的钺有很多相似之处。㠱国墓地在葬俗上与同期的西周墓葬有很大的不同，在学界一般被认为是关中西部一个不属于姬姓家族的异姓诸侯国墓地，很可能是属于秦岭以南的巴蜀地区的一个古国君主墓地。从出土的大量随葬品看，它既有临近的姬姓贵族墓葬的风格，其中的青铜鼎、簋、酒器、乐器等礼器与周贵族墓葬出土物趋同，但在生活用品上却有与周人墓葬中出土物截然不同的风格，比如在㠱国墓葬中大量发现的一种钵形尖底罐，就极具早期巴蜀文化的某些特征，在四川广汉、新繁等地的早期巴蜀文化墓葬中多见，其出土的青铜兵器如三角援戈、柳叶形矛、柳叶形剑等也明显地表现出巴蜀文化的风格。

图八　宝鸡㠱国墓地"銎内钺""Ⅰ式斧"

[①] 见宝鸡博物馆、卢连成、胡智生编《宝鸡㠱国墓地》下册图版50"銎内钺"、图版65"Ⅰ式斧"，文物出版社1988年版。

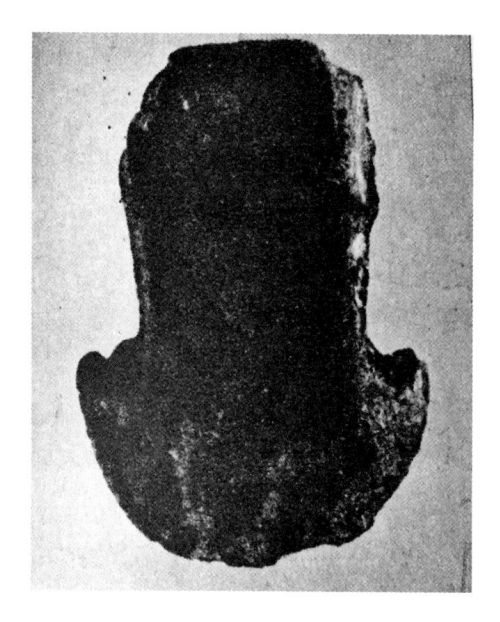

图九　宝鸡㚘国墓地"Ⅱ式斧"

（采自卢连成、胡智生编：《宝鸡㚘国墓地》下册图版127"Ⅱ式斧"，文物出版社1988年版）

　　以上所举的几件城洋青铜钺和㚘国墓地两件青铜斧，应该与罗家坝及其他属于巴蜀文化墓葬中出土的青铜钺有很大的关系，它们应该可以算作后来的小圆钺的早期形状。罗家坝等属于巴蜀文化的青铜兵器显示出对城洋、㚘国兵器的继承关系，也就是说，商周以后，城洋、㚘国青铜兵器在成都平原和川东地区得以延续，其中的小圆钺在春秋战国以后逐渐发展演变为我们在罗家坝战国墓葬中所见青铜钺的A、B两种类型。

　　值得注意的是，罗家坝墓地还出土了9件斧。

　　这9件斧完全出于第三期到第五期，即战国中期以后到战国晚期到西汉早期的墓葬：M26、M31、M44、M51、M61、M64[①]。（见图十）

　　我们认为：这类所谓的斧，其形状与中原地区的钺相似，其实也

---

①　见四川省文物考古研究院、达州市文物管理所、宣汉县文物管理所编著《宣汉罗家坝》"兵器类"，文物出版社2015年版，第105页及图版50、90、107、133、147。

图十 罗家坝出土斧

就是钺。《说文解字》曰："大者称钺，小者称斧。"斧钺在古代并没有明显的区分界限。钺和斧经常被一起提及，而它们在外形上也确有很大的相似之处。在古代，这两者确实属于同类武器。斧是最普通形态或基本形态，而钺是这个普通形态的扩大形式，以更为宽大的外形来彰显等级制度下的身份差异。如果将良渚钺、妇好墓钺和罗家坝斧做个对比的话，就可看出罗家坝的斧与中原地区的钺在形状上基本一致。据《宣汉罗家坝》报告说，罗家坝属于战国中期以后的墓葬中还出土了楚文化及中原文化的礼器，还出现了木棺墓、船棺墓等，可见族属复杂。战国中晚期秦灭巴蜀以后，中原文化对当地必定有一定的影响，中原斧钺的出现应当反映的就是当时文化交流的真实情况。青铜器贵族化，大量的青铜器，尤其是大量青铜钺出土，尚有青铜剑和矛的组合，如果与中原文化相同，只有贵族才有当兵作战的权力，那么这个墓地反映的就不仅仅是巴人勇武、好战的特色，是否可以考虑罗家坝墓地整个应该是一个包含巴人君王或者说是高等级贵族在内的贵族墓葬群？我们期待更多的考古资料出土和研究情况的面世。

原载于《宣汉罗家坝遗址与巴文化研究》，科学出版社 2018 年版

第四类

先秦秦汉兵学研究

试论先秦兵学发展脉络

中国古代兵学是中国传统学术文化的一个重要分支，是中华民族智慧的历史总结。

兵书是中国古代兵学的主要载体，兵书的成熟与否乃是决定能否形成兵学文化的关键。

兵书的主要内容是兵法，中国人是最擅长兵法的民族。在人类活动的历史中，中国兵书产生、成熟之早，内容形式之完备，可谓举世无双。

在西方，公元前数世纪的古希腊、古罗马时代，军事著作大都限于记述战争的历史、征伐的经过等，代表作如希罗多德（公元前484—公元前425）的《希腊波斯战争史》、修昔底德（公元前460—公元前400）的《伯罗奔尼撒战争史》、色诺芬（公元前430—公元前355）的《希腊史》和《远征记》（或曰《长征记》）、恺撒（公元前100—公元前44）的《高卢战记》和《内战记》、阿利安（公元前195—公元前175）的《亚历山大远征记》等。这些著作不仅时代上晚于我国的《孙子兵法》《司马法》《六韬》等，而且均以史学见长，大多具有资料丰富、描写具体、记事翔实且文笔生动等优点，但却缺乏战略战术分析，很少有军事经验的理论概括。就是说这类著作就相当于我国先秦时期的《左传》《国语》这样的作品，还不能舍事言理，超越战史讲兵法，从经验之谈上升到理论层次，其实还只能算作史书，应该归于军事史的范畴。专门研究战争实践中战略理论的著作，在西方是从公元后数世纪的古罗马帝国时代开始出现的，如费龙廷的《谋略例说》、奥尼山德尔的《军事首长教令》、韦格蒂乌斯的《军事简述》等，内容涉及军队组织和训练、战斗队形的编排、军事要塞的攻防计谋等，大多为专题摘录的战例汇编，或者是对症下药的战术问答，往往琐碎而铺陈，系统性不强，立论亦不深刻，仍然缺乏战略概括，处于军事科学的萌芽时期，与我国古代兵学著作差距甚大。西方军事科学的蓬勃发展，是在18、19世纪激烈的资产阶级革命以后。这一时期的军事著作有：俄国苏沃洛夫《致胜的科学》、奥地利卡尔大公《从德国1796年战局论战略原理》、瑞士约米尼《战争艺术》、普鲁士克劳塞维茨《战争论》等。这些著作的特点是篇幅较长，论述系统，既有战争实践的经验，又有军事理论的概括，既有战术技巧的传授，又有战略布局的研究，而且对各类地形、兵种、进攻战、防御战、特殊条件下的特殊打法等，都有详细的分析。而我们的《孙子兵法》等兵书所论述的系统、细致和精辟，完全可以和西方的这类军事著作相匹敌，但在时间上却已经相去了两千多年。

早在公元前几百年的春秋战国时期中国就已出现了多本成熟而又完备的兵书，在诸子百家兴起，传统学术大发展的环境下，兵家独树一帜，其所倡导的谋略思想"不仅渗透于中国人的政治生活，是中国政治的'潜意识'，渗透于中国人的行为特点，还直接影响到中国人的思维方式"，"是研究中国思想的重要资源"①。在那时，即正式形成了中国古代的兵学文化。

然而，中国古代兵学的形成并非平地骤起，在这之前，它的孕育成长亦经历了一个漫长的发展过程。

一 以"礼"为中心——兵学发展的初级阶段

战争，作为一种重要的社会现象，起源于原始社会末期，国家诞生以后，它便成为社会政治生活中的主角之一。所谓"国之大事，在

---

① 李零：《简帛古书与学术源流》第十一讲"简帛古书导读五：兵书类"，生活·读书·新知三联书店2004年版，第360页。

祀与戎",所反映的正是这一事实。然而,作为观念形态的兵学思想,则基本成型于西周时期。西周时期所确立的古典礼乐文明,表现于军事上是以一整套"军礼"来指导、制约其活动的,这类"军礼"尚未脱离出当时社会繁缛的礼仪规范与森严的等级制度。

中国古代最早的兵书有《军志》《军政》等,但现今已不存,我们已经无法了解其详细内容,仅能从《左传》[①]等文献获知其只言片语。而流传至今的最早兵书当为《司马法》。

《司马法》亦称《司马兵法》,是中国最古老的兵书之一。今本共五篇,据《史记·司马穰苴列传》,原书是"齐威王命大夫追论古者司马兵法,而附穰苴于其中。因号曰《司马穰苴兵法》",可知其成书时间是在战国中期的齐威王时(公元前356—公元前320)。从书名看,《司马法》与《孙子》《吴子》等以人名命名的兵法书不同,它以古代掌管军政事宜的司马之官为书名,正如《汉书·艺文志·兵书略》之序所言:"兵家者,盖出于古司马之职",可见它所记录的并非一般的个人对战争规律、经验的认识和总结,而是以司马之职的官守及军中制度、法规为内容,以追述古代的军礼或军法,即古代军队的编制、阵法操练、旌旗鼓铎的使用,以及爵赏诛罚的各种规定为主,是先秦军礼的综合性总结,具有特殊价值,不仅为历代兵家所推重,而且它也是一部研究古代礼制的重要典籍。

既然这一整套"军礼"是西周时期所确立的古典礼乐文明在军事领域用来指导和制约具体的军事行动的依据,那么,其具体内容到底有些什么呢?

据《周礼·夏官·大司马》规定的古代司马之职有如下内容:(1)出兵征讨的名义规定,即"九伐之法";(2)畿服制度,即九畿之籍;(3)军赋制度;(4)春、夏、秋、冬四季以田猎形式教练战法。

---

① 如《左传》昭公二十一年引:《军志》曰:"先人有夺人之心,后人以待其衰。"《左传》僖公二十八年引《军志》曰:"有德者不可敌。""允当则归。""知难而退。"《孙子兵法·军争篇》引《军政》曰:"言不相闻,故为之金鼓;视不相见,故为之旌旗。"

《汉书·艺文志》著录《司马法》为《军礼司马法》一百五十五篇，收于"六艺略"的"礼"类。由于今本《司马法》佚失严重，仅残留五篇，大量的记录军礼则在《司马法》逸文之中。逸文有清代人张澍、黄以周和钱熙祚所辑的本子①，全部 60 余条，大致反映出古代军礼有以下内容：（1）军队编制。即对兵员及战车进行自下而上的编制，设置官职，明确职掌。（2）军赋制度。即根据户籍制度、畿服制度征发士卒、车马等出军定赋。（3）出师。包括出师时令、事由、目的、出师之前的宜社、造庙等祭祀活动。（4）指挥联络。包括旌旗、金鼓、徽章等。（5）誓师。（6）军容与军中礼仪。（7）校阅蒐狩。（8）凯旋、献捷、献俘。（9）军中禁令。（10）军威。（11）赏罚。（12）刑罚。（13）止语。这些内容正好与《周礼》对司马之职的规定十分相近。

古代的所谓礼，不仅是社会生活中的规定和仪式，更多是国家政治、军事等制度和法规，礼与法并无明确的界限。按《周礼》，礼制的管理属于大宗伯，其记载将礼分作吉、凶、军、宾、嘉五类，称五礼。《司马法》在许多方面与《周礼》相表里，正好记录的是军礼的内容。班固认为《司马法》是对商周两代以礼治军之总结，他说："兵家者，盖出于古司马之职，王官之武备也。《洪范》八政，八曰师。孔子曰为国者，'足食足兵'，'以不教民战，是谓弃之'，明兵之重也。《易》曰'古者弦木为弧，剡木为矢，弧矢之利，以威天下'，其用上矣。后世燿金为刃，割革为甲，器械甚备。下及汤武受命，以师克乱而济百姓，动之以仁义，行之以礼让，《司马法》是其遗事也。自春秋至于战国，出奇设伏，变诈之术并作"，这才出现了大量的权谋、形势、阴阳、技巧四方面的兵书，所以他把《司马法》另列入礼类，并称为《军礼司马法》。清人孙诒让《周礼正义》卷二〇说："是《司马法》实古军礼之遗文，故足与礼经相证。"秦蕙田的《五礼通

---

① 张澍：《司马法逸文》，收入《二酉堂丛书》，道光元年张氏二酉堂刻本；黄以周：《军礼司马法考证》，光绪十八年黄氏自刊本；钱熙祚：《司马法逸文》，《指海》第八集，上海大东书局民国二十四年（1935）影印本。

考》，黄以周的《军礼司马法考证》《礼书通故》也都是把《司马法》当作礼书来研究，力求恢复古代军礼之本来面目的。当代学者余嘉锡也认为："盖《司马法》为古军礼之一，不始于齐威王之大夫，并不始于穰苴。穰苴之兵法，盖特就《司马法》而申明之，而非其所创作，其后因附之《司马法》之中。古书随时增多，不出于一人之手，类皆如此。至于齐威王使大夫追论，疑不过汇辑论次之，如任宏之校兵书而已。"① 这段话实际上已经清楚地辨明了古《司马法》的性质及其与传世至今的《司马法》五篇的关系。

举例来说，《司马法》中明确记载有以下古军礼内容：

关于出军赋的："六尺为步，步百为亩，亩百为夫，夫三为屋，屋三为井，四井为邑，四邑为丘。丘有戎马一匹、牛三头，是曰匹马丘牛。四丘为甸，甸六十四井，出长毂一乘、马四匹、牛十二头、甲士三人、步卒七十二人，戈楯具，谓之乘马。"

关于出师时令的："春不东征，秋不西伐，月食班食，所以省战。"

关于军中礼仪的："兵车不式，遭丧不服。""介者不拜，城上不趋，危事不齿。""其有陨命，以行礼如会，所用仪也。若陨命则左结旗，司马授饮，右持苞壶，左承饮以进。"

关于军中禁令的："阃外之事，将军裁之。""进退唯时，无曰寡人。"

当然，也不乏在今天看来近乎荒诞的"逐奔不过百步，纵绥不过三舍，是以明其礼也；不穷不能而哀怜伤病，成列而鼓，是以明其信也"；"战道不违时，不历民病"；"不加丧，不因凶"等在早期战争中的确实行过的军礼，它正是"不鼓不成列""君子不重伤，不禽二毛""战不逐奔，诛不填服"原则的理论总结。班固在《汉志·兵书略》序中所说的："后世燿金为刃，割革为甲，器械甚备。下及汤武受命，以师克乱而济百姓，动之以仁义，行之以礼让，《司马法》是其遗事也。"正好准确扼要地揭示出《司马法》在古代兵学思想史上的特殊

---

① 余嘉锡：《四库提要辨证》卷十一，中华书局1980年版，第597页。

地位和历史意义。

如果考察当时战场上的正式交锋,我们就会看到一些军礼原则的指导作用,《司马法·仁本》曰:"古者逐奔不过百步,纵绥不过三舍,是以明其礼也;不穷不能而哀怜伤病,是以明其仁也;成列而鼓,是以明其信也。"《左传》僖公二十二年记载:宋楚两国战于泓水,宋弱楚强,宋襄公恪守古军礼,不肯乘楚军半渡、未成列之机发起进攻,而最终被楚军所败,自己也受了重伤。当国人谴责宋襄公时,他有一段话很能说明问题:"君子不重伤,不禽二毛。古之为军也,不以阻隘也,寡人虽亡国之余,不鼓不成列。"宋襄公之举在后人看来愚蠢可笑,但在当时却是依军礼行事。

具体地说,这种特殊地位和历史意义主要体现在以下三个方面。

第一,《司马法》是我国现存兵书中,反映商周、春秋以前军事思想、作战特点、军事制度实际情况最翔实最充分的兵学典籍,可谓早期战争观念、作战方式及其特征的历史缩影。它为我们把握中国古代战争史、兵学思想史的发展脉络提供了依据和线索。它的"兴甲兵以讨不义""逐奔不过百步,纵绥不过三舍""成列而鼓,是以明其信""不穷不能而哀怜伤病"等,使我们看到了三代战争遵循"军礼"的基本通则。

第二,《司马法》提出了一系列超越时空、具有永恒价值的军事理论命题,如"以战止战,虽战可也""国虽大,好战必亡;天下虽安,忘战必危""国容不入军、军容不入国"等,对后世兵家理论的发展产生了深远的影响。

第三,《司马法》作为上古军制、战术的渊薮,它对春秋中期以前的军事训练、兴师程序、誓师仪式、凯旋献捷以及战术运用等情况作出了如实地反映。其大量的军礼、军法、军制、军令内容,为我们研究先秦史提供了十分宝贵的文献资料。

总之,《司马法》一书贯穿着"以礼为固,以仁为胜"的指导精神,集中体现了春秋中期以前战争的形式和特点,完整地反映了早期军事思想的基本内容和主导性质。从这个意义上说,《司马法》可以说是中国古代兵学思想发展史上的第一座里程碑。

二 "诡道""兵不厌诈"——兵学谋略体系的形成

春秋中期以后，尤其是春秋战国之际，随着社会变革的日趋剧烈，战争也相应进入新的阶段。当时战争的发起者和指导者，开始摒弃旧礼制的束缚，使战争呈现出丰富多彩的状况。战争的变化主要表现在战争规模的扩大、战争方式的变化和作战指导的进步。春秋中叶前，各国在军事行动中投入的兵力一般不多，范围也比较狭小，战争的胜利主要依靠战车的阵地会战来取得，在较短的时间内即可决定战争的胜负。春秋晚期以后，激烈的野战开始盛行，战争的范围由过去的中原地区向偏远地区延伸，战争往往带有持久长期的性质，进攻方式也开始带有运动性了。以公元前506年的吴楚柏举之战为例，吴军避敌正面、迂回奔袭的战略和后退疲敌、寻机决战、突袭破阵、纵深追击等战术，体现了运动歼敌、连续作战的崭新气象，这是以往战争的规模和方式所不能比拟的。

体现在春秋晚期以后战争上最大的特点，当属作战指导的根本性变化。这就是"诡诈"的战法原则在军事活动领域内的普遍流行，过去的那种"贵偏战贱诈战"[①]的堂堂之阵战法遭到全面否定。正如班固所概括的："自春秋至于战国，出奇设伏，变诈之兵并作。"[②]可见社会对当时兵家所提出的要求，是如何适应变化了的客观情况，构建新的军事理论，用以更好地指导战争。这预示着古代军事思想的发展已经面临着新的契机、新的转折，而这种转折，就是由"军法"（或曰"军礼"）向"兵法"（或曰"战争艺术"）的转折，它以孙武的出现和《孙子兵法》的面世为最主要的标志。

《孙子兵法》体现了中国古代杰出的军事理论，也可以说是中国古代思想文化史上的重要成果。其以"智"用兵，以"谋"制敌的思想，贯穿于孙子军事思想体系的各个方面。而智与谋最终落实于"诡

[①] 偏战，《春秋公羊传》曰："偏，一面也。结日定地，各居一面，鸣鼓而战，不相诈。"
[②] 《汉书·艺文志》"兵书略"，中华书局1962年版，第1762页。

诈"二字之上，即所谓"兵者，诡道也"，"兵以诈立，以利动，以分合为变"。这作为孙子兵学实用理性和精髓要义的集中体现，在《孙子兵法》的字里行间随处可见，也正是这一点，确立了先秦兵家思想第二个发展阶段的基调。

如果我们把《孙子兵法》与《司马法》的内容作一简单比较，就可以更清楚地看到这种军事思想逻辑递进关系的时代特征。

在整体论述上，《司马法》注重申明军礼，论列军制；而《孙子兵法》则注重探讨作战的指导原则。

在战争目的方面，《司马法》基于"军礼"的"仁义"特色，将战争活动的宗旨归结为"诛讨不义""会天子正刑"；而《孙子兵法》则明确提倡"伐大国、战胜强立"。

在战争善后问题的处理上，《司马法》讲求"又能舍服"、"正复厥职"；《孙子兵法》则主张"拔其城，堕其国"，二者行为截然对立。

在作战方式上，《司马法》主张"军礼以舒为主"，力求做到"徒不趋，车不驰"；而《孙子兵法》则提倡"兵之情主速，乘人不及，由不虞之道，攻其所不戒也"。

在后勤保障及战场纪律方面，《司马法》主张"入罪人之国"，"无取六畜禾黍器械"；而《孙子兵法》则明确主张"因粮于敌"，鼓吹"掠于饶野""掠乡分众"。

所有这一切都使我们清楚地看到，在《司马法》与《孙子兵法》之间，的确存在着一条难以逾越的时代鸿沟，而这种差异也正好反映出《孙子兵法》已经摆脱旧时"军礼"的窠臼，已经成为反映社会新要求、更加准确地体现军事斗争自身规律特点的划时代兵学经典。

三 综合完备——走向成熟的中国古代兵学

战国中晚期以后，中国古代军事思想的发展又出现了一次新的飞跃，这就是当时的兵家充分汲取诸子百家的政治伦理学说，以充实兵家思想，反映在这一时期的兵书上即是兼容综合、全面总结的特色。《尉缭子》等兵书是这个阶段的代表，而《六韬》的问世和流传则是最显著的标志。

先秦兵家思想这一演进并不是偶然的，它是战国中晚期社会政治、经济、文化发展的必然产物。从政治上看，随着封建兼并战争逐渐走向统一战争，各诸侯国在政治上的交流和联系日趋加强，统一已成为大势之所趋，人心之所向。从经济上来看，社会生产力的发展，商业和交通的繁荣与发达，使各个地区在经济上的依赖与联系更加密切，出现了"四海之内若一家"的新气象。尤其值得注意的是，战国中晚期的学术文化亦显示出兼容总结的特点，它对于先秦兵家思想向第三个阶段的演进也产生了不容忽视的影响。这种政治、经济、文化上的大一统发展趋势，必然会大力促进兵家思想理论的发展，使之也呈现出综合融会的倾向。

《六韬》是先秦军事著作的集大成之作，成书于战国晚期，它的基本特点概括地说有两个方面。

第一，它所阐述的军事理论具有完备性、综合性。《六韬》全书共六卷六十篇，通过周文王、周武王与姜太公对话的形式，阐述治国统军的基本方略以及战争指导法则。它涉及的范围包括战略思想、治军理论、作战指导、国防建设、军事后勤等各个方面，内容十分贴近战国时期军事斗争的实际情况，而且论述有相当的深度，所论述的许多问题，具有独创性和启迪意义。比如《王翼篇》在古代兵书中最早提出了军队司令部组成及其工作性质的问题。《军用篇》中关于先秦兵器的记载，也具有重要的军事技术史资料价值，为先秦其他兵书所不载。

第二，当时诸子百家中的社会政治思潮对《六韬》一书有广泛的渗透和高度的规范。简单地说，黄老之学"清静无为"，执一统众的思想对其起着指导作用；儒家的民本思想对其有着明显的影响；法家思想又对其产生着深刻的渗透。《六韬》对诸子学说的借鉴和吸收，体现为多元而混糅，有时在同一段对话中，各家学说的影响交相混合，比如《盈虚篇》中，所谓"鹿裘御寒，布衣掩形，粝粱之饭，藜藿之羹"之类，是墨家的风格；所谓"削心约志，从事乎无为"，是道家的精神；"以法度禁邪伪，所憎者，有功必赏；所爱者，有罪必罚"，是法家的要义；而"其自奉也甚薄，其赋役也甚寡，故万民夫乐而无饥寒之色"，则是儒家所主张的了。这种现象的存在，充分证明《六韬》文化精神的构建的确是在诸子学说的氛围之中，体现了战国晚期兵家思想发展的时代特征。

原载于《中国思想学说史》（先秦卷），广西师范大学出版社2007年版

先秦齐国兵学成就略论

在先秦兵书遗产之中，齐国的兵学成就最为突出。探讨先秦齐国兵学的成就及其历史文化渊源，对于我们全面认识中国古代兵学文化、军事史以及思想文化史定会有所帮助。

一

先秦齐国的兵书，见于《汉书·艺文志》"兵书略"著录的，就有以下：

《吴孙子兵法》八十二篇，图九卷。

《史记·孙子吴起列传》记："孙子武者，齐人也，以《兵法》见于吴王阖闾。阖闾曰：'子之十三篇，吾尽观之矣'。"银雀山汉简《孙膑兵法》在谈到"孙氏之道"时，谓之"明之吴越，言之于齐。"可知《孙子兵法》为客居吴国的齐人孙武所著，我们今天可见的有传本十三篇，据司马迁所说，又有银雀山汉墓出土木牍为证。见于银雀山汉简的还有佚篇《吴问》《四变》《黄帝伐赤帝》《地刑》（形）、《见吴王》。除此以外，见于古代各种文献的还有大量逸文。

《齐孙子》八十九篇，图四卷。

《史记·孙子吴起列传》曰："孙武既死，后百余岁有孙膑。膑生阿、鄄之间。膑亦孙武之后世子孙也。孙膑尝与庞涓俱学兵法。""（田）忌进孙子于威王。威王问兵法，遂以为师。"《史记·太史公自序》："孙子膑脚，而论兵法。"以往有人认为传世的《孙子兵法》即为孙膑所著，1972 年山东临沂银雀山 1 号汉墓出土竹简兵书中发现失传一千多年的《孙膑兵法》之后，才使这一误解得到澄清。

《兵书略》以外，见于《汉书·艺文志》的还有：

《军礼司马法》百五十五篇。

顾实《汉书艺文志讲疏》云："《七略》本列在兵权谋家。班氏出彼入此也。"《史记·司马穰苴列传》："司马穰苴者，田完之苗裔也。"齐景公时，晏婴以"文能附众，武能威敌"荐田穰苴于景公，景公"与语兵事，大说之，以为将军，将兵扞燕晋之师"，"遂取所亡封内故境而引兵归"。于是尊为大司马。其后田和"因自立为齐威王，用兵行威，大放穰苴之法，而诸侯朝齐"。齐威王使大夫追论《司马兵法》而附穰苴于其中，因号曰《司马穰苴兵法》。若仔细考察，可以看到，司马穰苴与以上吴、齐两《孙子》的作者孙武、孙膑实有一定联系。据杨伯峻先生考证，在齐国，陈、田、孙三家属于同一始祖，可以认为是同族①。穰苴是陈国田完的后裔，田完的另一裔孙田书，也在齐景公时伐莒国有功，赐氏为孙，以后到吴国的孙武即为其后人，而孙膑又是孙武的裔孙，在齐威王时任职，战功显赫。作为威王时最重要的军事家孙膑，在《司马法》的编著中说不定起到了很大作用。《司马法》中有许多先秦军法制度的条文。班固在《汉书·艺文志》中说："后世耀金为刃，割革为甲，器械甚备。下及汤武受命，以师克乱而济百姓，动之以仁义，行之以礼让，《司马法》是其遗事也。"《司马法》中大量有关军礼的内容，是先秦军礼的综合性总结，在进入以儒学为正统的汉代，这部兵书被班固归入"六艺略"的"礼"类。

《太公》二百三十七篇。吕望为周师尚父，本有道者。或有近世又以为太公术者所增加也。《谋》八十一篇，《言》七十一篇，《兵》八十五篇。

沈钦韩《汉书疏证》："《谋》者，即太公之《阴谋》。《言》者，即太公之《金匮》，凡善言书诸金版。《兵》者，即《太公兵法》。"

---

① 杨伯峻：《孙膑和〈孙膑兵法〉杂考》，《文物》1975 年第 2 期。

《史记·齐太公世家》曰："太公望吕尚者，东海上人。""武王已年高王天下，封师尚父于齐营丘。"吕尚曾经是周人灭商战争的实际指挥者，《太公》之书应当是齐国兵学之先源。《太公兵法》从唐以来多被称为《太公六韬》，银雀山汉简和八角廊汉简也有与《太公》有关系的简文。前者有14组，包括见于传本《六韬》的内容，还有一部分见于《群书治要》《通典》《太平御览》等书征引而不见诸传本的逸文，被正式定名为《六韬》。而八角廊汉简则有几个篇题和几篇文字见于传本《六韬》①。《六韬》自唐宋起就被怀疑为后人假托的伪书，银雀山汉简和八角廊汉简的出土，证实这部书在西汉前期已经传世。

《管子》八十六篇。

《管子》中包括兵家言论，其中《兵法》《七法》《地图》《参患》《制分》《九变》六篇为兵家言。《管子》一书的成书年代，聚讼纷纭，有人认为是齐国稷下学者的论文集②，而稷下学者中当应包括兵家。

《子晚子》三十五篇。子晚子齐人，好议兵，此书与《司马法》相似。

班固列此书于杂家，与此并列的《五子胥》八篇、《由余》三篇、《尉缭》二十九篇分别与兵技巧家《五子胥》十篇、兵形势家《繇叙》二篇、兵形势家《尉缭》三十一篇有关，似非偶然，而今本《尉缭子》又被有些学者公认为是《汉书·艺文志》杂家中的《尉缭》③。由此，我们可以相信孙德谦在《汉书艺文志举例》中提出的这样推想

---

① 前者见《银雀山汉墓竹简》（壹），文物出版社1985年版；后者见《定县八角廊40号汉墓出土竹简简介》，《文物》1981年第8期。

② 朱长春：《管子榷序》："故其书杂者，半为稷下大夫坐议泛谈，而半乃韩非、李斯辈袭商君以党管氏，遂以借名行者也。"顾颉刚在《"周公制礼"的传说和〈周官〉一书的出现》一文中说："我很怀疑《管子》一书竟是一部（稷下丛书）。"（《文史》第6辑）胡家聪《〈管子〉原本考》认为，"刘向改编本《管子》，可视为战国时齐稷下学宫各派著作的汇编。"（《文史》第13辑）

③ 《隋书·经籍志》中，仅见于杂家类有《尉缭子》，兵家类则无。《隋书》主编魏征在所编《群书治要》中收录《尉缭子》的《天官》《兵谈》《制谈》《兵令》四篇，正与今本《尉缭子》中四篇大体相同。可知魏征所谓杂家《尉缭子》，可能就是流传至今的兵书《尉缭子》。

基本可信："《子晚子》者以《子墨子》证之，盖兵家大师也，以其学术通博，而所长则在兵耳。"

从以上我们看到，流传到汉代的兵学遗著中，数量最为丰富、内容最为精辟，且影响最为深远者，当首推齐国兵学著作；在流传至今的古代兵书中，先秦齐国的兵学著作亦占有十分重要的地位。

二

齐国兵学的突出成就，是以特殊的历史条件为背景的，这主要表现在兵家传统与学术特色两个方面。

太公望吕尚，作为齐国的开国之君，以其长期的军事实践为理论基础，成为齐国兵学的奠基人。《史记·齐太公世家》记："周西伯昌之脱羑里归，与吕尚阴谋修德以倾商政，其事多兵权与奇计，故后世之言兵及周之阴权皆宗太公为本谋。"所谓"天下三分，其二归周者，太公之谋计居多"，"迁九鼎，修周政，与天下更始，师尚父谋居多"。吕尚以其成功的军事谋略倾商兴周，于是使先秦兵学各流派中，齐国兵学初源最为久远。此后齐立国，"东至海，西至河，南至穆陵，北至无棣，五候九伯，实得征之"，专有四面用兵的特权，"由此得征伐，为大国"。齐人有重视军事的传统，应当肇始于太公望吕尚。

东周时代，齐国曾作为最著名的军事强国雄踞东方。据《左传》记载，公元前722年至前479年的244年间，由齐人掌握主动权的发生于齐国境外的军事活动，包括征伐、远戍、筑城、示威以及军事会盟等等，共计173事。齐国军队曾经进攻的国家，有鲁、宋、卫、燕、厉、郑、楚、秦、晋、莒、吴、鄩、儿、徐、鄣、陈、英氏、北戎、蔡、戚、盟、向、遂、山戎、郯、莱、郕、纪、项、许等30余国。

齐桓公任用管仲推行新政，取得了经济、政治方面的成功，同时使齐国的军事面貌为之一新。据《国语·齐语》所记，管仲通过"作内政而寄军令"的改革，使行政组织与军事组织相结合，百姓同亲同仇，患难与共，"是故守则同固，战则同疆"。管仲说："君有此士也三万人，以方行于天下，以诛无道，以屏周室，天下大国之君莫之能御。"这种在当时比较适应实战需要的关于军事组织的思想与实践，也成为齐国兵学发展的基础。管仲还在齐国较早实行了以兵器赎罪的政策，即所谓"轻过则移诸甲兵"。按规定，"制重罪赎以犀甲一戟，轻罪赎以鞼盾一戟，小罪谪以金分……美金以铸剑戟，试诸狗马；恶金以铸鉏、夷、金、斸，试诸壤土。"于是解决了"齐国寡兵甲"之患，一时"甲兵大足"。罚令罪人缴纳武器或制作武器用的金属，这一制度大约创始于齐①，后来又为西方新兴的军事强国秦国所承袭②。管仲设计的有关制度，使齐国军事实力迅速强盛，为齐桓公首霸诸侯奠定了坚实的基础。齐桓公在位43年，终春秋之世，虽号称五霸迭兴，然而后世的霸主无论在霸权威慑范围之广和霸业维持年代之久两方面都始终无人能够超越齐桓公。如《史记·管晏列传》所说齐国即使在丧失霸主地位的时代，也依然是一等大国而"常彊于诸侯"。齐国是战国七雄中唯一经历过政权更替的国家，这就是"田氏代齐"。贵族田氏势力增长，逐步取代了姜姓齐君，公元前386年，周安王正式承认田和国君地位，田齐取代了姜齐。尽管发生了如此重大的政治变动，齐国作为东方大国的威势却并未能衰歇。这可能与齐国下层政权组织和军事组织的牢固结合有关。齐国于列国之中，是唯一一个从西周初年至于战国晚期始终对于天下大势有举足轻重的影响力的强国。这一事实，也是以齐国军力的雄厚为条件的。

战国中期，齐威王当政之时，魏国在中原地区一度称雄，于公元前355年与公元前342年先后攻赵、攻韩，齐威王两次均派田忌、孙膑率军救赵、救韩，从而爆发了战国史上著名的"桂陵之战"与"马陵之战"。孙膑运用的"围魏救赵"与逐日减灶诱使魏军追击之计大败魏军，使曾在中原地区称雄一时的魏国走向衰落。《孙膑兵法·陈忌问垒》中，具体说明了"马陵之战"中怎样将许多战车和武器作为障碍物，歼灭"窘处隘塞死地之中"的魏军，取得"取庞涓而擒太子

---

① 除《国语·齐语》外，又见《管子·小匡》。《周礼·秋官司寇·职金》："入其金锡于为兵器之府"，"掌受士之金罚货罚，入于司兵。"
② 《韩非子·外储说右下》：秦昭王曰："訾之人二甲。"云梦睡虎地秦简也多有罚令犯罪者缴纳络组、盾、甲等军用物资的条文。

申"这一战斗的经过。兵书中对有关战例的详尽记录，充分说明齐国兵学的发展是以战争实践的总结为基础的。公元前314年，齐宣王乘燕国内乱，大举攻燕，50天即攻占了燕国。以后齐湣王即位，用薛公田文为相，伐楚九岁，攻秦三年，宾服韩、魏，结交赵国，形成当时天下齐、秦两大军事强国东西对峙的局面。公元前298年，齐国攻破函谷关，迫使秦求和。次年，秦昭王遣使往齐，约齐湣王与秦同时称帝，秦为西帝，齐为东帝。至此齐国的国力达到顶点，《史记·孟子荀卿列传》："齐威王、宣王用孙子、田忌之徒，而诸侯东面朝齐。"《田敬仲完世家》也说当时诸侯"莫敢治兵于齐"，"楚人不敢为寇东取"，"赵人不敢东渔于河"。公元前286年，燕将乐毅率燕、秦、韩、赵、魏五国之兵伐齐，齐军大败，沦陷70余城。七年之后齐将田单复国，陆续收复失地，然而齐国力已大损。此后齐国虽无力与强秦抗衡，但仍不失为东方强国。秦进行统一战争，相继攻灭六国，齐国是最后灭亡的国家。

春秋战国时期各种学术流派的"百家争鸣"局面为军事理论的发展提供了十分有利的条件，齐国的兵学理论正是在这种环境之中发展起来的。当时天下的文化重心在于齐鲁，如果说鲁文化突出对西周文化的继承的话，那么齐文化则表现出面向现实，注重实用和创新的特色。比如《管子》一书就中包含有早期气象学、植物生态学、土壤分类学、矿物学等方面知识的内容。《晋书·天文志》认为战国时期著名的天文学家甘德是齐国人。齐人邹衍是阴阳家的代表人物，以对天文星象的丰富知识，而被称为"谈天衍"。邹衍的学说中还包含有早期地理学的知识。齐国医学也达到相当高的水平，战国名医扁鹊和汉初名医仓公，都是齐人。根据郭沫若先生的考证，我国第一部总结手工业工艺制作经验的专著《考工记》，就是齐国人编写的。与其他地区往往更注重政治、哲学、伦理的学术风气比较，齐人实用之学的发展表现出鲜明的地方特色。兵学更是实用之学，它必须以现实利害为依据，必须非常具体地观察、了解和分析种种现象，重视经验，而来不得半点情感上的喜怒爱憎和任何观念上的鬼神天意。因为战争是流血的，是你死我活的，不容许搞空中楼阁的思辨遐想和空洞的议论，任何情感的干预，都可造成不可挽回的生死存亡的严重后果。所以，齐国兵学之进步是与齐国注重实用的学术传统分不开的。

齐国学术还体现出博采融汇的特色。著名的稷下学者荀子，就是在继承儒学的基础上，吸收了道家思想和黄老学派的积极影响，同时体现为由"礼"到"法"的学术流变的中心环节，成为集权主义的拥护者。齐国学者们还往往将儒家、道家、名家、阴阳家等等融汇兼取，形成崭新的学术风貌。儒学兴起于鲁，而汉初则独盛于齐，这正是和齐国学士博采百家，使儒学得以补充、修正、更新的努力分不开的。关于齐人的资性，司马迁说"其民阔达"①，班固则称之为"舒缓"②，学术生活中的宽容精神，正是这种国民心理的体现。齐学打破地域文化的拘界和不同学术流派的囿见，体现了文化统一的趋势，因而在战国晚期以至秦世及汉初，成为学术发展的一支主流。范文澜说："鲁学主合古（复古），齐学主合时。"③ 齐学能够超过鲁学，正是在于积极应变而常新的特点。齐国兵学也正是在这种文化环境之中得到不断发展而达到相当成熟的境界的。齐国学术的繁荣与发展还有一个重要的条件，这就是稷下学宫的传统与影响。齐国自桓公起，就在都城临淄的稷下设置学宫，设大夫之号，刘向《新序》说"齐有稷下先生喜议政事"，他们"各著书言治乱之事，以干世主"④。到齐威王、齐宣王齐国力鼎盛时期，稷下人才济济，所谓稷下学士达一千多人。《史记·田敬仲完世家》记：齐宣王"喜文学游说之士，自如邹衍、淳于髡、田骈、接予、慎到、环渊之流七十六人，皆赐列第，为上大夫，不治而议论。是以稷下学士复盛，且数百千人"。有的学者认为，孟子也曾列于稷下先生之中⑤。实现对诸子百家的总结的思想家荀子，

---

① 《史记·齐太公世家》，第1513页。
② 《汉书·地理志》，第1661页。
③ 范文澜：《中国通史》第二册，第三章，第十节经学、哲学、科学、宗教，人民出版社1978年版。
④ 《史记·孟子荀卿列传》，第2346页。
⑤ 侯外庐、赵纪彬、杜国庠：《中国思想通史》第1卷，人民出版社1958年版，第47页，并参看孙以楷《稷下学宫考述》，《文史》第23辑。

也曾到稷下讲学。稷下学宫所拥有的第一流学者的数量，是战国时期任何一国所无可企及的，稷下成为战国百家争鸣的学术中心，而且这一学术基地存在的时间长达150年之久，这在中国学术思想史上也是极其突出的记录。稷下学者向历史奉献了极其丰富的学术成果，其中也包括兵学的成就。《荀子》有《议兵》篇。有的学者指出，《子晚子》《司马法》《孙膑兵法》等兵学名著，可能都是稷下学者的著作[1]。

三

现存的齐国兵书，大致可分为两个流派，一派以《吴孙子》与《齐孙子》为代表，《汉书·艺文志》"兵书略"列为"兵权谋"类，此以谈兵略为主；一派以《司马法》为代表，《汉志》列入"六艺略"之"礼"类，此以记录古代军礼为特点。这两个流派可以说代表了先秦齐国兵学的最高成就。第一派别，包括《吴孙子兵法》、《齐孙子》、《太公》（含后世《六韬》）、《管子》中的兵家言若干篇。这些原本在刘歆的《七略》中均列入"兵书略"，而班固却将《太公》与《管子》改入"诸子略"的道家类，只留《吴孙子兵法》与《齐孙子》在"兵书略"的权谋类。其兵权谋之小序曰："权谋者，以正守国，以奇用兵，先计而后战，兼形势，包阴阳，用技巧者也。"可见这类兵书即我们通常所说的行军用兵之法，它所强调的是"兵者，诡道也"（《孙子兵法·计》）、"兵以诈立"（《孙子兵法·军争》）等后世人叫作"谋略"的思想，以《孙子兵法》最为典型。与西方人相比，东方人，尤其是中国人，更为注重谋略的运用，《孙子兵法》通篇贯穿着谋略思想。兵者诡道，是孙子对战争本质特征的深刻理解，也是孙子对克敌制胜谋略的高度概括。古代的早期战争，讲求阵法，必"成列而鼓"，"逐奔不过百步，纵绥不过三舍"，进退整齐统一，行动循规蹈矩，做到"动之以仁义，行之以礼让"，才算符合所谓的

---

[1] 孙以楷：《稷下学宫考述》，《文史》第23辑。

"正道"。到了春秋时代，虽然也发生过宋楚泓之战宋襄公恪守旧法而兵败丧生为天下所笑（《左传》僖公二十二年）的事例，然这时的战争早已冲破了所谓"正道"的羁绊，成为斗力、斗勇、斗智的较量，用智用谋的传统在战争中得到长足的发展。《孙子兵法》正是对这种战争经验的高度总结。对具体的作战谋略，孙子强调战争的策略和手段的最显著特征即诡诈性。在战场上，敌对双方都会将自己的真实意图掩盖起来，所谓"能而示之不能，用而示之不用，近而示之远，远而示之近。利而诱之，乱而取之，实而备之，强而避之，怒而挠之，卑而骄之，佚而劳之，亲而离之。攻其无备，出其不意"（《孙子兵法·计》）。这种不拘常法，不守常规的诡诈之术，是孙子谋略思想的主要内容。它不是将帅个人的喜好，而是战争的规律使然。在战场上，只有采用种种诡诈之术，才能做到"致人而不致于人"（《孙子兵法·虚实》）从而最终达到克敌制胜的目的。要运用种种谋略，则必须倾入最高的智慧。《孙子兵法》还通篇贯穿了一种尚智思想。这种尚智思想与谋略思想相辅相成，智慧体现在战争指导者将帅身上，孙子为将帅确定了智、信、仁、勇、严"五德"（《孙子兵法·计》），智被列为首位，强调在血与火的战场上智慧是将帅最重要的品质。智慧投入于如何卓有成效地打击敌人、夺取胜利之上便是用诡，用诡是用智的表现形式。后世的历代军事家之所以推崇《孙子兵法》，也正是在于从孙子高超的用兵艺术中汲取智慧和谋略，用以指导自己的军事实践活动，从而达到战胜攻取之现实目的。所以，讲兵法，用谋略，没有哪一部兵书能够超越《孙子兵法》，直到今天，它仍然对现代战争的指挥起着借鉴与指导作用，其原因也正在于此。与《孙子兵法》相比，《太公》《管子》之兵家言在论述用兵之术的同时，更强调治国之术，这大约正是班固列它们于道家的原因。古代的道家比较复杂，一般情况下人们对道家的印象只限于讲清静无为的处世哲学与养生之道。实际上道家也有非常实用的一面。《汉书·艺文志》曰："道家者流，盖出于史官，历记成败、存亡、祸福、古今之道。"可见它是在记录、总结历史经验教训之后而论述君人南面之术的。有学者认为，《老子》即是"由兵家的现实经验加上对历史的观察、领悟概括而为政治——

哲学理论的"①。从唐代的王真起，宋代的苏辙、明代的王夫之、近代的章太炎，乃至现代的毛泽东，均把道家的代表之作《老子》看作一部兵书，认为其在用智方面，与管仲、孙武无异，可见道家与兵家之密切关系。其实《孙子兵法》的内容也不仅仅限于军事，它也涉及了政治。银雀山汉简《孙子兵法·吴问》即是论政之作。此外在许多方面，它看似讲军事，实际早已超越了军事，明确地指出了政治对军事的统帅关系。从《孙膑兵法》的内容看，其中也多引述儒家所推崇的"五帝""三王"故事来说明自己的战争理论，所谓"战胜，则所以在（存）亡国而继绝世也"，与孔子"兴灭国，继绝世"用语一致。

齐国兵书的第二个流派以《司马法》为代表，列于《汉书·艺文志》杂家类的《子晚子》可能与此相同，然而书现已不存，我们无从了解，仅能从现存的《司马法》对这一流派进行了解和评价。从书名看，《司马法》与《孙子》《吴子》等以人名命名的兵法书不同，它以古代掌管军政事宜的司马之官为书名，可见它所记录的并非一般的个人对战争规律、经验的认识和总结，而是以司马之职的官守及军中制度、法规为内容的。今本《司马法》仅存五篇，大量的记录军礼（或称军法）的内容则在《司马法》逸文之中。逸文主要为清代人张澍、黄以周和钱熙祚所辑②，全部大约 60 余条，大致反映出古代军礼有以下内容：（1）军队编制。即对兵员及战车进行自下而上的编制，设置官职，明确职掌。（2）军赋制度。即根据户籍制度、畿服制度征发士卒、车马等出军定赋。（3）出师。包括出师时令、事由、目的、出师之前的宜社、造庙等祭祀活动。（4）指挥联络。包括旌旗、金鼓、徽章等。（5）誓师。（6）军容与军中礼仪。（7）校阅蒐狩。（8）凯旋、献捷、献俘。（9）军中禁令。（10）军威。（11）赏罚。（12）刑罚。（13）止语。

在今本《尉缭子》的后半部分，如《重刑令》《伍制令》《束伍

---

① 李泽厚：《中国古代思想史论》之《孙老韩合说》，人民出版社 1986 年版。
② 张澍：《司马法逸文》，收入《二酉堂丛书》，道光元年张氏二酉堂刻本；黄以周：《军礼司马法考证》二卷，光绪十八年黄氏自刊本；钱熙祚：《司马法逸文》，《指海》第八集，上海大东书局民国二十四年（1935）影印本。

令》《勒卒令》《兵令》等篇章中亦可看到属于军制、金鼓旌旗、徽章、赏罚和军中礼仪的内容。出土资料中以1978年青海大通上孙家寨汉墓所出竹简最为宝贵，它为我们提供了当时军法、军令的实物证据[①]。而《司马法》所反映的古代军礼内容最为全面。古代的所谓礼，不仅是社会生活中的规定和仪式，更多是国家政治、军事等制度和法规，礼与法并无明确的界限。按《周礼》，礼制的管理属于大宗伯，其记载将礼分作吉、凶、军、宾、嘉五类，称五礼。《司马法》在许多方面与《周礼》相表里，正好记录的是军礼的内容。班固认为《司马法》是对商周两代以礼治军之总结，他说："自春秋至于战国，出奇设伏，变诈之兵并作"，这才出现了大量的权谋、形势、阴阳、技巧四方面的兵书，所以他把《司马法》另列入《六艺略》之礼类，并称为《军礼司马法》。清人孙诒让《周礼正义》卷二〇说："是《司马法》实古军礼之遗文，故足与礼经相证。"秦蕙田的《五礼通考》，黄以周的《军礼司马法考证》《礼书通故》也都是把《司马法》当作礼书来研究，力求恢复古代军礼之本来面目的。我们可在《司马法》中明确看到有以下古军礼内容：

关于出军赋的："六尺为步，步百为亩，亩百为夫，夫三为屋，屋三为井，四井为邑，四邑为丘。丘有戎马一匹、牛三头，是曰匹马丘牛。四丘为甸，甸六十四井，出长毂一乘、马四匹、牛十二头、甲士三人、步卒七十二人，戈楯具，谓之乘马。"

关于出师时令的："春不东征，秋不西伐，月食班食，所以省战。"

关于军中礼仪的："兵车不式，遭丧不服。""介者不拜，城上不趋，危事不齿。""其有陨命，以行礼如会，所用仪也。若陨命则左结旗，司马授饮，右持苞壶，左承饮以进。"

关于军中禁令的："阃外之事，将军裁之。""进退唯时，无曰寡人。"

当然，也不乏在今天看来近乎荒诞的"逐奔不过百步，纵绥不过

[①] 《大通上孙家寨汉简释文》，《文物》1981年第2期。

三舍，是以明其礼也；不穷不能而哀怜伤病，成列而鼓，是以明其信也"；"战道不违时，不历民病"；"不加丧，不因凶"等在早期战争中确实实行过的军礼。《司马法》中所记录的关于我国最早的军礼、军法内容，对后世影响极大，西汉初年的"萧何次律令，韩信申军法"实际上就是对《司马法》的因袭和补充。沈家本辑有《汉律摭遗》，其中即有《汉军法》[①]，从其新辑内容以及今人吴忠匡的《〈汉军法〉辑补》[②] 来看，《汉军法》的内容大部分与《司马法》的内容相似，基本未出《司马法》的范围，可见汉代军法是本之以《司马法》的。

由以上我们可知，齐国兵书中的两个流派的确代表了先秦兵学的最高成就，不仅对汉代的兵学发展有主导性的影响，而且在整个中国古代兵学传统与流传至今的兵书之中，齐国的兵书始终是独树一帜，长盛不衰的。

原载于《中国史研究》1997 年第 3 期。

[①] 见（清）沈家本《沈寄簃先生遗书》，中国书店 1990 年版。
[②] 见《中华文史论丛》1981 年第 1 期。

秦火未殃及兵书考

秦始皇焚书之事，给中国历史文化造成了巨大的影响，自汉代以后，历代对这种粗暴的行径均持否定态度且多有批评，这是不争的事实。但多数情况下，人们对当时不在焚烧之列，并由官方予以保护的书籍却不大注意，秦王朝宣布"医药卜筮种树之书"不在焚烧之列，实际上是对实用之学、技术之书给予了必要的保护，这其中当然也包括了兵书。

一

秦始皇焚书之事是依照了秦的一条著名法律《挟书律》而实行的。

先看《挟书律》颁行的历史背景。秦王朝建立了高度集权的专制主义政治体制之后，战国时期旧有的文化体制被否定，文化成为政治军事的附庸，私学盛起的形势一去不复返，生动活泼的文化气氛被洗荡一空。一些儒生和游士于是私下批评时政，以古非今。据《史记·秦始皇本纪》载：秦始皇三十四年（公元前213年）在关于郡县制的御前辩论中，丞相李斯严厉批评了儒者遵行古制，实行分封的主张。他说：

> 五帝不相复，三代不相袭，各以治，非其相反，时变异也。今陛下创大业，建万世之功，固非愚儒所知。且越言乃三代之事，

何足法也？异时诸侯并争，厚招游学，今天下已定，法令出一，百姓当家则力农工，士则学习法令辟禁。今诸生不师今而学古，以非当世，惑乱黔首。

最重要者在下文：

> 丞相臣斯昧死言：古者天下散乱，莫之能一，是以诸侯并作，语皆道古以害今，饰虚言以乱实。人善其所私学，以非上之所建立。今皇帝并有天下，别黑白而定一尊，私学而相与非法教，人闻令下，则各以其学议之，入则心非，出则巷议，夸主以为名，异取以为高，率群下以造谤。如此弗禁，则主势降乎上，党与成乎下，禁之便。臣请史官非《秦纪》，皆烧之；非博士官所职，天下敢有藏《诗》《书》百家语者，悉诣守、尉杂烧之；有敢偶语《诗》《书》者，弃市；以古非今者，族；吏见之不举者，与同罪；令下三十日不烧，黥为城旦。所不去者，医药、卜筮、种树之书。若欲有学法令，以吏为师。制曰："可。"

《史记·李斯列传》亦有同样的记载。

据李学勤先生分析，上述所引《秦始皇本纪》第一段为李斯当时的言论，而所引第二段以"丞相臣斯昧死言"开首，则是李斯对秦始皇的上书原文，李先生以青川郝家坪木牍和张家山汉简《津关令》为据，指出：秦律令的制定多以诏书颁行，或对奏书予以认可。焚书的法律就是以后一种形式发布的[①]。

《尔雅·释言》："挟，藏也。"疏："《史记》秦有挟书之律。"李斯谏言的律文禁止"藏《诗》《书》百家语"，即《挟书律》。可见《挟书律》的颁定是在公元前213年。

汉承秦制，《挟书律》在汉代初年仍被袭用，至汉惠帝四年（公元前191年）被废除，《汉书·惠帝纪》云该年：

[①] 李学勤：《从出土简帛谈到〈挟书律〉》，载《周秦汉唐研究》，三秦出版社1998年版。

三月甲子，皇帝冠，赦天下，省法令妨吏民者，除《挟书律》。

从颁行到废止，《挟书律》前后共历二十多年。目前考古发掘出土的简帛书籍，战国时期多见经子，而秦墓或汉初墓葬出土简册之中，可以称为古书的的确只有法律、占卜和极少量似为官吏的识字课本和修身课本之类的东西，比如云梦睡虎地秦墓的大量法律竹简和日书[①]；云梦秦岗秦墓的法律文书[②]；沙市周家台秦墓的历谱、日书、医方[③]；江陵王家台秦墓的法律文书、《归藏》及日书[④]；天水放马滩秦墓的日书[⑤]；江陵张家山汉墓的法律文书、日书、历谱[⑥]；沅陵虎溪山汉墓的《阎氏五胜》[⑦]，还有长沙马王堆汉墓中大量的有关数术、医方等方面的帛书等[⑧]，而儒家经典、诸子著作等一概不见，这与《挟书律》所规定的禁《诗》《书》百家语，"所不去者，医药、卜筮、种树之书。若欲有学法令，以吏为师"完全相合，说明秦的《挟书律》的确实行过，而且对当时的文化造成重大的影响。

所谓医药之书即指《汉志·方技略》之医经、经方、房中一类，养生内容亦应在内的书籍，马王堆3号汉墓所出帛书如《足臂十二脉灸经》《阴阳十一脉灸经》《脉法》《阴阳脉死候》《五十二病方》《养生方》《杂疗方》《杂禁方》《导引图》，张家山简《脉书》《引书》等均属此类。卜筮之书当即《汉志·数术略》之天文、历谱、五行、蓍龟、杂占等类，上述考古发现的大量选择时日吉凶的日书、王家台秦

---

① 云梦睡虎地秦墓编写组：《云梦睡虎地秦墓》，文物出版社1981年版。
② 中国文物研究所：《龙岗秦简》，中华书局2001年版。
③ 湖北省荆州市周玉桥遗址博物馆：《关沮秦汉墓简牍》，中华书局2001年版。
④ 荆州地区博物馆：《江陵王家台15号秦墓》，《文物》1995年第1期。
⑤ 甘肃省文物考古研究所等：《甘肃天水放马滩战国秦汉墓群的发掘》、何双全：《天水放马滩秦简综述》，《文物》1989年第2期。
⑥ 张家山二四七号汉墓竹简整理小组：《张家山汉墓竹简（二四七号墓）》，文物出版社2001年版。
⑦ 湖南省文物考古研究所等：《沅陵虎溪山一号汉墓发掘简报》，《文物》2003年第1期。
⑧ 马王堆汉墓帛书整理小组编：《马王堆汉墓帛书》（壹），文物出版社1980年版；《马王堆汉墓帛书》（叁），文物出版社1983年版；《马王堆汉墓帛书》（肆），文物出版社1985年版。

简《归藏》、马王堆帛书《阴阳五行》《六十四卦》张家山简的《算数书》等均属此类。种树之书即指与栽种培植有关的农书。

所列"医药、卜筮、种树之书"中虽未明列兵书，但对于极重政治和军事作用的秦政权来说，兵书无疑是最具实用价值，理应在保护之列的书籍之一。

二

兵书作为实用科学，讲治国用兵之术，直接服务于政治，在中国古代长期受到重视。秦代自不例外，而且从战国以来，秦人靠武力以战争手段兼并六国，以地处偏远的西方诸侯最终统一中国，更离不开兵书对其的指导。

战国时代可以说是兵书的黄金时代，这与当时战争频繁的背景有关，《韩非子·五蠹》明言"今境内皆言兵，藏孙、武之书者家有之"，几乎家家收藏有兵书，私家研习兵学之风浓厚，社会上出现了研兵议兵的风气，兵书的兴盛之貌由此可见。

西汉初年，政权建立伊始，张良、韩信整理兵法总共有一百八十二家，经过选择删定，确定为三十五家，如此众多的兵书存在，说明兵书未遭秦火。虽然秦王朝对兵书的收藏情况我们今天无由了解，但从张良、韩信整理的一百八十二家来看，很可能大多属于官府秘藏，刘邦入关，萧何"尽收秦丞相府图籍文书"①，其中说不定就有兵书。张良、韩信之所以有资格整理这批兵书，一是因为他们两人都是辅佐汉高祖刘邦夺取天下的名臣良将，二是因为他们本身就是既熟悉军事理论又具有实际经验的军事家，而这种兵学文化的资质正形成于秦代。唐代著名军事家李靖即说："张良所学，《太公六韬》《三略》是也。韩信所学，穰苴、孙武是也。"②《史记·留侯世家》记录的张良事迹

---

① 《汉书·高帝纪》，中华书局1962年版，第23页。
② 李靖：《李卫公问对》卷上，骈宇骞译注《唐太宗李卫公问对译注》，人民出版社1991年版，第352页。

中，有黄石公授《太公兵法》，张良经常诵读研习的情节。在楚汉战争中，"良数以《太公兵法》说沛公，沛公善之，常用其策"，打了不少胜仗。

张良所学的《太公兵法》，《汉书·艺文志》载：

《太公》二百三十七篇。吕望为周师尚父，本有道者。或有近世又以为太公术者所增加也。《谋》八十一篇，《言》七十一篇，《兵》八十五篇。

著录于"诸子略"道家类。沈钦韩《汉书疏证》："《谋》者，即太公之《阴谋》。《言》者，即太公之《金匮》。凡善言书诸金版。《兵》者，即《太公兵法》。"《史记·齐太公世家》："太公望吕尚者，东海上人。""武王已年高王天下，封师尚父于齐营丘。"吕尚曾经是周人灭商战争的实际指挥者，《太公兵法》从唐以来多被称为《太公六韬》，银雀山汉简和八角廊汉简也有与《太公》有关系的简文。前者有14组，包括见于传本《六韬》的内容，还有一部分见于为《群书治要》《通典》《太平御览》等书征引而不见诸传本的逸文，被正式定名为《六韬》。而八角廊汉简则有几个篇题和几篇文字见于传本《六韬》[①]。《六韬》自唐宋起就被怀疑为后人假托的伪书，银雀山汉简和八角廊汉简的出土，证实这部书在西汉前期已经传世。

张良所学的另一部兵书《三略》，旧题黄石公撰，黄石公即那位授予张良《太公兵法》的圯上老人，这是一位带有神秘色彩的人物，《史记》所载是否真实，今人已无从考之。《三略》之书，始见著录于《隋书·经籍志》，为宋代颁行的《武经七书》之一，今有学者考订其为西汉时作，托黄石公名而已[②]。李靖说张良学《三略》，或因《史记》所载的神秘故事，其实不确。

张良是"运筹帷幄之中，决胜千里之外"的谋臣，而韩信则是"连百万之众，战必胜，攻必取"的常胜将军，李靖称韩信所学为

[①] 前者见《银雀山汉墓竹简》（壹），文物出版社1985年版；后者见《定县八角廊40号汉墓出土竹简简介》，《文物》1981年第8期。

[②] 吴树平：《黄石公三略译注》前言，载《兵家宝鉴》，河北人民出版社1991年版。

"穰苴、孙武是也"。穰苴，即司马穰苴，旧题《司马法》的作者，实际上李靖称韩信所学应为《司马法》。

《司马法》亦称《司马兵法》，是中国最古老的兵书之一。今本共五篇，据《史记·司马穰苴列传》，原书是"齐威王命大夫追论古者司马兵法，而附穰苴于其中。因号曰《司马穰苴兵法》"，成书时间在战国中期齐威王时（公元前356—公元前320年）。《汉书·艺文志》著录《司马法》为《军礼司马法》百五十五篇，收于"六艺略"的"礼"类。此书以追述古代的军礼或军法，即古代军队的编制、阵法操练、旌旗鼓铎的使用，以及爵赏诛罚的各种规定为主，是先秦军礼的综合性总结，具有特殊价值，不仅为历代兵家所推重，而且它也是一部研究古代礼制的重要典籍。《史记·太史公自序》言"汉兴，萧何次律令，韩信申军法"，所申军法应本之于《司马法》，说明韩信对《司马法》的熟悉。

至于韩信所学孙子，无疑指《孙子兵法》。观史书记载，韩信行军用兵多本之《孙子兵法》，最典型者，即进攻赵国所为背水之阵而出奇制胜。《史记·淮阴侯列传》说到事后诸将讨论得胜原因，问韩信曰："兵法：右倍山陵，前左水泽，今者将军令臣等反背水阵，曰破赵会食，臣等不服。然竟以胜，此何术也？"信曰："此在兵法，顾诸君不察耳。兵法不曰'陷之死地而后生，置之亡地而后存'？"韩信所说的"兵法不曰'陷之死地而后生，置之亡地而后存'"，今本《孙子兵法·九地》写作："投之亡地然后存，陷之死地然后生。"韩信部下所说"兵法：右倍山陵，前左水泽"，与今本《孙子兵法·行军》中的"右背高"，"丘陵堤防，必处其阳，而右背之"的说法相近。其中"右背"，银雀山汉简《孙子兵法》亦作"右倍"，与《史记》的写法相同。而所谓"右倍山陵，前左水泽"的原文，已经不见于今本《孙子兵法》，但在银雀山汉简《孙子兵法·地形》中，则有"三军出陈（阵），不问朝夕，右负山陵，左前水泽"，与之内容相当。可知不独韩信，其部将在当时也曾经读到过和银雀山汉简本大略相同的"兵法"，此"兵法"可能也指《孙子兵法》。

《史记·项羽本纪》有项梁落难吴中，私下用"兵法"训练约束宾客和子弟之记。还记项羽少年时既不愿学"以记名姓而已"的书，亦不愿学"一人敌"的剑，而独愿学"万人敌"的兵法，项羽在反秦战争实践中的突出表现，有"破釜沉舟"的巨鹿之战的著名战绩等，也体现出其对兵法的运用和发展。

以上事例都可证明兵学之书在秦始皇时代并未遭到禁绝，在民间依然可以流行。

三

近几十年来考古发掘出土的简牍帛书中，也不乏大量的兵书。到目前为止，出土兵书数量最大，内容最为丰富的，是1972年发掘的山东临沂银雀山1号汉墓，其兵书具体情况如下①：

《吴孙子兵法》十三篇。有明列十三篇篇题的木牍同时出土，与传世到今的《孙子兵法》十三篇大致相同，但次序与今本有别，文辞更显古奥，句子也比今本简短，不太讲究对称，可见今本在以后还有一些变化。《汉志》著录《吴孙子兵法》由八十二篇，图九卷，而这里明确将十三篇单列，可知今所见传世本在西汉初年就已流行。

《吴孙子兵法》佚篇。除十三篇以外，还出土有五篇佚文：《见吴王》《吴问》《四变》《黄帝伐赤帝》《地形二》。此五篇从内容看，似乎都是在解释或发挥十三篇，与十三篇的关系究竟如何？同出还是晚出？是否《汉志》所著录的八十二篇以内？均有待于进一步研究。

《齐孙子兵法》十六篇。《史记·孙子列传》明确记载："膑亦孙武之后世子孙也……世传其兵法。"《汉志》著录为《齐孙子》八十九篇，图四卷，经魏晋南北朝时期，至《隋书·经籍志》时已不见著录。后世多为是否有孙膑及其兵书存在过而争论不休，这部兵书的出土说明司马迁与《汉志》的记载不误。

---

① 以下银雀山汉墓所出兵书多数见银雀山汉墓竹简整理小组《银雀山汉墓竹简》（壹），文物出版社1985年版。

《尉缭》六篇。《汉志》列于"兵形势"家，简本与今本《尉缭》相比，内容相合，只是今本《尉缭》为二十四篇，而简本篇数少了很多。

《地典》①。《汉志》"兵阴阳"著录有《地典》六篇，地典是传说黄帝身边的七位大臣之一，此书名显然为依托，属于战国以后流行的黄帝书。《汉志》所收兵阴阳类书全部亡佚，此书的发现，无疑具有填补空白的作用。

《守法》《守令》。专讲守城之术，与《汉志》所谓"习手足，便器械，积机关，以立攻守之胜者也"的定义相合，应属古兵书中的"技巧"类，与《墨子》中的《备城门》《号令》相似。《汉志》"兵书略"中"兵技巧"类兵书全部不存，此两篇内容又可为填补空白提供资料。

《六韬》十四组。整理者定名为《六韬》，实际上还有一些疑问。《汉书·艺文志·诸子略》道家类列有《太公》二百三十七篇，其中《谋》八十一篇，《言》七十一篇，《兵》八十五篇。沈钦韩《汉书疏证》："《谋》者，即太公之《阴谋》。《言》者，即太公之《金匮》。凡善言书诸金版。《兵》者，即《太公兵法》。"今传世本《六韬》为六卷，共六十篇，出土竹简本既有今本《六韬》的内容，也有《群书治要》所引而不见于今本《六韬》内容，故有学者认为称其为《太公》更为妥当②。可见，无论称作《太公》，还是称作《六韬》，这部书在西汉前期已经广为流传，这是不争的事实。

除银雀山汉墓以外，在属于西汉初年的墓葬中，还有湖北江陵张家山247号汉墓出土有一部叫做《盖庐》③的兵书。"盖庐"即吴王阖闾，此书以吴王阖闾与其谋臣申胥（伍子胥）问对的形式写成，实际

---

① 《地典》尚未见正式公布的整理本，此见吴九龙《银雀山汉简释文》，文物出版社1985年版。

② 李零：《简帛古书与学术源流》之第十一讲《简帛古书导读五：兵书类》，生活·读书·新知三联书店2004年版。

③ 见张家山二四七号汉墓竹简整理小组《张家山汉墓竹简（二四七号墓）》，文物出版社2001年版。

反映的是与伍子胥有关的兵法。全书共分九章，内容是讲"循天之则""行地之德"，按四时五行用兵，照阴阳向背处军，有"维斗为击，转动更始"、五行相胜等理论的论述，与《汉志》"兵阴阳"类"顺时而发，推行德，随斗击，因五胜，假鬼神而为助者也"的定义完全相合，应看作是一部珍贵的"兵阴阳"类的兵书，对此，目前学界已基本达成共识。

从考古发现看，战国时以书随葬就已经流行，这与当时官学破散，私学兴起，知识下放，民间写书、藏书的风气很盛的大环境有关，当时不仅诸子百家的书流行，各种实用之书也很普遍。随葬书籍的性质、内容不同体现出墓主人的身份与喜好各异。迄今为止，秦墓还尚未见兵书的出土，但汉初墓葬的几大发现足以说明问题。银雀山1号汉墓的器物随葬保留大量战国时代风格，又有出土"半两"和"三铢"钱为证，年代应属西汉早期[1]，其出土兵书的抄写年代更应早于墓葬年代，大致时间或可推定为文、景帝时期（约公元前179—前140年）。张家山247号汉墓属吕后时期[2]，《盖庐》的抄写年代或可推定为汉高祖至惠帝时期（约公元前206—前188年）。如果我们的推定能成立的话，那么可以想象从废除《挟书律》的汉惠帝四年（公元前191年）到以上各种兵书的抄写，仅有短短的几年或十几年。在古代的条件下，这样短促的时间内不可能产生数量较多的兵书，它们显然是从战国时代到汉初一直流传下来的。

银雀山汉墓出土有两件底部刻有"司马"字样的漆耳杯，故发掘者推测其墓主人以"司马"为氏，是一位熟读兵书的汉代军官[3]。张家山247号汉墓的墓主人从随葬品和葬具判断，其身份并不高，"随葬的古书也暗示墓主人生前是一名低级官吏，通晓法律，能计算，好医

---

[1] 见吴九龙《银雀山汉简释文》，文物出版社1985年版，第7、8页。
[2] 张家山二四七号汉墓竹简整理小组：《张家山汉墓竹简（二四七号墓）》，前言，文物出版社2001年版。
[3] 山东省博物馆等：《山东临沂西汉墓发现〈孙子兵法〉和〈孙膑兵法〉等竹简的简报》，《文物》1974年第2期。

术、导引"[1]。两座墓葬的墓主人均为地位与身份不高的西汉中下级官吏，由于生前对兵书的喜爱，死后亦以之随葬，反映出当时兵书在民间的普及情况，而这种普及应当是以战国以来兵书的长期不间断流传为前提的。

原载于《孙子兵法与现代战略——第七届孙子兵法国际研讨会论文集》，军事科学出版社2007年版

---

[1] 《张家山汉墓竹简（二四七号墓）》前言。

先秦军礼考

我国自古被称为"礼仪之邦",古代的所谓礼,不但是社会生活中的规定和仪式,更多的是国家的政治、军事等制度、法规,礼与法没有明确的界限。因此,关于礼的研究应该是历史研究的一个重要内容,军礼是礼制的一个重要组成部分,对先秦军礼进行系统地考察,可以窥见中国早期国家的各项军事制度、作战形式以及统治者的战争观等问题。

按照《周礼·春官·大宗伯》的说法,中国古代的礼被分作吉、凶、军、宾、嘉五类,称"五礼"。军礼就是指与军事有关的所有制度。《周礼·春官·大宗伯》说:"以军礼同邦国。大师之礼,用众也;大均之礼,恤众也;大田之礼,简众也;大役之礼,任众也;大封之礼,合众也。"就是说军礼可分为五大类:大师礼,指天子或诸侯的征伐活动,包括宗庙谋议、命将出师、载主远征、凯旋献俘等仪节;大田礼,指天子和诸侯定期的狩猎活动,实际上是训练士卒的军事演习;大均礼,指天子在畿内、诸侯在封国内检校户口、征收赋税;大役礼,指各种由国家发起的营建工程;大封礼,指勘定各种封地之间的疆界。其中后三种属于国家事务,因事情重要又有一定难度,需要依靠军事力量的支持和保障,至少在开始和结尾时需要有大型的礼仪活动,所以也列入军礼范畴。

班固在《汉书·艺文志》"兵书略"之序中说:"兵家者,盖出古司马之职,王官之武备也。《洪范》八政,八曰师。孔子曰为国者'足食足兵','以不教民战,是谓弃之',明兵之重也。《易》曰'古者弦木为弧，剡木为矢，弧矢之利，以威天下'，其用上矣。后世燿金为刃，割革为甲，器械甚备。下及汤武受命，以师克乱而济百姓，动之以仁义，行之以礼让，《司马法》是其遗事也。"

《司马法》是我国古代的一部兵书，是先秦流传至今的记载古军礼的重要典籍。在《汉书·艺文志》中它并没有被著录在"兵书略"里，而是被排在"六艺略"的"礼"中，称作《军礼司马法》。从书名看，《司马法》与《孙子》《吴子》等以人名命名的兵法书不同，它以古代掌管军政事宜的司马之官为书名，正如《汉志》所曰："兵家者，盖出于古司马之职。"可见它所记录的并非一般的个人对战争规律、经验的认识和总结，而是以司马之职的官守及军中制度、法规为内容，以追述古代的军礼或军法，即古代军队的编制、阵法操练、旌旗鼓铎的使用，以及爵赏诛罚的各种规定为主，是先秦军礼的综合性总结，具有特殊价值，不仅为历代兵家所推重，而且它也是一部研究古代礼制的重要典籍。晚清以来，一些著名的研究"礼"的学者，如孙诒让、秦蕙田、黄以周等人，还有余嘉锡，均把《司马法》看作是中国最古老的军礼。

本文即以《司马法》作为主要材料，兼及其他先秦典籍、考古发掘出土的遗物及简牍材料，对以上所列的属于军礼的内容作比较系统的梳理和研究。

一　大师礼

所有与军事征伐活动的事项均可列入这一类，以下分述：

（一）兴兵讨伐

先秦时期的军事征伐活动似乎都有一个正当的理由，《司马法·仁本》用最为简洁的"兴甲兵以讨不义"作为总的概括，具体是：

> 杀人安人，杀之可也；攻其国，爱其民，攻之可也；以战止战，虽战可也。

并列有具体的"九伐之法":

> 凭弱犯寡则眚之,贼贤害民则伐之,暴内陵外则坛之,野荒民散则削之,负固不服则侵之,贼杀其亲则正之,放弑其君则残之,犯内陵政则杜之,外内乱禽兽行,则灭之。

《周礼·夏官》论大司马之职掌曰:"以九伐之法正邦国,冯弱犯寡则眚之,贼贤害民则伐之,暴内陵外则坛之,野荒民散则削之,负固不服则侵之,贼杀其亲则正之,放弑其君则残之,犯令陵政则杜之,外内乱鸟兽行则灭之。"

《周礼·夏官》的这段文字与《司马法》基本一致,个别处如《司马法》"凭弱犯寡"之"凭",《周礼》作"冯",贾公彦《疏》曰:"凭,冯之俗体。"《司马法》之"禽兽行"《周礼》作"鸟兽行"。九伐之法中的眚、伐、坛、削、侵、正、残、杜、灭,分别指不同等级的军事活动。眚,即"省"之假借,瘦也。诸侯若有以强凌弱,以大欺小的行为,则瘦其地,即四面削其地。伐,古代鸣钟鼓以声其过曰伐,《左传》庄公二十九年:"凡师有钟鼓曰伐,无曰侵,轻曰袭。"贾《疏》:"专杀贤大夫以害民,皆是暴虐之事,故声罪以伐之也。"可见"伐"是等级较高的堂堂正正、大张旗鼓的师旅征讨活动。坛,段玉裁读为"墠"(shan),指野土空墠之地,①诸侯若有对内杀贤大夫以害民,对外欺凌弱小之行为,则出其君于空野之地幽禁之。削,削地,田地荒芜不治,民众散而不附,可见君政不善,则削其地。侵,古代兵加其境,用兵浅者谓之侵,诸侯依恃险要坚固的地势而不服事天子,则侵其地,以示警告,此为等级较低的军事活动。正,执而治其罪,随意诛杀宗族则治其罪而杀之。残,戕也,杀也,臣杀君曰弑,为臣者有放逐或杀其君的行为则杀之。杜,杜塞以使不得与邻国交往,违反天子之命而又不循政法则杜绝之。灭,诛灭,悖人伦,外内无异于禽兽,则诛灭其君。

我们在《尚书·牧誓》中可以看到周武王伐商誓师时的一番话:

---

① 见《周礼正义》卷五十五,中华书局1987年版,第2286页。

"今商王唯妇言是用，昏弃厥肆祀弗答，昏弃厥遗王父母弟不迪，乃为四方之多罪逋逃是崇是长，是信是使，是以为大夫卿士。俾暴虐于百姓，以奸宄于商邑。今予发唯恭行天之罚。"这段话历数了商纣王的罪状：唯妇人（妲己）之言是用；抛弃原有的各种祭祀而不理会；又不任用祖父的同母弟，而尊崇四方之逃犯，以他们为大夫卿士，听任他们残暴百姓，在商都内外为奸作乱。现今我就要奉天命执行上天对他的惩罚。种种罪状正好和于上述《司马法》中的"九伐之法"中的六条"贼贤害民则伐之，暴内陵外则坛之，野荒民散则削之，贼杀其亲则正之，放弑其君则残之，犯令陵政则杜之，外内乱，禽兽行，则灭之。"所以周武王要奉天命出征伐商灭商。

不仅以上"九伐之法"，当诸侯国不向天子履行种种义务时，也可作为天子或其他诸侯国发起征讨的理由，《司马法》佚文有：

> 不会朝，过聘，则刘。废贡职，擅称兵，相侵削，废天子之命，则黜。改历史、衣服、文章，易礼变刑，则放。娶同姓，以妾为妻，变太子，专罪，大夫擅立，关绝降交，则幽。慢神省哀，夺民之时，重税粟，畜货重罚，暴虐自佚，公室过度，宫妇过数，则削地损爵。①

这里的刘、黜、放、幽、削地损爵，也属不同等级的惩罚措施，应与以上九伐之法相类似。

《左传》中有大量具体的反映春秋时期的借口讨伐上述不义之举的军事活动，此不一一叙述。

（二）宗庙谋议

宗庙谋议即庙算，是古代军礼的重要内容。

传世的《孙子兵法》十三篇首篇即《计》，李零先生认为此

---

① 《御览》卷六三六引，中华书局2000年版。

"计",即为庙算。① 《计》篇之末尾一段总结道:"夫未战而庙算胜者,得算多也;未战而庙算不胜者,得算少也。多算胜少算,而况于无算乎!"这里的"算"指的是计算用的算筹,"得算多""得算少"都指的是得算筹的多与寡,是战前在庙堂用算筹这种计算工具来比较敌我的各种因素,以预测战争的胜负,这就是所谓的庙算。银雀山汉简《孙子》也可见相似内容。不独《孙子》,银雀山汉简之《王兵》有:"故计必先定,然后兵可起。计未定而兵起者,兵自怠者也。"《客主人分》有:"众者胜乎?则投算而战耳。"② 传世文献《商君书·战法》亦有:"若其政出庙算者,将贤亦胜,将不如亦胜。"《文子·自然》亦有:"庙战者帝,神化者王,庙战者法天道,神化者明四时。"对庙算的重视,可视为古人将这一军礼活动看作是战争决胜的最高手段。

如果我们仔细研读《孙子兵法》,一个十分明显的感觉就是全书有着极强的数字概念,可以说是到处充溢着数。如《计篇》的"经之以五事","一曰道,二曰天,三曰地,四曰将,五曰法";《作战篇》的"驰车千驷,革车千乘,带甲十万,千里馈粮,内外之费,宾客之用,胶漆之材,车甲之奉,日费千金,然后十万之师举矣","百姓之费,十去其七,公家之费……十去其六……食敌一钟,当吾二十钟,𦬆秆一石,当吾二十石";《谋攻篇》的"十则围之,五则攻之,倍则分之,敌则能战之,少则能逃之,不若则能避之";《军行篇》的"兵法,一曰度,二曰量,三曰数,四曰称,五曰胜";《军争篇》的"百里争利""五十争利""三十争利"的利害分析;其他如"九变""九地""五危""五胜""火攻有五""用间有五"等等,不胜枚举。应该说,孙子所极力推崇的"计",体现出的不仅是谋划,还有算计的意味,都应该属于庙算的内容,即"多算胜,少算不胜"。基于计算,孙子提出了一系列诸如"不战而屈人之兵""兵贵胜,不贵久""攻其

---

① 李零:《兵以诈立——我读〈孙子〉》,中华书局2006年版,第69页。
② 银雀山简《王兵》《客主人分》均见于吴九龙《银雀山汉简释文》,文物出版社1985年版。

无备，出其不意""善战者致人而不致于人""知彼知己"等超越时空的战略思想和战略战术。

（三）出师时令：

关于出师时令，《司马法》的原则是：

> 战道：不违时，不历民病，所以爱吾民也；不加丧，不因凶，所以爱夫其民也；冬夏不兴师，所以兼爱民也。（《司马法·仁本》）
>
> 春不东征，秋不西伐，月食班师，所以省战。①

所谓"不违时"，即不违背农时。"不历民病"，即不在人民遇到疾疫流行时举兵。"冬夏不兴师"，不在大寒大暑时举兵。"不加丧"，古军礼以乘人有丧事而加兵为非，《左传》僖公二十三年，秦乘晋文公新丧灭晋之同姓小国滑，先轸即曰："秦不哀吾丧，而伐吾同姓，秦则无礼。"春秋时期礼坏乐崩，这种伐丧的例子在《左传》中多见。"不因凶"，不利用敌国的饥荒年景，《左传》僖公十三年记，晋连年歉收，乞谷于秦，秦穆公询问于大臣，子桑、百里主张给予，丕豹则主张乘机伐晋，最终秦穆公采纳了子桑、百里的意见，粜谷于晋。次年，秦饥，乞谷于晋，晋则不予，这是极其无礼的行为。又次年，秦穆公出兵败晋于韩原，俘获晋军。按古礼不仅"不因凶"，还应"救灾恤邻"，不仅乞谷不与，而且要举兵加之，秦臣丕豹的主张是极不合乎礼制的。

至于佚文"春不东征，秋不西伐，月食班师，所以省战"句，原《御览》有注，曰："春不成生，秋不伐熟。夫兵，阴象也。月食，则阴毁故息战也。""所以省战"之"省"可训为"善"，《礼记·大传》："大夫、士有大事，省于其君。"郑玄注："省，善也。"②《大戴

---

① 《司马法》佚文，《太平御览》卷二十引，中华书局 2000 年版。
② 《礼记正义》卷三十四《大传第十六》，上海古籍出版社 2008 年版。

礼记·朝事》："凡诸侯之适子省于天子，摄君，则下其君之礼一等；未省，则以皮帛继子男。"孔广森谓"省"当训"善"①。

（四）军制、车制

关于军队和兵车的编制，《司马法》佚文有：

> 司马穰苴曰：五人为伍，十伍为队，一军凡二百五十队，余奇为握奇。故一军以三千七百五十人为奇兵，队七十有五，以为中垒。守地六千尺，积尺得四里，以中垒四面乘之，一面得地三百步。垒内有地三顷，余百八十步。正门为握奇，大将军居之，六纛、五麾、金鼓、府藏、辎积皆中垒外。余八千七百五十人，队百七十五，分为八陈。六陈各有千九十四人，六陈各减一人，以为一陈之部署。举一军则千军可知。②

> 五人为伍，五（十）伍为队。万二千五百人为队二百五十。十取三焉而为奇，其余七以为正。四奇四正，而八阵生焉。③

> 一师五旅，一旅五卒。④

> 万二千五百人为军。⑤

《周礼·小司徒》有："乃会万民之卒而用之。五人为伍，五伍为两，四两为卒，五卒为旅，五旅为师，五师为军。以起军旅，以作田役，以比追胥，以令贡赋。"郑玄注曰："伍、两、卒、旅、师、军皆众之名。两二十五人，卒百人，旅五百人，师二千五百人，军万二千五百人。"《周礼》这段记载之前讲的是六乡的划分，六乡每家出一人为兵，田猎和贡赋都以此作为基本单位，可知乡的行政制度和军事组织是对应的。其中所反映的军队编制和《司马法》所记基本相同，只

---

① 孔广森：《大戴礼记补注》卷十二，齐鲁书社1991年版。
② 《通典》卷一八四引，台湾商务印书馆景印文渊阁《四库全书》，第605册，第95a页。
③ 《玉海》卷一四〇引，广陵书社2007年版。
④ 《李卫公问对》卷上引。
⑤ 《书·费誓》疏引，《尚书注疏汇校》，中华书局2018年版。

不过《司马法》多出一个"队"的编制，50人为一队，一军共有250队。出现"队"的编制有可能更强调的是正兵和奇兵的配置，即一军的编制为12500人，其中奇兵75队，3750人，占3/10。正兵175队，8750人，占7/10。奇兵居中垒，中垒面积为300步×300步。正兵居四周八阵，每阵大小同于中垒。中垒与八阵之间每面各有长4里之距，共占地6000尺×6000尺。正兵八阵中的六阵，每阵有1094人，其他两阵每阵各减一人，为1093人。

> 一车甲士三人，步卒七十二人，炊家子十人，固守衣装五人，厩养五人，樵汲五人。轻车七十五人，重车二十五人。①

此处所讲的"轻车"即战车，"重车"即辎重车。战车配备甲士3人，步卒72人，与《司马法》佚文所载出军赋制度相同（见后大均礼）。辎重车则配备从事炊事、厩养、樵汲、守衣装等后勤事务人员25人，二车配备人数正好为100人。

> 夏后氏谓辇曰余车，殷曰胡奴车，周曰辎辇。辇一斧、一斤、一凿、一梩、一锄。周辇加二版二筑。夏后氏二十人而辇，殷十八人而辇，周十五人而辇。②

这里的辇即辎重车。周辇十五人与上一条"重车二十五人"相异。黄以周《军礼司马法考证》认为上条"重车二十五人"是与"轻车七十五人"相配，是一种出军赋制度（见后大均礼），这里周辇十五人与"轻车三十人"相配，是另一种出军赋制度（见后大均礼）。斧、斤、凿、梩、锄均为辎重车所载的工具，版即墙板，筑即杵，夯土所用，版、筑为修筑营垒工事或筑城的工具。

---

① 《司马法》佚文，《孙子兵法·作战》杜牧注引。
② 《司马法》佚文，《周礼·地官·乡师》注引。

辇车所载二畚。①

畚即畚箕，用草绳或竹条编成的盛器，既可盛粮，又可作为盛土工具，辎重车必备。

《某帅》篇曰：大前驱，启乘车。大晨，倅车属焉。②

《某帅》当为佚篇之名。"大前驱"即居前之车。"大晨"之"晨"当为"殿"，居后之车，《左传》襄公二十三年齐攻卫，其兵力部署为先驱、申驱、贰广、启肱、大殿。肱为两翼。可见有居前、两翼、殿后的部署。《广韵》二十一霰之殿："军礼前曰启，后曰殿。"殿有时写作"敦"古读如"纯"，纯、晨读音相近。倅车为副车。

百人为卒，二十五人为两。军（车）九乘为小偏，〔二〕十五乘为大偏。③

五十乘为两，百二十〔五〕乘为伍，八十一乘为专，二十九（七）乘为参，二十五乘为偏。④

以上两条除"百人为卒，二十五人为两"为步兵编制外，其余均为兵车的编制。依黄以周《军礼司马法》考证，兵车的编制可分为两类，一类是"三三相参"，九乘为小偏，三小偏为参，九小偏为专；一类是"五五相伍"，二十五乘为大偏，两大偏为两，五大偏为伍。

以上《司马法》所言军制与《周礼》同，可知当时军队编制有六级：伍、两、卒、旅、师、军。兵车和辎重车另有组成和人员工具的配备编制。

---

① 《司马法》佚文，《左传》宣公十一年疏引。
② 《司马法》佚文，《左传》襄公二十三年疏引。
③ 《司马法》佚文，《左传》成公七年注引。
④ 《司马法》佚文，《左传》昭公元年疏引。

（五）命将出师、授兵、授节、誓师

《礼记·王制》云："天子将出征，类乎上帝，宜乎社，造乎祢，受命于祖，受成于学，祃于所征之地。"《左传·闵公二年》也说："帅师者，受命于庙，受脤于社，有常服矣。"这里的庙、社、祢、祃均与祭祀有关。庙即宗庙，在严格的宗法制度之下，出征前要在宗庙祭祖并受命。祢，古代军旅之事，常载神主随军而行，随行神主称祢。《礼记·曾子问》曾子问曰："古者师行，必以迁庙主呼？"孔子曰："天子巡守，以迁庙主行，载于齐车，言必有尊也。"祃，行军时在军队驻扎地举行的祭祀。大型军事活动前均有十分隆重肃穆的典礼，将帅受命，有严格的仪式，《说苑·指武》："将帅受命者，将率入，军吏毕从入，皆北面再拜，稽首受命，天子南面而受之钺，东行，西面而揖之，示弗御也。故受命而出，忘其国，即戎忘其家，闻枹鼓之声，唯恐不胜，忘其身，故必死。"《司马法》佚文有：血于鼙鼓者，神戎器也①。讲的是祭祀时还要杀牲，以牲血涂军旗、战鼓，叫作衅旗鼓。

《淮南子·兵略训》中有详细的记载：

> 凡国有难，君自宫召将，诏之曰："社稷之命在将军，即今国有难，愿请子将而应之。"将军受命，乃令祝史太卜斋宿三日，之太庙，钻灵龟，卜吉日，以受鼓旗。君入庙门，西面而立；将入庙门，趋至堂下，北面而立。主亲操钺，持头，授将军其柄，曰："从此上至天者，将军制之。"复操斧，持头，授将军其柄，曰："从此下至渊者，将军制之。"将已受斧钺，答曰："国不可从外治也，军不可从中御也。二心不可以事君，疑志不可以应敌。臣既以受制于前矣，鼓旗斧钺之威，臣无还请，愿君亦以垂一言之命于臣也。君若不许，臣不敢将。君若许之，臣辞而行。"乃爪鬋，设明衣也，凿凶门而出。

---

① 《史记·高祖纪》索隐引。

除了在宗庙受命以外，天子命将出师还要正式地向出征将帅授兵、授节。

> 夏执玄戉，殷执白戚，周左杖黄戉，右秉白髦。①
>
> 周左执黄钺，右执白旄，所以示不进者审察斩杀之威也。有司皆执殳戈，示诸鞭朴之辱。②

《六韬·龙韬·立将》曰："将既受命，乃名太史钻灵龟，卜吉日。斋三日，至太庙，以授斧钺。"《尉缭子·将令》曰："将军受命，君必先谋于庙，行令于廷，君身以斧钺授将，曰：'左、右、中军皆有分职，若逾分而上请者死。军无二令，二令者诛，失令者诛。'"可知所授兵器为斧钺，斧钺是军中最高权力的象征，是由天子在宗庙受命之后郑重的临战授权，将帅在接受斧钺之后方得主征伐之事。一旦军权在握，将帅即有了指挥军队的最高权力，即使天子的命令亦可置之不理，《司马法》之"阃外之事，将军裁之""进退唯时，无曰寡人"③《孙子兵法·九变》所谓"君命有所不受"、银雀山简《孙子》佚文"君令「有所不行」"、银雀山简《孙膑·篡卒》"得主制（专）制，胜。……御将，不胜"，《将德》"……而不御，军令不入军门，将军之恒也"等均为此意。④《史记·孙子列传》记孙武吴宫杀姬时即曰："将在军，君命有所不受。"《司马穰苴列传》记穰苴杀国之宠臣庄贾时亦曰："将在军，君令有所不受。"《绛侯周勃世家》中周亚夫所言："军中但闻将军令，不闻天子诏。"等均为这一军礼的具体体现。

传节、符信等是发兵调军的信物，授节、授符信也是军礼的重要内容。白琥、牙璋等礼器是最古老的发兵调军信物，《左传》昭公三

---

① 《司马法》佚文，《说文》"戉"字引。
② 《司马法》佚文，《御览》卷三五三引。
③ 此两条为《司马法》佚文，前者见于《春秋公羊传》襄公十九年疏引，后者见于《孙子兵法·谋攻》曹操注引。
④ 银雀山简《孙子》《孙膑》均见于《银雀山汉墓竹简》第一辑，文物出版社1985年版。

十二年："赐子家子双琥。"《说文》："琥，发兵瑞玉，为虎文。"《周礼·春官·典瑞》："牙璋以起兵旅，以治兵守。"郑玄注："郑司农云：'牙璋，瑑以为牙，牙齿，兵象，故以牙璋发兵，若今时以铜虎符发兵。'玄谓亦王使之瑞节。兵守，用兵所守，若齐人戍遂，诸侯戍周。"《尉缭子·踵军令》有："为战，合之表，合表乃起。"表也是发兵的信物。这类实物可知有 1973 年于西安郊区发现，现藏于陕西历史博物馆的一件秦杜虎符，铜质，虎形。器物高 4.4 厘米、长 9.5 厘米、厚 0.7 厘米，背面有槽，颈上一小孔，虎作半立走形，昂首，尾端卷曲。虎身有错金铭文 9 行 40 字："兵甲之符。右才（在）君，左在杜。凡兴士被甲，用兵五十人以上，必会君符，乃敢行之。燔燧之事，虽母（毋）会符，行殹（也）。"虎符"右在君，左在杜"，意思是说右半符存君王之处，左半符在杜地的军事长官手中，凡要调动军队 50 人以上，杜地的左符就要与君王的右符会合，才能行军令。但如有烽火报警，则不必会君符，即可采取行动。这件实物虽属战国时代，但表明了凭符信发兵这一古军礼的具体实行情况。

用于指挥作战的旗和鼓，也在授兵、授节范围内。银雀山简《兵令》有"有令起军，将吏受鼓旗"之文。《周礼·夏官·大司马》："中春，教振旅，司马以旗致民，平列阵，如战之阵。辨鼓铎镯铙之用，王执路鼓，诸侯执贲鼓，军将执晋鼓，师帅执提，旅帅执鼙，卒长执铙，两司马执铎，公司马执镯。"《司马法》曰："十人之帅执铃，百人之帅执铎，千人之首领以鼓为指挥，万人之首领以大鼓为指挥。"[1] 可见旗鼓对不同等级的人所受是有区别的。《司马法》又有以鼓为戒的记载："昏鼓四通为大鼖，夜半三通为晨戒，旦明五通发昫。"[2] 以鼓为戒亦为古军礼的内容，《太白阴经·严警鼓角篇》："凡挝鼓三百三十三棰为一通。"入夜之后一般以擂鼓作为警戒，时辰不同擂鼓的数量不等。汉代烽燧遗址也有这类简牍发现，如《疏勒河流域出土汉简》六九六"□□□晨时鼓一通……"等等。

---

[1] 《司马法》佚文，《左传》襄公十三年正义引。
[2] 《司马法》佚文，《周礼·鼓人》注引。

出征之前尚有誓师之礼，誓，《礼记·曲礼下》："约信曰誓。"誓词中须得宣明赏罚条例。《司马法》：

> 有虞氏戒于国中，欲民体其命也。夏后氏誓于军中，欲民先成其虑也。殷誓于军门之外，欲民先意以待事也。周将交刃而誓之，以致民志也。……夏赏于朝，贵善也。殷戮于市，威不善也。周赏于朝，戮于市，劝君子，惧小人也。三王彰其德，一也。（《天子之义》）
>
> 见敌作誓，瞻功行赏。①
>
> 从命为士上赏，犯命为士上戮。（《天子之义》）
>
> 赏不逾时，欲民速得为善之利也。罚不迁列，欲民速睹为不善之害也。（《天子之义》）

有虞氏、夏、商、周三代的开国之君，虽行誓师之礼的时间、地点有所不同，但目的一致，都是为了告诫人民，鼓舞士气，申明赏罚，《尚书》中有《甘誓》《汤誓》《泰誓》《牧誓》等。如《甘誓》即曰："用命赏于祖；弗用命戮于社。"《孔丛子·问军礼》中子高向信陵君解释这么做的理由，说："赏功于祖，告分之均，示不敢专也。戮罪于社，告中于土，示听之当也。"这是说为了表示刑赏都公正无偏，可以鬼神为鉴。

（六）处军、行军、作战：

处军礼是对军人的容貌、言行举止的具体要求，军容和国容有着严格的区别。

> 古者国容不入军，军容不入国。军容入国则民德废，国容入军则民德弱。故在国言文而语温，在朝恭以逊，修已以待人，不召不至，不问不言，难进易退。在军抗而立，在行遂而果，介者

---

① 《孙子兵法·九地》曹操注引。

不拜，兵车不式，城上不趋，危事不齿。故礼与法表里也，文与武左右也。（《司马法·天子之义》）

登车不式，遭丧不服。①

以上"抗而立""在行遂而果""介者不拜""兵车不式""城上不趋""危事不齿""遭丧不服"均为处军的基本要求，与在国中温文尔雅，在朝上恭敬谦虚的言谈举止截然相反。

关于行军，则有：

军旅以舒为主，舒则民力足。虽交兵致刃，徒不驱，车不驰，逐奔不逾列，是以不乱。军旅之固，不失行列之政，不绝人马之力，迟速不过诚命。（《司马法·天子之义》）

行军的节奏是舒缓，节奏舒缓则军力充足。即使交战之时也要做到"徒不趋""车不驰""逐奔不逾列"，这样军队才能行列整齐，人力马力不致耗费殆尽，最终因坚固而取胜。

关于作战的要求：

古者逐奔不过百步，纵绥不过三舍，是以明其礼也；不穷不能，而哀怜伤病，是以明其义也；成列而鼓，是以明其信也；争义不争利，是以明其义也；又能舍服，是以明其勇也；知终知始，是以明其智也。六德以时合教，以为民纪之道也，自古之政也。（《司马法·仁本》）

穷寇勿追，归众勿迫。②

围其三面，缺其一面，所以示生路也。③

入罪人之地，无暴神祇，无行田猎，无毁土功，无燔墙屋，

---

① 《司马法》佚文，《汉书·李广传》引，中华书局1975年版，第2443页。
② 《司马法》佚文，《后汉书·皇甫嵩传》注引，中华书局1965年版，第2305页。
③ 《司马法》佚文，《通典》一六〇引。

无伐林木，无取六畜、禾黍、器械。见其老幼，奉归勿伤。虽遇壮者，不校勿敌。敌若伤之，医药归之。既诛有罪，王及诸侯，修正其国，举贤立明，正复厥职。（《司马法·仁本》）

其有殡命以行礼，如会所用仪也。若殡命则左结旗，司马授饮，右持苞壶，左承饮，以进。①

从《左传》对春秋时期战争的记录中，我们可看到，虽处于"礼坏乐崩"时期，但军礼的许多原则仍然得到尊重和奉行。

公元前643年，中原霸主齐桓公卒，齐国发生群公子争位之乱，宋襄公两度领军平定齐乱，协助齐太子昭登上君位，称雄中原长达三十年的齐国经历这次动乱，国力转衰，失去霸主地位。在中原诸侯陷入群龙无首的状况之下，宋襄公为恢复殷商故业企图称霸中原。连续召集诸小国盟会，公元前639年，楚成王对宋襄公不自量力之举感到十分恼火，于是乘率军赴会之机，拘捕了宋襄公并击败了宋军。同年冬，宋襄公获释，历经此次打击，执迷不悟的宋襄公依然醉心于图霸事业。公元前638年夏，宋襄公率卫、许、滕三国联军进攻楚的附属国郑，秋，楚成王发兵北上攻宋救郑。宋襄公闻讯回师，在泓水（今河南柘城西北）北岸列阵迎敌。"宋人既成列，楚人未既济。司马曰：'彼众我寡，及其未既济也，请击之。'公曰：'不可。'既济而未成列，又以告。公曰：'未可。'既阵而后击之，宋师败绩。公伤股。"宋襄公不听取司马的建议，丧失楚军半渡、过河后未成阵这两次有利战机，待敌列好阵势之后方与之交战，因寡不敌众很快战败，宋襄公自己也受了重伤。归国后，遭到国人的普遍批评，宋襄公有一段话颇有意思："君子不重伤，不禽二毛。古之为军也，不以阻隘也。寡人虽亡国之余，不鼓不成列。"②这段话似乎很迂腐，但"君子不重伤""不禽二毛""不以阻隘也""不鼓不成列"等均为古军礼内容。《春秋公羊传》僖公二十二年亦记载此事："君子大其不鼓不成列，临大

---

① 《司马法》佚文，《左传》成公二年疏引。
② 《左传》僖公二十二年，上海古籍出版社2016年版。

事而不忘大礼,有君而无臣,以为虽文王之战,亦不过此也。"何休注曰:"《军法》以鼓战,以金止。不鼓不战。……君子不战未成陈之师。"《淮南子·氾论》说:"古之伐国,不杀黄口,不获二毛。于古为义,于今为笑。古之所以为荣者,今之所以为辱也;古之所以为治者,今之所以为乱也。"宋襄公之举在后人看来愚蠢可笑,但在当时却是依军礼行事。

公元前597年,晋楚两国争霸战达到高潮,双方为争取郑国爆发了邲之战。楚庄王为彻底征服依违无常的郑国,亲率大军围攻郑之都城新郑,晋景公派主政卿士荀林父率晋上、中、下三军南下救郑。郑为摆脱长期遭受晋、楚两国交相攻击的困境,积极策动两国决战,以便自己依战争胜负决定归属。双方最终在郑地邲(今河南荥阳北)决战,晋军大败而归。在作战过程中,"晋人或以广队不能进,楚惎之脱扃,少进。马还,又惎之拔旆投衡,乃出,顾曰'吾不如大国之数奔也'"①。晋军的兵车坠陷于坑中不能进,楚人教晋人抽去车前横木以出坑。然而拉战车的马匹却仍盘旋不前,晋人又教其拔去车上插的大旗扔掉厄马头的横木,使车轻马便,晋人战车乃得逃出。晋人逃脱之后,反而讥笑楚人,说自己出陷的本事不如楚人。晋军车陷,楚军未加俘获,反而教其出陷之法,任其逃脱,正体现了军礼"穷寇勿追"的原则。

交战中若俘获战败国之国君,则应行殒命之礼。《国语·晋语》:"靡笄之役也,郤献子伐齐。齐侯来,献子以得殒命之礼。"殒命之礼与平时的会遇之礼大致相同,行礼之时,战胜一方要将战车上饰有的各种旌旗收起来,司马之官右手持鞄壶,左手持酒杯,向对方国君两拜稽首,有时还献璧一双,以臣礼示之。《左传》成公二年记晋郤克伐齐,战于鞌,齐战败,晋人韩厥执系马前,再拜稽首,奉觞加璧以进之事。

公元前575年,在晋楚争霸战争中,晋军和郑、楚联军遇于郑地鄢陵(今河南鄢陵西北),郑、楚联军战败,晋军在实施战场追击过

---

① 《左传》宣公十二年,上海古籍出版社2016年版。

程中，将领郤至曾"三遇楚子（楚共王）之卒，见楚子，必下，免胄而趋风。楚子使工尹襄问之以弓"。晋军将领郤至三次遇到楚共王，均下战车，脱去头盔，向前快速行走，以表示恭敬，而楚共王亦派工尹襄向郤至以弓作为回报和慰问。"晋韩厥从郑伯，其御杜溷罗曰：'速从之？其御屡顾，不在马，可及也。'韩厥曰：'不可以再辱国君。'乃止。郤至从郑伯，其右茀翰胡曰：'谍辂之，余从之乘，而俘以下。'郤至曰：'伤国君有刑。'乃止。"[①] 晋军将领韩厥和郤至都曾有机会抓获郑国君主郑伯，而他们都未采纳部下的建议，停止追击，任郑伯逃脱。《国语·周语》对此的总结是："三逐楚君之卒，勇也，见其君必下而趋，礼也；能获郑伯而赦之，仁也。若是而知晋国之政，楚、越必朝。"

《左传》僖公六年："秋，楚子围许以救郑，诸侯救许乃还。冬，蔡穆侯将许僖公以见楚子于武城。许男面缚衔璧，大夫衰绖，士舆榇。楚子问诸逢伯，对曰：'昔武王克殷，微子启如是。武王亲释其傅，受其璧而祓之。焚其榇，礼而命之，使复其所。'楚子从之。"讲的是许被蔡所败，许君被捆绑着两手，口衔玉璧，以示不生，大夫着孝衣，士抬棺材，至楚军屯兵处的武城。古人死者口含珠玉，大夫着孝衣，士抬着棺材，都表示其君将受死无疑。而楚大夫逢伯却对楚君讲了当年周武王伐纣时，殷纣王之庶弟微子启乃持祭器造于军门，肉袒面缚，膝行而前降于周，武王乃释微子，复其位如故的故事。于是楚君也仿照行之。

这些都是依军礼行事的典型例子。

（七）班师凯旋、献捷献俘：

《司马法》之《仁本》曰："天下既平，天子大恺。"《天子之义》曰："得意则恺歌，示喜也。偃伯灵台，答民之劳，示休也。"《周礼·春官·大司乐》："王师大献，则令奏恺乐。"郑玄注曰："恺乐，献功之乐。"《夏官·大司马》曰："以先恺乐献于社。"郑玄注："兵

[①] 《左传》成公十六年，上海古籍出版社2016年版。

乐曰恺。献于社，献功于社也。"讲的都是班师归来，天下太平，天子要举行盛大的凯旋典礼，奏凯乐，献功社，答谢神祇的保佑，并表示不复用兵，休战养民。

在出征讨伐归来凯旋仪式上献捷献俘的情景在文献中有更多的记载，仅从《左传》来看，春秋年间中原诸侯向周王献楚狄夷狄之俘、中原诸侯之间互献戎狄之俘的事例不在少数。例如僖公二十八年："五月丁未，晋献楚俘于王，驷介百乘，徒兵千。""秋七月丙申，振旅，恺以入于晋。献俘授馘，饮至大赏。"宣公十六年："春，晋士会师师灭赤狄甲氏及留吁、铎辰。三月，献狄俘。晋侯请于王，戊申，以黼冕命士会将中军，且为大傅。"成公十六年："十二月，晋侯使郤至献楚捷于周。"桓公六年："北戎伐齐，使乞师于郑，郑大子忽帅师救齐。六月，大败戎师，获其二帅大良、少良，甲首三百，以献于齐。"

《虢季子白盘》①铭文云："唯十又二年正月初吉丁亥，虢季子白……搏伐猃狁于洛之阳。折首五百，执讯五十，是以先行，趄趄子白，献馘于王。"可知青铜器铭文中有"献馘于王"的记载。《小盂鼎》②铭文所记周王命盂率周师伐鬼方，"获馘四千八百〔又〕十二馘，俘人万三千八十一人，俘马……匹，俘车……辆，俘牛三百五十五牛、羊卅八羊。"③可知斩获众多，仅俘人即数以万计。最典型的莫过于《逸周书》的《世俘》一篇，即是武王伐纣归来大规模的献捷献俘的记载：

武王遂征四方，凡憝国九十有九国，馘魔亿有十万七千七百七十有九，俘人三亿万有二百三十，凡服国六百五十有二。

---

① 西周晚期周宣王青铜器，清道光时期从陕西宝鸡虢川司出土。长130.2厘米，宽82.7厘米，高41.3厘米，为传世体积最大的西周时代青铜器。铭文8行，共111字，记述虢季子白奉王命征伐西北猃狁族后于周庙受赏的情况。现藏于中国国家博物馆。

② 西周早期（康王世）青铜器，出陕西岐山县，原器已佚，仅流传铭文拓本。铭文记周康王二十五年命盂征伐鬼方，盂得胜回朝，俘获颇多，并受赏赐的情况。

③ 释文见陈梦家《西周铜器断代》（四），中华书局2004年版。

武王狩，禽虎二十有二、猫二、麋五千二百三十有五、犀十有二、氂七百二十有一、熊百五十有一、羆百一十有八、豕三百五十有二、貉十有八、麈十有六、麝五十、麂三十、鹿三千五百有八。

所献既有俘虏，又有战场上所杀的敌人的首级或耳朵（馘），还有狩猎所获的各类野兽以及以鼎、玉器为主的礼器，其数量巨大，令人瞠目，故称作"世俘"①。

二　大田礼

（一）校阅蒐狩——定期的军队训练活动

大田礼指天子和诸侯定期的狩猎活动，实质是训练士卒的军事演习。《司马法·仁本》：

> 天下虽安，忘战必危。天下既平，天子大恺，春蒐秋狝。诸侯春振旅，秋治兵，所以不忘战也。

春蒐秋狝，古代以田猎教战，春季田猎叫"春蒐"，秋季田猎叫"秋狝"。振旅，本指整军，具体如《周礼·夏官·大司马》所谓："中春教振旅，司马以旗致民，平列陈，如战之陈。辨鼓铎镯铙之用，王执路鼓，诸侯执贲鼓，军将执晋鼓，师帅执提，旅帅执鼙，卒长执铙，两司马执铎，公司马执镯。以教坐作进退疾徐疏数之节，遂以蒐田。"以田猎的方式整齐战阵，并明辨各种等级有别的用以指挥进退、疾驰、舒缓等不同行动的鼓铎类工具，这是春季田猎的内容。秋治兵，即："中秋教治兵，如振旅之陈。辨旗物之用，王载大常，诸侯载旂，军吏载旗，师都载旜，乡家载物，郊野载旐，百官载旟，各书其事与

---

① 《逸周书汇校集注》朱右曾云："世、大古通用。世俘者，大俘也。"上海古籍出版社1995年版。

其号焉，其他皆如振旅。遂以狝田，如蒐田之法。"可知秋治兵实际上同于春振旅，不同的仅仅是辨别用于指挥的各种旗物。不独春秋两季，这种田猎活动在一年之中都有举行，夏季曰苗，冬季曰狩。从《左传》看，春秋时期的田猎活动，的确多是军事活动。桓公四年"春正月，公狩于郎，书时，礼也。"庄公四年"冬，公及齐人狩于禚"。僖公二十七年晋"蒐于被庐，作三军，谋元帅"。僖公三十一年"秋，晋蒐于清原，作五军以御狄。"昭公八年：秋，鲁"大蒐于红，自根牟至于商、卫，革车千乘"。昭公二十年"齐侯田于沛"。汉人桓宽《盐铁论·和亲》："是以古者蒐狝振旅而数军实焉，恐民之愉佚而亡戒难。"可见所谓春蒐夏苗秋狝冬狩即指国君以田猎形式进行操练士兵和检阅军队的仪式。还有借田猎训练整治军队的作用，如《国语》记晋文公作三军："文公即位二年，欲用其民。子犯曰：'民未知义。'公曰：'可矣乎？'对曰：'民未知礼，何大蒐备师尚礼以示之？'乃大蒐于被庐，作三军。"① 之后的文公八年，"秋，晋蒐于清原，作五军以御敌"②。《礼记·月令》也说："（季秋）是月也，天子乃教于田猎，以习五戎，班马政。命仆及七驺咸驾。载旌旐，授车以级，整设于屏外。司徒搢扑，北面誓之。天子乃厉饰，执弓挟矢以猎，命主祠祭于四方。"孟冬之月，"天子乃命将帅讲武习射、御、角力"。以这种形式表示不忘备战，实际上是表明国君拥有兵权的一种礼仪。其旨意在于强调居安思危，常备不懈，每年借几次大规模的田猎活动进行军事操法训练和检阅，以示全国上下不忘战并随时准备应战。后代据以定之为大阅之礼，其目的正在于检查军队平时的备战状况。

（二）射礼

在"国之大事，在祀与戎"的早期中国，射箭是贵族男子接受教育和训练的最基本技能之一，射礼是按照一定的规程所举行的弓矢竞技行事。它源于原始宗教祀仪，经扬弃其宗教成分而形成射礼，盛行

---

① 《国语》卷十《晋语》四，上海古籍出版社 1978 年版。
② 《左传》僖公三十一年，上海古籍出版社 2016 年版。

于西周以降。① 其实，早在夏商时期的狩猎活动中就已经开始讲究射艺的礼仪和规范了，射礼的实际意义仍是军事训练。有学者在已经整理的殷墟花园庄东地甲骨卜辞中，归纳出"射"字共见到18处，基本上是卜问"射"是否顺利。② 可见这种用来体现贵族子弟矢射技能高下的射礼，早在晚商就已经流行。晚商射礼可能是以固定好的大鼋当作箭靶，2003年中国国家博物馆收藏了一件极其珍贵的晚商青铜器"作册般鼋"，鼋背甲中部有铭文4行32字："丙申，王□于洹，获。王一射，□射三，率亡（无）法（废）矢。王命寝馗贶于作册般，曰：奏于庸，作女（汝）宝。"记述商王捕获大鼋、赏赐作册般事。③其铭文就反映了商王进行射礼的事实。西周射礼应该是在继承和完善商代射礼的基础上进一步发展而来的。西周时期上至天子诸侯，下至乡里的卿大夫阶层都举行射礼，依照礼制要求，不同的阶层在不同的场所操弓习射，按照礼制所用的弓也有等级区分，《司马法》佚文有："天子雕弓，诸侯彤弓，大夫婴弓，士卢弓。"④ 周天子为选拔诸侯中有资格参加祭祀的人而举行的射礼称为大射。《礼记·射义》："古者天子以射选诸侯、卿大夫、士""故天子之大射谓之射侯。射侯者，射为诸侯也。射中则得为诸侯，射不中则不得为诸侯。"西周中期青铜器"义盉"盖铭文："佳十又一月既生霸甲申，王在鲁，合即邦君、诸侯、正、有司大射。"⑤ 这是周王在鲁地会同邦君、诸侯等人进行的一次大射礼。凡诸侯来朝见天子，天子与之同射，称作宾射，这种射礼一般在王庙举行。《诗经·小雅·甫田之什·宾之初筵》生动地记述了宾射的情景，"大侯既抗，弓矢斯张。射夫既同，献尔发功。发

---

① ［日］小南一郎著，秦晓丽译：《论射的礼仪化过程——以辟雍礼仪为中心》，《西周文明论集》，朝华出版社2004年版，第181页。

② 章秀霞：《花东田猎卜辞的初步整理与研究》，《殷都学刊》2007年第1期。

③ 《中国历史文物》2005年第1期上刊登了研究作册般鼋的一组文章，即李学勤《作册般铜鼋考释》、朱凤瀚《作册般鼋探析》、王冠英《作册般铜鼋三考》。

④ 《春秋公羊传》定公四年注引，刁小龙整理《春秋公羊传注疏》，上海古籍出版社2014年版。

⑤ 中国社会科学院考古研究所编：《殷周金文集成》，中华书局1984—1994年版，第15册，第9463页。

彼有的，以祈尔爵。"① 天子与群臣宴饮娱乐或贵族之间举行宴会时所行的射礼称作燕射。乡居的卿、大夫、士等低级贵族举行的礼射称作乡射。乡射礼又可分为两种，一种是三年一度为乡学生毕业将出仕时举行的射礼，时乡大夫为主人，乡之父老为宴客。其中最老而知礼节者为上宾，余为众宾。另一种是每年春秋两度举行的射礼，"州长习射而为饮"，此射礼在州序举行，庶民可以观看。乡射除了检验国人的军事技能外，还用以选拔人才，射技高超者受到乡大夫及本乡官吏的推荐，以备君主择其善者而授予官职。周王室通过这种模式来选拔人才，鼓励贵族和士以上的阶层积极习射，这对于提高军队的战斗力起到了相当大的作用。《仪礼》有《大射仪》一篇，极其详尽地记述了大射礼十分繁缛的仪节，可见当时对其的重视程度。

三　大均礼

天子在畿内、诸侯在封国内检校户口、征收赋税即属大均礼的内容。在"国之大事，在祀与戎"的背景之下，出军制赋不仅是重要的军事制度，同时也是国家的主要制度之一。西周后期，因连续对外用兵，周王室财政已濒于破产，国势衰竭，以至于周宣王晚年对太原戎、条戎和奔戎的战争均遭失败，特别是讨伐姜戎之役，周师又败于千亩。《国语·周语上》："宣王既丧南国之师，乃料民于太原。"韦昭注："料，数也。"《说文》段玉裁注："称其多少曰料。"料民即调查核实户口，以便征收军赋、田赋和兵役，以扩充兵员和充实财力。周宣王"料民于太原"就是一次查实户口，扩充军赋和兵役的举措。

《司马法》佚文中即有两种出军制赋的记载：

　　六尺为步，步百为亩，亩百为夫，夫三为屋，屋三为井，四井为邑。四邑为丘，丘有戎马一匹，牛二头，是曰匹马丘牛。四丘为甸，甸六十四井，长毂一乘、马四匹、牛十二头、甲士三人、

---

① 高亨注：《诗经今注》，上海古籍出版社1980年版，第343页。

步卒七十二人，戈楯具，谓之乘马。①

六尺为步，步百为亩。亩百为夫，夫三为屋。屋三为井。井十为通，通为匹马，三十家士一人，徒二人。通十为成，成百井，三百家革车一乘，士十人，徒二十人。十成为终，终千井，三千家革车十乘，士百人，徒二百人。十终为同，同方百里，万井，三万家革车百乘，士千人，徒二千人。②

前一种是根据居民组织出军赋的制度，其居民组织名称与《周礼》相同。《周礼·地官·小司徒》云："乃经土地而井牧其田野：九夫为井，四井为邑，四邑为丘，四丘为甸，四甸为县，四县为都，以任地事而令贡赋。"这显然是一种井田的划法，郑玄注认为井田制起源于夏代，孔颖达疏承郑玄之说，谓"是则三王之初而有井甸田里之法也"，"是则丘甸之法，禹之所为"，这种说法于今天仅有参考意义。井为9夫，授田1方里，邑为36夫，授田4方里，丘为144夫，授田16方里，甸为576夫，授田64方里，甸一级出车一乘，每车配备甲士3人，徒卒72人。

后一种是按土地面积出军赋的制度。井为1方里，授田9夫，通为10方里，授田90夫，成为100方里，授田900夫，终为1000方里，授田9000夫，同为10000方里，授田90000夫。其中每级只有三分之一户出军，平均每30家出甲士1人、徒卒2人，从成一级出车，每车配备甲士10人，徒卒20人。成以上的终、同两级出车数量均为前一级的10倍。两种制度都可见农田以"夫"为基本单位，一夫受田百亩，而且都以井田的划分作为出军赋的基础。从这两种军赋制度看，都是既有甲士、步卒，又有戈楯、车、马、牛，可知当时实行的是赋役合一的制度。《左传》襄公二十五年记有楚国大司马蒍掩受命治赋之事，蒍掩按照楚国九种不同的土地区分记录，对其中的衍沃之地（平原之地）井之，"亩百为夫，九夫为井"，隰皋之地（下湿之地）

---

① 《左传》成公元年疏引，上海古籍出版社2016年版。
② 《周礼·地官·小司徒》注引，（清）孙诒让《周礼正义》，中华书局2013年版。

则牧之，"九夫为牧，二牧当一井也"①。通过不同的划分，以达到"量入修赋，赋车籍马、赋车兵、徒卒、甲楯之数"。这正好可与《周礼》"乃经土地而井牧其田野"相印证。

四　大封礼

大封礼，指勘定各种封地之间的疆界。

《司马法》佚文有几条记的是畿服制度，畿服制是指以国都为中心，将全国疆土向四周划分若干部分，每个部分都承担各自服事天子的义务。"畿"是指国都周围的广大地区，"服"就是"服事天子也"。畿服制度能否纳入大封礼的范畴，还应进一步商榷，但《司马法》中有这样的内容，《周礼》中的《夏官·大司马》对畿服制也有论述，这至少说明二者之间一定的关系。

> 王国百里为郊，五十里为近郊，百里为远郊。②
> 王国百里为郊，二百里为州，三百里为野，四百里为县，五百里为都。③
> 二百里、三百里，其上大夫为州长。四百里、五百里，其下大夫如县正。④

郊，段玉裁注《说文》曰："郊之为言交也，谓乡与遂相交接处，此郊之本义也。"据《周礼·地官·载师》，王城以外百里的远郊之内为六乡，六乡之外距王城五百里疆界之内为六遂，六遂以外乃是诸侯邦国，故郊确是六乡与六遂的交接处。又据《载师》，近郊五十里"以宅田、士田、贾田任近郊之地"；"以官田、牛田、赏田、牧田任远郊之地"。

---

① 《左传正义》引贾逵注，上海古籍出版社1990年版。
② 慧林：《一切经音义》卷七十引，《大正新修一切经》。
③ 《周礼·地官·载师》注引，中华书局2013年版。
④ 《周礼·载师》注引，中华书局2013年版。

二百里为州，《载师》称二百里以内为甸地，曰："以公邑之田任甸地。"孙诒让《周礼正义》曰："甸地自六遂七万五千家之外余地悉为公邑，犹六乡之余地为郊里。"郑玄注《载师》曰："二百里为州甸，三百里为野稍。"可见州与甸相通。郑玄又于《周礼·遂人》注引郑司农曰："遂在王国百里以外。"《管子·度地》："州者，谓之遂。"可见二百里之遂地有州甸之名，其上为公邑之田。

三百里为野，《尔雅》："邑外曰郊，郊外曰牧，牧外曰野。"《载师》："以公邑之田任甸地，以家邑之田任稍地。"郑玄："三百里为野稍。"可知野与稍相通，野之上为家邑之田。

四百里为县，《载师》："以小都之田任县地。"《周礼正义》："云以小都之田任县地，即大宰所谓邦县也，四百里内，公邑采邑制井田，纯为县都之制，故谓之县。"县之上为小都之田。

五百里为都，《载师》："以大都之田任畺地。"《正义》引金颚云："大宰九赋，有家、稍、邦县、邦都，邦都即畺地，以其在五百里为畺界之地，故曰畺。以其大都所在，为都之宗，故曰都。《司马法》五百里为都是也。"

以上州、野、县、都，分别为公邑、家邑、小都、大都，均为天子赐给大夫、卿、三公、王子之封地。"二百里、三百里，其上大夫为州长"，郑玄注《载师》引杜子春曰："公邑为六遂之余地，天子使大夫治之，自此以外皆然。"可见大夫专治公邑。那么，二百里、三百里、四百里、五百里之中，何谓公邑呢？孙诒让《正义》引程瑶田之说："六乡之田在郊，宅田、土田、贾田、官田、牛田、赏田、牧田则六乡之余地；六遂之田在甸，公邑则六遂之余地也；家邑之田在稍，小都之田在县，大都之田在畺，稍、县、畺皆有余地，亦谓之公邑。"就是说在二百里、三百里、四百里、五百里之中都有公邑，以大夫治之，又依前文二百里曰州、四百里曰县，故二百里、三百里其上大夫为州长之尊卑；四百里、五百里其下大夫尊卑如县正。

《司马法》所记以上畿服制度多可与《周礼·载师》之文相佐证，载师之职为地官小司徒之属，专掌任土之法，以物地事授地职。

作为早期军礼的载体，《司马法》常常与《周礼》相表里，《孔丛子》中有"问军礼"篇，涉及出师之宜社、造庙、军中刑罚等，亦没出《司马法》内容范围。清人秦蕙田《五礼通考》引宋人陈傅良说："《仪礼》缺军礼，盖《司马法》即古军礼也，古法多亡，以其有者求之，必非衰世权谋变诈所能为也。"孙诒让《周礼正义》卷二十也说："是《司马法》实古军礼之遗文，故足与礼经相证。"

中国古代春秋中期以前，治军以军礼为基本宗旨，以礼治军为早期统治者和兵家的主导思想，军礼中包含大量惩处赏罚的军法内容。

春秋时期作为中国历史上重大的转变时期，社会生活的方方面面都经历着剧烈而深刻的转变过程，军事领域也不例外。春秋中期前，各国在军事行动中投入的兵力一般不多，范围也比较狭小，战争的胜利主要依靠战车的阵地会战来取得，在较短的时间内即可决定战争的胜负。故在春秋早期的军事领域中，无论是战争观念、战争目的、作战方式，还是战争指导，都表现出一种过渡性的特征，即由早期的"兴甲兵以讨不义"① 的正义之举向"伐大国""拔其城、隳其国"② 的争霸战争过渡；由早期"动之以仁义，行之以礼让"的恪守"军礼"向"出奇设伏，变诈之兵并作"③ 的奉行"诡道"过渡。可以说这是一个在军事领域丰富多彩的、充满着各种矛盾的历史阶段。

我们从发生在这一时期大大小小的战例就可看到这种充满矛盾的过渡性质。那时的军事活动，既有战场上的残酷厮杀，又更多地具有以迫使敌方屈服为目的的"行成"、会盟等比较温和的行为。考察齐桓公称霸的过程，我们看到真正通过激烈的战场之争的情况实际上并不多，基本上都是依靠军事上的威慑作用，以使诸侯顺服，达到建立霸业目的，即所谓"九合诸侯，不以兵车"。

春秋中期以后，尤其是春秋战国之际，随着社会变革的日趋剧烈，战争也相应进入新的阶段。当时战争的发起者和指导者，开始摒弃旧

---

① 《司马法·仁本》，王震《司马法集释》，中华书局2018年版。
② 《孙子兵法·九地》，《十一家注孙子校理》，中华书局1999年版。
③ 《汉书·艺文志》"兵书略"，第1762页。

礼制的束缚，使战争呈现出丰富多彩的状况。战争的变化主要表现在战争规模的扩大、战争方式的变化和作战指导的进步。春秋晚期以后，激烈的野战开始盛行，战争的范围由过去的中原地区向偏远地区延伸，战争往往带有持久长期的性质，进攻方式也开始带有运动性了。体现在春秋晚期以后战争上最大的特点，当属作战指导的根本性变化。这就是"诡诈"的战法原则在军事活动领域内的普遍流行，过去的那种"贵偏战贱诈战"[①]的堂堂之阵战法遭到全面否定。正如班固所概括的："自春秋至于战国，出奇设伏，变诈之兵并作。"[②] 可见社会对当时兵家所提出的要求，是如何适应变化了的客观情况，构建新的军事理论，用以更好地指导战争。这预示着古代军事思想的发展已经面临着新的契机、新的转折，而这种转折，就是由"军礼"向"兵法"（或曰"战争艺术"）的转折，它以孙武的出现和《孙子兵法》的面世为最主要的标志。原来涵盖在军礼中的若干军法内容也随之渐渐独立出来，礼与法互补，表里合一。不合时宜的军礼内容被淘汰了，一些有价值的军礼保留下来直到现今。

原载于《秦俑博物馆开馆三十周年国际学术研讨会论文集》，三秦出版社2010年版

---

① 偏战，《公羊传》曰："偏，一面也。结日定地，各居一面，鸣鼓而战，不相诈。"
② 《汉书·艺文志》"兵书略"，第1762页。

《逸周书》儒家军事思想刍议

按《汉书·艺文志》，《逸周书》属《六艺略》"书类"的"周时诰誓号令"。然具体观之，《逸周书》内容庞杂，各篇体例不尽一致，性质亦有不同。一般情况下，人们把《逸周书》具体内容分作四大类：史书、政书、兵书、礼书。兵书有《武称》《允文》《大武》《大明武》《小明武》《武顺》《武穆》《武纪》诸篇[①]。从这些属于兵书的篇章中我们明显可以看出它反映了诸多先秦儒家的军事思想，本文试将这些内容钩稽梳理，进而做一点粗浅的分析讨论。

一 《逸周书》儒家军事思想梳理

先秦儒家军事思想的根本宗旨是"义战"，把战争作为关系人民生死、国家存亡的大事来看待，认为战争的目的性应服从于战争的正义性，战争目的或动机的正义性是战争正义性的前提，而战争的正义性又取决于战争的过程是否保民、恤民。而保民恤民的仁义思想源自儒家厚生利用、无伤为仁的深厚生命精神。由保民恤民、厚生利用的原则要求战争应以最大限度地不伤及无辜，不破坏民生，不破坏民生，因而提出"止戈为武""以战止战"的命题。

---

① 本文所用《逸周书》为黄怀信、张懋镕、田旭东撰，李学勤审订《逸周书汇校集注》，上海古籍出版社2007年版。本文以此为底本，梳理内容基本不作文字校正。

（一）攻伐救守，仁义为本

大国不失其威，小国不失其卑，敌国不失其权。(《武称》)

  按：陈逢衡注曰："大国不失其威，不黩武也；小国不失其卑，不怒邻也；敌国不失其权，不取侮也。"朱右曾曰："秉德不黩武则不失其威，以礼事大则不失其卑，慎四境备不虞则不失其权。"

岠险伐夷，并小夺乱，□强攻弱而袭不正，武之经也。(《武称》)

  按：陈逢衡曰："岠险，得地势也。夷，平也。并小夺乱，如辛甲所谓服众小以劫大是已。"《周礼·夏官》论大司马之职掌曰："以九伐之法正邦国，冯弱犯寡则眚之，贼贤害民则伐之，暴内陵外则坛之，野荒民散则削之，负固不服则侵之，贼杀其亲则正之，放弑其君则残之，犯令陵政则杜之，外内乱鸟兽行则灭之。"此皆为袭不正。武之经也，指以上为武事的常规。《左传》宣公十二年，楚庄王云"武有七德"："禁暴、戢兵、保大、定功、安民、和众、丰财者也。"

贤者辅之，乱者取之，作者劝之，息者沮之，恐者惧之，欲者趣之，武之用也。(《武称》)

  按：陈逢衡曰："《商书》曰：'佑贤辅德，显忠遂良'，贤者辅之也。又曰'兼弱攻昧，取乱侮亡'，乱者取之也。作者劝之，与其善也。息者沮之，惩其恶也。恐者惧之，风之以害也。欲者趣之，示之以利也。"以上为武事之功用。

四聚：一酌之以仁，二怀之以乐，三旁聚封人，四设围以信。三敛：

一男女比，二工次，三只人死。此七者，侵之酌也。（《大武》）

  按：潘振云："取善而行曰酌，仁，如不斩祀、不杀厉之类。怀之，慰之也。如寒者衣之、饥者食之。此怀之以乐也。旁，四方。封人，谓封疆之人。"唐大沛云："所侵取之地，设封人以掌之。围其地而守之，示民不欺。"设围以信，尚可理解为古军礼中的"围师必阙，以示生路"。《左传》僖公二十五年："晋侯围原，命三日之粮。原不降，命去之。军吏曰：'请待之。'公曰：'信，国之宝也。得原亡信，何以庇民？'退一舍而原降。"三敛，唐大沛："男女比，所侵取之人民，使安其家室，无忧离也。"朱右曾云"比，合也，使无鳏旷。次，肆也。"只，潘振云："敬也。敬人死，哀丧也。"以上四聚、三敛皆言侵入敌国要斟酌行事，爱护其民。

三兴：一政以和时，二伐乱以治，三伐饥以饱。（《大武》）

  按：政，刘师培言依《北堂书钞》所引当为"征"。合时，潘振云："言本国之春农、夏谷秋刈、冬葆不可乖戾也。"陈逢衡云："平人以乱，而我以仁义节制之师临之，是伐乱以治也。我有十年之积，而彼无一日之储，是伐饥以饱也。"

三哀：一要不赢，二丧人，三摈厥亲。四赦：一胜人必赢，二取威信复，三人乐生身，四赦民所恶。此七者，搏之来也。（《大武》）

  按：要，众前辈校为"恶"，不赢之赢当为"赢"，不赢，即不足。三哀，孔晁注："哀敌人之困穷如此。"潘振云："求所不足，如乞籴、乞师之类。丧，失位也。《左传》昭公曰：'丧人不佞。'摈，弃也，见弃于亲，如公子出奔是已。此三者皆可哀也。"四赦，众前辈校勘不同，此仅取其义。陈逢衡云："赢，缓也。胜人以缓，不怒敌也。复，白也。取威信复，有罪者杀，无罪者活，天下共见也。人乐生身，有以安之也。赦民所恶，予以不死也。"搏之来，王念孙认为当依《北堂书钞·武功部五》引为"阵之来"。

天作武，修戒兵，以助义正违。（《大明武》）

> 按：陈逢衡云"天作武，奉天讨也；修戒兵，严纪律也。治国曰义，乱邦曰违。助义正违，辅有道而伐无道也。"

应天顺时，时有寒暑，风雨饥疾，民乃不处。（《大明武》）

> 按：民尚不得安处，何以用兵？犹如《司马法》之"战道不违时，不历民病，所以爱吾民也；冬夏不兴师，所以兼爱其民也"。

国为伪巧，后宫饰女；荒田逐兽，田猎之所；浒观崇台，泉池在下；淫乐无既，百姓辛苦。（《小明武》）

> 按：此即所谓逆政也，孔晁云："凡有此事皆可伐。"

故必以德为本，以义为术，以信为动，以成为心，以决为计，以节为胜。（《柔武》）

> 按：孔晁云："言以德为本，以节为胜，距戎之本也。"以成，卢文弨云："当为诚。"唐大沛："德以修身，义以制事，信以接物，计事有决断，胜在有节制。"

务在审时，纪纲为序，和均□里，以匡辛苦。（《柔武》）

> 按：□当补"道"字。孔晁云："匡，正也。辛苦，穷也。"

陈逢衡云："务在审时，不妄举也。纲纪为序，内治严也。辛苦，指百姓。"

胜国若化，不动金鼓，善战不斗，故曰柔武。（《柔武》）

按：不借威力，不以交兵，以柔克刚也。

天道曰祥，地道曰义，人道曰礼。知祥则寿，知义则利，知礼则行。（《武顺》）

按：陈逢衡曰："祥，仁也。天以仁生人，故曰祥。义，正也。地道方，故曰义。礼，体也。上体天道，下体地道，而人道立，故曰礼。知祥则寿，万物并立而不相害也。知义则立，直方大不习无不利也。知礼则行，谓五伦各循当然之道，斯体信达顺，无不由之也。"

凡建国君民，内事文而和，外事武而义。其形慎而杀，其政直而公。本之以礼，动之以时，正之以度，师之以法，成之以仁，此之道也。（《武纪》）

按：治内之事教文德而和平，治外之事修武功而义正。慎其刑而不失过严，其政令正直而不失偏私。礼主严肃，用武之本，相时而动，武不妄动。整齐之有进退之度，训练之使师出以律。成武功所以安民也，安民必以文德。此武纪之要道。

（二）厚生利用，无伤为仁

既胜人，举旗以号令，命吏禁掠，无取侵暴，爵位不谦，田宅不亏，各宁其亲，民服如化，武之抚也。百姓咸服，偃兵兴德，夷厥险阻，以毁其服，四方畏服，奄有天下。武之定也。（《武称》）

《逸周书》儒家军事思想刍议　　◀◀　337

　　按：陈逢衡曰："举旗以号令，安民也。"唐大沛曰："命吏禁止掠民财物，无得侵暴闾里也。"此武之所不取也。又曰："臣民归服之后，偃兵不用，兴起文德。偃如'偃伯灵台'之偃。四方诸侯闻而畏服，则天下皆所有也。武功既成，天下大定矣。"

率用十五，绥用□安，教用显允，若得父母。宽以政之，孰云不听，听言靡悔，遵养时悔。晦明遂语，于时允武。死思复生，生思复所。人知不弃，爱守正户。上下和协，靡敌不下。执彼玉圭，以居其宇。庶民咸耕，童壮无辅。（《允文》）

　　按：唐大沛曰："统率户口，以什伍编之，民数可稽。绥，安也。使民安其家室也。显，明。允，信也。教民兴行，道在光明信实，民被其德，如受恩于父母然也。"宽政，即除苛法。上下宽政如此，人皆听命也。遵养时悔，朱右曾云"言率此师以取是悔昧之君也"。晦明遂语，于时允武，孔晁云"使昧者脩明，而遂告以信武也"。语，教也。死思复生，生思复所，唐大沛云"罪当死者思矜全而复生之，其生者思各安其业而复其所"。执彼玉圭，以居其宇，彼，孔晁云"谓乱邦之君"。陈逢衡云"执彼玉圭，收其爵也，以居其宇，镇其地也"。童壮无辅之辅，俞樾云"当读为悑，惶也"。言不使童壮惶惧也。此段言入敌国后的各项安抚政策。

无拂其取，通其疆土，民之望兵，若待父母。是故天下一旦而定，有四海。（《允文》）

　　按：陈逢衡曰："生有养也。通其疆土，远人来也。"唐大沛云"惠民如此，故凡无道之国，民望王师之征伐，如待父母者然也"。于是定四海于一日，不再举兵也。

敦行王法，济用金鼓……按道攻巷，无袭门户。（《小明武》）

按：敦行王法，讨有罪也。济，成也。以金、鼓成其伐也。陈逢衡云："按道攻巷，出以律也。"潘振云："无袭门户，不扰百姓之家也。"此为入敌国之后纪律。

敬惟三事，永有休哉！三事：一倡德，二和乱，三终齐。德有七伦，乱有五遂，齐有五备。五备：一同往路，以揆远迩；二明要丑友德，以众尔庸；三明辟章远，以肃民教；四明义倡尔众，教之以服；五要权文德，不畏强宠。五遂：一道其通以决其壅，绝□无赦不疑，三挫锐无赦不危，四闲兵无用不害，五复尊离群不敌。七伦：一毁城寡守不路；二通道不载；三小国不凶不伐，四正维昌敬不疑；五睦忍宁于百姓，六禁害求济民，七一德训民，民乃章。（《武穆》）

按：此段几乎是《武穆》篇之全文，篇末有"余凤夜求之无射"，疑是周公旦或武王。全篇明言倡德、和乱，成功之法则，如申明法禁彰著远方，以严肃教民，昭明礼义倡导众人，相约敬重文德，不畏权贵。于军事行动方面如城墙残缺防守寡少者不毁其城墙，通衢大道上不交战，小国无罪不讨伐，国政昌静不怀疑，禁绝祸害求救济百姓等等，均与《司马法》规定的军礼相同。

国有几失，居之不可阻体之小也。不果邻家，难复饰也；封疆侵凌，难复振也；服国从失，难复扶也。大国之无食，小国之畏事。不可以本权失□家之交，不可以枉绳失邻家之交。……不可虞而夺也，不可策而服也，不可亲而侵也，不可摩而测也，不可求而循。（《武纪》）

按："不可以本权失□家之交，不可以枉绳失邻家之交。……不可虞而夺也，不可策而服也，不可亲而侵也，不可摩而测也，不可求而循。"诸句言大国不可以权谋之计常变而失去邻国，如外表亲近而包藏祸心，揣摩嗜好以娱其心志，以虞诈、谋略等欺骗行为夺取或侵占别国等，此皆伪诈之师，非堂堂正正之举。这些均为《司马法》军礼之要求。

据名而不辱,隐行而不困,唯礼。得之而无逆,失之而无咎,唯敬。成事而不难,序功而不费,唯时。劳而有成,费而不亡,唯当。施而不拂,成而有权,久之而能□,唯义。(《武纪》)

  按:据名尊而不愧辱,应行之事而不困塞,唯合乎礼者能之。得之而无逆,顺理得之,失之而无咎,唯心存于敬者能之。成事而不难,序功而不费,唯有掌握时机者方能之。劳而有成,费而不亡,唯当,此唯事当其可者能之。施而不拂,成而有权,久之而能□,唯义,施于人而不拂其情,成其事而中乎权宜,久而不变,唯能以义制事也。此类皆强调了儒家提倡的仁义礼信等。

(三) 足食亦足兵,以教民而战

思静振胜,允文维纪。(《允文》)

  按:陈逢衡曰:"兵如火,弗戢将自焚,故思静振胜。振,收也。允,信也。文,文德也。纪,法律也。"

收武释贿,无迁厥里。(《允文》)

  按:陈逢衡曰:"收武,偃武也。释贿,散财也。无迁厥里,所以安小人。"

公货少多,赈赐穷士。救瘠补病,赋均田布。命夫复服,用损忧耻。孤寡无告,获厚咸喜。(《允文》)

  按:公货,朱右曾云:"在公之货,如鹿台之钱,钜桥之粟是也。"赋均田布,朱骏声云:"赋,即《周礼·大宰》之九赋。均田,即《均人》之均地也。均布,即《司市》之均市也。"以上言以公货赈赐穷士,救瘠补病,散财以恤民,赦罪振穷,使民复其事，以减忱耻，家给人足，百姓皆喜。

攻其逆政，毁其地阻。立之五教以惠其下。矜寡无告，宼为之主。五教允中，枝叶伐兴。（《小明武》）

> 按：五教，孔晁云"五常之教也"惠其下，潘振云"犹言降德于众兆民也"。矜寡无告，宼为之主，矜，鳏也。宼，是也。无告，穷民也。老者以安，少者怀之以恩。陈逢衡曰："彼陷溺其民而我往救之，则我为其民之主矣。"五教允中，枝叶伐兴，伐，卢文弨改为"代"。即以五教为本，其他均为枝叶，当继而兴盛。

（四）苟能制侵凌，岂在多杀伤

善政不攻，善攻不侵，善侵不伐，善伐不搏，善搏不战。（《大武》）

> 按：卢文弨云："《书钞》作：'善征不侵，善侵不伐，善伐不阵，善阵不斗，善斗不败。'"《谷梁传》庄公八年有"善师者不阵，善阵者不战"，与此义同。此言庙胜，如《孙子》"不战而屈人之兵"为"至善"，儒家主张通过保存必要的战备以及实施的有限战争来除暴安良。

由于《逸周书》各篇成书时间先后不一，既有属于西周时期的篇章，也有后代羼入的大量内容，反映在军事思想方面，除儒家以外，尚有春秋以后出现的兵家谋略和各类具体作战方式，在此我们仅对与儒家军事思想有关的内容作了梳理。

二 一点粗浅讨论

儒家思想的价值体系以道德为中心，重视道义，具有强烈的是非观念，精华是孔子提倡的"仁"和"义"，具体落实在一整套可操作的礼乐制度上，尊崇周礼是其核心所在，而体现在军事上即是一整套以军礼为首的行为规范准则。军礼在战争理念上强调的是"义战"，其出发点是"行仁"，而目的是"保民"。它以"王者之师""仁义之师"称之，主张"伸张正义""反对侵略""师出有名"等。这一点汉代的学者已经有明确的阐述，班固在《汉书·艺文志》"兵书略"小序中讲道："兵家者，盖出古司马之职，王官之武备也。《洪范》八政，八曰师。孔子曰为国者'足食足兵'，'以不教民战，是谓弃之'，明兵之重也。《易》曰'古者弦木为弧，剡木为矢，弧矢之利，以威天下'，其用上矣。后世燿金为刃，割革为甲，器械甚备。下及汤武受命，以师克乱而济百姓，动之以仁义，行之以礼让，《司马法》是其遗事也。"这是当时班固站在儒家的立场上对古代的战争性质、特征及具体表现方式做出的概括。他认为商周，特别是西周时期的战争，是受"军礼"规范和制约的，战争的基本宗旨是要"动之以仁义，行之以礼让"，这些都体现在《司马法》之中。

《司马法》[①]是我国古代的一部兵书，是先秦流传至今的记载古军礼的重要典籍。在《汉书·艺文志》中它并没有被著录在"兵书略"里，而是被列在"六艺略"的"礼"中，称作《军礼司马法》。从书名看，《司马法》与《孙子》《吴子》等以人名命名的兵法书不同，它以古代掌管军政事宜的司马之官为书名，正如《汉志》所曰："兵家者，盖出于古司马之职。"可见它所记录的并非一般的个人对战争规律、经验的认识和总结，而是以司马之职的官守及军中制度、法规为内容，以追述古代的军礼或军法，即古代军队的编制、阵法操练、旌旗鼓铎的使用，以及爵赏诛罚的各种规定为主，是先秦军礼的综合性总结，具有特殊价值，不仅为历代兵家所推重，而且它也是一部研究古代礼制的重要典籍。晚清以来，一些著名的研究"礼"的学者，如孙诒让、秦蕙田、黄以周等人，还有余嘉锡，均把《司马法》看作

---

① 本文以下所引《司马法》原文，均出自于李零《兵家宝鉴》所收《司马法译注》，河北人民出版社1991年版。

是中国最古老的军礼。

军礼包含的内容很宽泛，不仅用于战场上，很多时候还用于国家内部治安、公共事务等。根据《司马法》的记载，古代军礼的内容包括畿服制度、军赋制度、军队编制、官吏设置、列队训练以及旌旗、徽章、鼓铎的使用规定等，内容非常详细，但在全部军礼中，有关战争起因、战场礼仪、战争方式、战争善后以及战争禁忌等方面的规定，最能体现军礼的精神，乃是军礼的核心之所在。这一整套军礼是西周时期确立的古典礼乐文明在军事领域用以指导和制约具体的军事行动，体现"以礼为固，以仁为胜"①的原则。上述我们梳理的《逸周书》属于儒家军事思想的内容，许多合于《司马法》的规范。以下我们试举部分内容稍作比较。

关于战争的目的，《司马法》用最为简洁的"兴甲兵以讨不义"作为总的概括，具体是：

> 杀人安人，杀之可也；攻其国，爱其民，攻之可也；以战止战，虽战可也。（《仁本》）
>
> 凭弱犯寡则眚之，贼贤害民则伐之，暴内陵外则坛之，野荒民散则削之，负固不服则侵之，贼杀其亲则正之，放弑其君则残之，犯令陵政则杜之，外内乱，禽兽行，则灭之。（《仁本》）
>
> 《逸周书》有：天作武，修戒兵，以助义正违。（《大明武》）
>
> 天道曰祥，地道曰义，人道曰礼。知祥则寿，知义则利，知礼则行。（《武顺》）
>
> 贤者辅之，乱者取之，作者劝之，息者沮之，恐者惧之，欲者趣之，武之用也。（《武称》）
>
> 凡建国君民，内事文而和，外事武而义。其形慎而杀，其政直而公。本之以礼，动之以时，正之以度，师之以法，成之以仁，此之道也。（《武纪》）
>
> 故必以德为本，以义为术，以信为动，以成为心，以决为计，

---

① 《司马法·天子之义》。

以节为胜。(《柔武》)

善政不攻，善攻不侵，善侵不伐，善伐不搏，善搏不战。(《大武》)

对于军礼所主张的征讨不义，先秦典籍所云尚有：《周礼·夏官·大司马》云："及师，大合军，以行禁令，以救无辜，伐有罪。"《左传·庄公二十三年》云："征伐以讨其不然。"《国语·周语上》云："伐不祀，征不享。"《左传·成公十五年》云："凡君不道于其民，诸侯讨而执之。"上述《司马法》《逸周书》的几条内容反映的都是军礼有关战争目的的主张。

关于具体军事行动的若干限制：《司马法》有：

战道：不违时，不历民病，所以爱吾民也；不加丧，不因凶，所以爱夫其民也；冬夏不兴师，所以兼爱民也。(《仁本》)

春不东征，秋不西伐，月食班师，所以省战。(《司马法》佚文)

古者逐奔不过百步，纵绥不过三舍，是以明其礼也；不穷不能，而哀怜伤病，是以明其义也；成列而鼓，是以明其信也；争义不争利，是以明其义也；又能舍服，是以明其勇也；知终知始，是以明其智也。六德以时合教，以为民纪之道也，自古之政也。(《仁本》)

穷寇勿追，归众勿迫。(《司马法》佚文)

军旅以舒为主，舒则民力足。虽交兵致刃，徒不驱，车不驰，逐奔不逾列，是以不乱。军旅之固，不失行列之政，不绝人马之力，迟速不过诫命。(《天子之义》)

《逸周书》有：

三兴：一政以和时，二伐乱以治，三伐饥以饱。(《大武》)

应天顺时，时有寒暑，风雨饥疾，民乃不处。(《大明武》)

三哀：一要不赢，二丧人，三摈厥亲。四赦：一胜人必赢，二取威信复，三人乐生身，四赦民所恶。此七者，搏之来也。（《大武》）

不可以本权失□家之交，不可以枉绳失邻家之交。……不可虞而夺也，不可策而服也，不可亲而侵也，不可摩而测也，不可求而循。（《武纪》）

按道攻巷，无袭门户。（《小明武》）

以上内容所讲即在军事行动中贯彻"礼""仁"的原则，"以礼为固，以仁为胜"，《左传·文公十二年》有："死伤未收而弃之，不惠也。不待期而薄人于险，无勇也。"也是同样的意思。总之"冬夏不兴师""不如丧，不因凶"等，是对敌军事行动的重要原则之一，甚至成为一种具有不容挑战的军事禁忌。

关于战场上的正大不诈原则及善后处置，《司马法》有：

成列而鼓，是以明其信也。
不穷不能而哀怜伤痛，是以明其仁也。（《仁本》）
入罪人之地，无暴神祇，无行田猎，无毁土功，无燔墙屋，无伐林木，无取六畜、禾黍、器械。见其老幼，奉归勿伤。虽遇壮者，不校勿敌。敌若伤之，医药归之。
既诛有罪，王及诸侯，修正其国，举贤立明，正复厥职。（《仁本》）

《逸周书》有：

既胜人，举旗以号令，命吏禁掠，无取侵暴，爵位不谦，田宅不亏，各宁其亲，民服如化，武之抚也。百姓咸服，偃兵兴德，夷厥险阻，以毁其服，四方畏服，奄有天下。武之定也。（《武称》）

公货少多，赈赐穷士。救瘠补病，赋均田布。命夫复服，用损忧耻。孤寡无告，获厚咸喜。（《允文》）

攻其逆政，毁其地阻。立之五教以惠其下。矜寡无告，寔为之主。五教允中，枝叶伐兴。（《小明武》）

以上是正式的战场交锋时军礼规定的具体原则，要求作战双方共同遵循。《左传》记宋襄公所谓"古之为军也，不以阻隘也；寡人虽亡国之余，不鼓不成列"即是最好例证，仅《左传》对春秋时期战争实况的记录，我们可举出大量遵循军礼的战例①。除战场上的正面交锋以外，入敌国境内后仍需按军礼要求做到禁止劫掠，尽可能避免破坏财物，扰乱民众。其他还有像俘获敌国国君时的隆重礼仪，攻入敌国之后的善后处置，等等，都有明确规定，如同孔子所谓"兴灭国，继绝世，举逸民，天下之民归心焉"②。

考察史料可知，在中国早期的战场上，除了铁血残酷的一面以外，的确存在为数不少的比较温和的、体现出"仁"和"义"的一面，诸如师出有名、师不伐丧、不伤国君、不杀厉、不禽二毛、不犯田稼等等，可称为"贵族战争"。在早期兵家所留下的兵书中，我们可以明显地看到这一点。何以称之为贵族战争？笔者认为两点最为重要：一是必须尊崇军礼；二是对参战人员有所限定，只有贵族和国人方有资格参战，野人是无权参战的。钱穆先生曾说："春秋二百四十二年，一方面是一个极混乱紧张的时期，但另一方面，则古代的贵族文化，实到春秋而发展到它的最高点。"③贵族文化和周礼是密不可分的，我们从一部《左传》看到，其中处处都在以礼来评判事情，故"礼也"，"非礼也"的字样非常多，"知礼""违礼"的事情也常常出现，有时还插上大段的礼论。在对春秋时期战争的记录中，我们也可看到，虽处于"礼坏乐崩"历史大变革时期，但军礼的许多原则仍然得到尊重和奉行。大量战例所体现的尊礼、重信、轻诈和"先礼后兵"等贵族精神，展现了一些诸侯依然恪守着多年来的道德准则，用自己的行为

---

① 可参考拙作《贵族战争的终结与军事规律的蜕变》，载于"饶宗颐国学院国学丛书"《先秦诸子战争伦理论文集》，中华书局（香港）有限公司2016年版。

② 《论语·尧曰》。

③ 钱穆：《国史大纲》，商务印书馆1996年版，第68页。

举止来维持贵族精神的实际状况,这正是春秋时期礼制在军事行为上的集中显现,它的道德性超越了功利性,由此也可见真正的贵族精神并不把功利的实现作为唯一的价值标准。因此,我们有一个比较清楚地认识,儒家所提倡的"仁"和"义",更多体现的是礼制原则之下的道德范畴的贵族精神观念,西周礼乐文明规范下的军礼传统的存在与影响,应该是属于战争史上的一个较为特殊阶段。

春秋中期以后,尤其是春秋战国之际,随着社会变革的日趋剧烈,战争也相应进入新的阶段。当时战争的发起者和指导者,开始摒弃旧礼制的束缚,使战争呈现出丰富多彩的状况。战争的变化主要表现在战争规模的扩大、战争方式的变化和作战指导的进步。春秋晚期以后,激烈的野战开始盛行,战争的范围由过去的中原地区向偏远地区延伸,战争往往带有持久长期的性质,进攻方式也开始带有运动性了。体现在春秋晚期以后战争上最大的特点,当属作战指导的根本性变化。这就是"诡诈"的战法原则在军事活动领域内的普遍流行,过去那种"贵偏战贱诈战"[①]的堂堂之阵战法遭到全面否定。正如班固所概括的:"自春秋至于战国,出奇设伏,变诈之兵并作。"[②]可见社会对当时兵家所提出的要求,是如何适应变化了的客观情况,构建新的军事理论,用以更好地指导战争。这预示着古代军事思想的发展已经面临着新的契机、新的转折,而这种转折,就是由"军礼""兵法"的转折,它以孙武的出现和《孙子兵法》的面世为最主要的标志。这样,儒家所倡导的那一套更多体现道德范畴的"仁""义"等精神观念,逐渐在军事战争领域被摒弃不用。

以上我们仅仅选择了儒家军事思想体现在军礼上的一个侧面,对《逸周书》的有关内容作了粗略的比较。当然《逸周书》中还有一些有关战争起因、战争性质、战略战术以及具体的赏罚原则等内容,各篇成书时间不一,总体来说都属于我国古代较早的军事文献,我们在此尚未涉及,留待以后再做研究。

---

① 偏战,《公羊传》曰:"偏,一面也。结日定地,各居一面,鸣鼓而战,不相诈。"
② 《汉书·艺文志》"兵书略"。

贵族战争的终结与军事规律的蜕变

——以《司马法》和《孙子兵法》为例

战争，从来就是血腥而又残酷的，是在血与火的战场上你死我活的厮杀。然而在中国早期的战场上，除了铁血残酷的一面以外，还存在为数不少的比较温和的、体现出"仁"和"义"的一面，诸如师出有名、师不伐丧、不伤国君、不杀厉、不禽二毛、不犯田稼等，可称为"贵族战争"。在早期兵家所留下的兵书中，我们可以明显地看到这一点。何以称为贵族战争？笔者认为两点最为重要：一是必须尊崇军礼；二是对参战人员有所限定，只有贵族和国人方有资格参战，野人是无权参战的。

我们这里所谓的早期兵家，从时间上来划分，应当指的是春秋中期以前的兵家。中国最古老的兵书应该产生于周代，据史载可知有《军志》《军政》等，可惜今已不存。流传至今的最早兵书当为《司马法》，据《史记》[①]记载，《司马法》成书于战国时的齐国威王时期，但它之中却有威王使大夫所追论的《古司马法》，并附有春秋时齐国的大将军司马穰苴的兵法，它是西周时期所确立的礼乐文明在军事领域的集中体现，即所谓的"军礼"。

《司马法》所代表的早期兵家的确是以讲求"仁"和"义"作为兴师用兵的出发点和所追求的目标的，这是中国兵学文化最早发展阶

---

① 见《史记·司马穰苴列传》，中华书局1982年版，第2160页。

段的一个显著特点,也是"贵族战争"所遵循的基本原则。至于后来出现的以《孙子兵法》为首的,以讲求"谋略""诡诈"为特点的兵法,则代表着中国古代兵学发展的成熟与高峰,同时也标志着贵族战争的终结和军事规律的蜕变。

一

《司马法》首先是一部军礼,在《汉书·艺文志》中它并没有被著录在"兵书略"里,而是被排在"六艺略"的"礼"类,称作《军礼司马法》。按照《周礼·春官·大宗伯》的说法,中国古代的礼被分作吉、凶、军、宾、嘉五类,称"五礼",军礼就是指与军事有关的所有制度。从书名看,《司马法》与《孙子》《吴子》等以人名命名的兵法书也不同,它以古代掌管军政事宜的司马之官为书名,正如《汉志》所曰:"兵家者,盖出于古司马之职",可见它所记录的并非一般的个人对战争规律、经验的认识和总结,而是以司马之职的官守及军中制度、法规为内容,以追述古代的军礼或军法,即古代军队的编制、阵法操练、旌旗鼓铎的使用,以及爵赏诛罚的各种规定为主,是先秦军礼的综合性总结,具有特殊价值,不仅为历代兵家所推重,而且它也是一部研究古代礼制的重要典籍。司马迁就曾说:"余读司马兵法,闳廓深远,虽三代征伐,未能竟其义,如其文也。"[①] 晚清以来,一些著名的研究"礼"的学者,如孙诒让、秦蕙田、黄以周等人,还有近人余嘉锡,均把《司马法》看作是中国最古老的军礼。

既然这一整套"军礼"是西周时期所确立的古典礼乐文明在军事领域用来指道和制约具体的军事行动的依据,那么,其具体内容到底有些什么呢?

据《周礼·夏官·大司马》规定的古代司马之职有如下内容:(1)出兵征讨的名义规定,即"九伐之法";(2)畿服制度,即九畿之籍;(3)军赋制度;(4)春、夏、秋、冬四季以田猎形式教练

---

① 《史记·司马穰苴列传》,中华书局1982年版,第2160页。

战法。

我们先来看看《司马法》是怎样体现"以礼为固,以仁为胜"①的原则的。

关于战争的目的,《司马法》用最为简洁的"兴甲兵以讨不义"作为总的概括,具体是:

> 杀人安人,杀之可也;攻其国,爱其民,攻之可也;以战止战,虽战可也。(《司马法·仁本》)
>
> 凭弱犯寡则眚之,贼贤害民则伐之,暴内陵外则坛之,野荒民散则削之,负固不服则侵之,贼杀其亲则正之,放弑其君则残之,犯令陵政则杜之,外内乱,禽兽行,则灭之。(《司马法·仁本》)

《周礼·夏官》论大司马之职掌曰:"以九伐之法正邦国,冯弱犯寡则眚之,贼贤害民则伐之,暴内陵外则坛之,野荒民散则削之,负固不服则侵之,贼杀其亲则正之,放弑其君则残之,犯令陵政则杜之,外内乱鸟兽行则灭之。"

《周礼·夏官》的这段文字与《司马法》基本一致,个别处如《司马法》"凭弱犯寡"之"凭",《周礼》作"冯",贾公彦《疏》曰:"凭,冯之俗体。"《司马法》之"禽兽行"《周礼》作"鸟兽行"。九伐之法中的眚、伐、坛、削、侵、正、残、杜、灭,分别指不同等级的军事活动。眚,即"省"之假借,瘦也。诸侯若有以强凌弱,以大欺小的行为,则瘦其地,即四面削其地。伐,古代鸣钟鼓以声其过曰伐,《左传》庄公二十九年:"凡师有钟鼓曰伐,无曰侵,轻曰袭。"贾公彦《疏》:"专杀贤大夫以害民,皆是暴虐之事,故声罪以伐之也。"可见"伐"是等级较高的堂堂正正、大张旗鼓的师旅征讨活动。坛,段玉裁读为"墠"(shan),指野土空墠之地,② 诸侯若

---

① 《司马法·天子之义》,见李零《兵家宝鉴》,河北人民出版社1991年版,第253页。
② 见孙诒让《周礼正义》卷五十五,中华书局1987年版,第2286页。

有对内杀贤大夫以害民,对外欺凌弱小之行为,则出其君于空野之地幽禁之。削,削地,田地荒芜不治,民众散而不附,可见君政不善,则削其地。侵,古代兵加其境,用兵浅者谓之侵,诸侯依恃险要坚固的地势而不服事天子,则侵其地,以示警告,此为等级较低的军事活动。正,执而治其罪,随意诛杀宗族则治其罪而杀之。残,戕也,杀也,臣杀君曰弑,为臣者有放逐或杀其国君的行为则杀之。杜,杜塞以使不得与邻国交往,违反天子之命而又不循政法则杜绝之。灭,诛灭,悖人伦,外内无异于禽兽,则诛灭其君。

《司马法》:

> 战道:不违时,不历民病,所以爱吾民也;不加丧,不因凶,所以爱夫其民也;冬夏不兴师,所以兼爱民也。(《司马法·仁本》)

> 春不东征,秋不西伐,月食班师,所以省战。(《司马法》佚文)

所谓"不违时",即不违背农时。"不历民病",即不在国家民众遇到疾疫流行时举兵。"冬夏不兴师",不在大寒大暑时举兵。"不加丧",古代军礼以乘人有丧事而加兵为非,在此我们虽举不出更早的事例,但仍可在《左传》中得以窥见,僖公二十三年,秦乘晋文公新丧灭晋之同姓小国滑,先轸即曰:"秦不哀吾丧,而伐吾同姓,秦则无礼。"所谓"无礼",即指秦不依礼制行事。春秋时期礼坏乐崩,这种伐丧的例子在《左传》中多见,然仍有例外,《左传》襄公四年记载,楚将出兵侵伐陈国,得知陈国国君死了,乃罢兵而止。"不因凶",不利用敌国的饥荒年景,《左传》僖公十三年记,晋连年歉收,乞谷于秦,秦穆公询问于大臣,子桑、百里主张给予,而聘于秦的丕郑之子豹则主张乘机伐晋,按古军礼不仅"不因凶",还应"救灾恤邻",若依丕豹的主张不仅乞谷不与,而且要举兵加之,这是极不合乎礼制的。最终秦穆公采纳了子桑、百里的意见,枭谷于晋。次年,秦饥,乞谷于晋,晋则不予,晋大夫庆郑即讲了这样一段话:"背施,无亲；幸灾，不仁；贪爱，不祥；怒邻，不义。四德皆失，何以守国？"庆郑所讲的"四德"，其实也是军礼的具体体现。晋惠公不听庆郑之言，不粜谷于秦，这也是极其"无礼"的行为。而最终的结果是又次年，秦穆公出兵三败晋于韩原，俘获晋君。

万不得已而兴师，《司马法》又对具体的军事行动有若干限制：

> 古者逐奔不过百步，纵绥不过三舍，是以明其礼也；不穷不能，而哀怜伤病，是以明其义也；成列而鼓，是以明其信也；争义不争利，是以明其义也；又能舍服，是以明其勇也；知终知始，是以明其智也。六德以时合教，以为民纪之道也，自古之政也。（《司马法·仁本》）

> 穷寇勿追，归众勿迫。（《司马法》佚文）

> 军旅以舒为主，舒则民力足。虽交兵致刃，徒不趋，车不驰，逐奔不逾列，是以不乱。军旅之固，不失行列之政，不绝人马之力，迟速不过诫命。（《司马法·天子之义》）

> 入罪人之地，无暴神祇，无行田猎，无毁土功，无燔墙屋，无伐林木，无取六畜、禾黍、器械。见其老幼，奉归勿伤。虽遇壮者，不校勿敌。敌若伤之，医药归之。

> 既诛有罪，王及诸侯，修正其国，举贤立明，正复厥职。（《司马法·仁本》）

这些都是体现了"仁"和"义"基本精神的军礼。那么，这些军礼在历史上是否真正实行过？西周以前的战争情况已经难以考察，我们在《尚书·牧誓》中可以看到周武王伐商誓师时的一番话："今商王唯妇言是用，昏弃厥肆祀弗答，昏弃厥遗王父母弟不迪，乃为四方之多罪逋逃，是崇是长，是信是使，是以为大夫卿士。俾暴虐于百姓，以奸宄于商邑。今予发唯恭行天之罚。"这段话历数了商纣王的罪状：唯妇人（妲己）之言是用；抛弃原有的各种祭祀而不理会；又不任用祖父的同母弟，而尊崇四方之逃犯，以他们为大夫卿士，听任他们残暴百姓，在商都内外为奸作乱。现今我就要奉天命执行上天对他的惩罚。种种罪状正好合于上述《司马法》中的"九伐之法"中的六条"贼贤害民则伐之，暴内陵外则坛之，野荒民散则削之，贼杀其亲则正之，放弑其君则残之，犯内陵政则杜之，外内乱，禽兽行，则灭之。"所以周武王要奉天命出征伐商灭商。

钱穆先生曾说："春秋二百四十二年，一方面是一个极混乱紧张的时期，但另一方面，则古代的贵族文化，实到春秋而发展到它的最高点。"[①] 贵族文化和周礼是密不可分的，我们从一部《左传》看到，其中处处都在以礼来评判事情，故"礼也"，"非礼也"的字样非常多，"知礼""违礼"的事情也常常出现，有时还插上大段的礼论。在对春秋时期战争的记录中，我们也可看到，虽处于"礼坏乐崩"历史大变革时期，但军礼的许多原则仍然得到尊重和奉行。以下略举几例：

《左传》隐公八年记有："齐人卒平宋、卫于郑，秋，会于温，盟于瓦屋，以释东门之役，礼也。"[②] 说的是在宋国联合卫国等国侵伐郑国，围攻了郑国的东门之后，郑国与宋国、卫国之间多次交兵，搞得周边地区不得安宁。齐国这时出来调停，使郑国与宋国、卫国之间消除了仇怨，最终签订了友好盟约。齐国这么做是符合礼的。

《左传》桓公二年记载，宋国的太宰华督弑杀国君宋殇公，为了防止其他诸侯来讨伐，华督用重物贿赂别国，鲁国因此得到一个大鼎。鲁桓公非常喜欢这个大鼎，将它安置在祖庙里。这种做法显然非礼，大夫臧哀伯劝谏鲁桓公道："君人者，将昭德塞违，以临照百官，犹惧或失之……今灭德立违，百官象之，其又何诛焉？国家之败，由官邪也。官之失德，宠赂章也。郜鼎在庙，章孰甚焉？"作为国君应该昭示德性，杜绝违礼行为，不应该将贿物纳入祖庙。国家之败都是由官员行邪开始的，为官的失去德性，贿赂就会成风，将贿物昭显于大庙之上，没有比这个行为更能显示官邪的了。君为何要这样做呢？臧哀伯作为鲁国一大夫，对鲁桓公违背礼制的行为进行劝谏，受到了周

---

① 钱穆：《国史大纲》，商务印书馆1996年版，第68页。
② 杨伯峻：《春秋左传注》隐公八年，中华书局1981年版，第59页。

内史的赞扬。① 这个事实说明春秋初年礼制的原则还是得到普遍认可的。

尊崇礼制原则最为突出的例子，莫过于宋襄公。《左传》僖公二十年，中原霸主齐桓公卒，齐国发生群公子争位之乱，宋襄公两度领军平定齐乱，协助齐太子昭登上君位，称雄中原长达三十年的齐国经历这次动乱，国力转衰，失去霸主地位。在中原诸侯陷入群龙无首的状况之下，宋襄公为恢复殷商故业企图称霸中原。连续召集诸小国盟会，公元前639年，楚成王对宋襄公不自量力之举感到十分恼火，于是乘率军赴会之机，拘捕了宋襄公并击败了宋军。同年冬，宋襄公获释，历经此次打击，执迷不悟的宋襄公依然醉心于图霸事业。公元前638年夏，宋襄公率卫、许、滕三国联军进攻楚的附属国郑，秋，楚成王发兵北上攻宋救郑。宋襄公闻讯回师，在泓水（今河南柘城西北）北岸列阵迎敌。"宋人既成列，楚人未既济。司马曰：'彼众我寡，及其未既济也，请击之。'公曰：'不可。'既济而未成列，又以告。公曰：'未可。'既阵而后击之，宋师败绩。公伤股。"宋襄公不听取司马的建议，丧失楚军半渡、过河后未成阵这两次有利战机，待敌列好阵势之后方与之交战，因寡不敌众很快战败，宋襄公自己也受了重伤。归国后，遭到国人的普遍批评，宋襄公有一段话颇有意思："君子不重伤，不禽二毛。古之为军也，不以阻隘也。寡人虽亡国之余，不鼓不成列。"② 这段话似乎很迂腐，但"君子不重伤""不禽二毛""不以阻隘也""不鼓不成列"等均为古军礼内容，宋襄公之举在后人看来愚蠢可笑，但在当时却是依军礼行事。作为一个商朝贵族后裔，深受贵族教育的影响，自觉尊崇并实践贵族理念，这对宋襄公来说，并不为怪。

《左传》宣公十二年，晋楚两国争霸战达到高潮，双方为争取郑国爆发了邲之战。楚庄王为彻底征服依违无常的郑国，亲率大军围攻郑之都城新郑，晋景公派主政卿士荀林父率晋上、中、下三军南下救

---

① 杨伯峻：《春秋左传注》桓公二年，中华书局1981年版，第85—90页。
② 杨伯峻：《春秋左传注》僖公二十二年，中华书局1981年版，第397—398页。

郑。郑为摆脱长期遭受晋、楚两国交相攻击的困境，积极策动两国决战，以便自己依战争胜负决定归属。双方最终在郑地邲（今河南荥阳北）决战，结果是晋军大败而归。在作战过程中，"晋人或以广队不能进，楚甚之脱扃，少进。马还，又甚之拔旆投衡，乃出，顾曰'吾不如大国之数奔也'。"① 晋军的兵车坠陷于坑中不能进，楚人教晋人抽去车前横木以出坑。然而拉战车的马匹却仍盘旋不前，晋人又教其拔去车上插的大旗扔掉厄马头的横木，使车轻马便，晋人战车乃得逃出。晋人逃脱之后，反而讥笑楚人，说自己出陷的本事不如楚人。晋军车陷，楚军未加俘获，反而教其出陷之法，任其逃脱，正体现了军礼"穷寇勿追"的原则。

《左传》成公九年记："（晋）栾书伐郑，郑人使伯蠲行成，晋人杀之，非礼也。"② 晋国攻伐郑国，郑国派使者求和，晋国人将郑使者杀死，此为严重的"非礼"行为。按礼，两国交兵，不杀使节。这个礼规至今仍然实行。

《左传》成公十六年，在晋楚争霸战争中，晋军和郑、楚联军遇于郑地鄢陵（今河南鄢陵西北），郑、楚联军战败，晋军在实施战场追击过程中，将领郤至曾"三遇楚子（楚共王）之卒，见楚子，必下，免胄而趋风。楚子使工尹襄问之以弓"③。晋军将领郤至三次遇到楚共王，均下战车，脱去头盔，向前快速行走，以表示恭敬，而楚共王亦派工尹襄向郤至以弓作为回报和慰问。"晋韩厥从郑伯，其御杜溷罗曰：'速从之？其御屡顾，不在马，可及也。'韩厥曰：'不可以再辱国君。'乃止。郤至从郑伯，其右茀翰胡曰：'谍辂之，余从之乘，而俘以下。'郤至曰：'伤国君有刑。'乃止。"④ 晋军将领韩厥和郤至都曾有机会抓获郑国君主郑伯，而他们都未采纳部下的建议，停止追击，任郑伯逃脱。这些都是依军礼行事的典型例子。《国语·周语》记周王卿士邵桓公对此的总结是："三逐楚君之卒，勇也；见其

---

① 杨伯峻：《春秋左传注》宣公十二年，中华书局1981年版，第741页。
② 杨伯峻：《春秋左传注》成公九年，中华书局1981年版，第844页。
③ 杨伯峻：《春秋左传注》成公十六年，中华书局1981年版，第887页。
④ 杨伯峻：《春秋左传注》成公十六年，中华书局1981年版，第888页。

君必下而趋,礼也;能获郑伯而赦之,仁也。若是而知晋国之政,楚、越必朝。"①

《左传》襄公十九年:"晋士匄侵齐,及穀,闻丧而还,礼也。"②晋人侵齐,已行至穀,即今山东东阿之南的东阿镇,却听到齐灵公去世的消息,随即依军礼而撤兵。

以上所举《左传》中的例子,所体现的尊礼、重信、轻诈和"先礼后兵"等贵族精神,展现了一些诸侯依然恪守着多年来的道德准则,用自己的行为举止来维持贵族精神的实际状况,这正是春秋时期礼制在军事行为上的集中显现,它的道德性超越了功利性,由此也可见真正的贵族精神并不把功利的实现作为唯一的价值标准。

二

春秋时期作为中国历史上重大的转变时期,社会生活的方方面面都经历着剧烈而深刻的转变过程,军事领域也不例外。恰如班固在《汉书·艺文志》"兵书略"之序中说:"及汤武受命,以师克乱而济百姓,动之以仁义,行之以礼让,《司马法》是其遗事也。自春秋至于战国,出奇设伏,变诈之兵并作。"③

春秋中期前,各国在军事行动中投入的兵力一般不多,范围也比较狭小,战争的胜利主要依靠战车的阵地会战来取得,在较短的时间内即可决定战争的胜负。故在春秋早期的军事领域中,无论是战争观念、战争目的、作战方式,还是战争指导,都表现出一种过渡性的特征,即由早期的"兴甲兵以讨不义"④的正义之举向"伐大国""拔其城、隳其国"⑤的争霸战争过渡;由早期"动之以仁义,行之以礼

---

① 《国语·周语》卷二,上海古籍出版社1978年版,第81页。
② 杨伯峻:《春秋左传注》襄公十九年,中华书局1981年版,第1049页。
③ 《汉书·艺文志》"兵书略",中华书局1962年版,第1762页。
④ 《司马法·仁本》,见李零《兵家宝鉴》,河北人民出版社1991年版,第243页。
⑤ 《孙子兵法·九地》,见李零《兵家宝鉴》,河北人民出版社1991年版,第71页。

让"的恪守军礼向"出奇设伏,变诈之兵并作"①的奉行"诡道"过渡,可以说这是一个在军事领域丰富多彩的、充满着各种矛盾的历史阶段。

我们从发生在这一时期大大小小的战例就可看到这种充满矛盾的过渡性质。那时的军事活动,既有战场上的残酷厮杀,又更多地具有以迫使敌方屈服为目的的"行成"、会盟等比较温和的行为。考察齐桓公称霸的过程,我们看到真正通过激烈的战场之争的情况实际上并不多,基本上都是依靠军事上的威慑作用,以使诸侯顺服,达到建立霸业目的,即所谓"九合诸侯,不以兵车"。

春秋中期以后,尤其是春秋战国之际,随着社会变革的日趋剧烈,战争也相应进入新的阶段。当时战争的发起者和指导者,开始摒弃旧礼制的束缚,使战争呈现出丰富多彩的状况。战争的变化主要表现在战争规模的扩大、战争方式的变化和作战指导的进步。春秋晚期以后,激烈的野战开始盛行,战争的范围由过去的中原地区向偏远地区延伸,战争往往带有持久长期的性质,进攻方式也开始带有运动性了。以西元前506年的吴楚柏举之战为例,吴军避敌正面、迂回奔袭的战略和后退疲敌、寻机决战、突袭破阵、纵深追击等战术,体现了运动歼敌、连续作战的崭新气象,这是以往战争的规模和方式所不能比拟的。体现在春秋晚期以后战争上最大的特点,当属作战指导的根本性变化。这就是"诡诈"的战法原则在军事活动领域内的普遍流行,过去的那种"贵偏战贱诈战"②的堂堂之阵战法遭到全面否定。正如班固所概括的"出奇设伏,变诈之兵并作"。使用诡诈之术,已成为战争舞台的主角,无须再用仁义道德来做任何掩饰。基于这种实际情况,社会对当时兵家所提出的要求,就是如何适应变化了的客观情况,构建新的军事理论,用以更好地指导战争。这预示着古代军事思想的发展已经面临新的契机、新的转折,而这种转折,就是由"军礼"(或曰

---

① 《汉书·艺文志》"兵书略",中华书局1962年版,第1762页。
② 偏战,《春秋公羊传》桓公十八年,何休注:"偏,一面也。结日定地,各居一面,鸣鼓而战,不相诈。"见《十三经注疏》,中华书局影印1980年版,第2219页。

"军法")向"兵法"(或曰"战争艺术")的转折，它以孙武的出现和《孙子兵法》的面世为最主要的标志。

即使如此，在以《孙子兵法》为主的兵书中，我们仍然可以看到它虽然强调"兵不厌诈"、示形造势等兵家权谋诡诈的谋略之道，但仍然把"安民保国"作为战争的最终目的。如《孙子兵法》开宗明义："兵者，国之大事也，死生之地，存亡之道，不可不察也。"[①] 把战争看作是国家生死存亡的大事，强调对待战争要重视，更要谨慎，从表面上看，它也在提倡"仁"和"义"，但比起早期兵家依礼制原则所提倡的"仁"和"义"，到这时显然已经发生了质的变化，它来得更为实惠，成为能看得见、摸得着的实际利益，是可以用数字来计算利害得失的概念。《孙子兵法·用间篇》有"凡兴师十万，出征千里，百姓之费，公家之奉，日费千金；内外骚动，怠于道路，不得操事者，七十万家。相守数年，以争一日之胜，而爱爵禄百金，不知敌之情者，不仁之至也，非人之将也，非主之佐也，非胜之主也"。孙武在这里所斥责的"不仁"，显然不是一个道德的概念，不在讲求"仁""义"的礼制范围以内，而是实实在在地计算利益得失之间的差距。

如果我们仔细研读《孙子兵法》，一个十分明显的感觉就是全书有着极强的数位概念，可以说是到处充溢着数字。如《计篇》的"经之以五事"，"一曰道，二曰天，三曰地，四曰讲，五曰法"；《作战篇》的"驰车千驷，革车千乘，带甲十万，千里馈粮，内外之费，宾客之用，胶漆之材，车甲之奉，日费千金，然后十万之师举矣"，"百姓之费，十去其七，公家之费……十去其六……食敌一钟，当吾二十钟，蕲秆一石，当吾二十石"；《谋攻篇》的"十则围之，五则攻之，倍则分之，敌则能战之，少则能逃之，不若则能避之"；《军行篇》的"兵法，一曰度，二曰量，三曰数，四曰称，五曰胜"；《军争篇》的"百里争利""五十争利""三十争利"的利害分析；其他如"九变""九地""五危""五胜""火攻有五""用间有五"等等，不胜枚举。

[①] 《孙子兵法·计篇》，见李零《兵家宝鉴》，河北人民出版社1991年版，第7页。

应该说，孙子所极力推崇的"计"，体现出的不仅是谋划，还有算计的意味，即"多算胜，少算不胜"①。这种计算是建立在一定的现实利害关系之上，反对感性，重视经验理性对事物本质的分析和判别，是一种在主客体"谁吃掉谁"迅速变化着的行动中简化了的思维方式。它以现实生存为根本目的，强调的是力量的差别，注意到自我力量的保护和隐藏，同时又必须看到事物变化的规律，顺着事物发展的态势，从而来改变自己力量的劣势而自得其所。基于计算，孙子提出了一系列诸如"兵者诡道""不战而屈人之兵""兵贵胜，不贵久""攻其无备，出其不意""善战者致人而不致于人""知彼知己"等超越时空的战略思想和战略战术。

这样，我们就会有一个比较清楚的认识，早期兵家所提倡的"仁"和"义"，更多体现的是礼制原则之下的道德范畴的贵族精神观念，而《孙子兵法》则是中国古代兵家走向成熟的代表，它所提倡的"诡道"实际上才揭示出了战争的真实本质和规律，所体现的也正是中国古代兵家注重现实利益的实用理性精神。

原载于饶宗颐国学院国学丛书《先秦诸子战争伦理论文集》，中华书局（香港）有限公司2016年版

---

① 《孙子兵法·计篇》，见李零《兵家宝鉴》，河北人民出版社1991年版，第11页。

失传已久的鲁国兵书

——《曹沫之陈》

在《上海博物馆藏战国楚竹书》（四）中，有一部《曹沫之陈》[①]，是一部失传已久的鲁国兵书，在历代目录书的著录中，在传世和出土的古代兵书中，我们从未见到过鲁兵书，而且这是一部目前所见唯一的一部战国写本兵书，它的出现对我们进一步了解先秦兵家无疑具有十分重要的意义。

《曹沫之陈》全书共65支简，大约1700字，文体系鲁庄公与曹沫的问答，以鲁庄公提问曹沫回答的形式体现出曹沫的军事思想，属于先秦时期流行的文体。据整理者李零先生说，简文分两部分，前一部分论政，后一部分论兵，[②] 其实在后一部分论及两军对阵的具体应对措施时，也有一些属于论政的内容，这也应该是古代兵书常见的特征。

"论政"的内容涉及"为和于邦""为和于豫""为和于阵"以及"为亲""为和""为义"等，谈论的主要是如何"治国"或如何"治军"的问题，显然属于治国用兵之术中的"治国安邦之策"，或为"建国方略""建军方略"，此类内容在古代兵书中常见，尚未涉及具体的行军用兵之法。这里，我们暂且不讨论这一部分内容，仅就后一

[①] 马承源主编：《上海博物馆藏战国楚竹书》（四），上海古籍出版社2004年版，本文所依《曹沫之陈》均见于此，文中所引内容按释读后文字。

[②] 李零：《曹沫之陈》释文说明，《简帛佚籍与学术源流》，生活·读书·新知三联书店2004年版，第373页。

部分论兵的内容、曹沫其人以及该书的价值等作一些讨论。

一

先看其"论兵"的内容。由于多支简残断,《曹沫之陈》"论兵"的内容比较有限,并非完整的长篇大论,不如"论政"的内容篇幅长而且语句也较为完整,但我们从中仍可找出属于古代兵家的一般论述。

首先,论及"战有显道",曰"毋兵以克"。具体的解释为:"人之兵不砥砺,我兵必砥砺。人之甲不坚,我甲必坚。人使士,我使大夫。人使大夫,我使将军。人使将军,我君身进。此战之显道。"以兵器、装备以及指挥人员等各方面均高出对方一筹的态势进行威慑,迫使对方就范,与《孙子·谋攻》"不战而屈人之兵"如出一辙,此乃用兵的最高境界。

其次,当鲁庄公问及"出师有忌乎?"时,曹沫连答"四忌",即"出师之忌""散裹之忌""战忌""既战之忌",颇为精彩。具体是:"三军出乎境必胜,可以有治邦……其将卑,父兄不赓,由邦御之,此出师之忌";"三军未成阵,未舍,行阪济障,此散果之忌";"其去之不速,其就之不附,其启节不疾,此战之忌。是故疑阵败,疑战死";"其赏浅且不中,其诛厚且不察,死者弗收,伤者弗问,既战而有殆心,此既战之忌"。具体指出师在外而受国君遥控;未成阵而遭敌击;缺乏果断,犹豫不决,丧失有利战机;战后赏罚无当,不恤死伤等,凡此种种向来是兵家之大忌。这类问题几乎在古代兵书中或从正面或从反面都有论及,而应属《曹沫之陈》提出较早也最为集中。比如关于"出师之忌",《司马法》有"阃外之事将军裁之",后世多有"将在军,君命有所不受"[①]语,这实际上是古军礼内容之一。关于"散裹之忌",《吴子·料敌》以敌方"阵而未定,舍而未毕,行阪涉险,半隐半出"为可以与之决战的八种情况之一,足见后世兵家均

[①] 前者为《司马法》逸文,见于《春秋公羊传》襄公十九年疏引。后者见于《史记》《司马穰苴列传》《孙子吴起列传》。

以"半渡而击""未阵而击"为大利。对于"战之忌"之"疑阵败，疑战死"，更多见兵家论述，《孙子兵法》主张"兵之情主速，乘人之不及，由不虞之道，攻其所不戒也"自不待言，《吴子》《治兵》曰："用兵之害，犹豫最大，三军之灾，生于狐疑。"《论将》曰："进退多疑，其众无依。"《尉缭子·勒卒令》曰："夫蚤决先敌，若计不先定，虑不蚤决，则进退不定，疑生必败。"《六韬·龙韬·军势》则有："用兵之害，犹豫最大。三军之害，莫过狐疑。"可见果断的军事决策备受兵家重视。对于"既战之忌"，《司马法》《天子之义》有："赏不逾时，欲民速得为善之利也；罚不迁列，欲民速睹为不善之害也。"《严位》有："凡战胜则与众分善，若将复战，则重赏罚。"《尉缭字·战威》有"赏禄不厚，则民不劝"，"刑赏不中，则民不畏"，都是讲战后赏罚要及时、得当，以利调动军队士气的意思。"明赏罚""信赏罚"之语在古代兵书中出现频率极高，应该看作是最为突出的古代治军传统。

再次，《曹沫之陈》"论兵"的内容比较完整而又系统的，还有所谓的"复败战之道""复盘战之道""复甘战之道""复故战之道"，此四者，由于存在断简和一些未释出、文义不明的字，使我们不能完全了解其详细所指，似有一些吊死扶伤、赏罚有当、战后修整的内容，李零先生认为"都是讲处于不利情况下应当采取的补救措施"，应该是对的。

最后，当鲁庄公问及"善攻者奚如"时，曹沫答曰："民有保，曰城，曰固，曰阻。三善尽用不弃，邦家以宏。善攻者必以其所有，以攻人之所亡有。"又问"善守者奚如？"答曰："……所以为毋退。率车以车，率徒以徒，所以同死……"这里由于竹简残缺而文句不全，但大意尚明，所论为战法中的攻守之道，攻必以己之所有而攻敌之所无，且必以坚固而又险要的防御设施作为攻的保障。至于如何守，竹简可读的仅有一句"率车以车，率徒以徒，所以同死"，李零先生认为"所以同死"之下应接"生"字，即"率车则与车同在，率徒则与徒同在"，与之共死生，讲的是坚守之道。

以上摘出的即是《曹沫之陈》"论兵"的主要内容，可见曹沫的所谓"阵法"即战术指导原则皆不如后世兵书那样论述精当,语言也不够完备、流畅,它所反映的应该正是早期兵书的实际情况。

二

曹沫为鲁庄公时期人,鲁庄公于公元前693—前661年在位,共32年,正值春秋早期,齐桓公争霸即在这一时期。终春秋一世,鲁国一直处于二等国的地位,其军事实力及整个综合国力均不能与其近邻齐国相比,而就《春秋》所记鲁国十二公来看,鲁庄公时期还可称得上是比较强大、在诸侯国中占有比较重要位置的时期,据《春秋》与《左传》记载,这一时期是鲁国参与诸国军事活动与会盟活动最多的时期。

从《春秋》与《左传》的记载,可以了解鲁庄公时期鲁国所参与的军事及会盟活动大约有28次,其中属于鲁国单独的军事活动较少,多是对一些小国的侵伐,如伐余丘、伐卫、败宋、追戎、伐戎等,大多情况下是参与其他国共同的军事活动,尤其在鲁庄公十五年齐桓公称霸之后,鲁国基本上是"会齐"而伐某国,完全听任霸主的调遣,几乎再不见其有独立的军事活动。齐桓公称霸之前,鲁尚与齐有过几次军事冲突,甚至有"长勺之战"成功逐齐的战绩。"长勺之战"前,由于鲁与齐两国长期的恩怨,双方多有争斗,当齐国发生内乱,齐襄公被杀时,鲁国还有以兵护送公子纠回国,并派管仲射杀公子小白之举[①],可见当时鲁国的实力并不低于齐国多少。然而当齐桓公上台,齐国兴起并走上称霸之路以后,鲁国的情景则是每况愈下,无法与齐国相抗衡,只有依附于齐国了。

曹沫正是一位出现在这种历史背景之下,自身也充满着矛盾的传奇式人物。

史书对曹沫的记载,见于《左传》《谷梁传》《国语·鲁语》《管子·大匡》及《史记》之《鲁世家》《齐世家》和《刺客列传》等多

---

① 见《史记·齐太公世家》,中华书局1982年版,第1485页。

种，其名字也于诸书中写法不同，但历史上比较常用的是"曹沫"或"曹刿"。诸书对曹沫记载比较集中的有两处：一是《左传》庄公十年所记"长勺之战"，庄公用曹沫之谋，待齐军三鼓而气竭时向齐军发起进攻，成功地挫败齐国的侵伐；二是《史记》《刺客列传》和《齐世家》记载齐桓公与鲁庄公会于柯而盟，"曹沫以匕首劫齐桓公于坛上，曰：'反鲁之侵地！'桓公许之。""既已言，曹沫投其匕首，下坛，北面就群臣之位，颜色不变，辞令如故。"于是我们看到，两种记载俨然两个完全不同的形象，一个是足智多谋、沉着应战并取得胜利的军事家，一个是春秋战国乃至秦汉以来广为人们所称道的匹夫之勇、刺客，后世之人很难把"一人敌"的勇者与"万人敌"的军事家联系在一起，其实他恰恰就是一人①。《左传》庄公二十三年还记有曹沫的另一事迹："公如齐观社，非礼也。曹刿谏曰：'不可。夫礼，所以整民也。故会以训上下之则，制财用之节；朝以正班爵之义，帅长幼之序；征伐以讨其不然。诸侯有王，王有巡守，以大习之。非是，君不举矣。君举必书。书而不法，后嗣何观？'"《国语·鲁语上》亦记此事，后有"公不听，遂如齐"。社，齐祀社神，搜军实以示军容。曹刿认为鲁庄公前往观看不合礼制，指出："天子祀上帝，诸侯会之受命焉。诸侯祀先王、先公，卿大夫佐之受事焉。臣不闻诸侯相会祀也。"并警告庄公以这种不合法度的行为载之史册何以向后人交代。这又使我们看到曹沫的另一面，他如此熟悉礼制法度，至少是一位接受过"礼乐射御书数"教育的贵族，如按《左传》庄公十年记"长勺之战"前，"公将战，曹刿请见。其乡人曰：'肉食者谋之，又何间焉？'"观之，他又是一位社会地位比较低贱的人，若算是贵族也只能归入下层贵族一类。这样一位受过良好教育，且以国家之兴亡为己任，谙熟礼制、足智多谋，而又具匹夫之勇的人，或许正是兵书作者的最佳人选。

然而，限于曹沫所处的历史时代，限于鲁国当时的国力以及于各

---

① 李零：《读书》2004年第9期，有《为什么说曹刿与曹沫是同一人——为读者释疑，兼谈兵法与刺客的关系》一文，考证详审、论述精彩，请参阅。

诸侯国之间的地位，还限于鲁国的学术传统和氛围，曹沫只能写出一部带有过渡性质的兵书——《曹沫之陈》。

春秋中期以后，尤其是春秋战国之际，随着社会变革的日趋剧烈，战争也相应进入新的阶段。当时战争的发起者和指导者，开始摒弃旧礼制的束缚，使战争呈现出丰富多彩的状况。战争的变化主要表现在战争规模的扩大、战争方式的变化和作战指导的进步。春秋晚期以后，激烈的野战开始盛行，战争的范围由过去的中原地区向偏远地区延伸，战争往往带有持久长期的性质，进攻方式也开始带有运动性了。以公元前506年的吴楚柏举之战为例，吴军避敌正面、迂回奔袭的战略和后退疲敌、寻机决战、突袭破阵、纵深追击等战术，体现了运动歼敌、连续作战的崭新气象，这是以往战争的规模和方式所不能比拟的。体现在春秋晚期以后战争上最大的特点，当属作战指导的根本性变化。这就是"诡诈"的战法原则在军事活动领域内的普遍流行，过去的那种"贵偏战贱诈战"的堂堂之阵战法遭到全面否定。正如班固所概括的："自春秋至于战国，出奇设伏，变诈之兵并作。"可见社会对当时兵家所提出的要求，是如何适应变化了的客观情况，构建新的军事理论，用以更好地指导战争。这预示着古代军事思想的发展已经面临着新的契机、新的转折，而这种转折，就是由"军法"（或曰"军礼"）向"兵法"（或曰"战争艺术"）的转折，它以孙武的出现和《孙子兵法》的面世为最主要的标志，而《曹沫之陈》正是兵家由早期的恪守古军礼的"仁道"向"兵不厌诈"的"诡道"之间的过渡。

三

据《汉书·艺文志》之《兵书略》，我们可以了解到的兵家著作有出自齐国者，有出自魏国者，有出自赵国者，有出自燕国、晋国、秦国、吴国、越国、楚国者，而唯独不见著录有出自鲁国者，不限于《兵书略》，见于其他各略与兵书有关的典籍全部钩稽而来，也与鲁国无缘。这一事实给人的印象是鲁国没有兵学传统，也未产生过军事家。的确，长期以来，我们始终认为鲁国的学术背景以正统周礼为主，突出对西周文化的继承。《曹沫之陈》的出土，至少可以使我们对先秦文化获得新的认识，即春秋时期礼崩乐坏，百家争鸣，思想活跃，各国文化既有各自突出的特征，又不可避免地带有多样性，丰富多彩的文化景象提醒我们应该注意到文化风格显现出的复杂性，过去那种一味认为鲁国不具备军事传统，仅传承周文化，儒学发达的看法，应重新加以认识。

《汉志》和其他典籍不见著录和记载的事实，还说明《曹沫之陈》至少在西汉时期已经失传，那么，失传的原因究竟是什么？作为考古新发现，还作为目前所见的最早的战国写本兵书，又作为我们今天看到的唯一一部鲁国兵书，《曹沫之陈》的重要性显而易见，但就其内容来看，实事求是地说，它的确明显表现出其粗浅而不成熟的"过渡"性质，无法与后来的兵书如《孙子兵法》《司马法》《吴子》《尉缭子》《六韬》等相比，其思想性理论性均有较大差距，这大概是其失传的根本原因。兵书在战争频仍的年代是要直接服务于现实的，战国时期，如《韩非子·五蠹》所说"今境内皆言兵，藏孙吴书者家有之"，是因为其有用，设想一部兵书如果没有人去用它，它也就没有了生命力，也就难免遭到淘汰的命运了，《曹沫之陈》的失传大约正是如此。

原载于《华学》第八辑，紫禁城出版社2006年版

张家山汉简《盖庐》所反映的伍子胥兵学特点

伍子胥本为春秋时的楚国人，因其一生的政治活动主要是辅佐吴王阖闾和夫差，其所著兵书也应当被看作是先秦兵家中具有吴国特色的兵书。

一

史书对伍子胥的记载，以《史记》《越绝书》以及《吴越春秋》为最详，我们以《史记·伍子胥列传》[①] 为主，先了解伍子胥的生平事迹。

《史记》曰："伍子胥者，楚人也，名员。员父曰伍奢。员兄曰伍尚。其先曰伍举，以直谏事楚庄王，有显，故其后世有名于楚。"楚平王使伍奢为太子建之太傅，使费无忌为太子少傅。无忌不忠于太子建，而专投平王之所好，因而深得平王宠信，又恐一旦平王卒而太子立，杀己，乃因谗太子建，制造平王与太子建之间的隔阂，伍奢因一句"王独奈何以谗贼小臣疏骨肉之亲乎？"的实话也遭平王囚禁。

费无忌又言于平王曰："伍奢有二子，皆贤，不诛且为楚忧。可以其父质而召之，不然且为楚患。"促使平王对伍奢的迫害进一步波及伍奢的两个儿子伍尚和伍员。糊涂的楚平王使使谓伍奢曰："能致

---

① 以下伍子胥之生平均见于《史记·伍子胥列传》。

汝二子则生，不能则死。"伍奢曰："尚为人仁，呼必来。员为人刚戾忍纨，能成大事，彼见来之并禽，其势必不来。"王不听，使人召二子曰："来，吾生汝父；不来，今杀奢也。"伍尚欲往，员曰："楚之召我兄弟，非欲以生我父也，恐有脱者后生患，故以父为质，诈召二子。二子到，则父子俱死。何益父之死？往而令雠不得报耳。不如奔他国，借力以雪父之耻，俱灭，无为也。"伍尚曰："我知往终不能全父命。然恨父召我以求生而不往，后不能雪耻，终为天下笑耳。"谓员："可去矣！汝能报杀父之雠，我将归死。"尚既就执，使者捕伍胥。伍胥贯弓执矢向使者，使者不敢进，伍胥遂亡。闻太子建之在宋，往从之。奢闻子胥之亡也，曰："楚国君臣且苦兵矣。"伍尚至楚，楚并杀奢与尚也。

　　伍员逃奔宋国、郑国，辗转来到吴国，发誓必倾覆楚国，以报杀亲之仇。入吴后，知公子光有大志，乃助其刺杀吴王僚，夺取王位，得进用为"行人"，与谋国政。辅佐吴王阖闾修法制以任贤能，奖农商以实仓廪，治城郭以设守备。又举荐深通兵学的孙武为将，选练兵士，整军经武，使吴成为东南地区一强国。根据吴与周边各国的强弱形势及利害关系，伍员与孙武等制定先西破强楚，以解除对吴之最大威胁，继南服越国以除心腹之患的争霸方略。周敬王八年（公元前512），针对楚国执政者众而不和，且互相推诿的弱点，提出分吴军为三部轮番击楚，以诱楚全军出战，彼出则归，彼归则出，"亟肆以罢（疲）之，多方以误之"①，待楚军疲敝，再大举进攻。此后数年间，吴军连年扰楚，迫楚军被动应战，疲于奔命，实力大为削弱。吴国随后展开大举攻楚的准备，争取与楚有矛盾的蔡、唐两国作为吴的盟国，使楚北方门户洞开，为尔后避开楚军防守正面实施突袭创造了条件。又出兵攻越，给楚造成吴不会大举攻楚的假象，并施反间于楚，使楚不用知兵善战的子期，而用贪鄙无能的子常为帅。周敬王十四年（公元前506年），伍员与孙武等佐阖闾统领大军沿淮水西进，由楚防备薄弱的东北部实施大纵深战略突袭，直捣楚腹地，以灵活机动的战法，

---

① 杨伯峻：《春秋左传注·昭公三十年》，中华书局1981年版，第1509页。

击败楚军主力于柏举（今湖北麻城东北），并展开追击，长驱攻入楚都郢（今湖北江陵西北），楚昭王逃往随国，伍员终成破楚之功。后楚大夫申包胥乞援于秦，秦派兵救楚，楚国才免于灭亡。由于怀有强烈的个人复仇愿望，伍员未能生擒楚昭王，乃掘楚平王墓，出其尸，鞭之三百，才算报仇雪耻。

吴王阖闾死后，伍员继事吴王夫差。周敬王二十六年（公元前494年），吴、越夫椒之战，越惨败几于亡国，在夫差急于图霸中原，欲允越求和之时，伍员预见到两国不能共存之势，又洞察越王勾践图谋东山再起之心，力谏不可养痈遗患，而应乘势灭越。夫差不纳，坐视越国自大。周敬王三十六年（公元前484年），伍员见夫差欲率大军攻齐，越王勾践率众朝贺，再度劝夫差暂不攻齐而先灭越，以除心腹之患，又遭夫差拒绝。于是伍员知夫差昧于大势而不可谏，吴国必为越国所破灭，为避祸而托子于齐国鲍氏，反遭太宰伯嚭诬陷，被逼自杀。伍员死后仅十年，越灭吴，终应其言。

春秋末期吴国之兴亡，伍子胥的作用举足轻重，虽其以报仇雪耻为个人目的，然其治国用兵，以务实为旨，远见卓识，的确是谋略不凡。

二

《史记·伍子胥列传》虽未明确伍子胥有兵书传世，但《汉书·艺文志》《诸子略》杂家类著录有《伍子胥八篇》，班固注：春秋时为吴将，忠直遇谗死。《兵书略》技巧类著录有《伍子胥十篇》，图一卷。这两部伍子胥虽已亡失，当证伍子胥生前有其著作，而且有军事著作传世。

钩稽文献可知伍子胥著作有涉及"水战"和"战船"的内容。比如：

《史记·南越列传》：

"故归义越侯二人为戈船、下厉将军。"《集解》引瓒曰：

"《伍子胥书》有戈船，以载干戈，因谓之'戈船'也。"

《汉书·武帝纪》：

"甲为下濑将军，下苍梧。"服虔曰："甲，故越人归汉者也。"臣瓒曰："濑，湍也；吴越谓之濑，中国谓之碛。《伍子胥书》有：'下濑船'。"

以上《史记》和《汉书》注所引，明确称为《伍子胥书》，或许就是《汉志》之"兵技巧"的《伍子胥十篇》，"兵技巧"之小序曰："技巧者，习手足，便器械，积机关，以立攻守之胜者也。""戈船""下濑船"是否与"器械"有关？遗憾的是我们所能看到的内容太少，实在无法在其中获得更多的信息。

《汉书·艺文志》《兵书略》：

"鲍子兵法十篇，伍子胥十篇，公胜子五篇。……右兵技巧十三家，百九十九篇。技巧者，习手足，便器械，积机关，以立攻守之胜者也。"王先谦补注云："《御览》三百十五并引《子胥水战兵法》皆明言出《越绝书》，《御览》七百七引《越绝书》：'子胥船军之教。'，以上今《越绝书》所无。"

《太平御览·兵部四十六·水战》：

"《越绝书》曰：伍子胥《水战兵法》：'大翼一艘，广丈六尺，长十二丈，容战士二十六人，櫂五十人，舳舰三人，操长钩矛斧者四吏，仆射长各一人，凡九十一人，当用长钩矛长斧各四，弩各三十四矢，三千三百甲兜鍪各三十二。'"

《太平御览》三百十五引《越绝书·伍子胥水战法》：

大翼一艘，广丈六尺，长十二丈，容战士二十六人，棹五十人，舳舻三人，操长钩矛者四，吏仆射长各一人，凡九十一人。当用长钩矛长斧各四，弩各三十二，矢三千三百，甲兜鍪各三十二。

《文选》颜延年《车驾幸京口侍游曲阿后湖诗注》引《水战法》：

大翼一艘，广一丈五尺二寸，长十丈。中翼一艘，广一丈三尺五寸，长九丈六尺。小翼一般，广一丈二尺，长九丈。

《文选》张协《七命》注引《越绝书·伍子胥水战兵法内经》：

大翼一艘，长十丈，中翼一艘，长九丈六尺。小翼一艘，长九丈。

可知伍子胥还曾有一部《水战法》的兵书，不知是否就是《汉志》著录的"兵技巧"的《伍子胥十篇》？

近些年出土的简牍文献中亦有《盖庐》一部，已被学界公认为伍子胥兵书。

《盖庐》1983年底出土于湖北省江陵247号汉墓。全书共有竹简55枚，计3000余字，《盖庐》之名题于竹简背面。《盖庐》以盖庐提问、申胥的回答形式写成，每章一问一答，共分九章。书中的申胥即伍子胥，盖庐即吴王阖闾。出土后，经过学者整理，直至2001年才正式公布。[1]《盖庐》这部埋藏地下两千多年的古兵书才正式得见天日。

《盖庐》的体例是与大多是先秦古籍相同的问对体，这也是古代兵书常见的格式。但有趣的是《盖庐》明明是吴王阖闾提问，伍子胥回答，所反映的完全是伍子胥的兵法思想，本应以"申胥"命名，却

---

[1] 张家山二四七号汉墓竹简汉简整理小组：《张家山汉墓竹简（二四七号墓）》，文物出版社2001年版。

偏偏用了"盖庐"。现存的《六韬》《尉缭子》《吴子》《李卫公问对》等都是问对体兵书的代表作，且都是以作答者命名的，从这一点看《盖庐》与古书的命名习惯不符。

据学者对《张家山汉墓竹简》的研究，出土《盖庐》的古墓"随葬的各种古书暗示墓主人生前是一名低级官吏"，而同一古墓出土的《历谱》，上始于汉高祖五年（公元前202年），下迄吕后二年（公元前186年），也就是说，张家山247号汉墓属吕后时期[①]，《盖庐》的抄写年代或可推定为汉高祖至惠帝时期（约公元前206—前188年）。《盖庐》一书至少在公元前186年时尚存留于世。盖庐的消失，是在随后的短短几十年之中，所以不仅司马迁丝毫不知情，之后的刘向刘歆父子也对它一无所知。

《盖庐》九章的内容是讲"循天之则""行地之德"，按四时五行用兵，照阴阳向背处军，有"维斗为击，转动更始"、五行相胜等理论的论述，与《汉志》"兵阴阳"类"顺时而发，推行德，随斗击，因五胜，假鬼神而为助者也"的定义完全相合，可见他也不是《汉志》所著录的"兵技巧"的《伍子胥十篇》，而应看作是一部珍贵的"兵阴阳"类的兵书，对此，目前学界已基本达成共识。

三

我们现在就以上所述的有限资料来了解和探讨一下伍子胥兵书的特点。

先看《水战法》，以上各条内容大同小异，相对较全的一条是《太平御览·兵部四十六·水战》：所引《越绝书》的伍子胥《水战兵法》："大翼一艘，广丈六尺，长十二丈，容战士二十六人，擢五十人，舳舰三人，操长钩矛斧者四吏，仆射长各一人，凡九十一人，当用长钩矛长斧各四，弩各三十四矢，三千三百甲兜鍪各三十二。"

[①] 张家山二四七号汉墓竹简整理小组：《张家山汉墓竹简（二四七号墓）》，前言，文物出版社2001年版。

伍子胥《水战法》所说的这种"大翼",应该就是最早的有关先秦战船的建制,它规定了舟船的尺寸、水军的编制和船队的战法。春秋时期临江傍水的吴国、越国、楚国和面临东海的齐国等都有水军,并多次在水面上交战。从以上几条记载可知那时水战中使用的舟船,具有相当的规模。《太白阴经》说:"水战之具,始于伍员。以舟为车,以楫为马。"这些代替陆上车马的舟楫,为水军的建立创造了条件。水战使用的武器,有刀矛弩矢和长钩、长斧。据说鲁国公输般还创制水战的装具——"钩拒",这是一种带铁钩的竹篙,对敌船退则钩之,进则拒之。用这些战船和武器实施水战,使水战达到了相当的规模。

考古资料有河南汲县山彪镇 1 号战国墓出土的铜鉴纹饰水陆攻战图①,表现的即是战船作战的情景。

铜鉴纹饰水陆攻战图

《左传》襄公二十四年(公元前 549 年),楚国派水军进攻吴国,其记述:"夏,楚子为舟师以伐吴,不为军政,无功而还。"这是史料所见较早的水战记载。海战的记载最早是《左传》哀公十年(公元前 485 年)吴、齐在黄海进行的海战,当时吴国派大夫"徐承帅舟师自海入齐",即从长江口出海北上,实行远航奔袭,声势浩大。但齐国

---

① 图见郭宝均《山彪镇与琉璃阁》,科学出版社 1959 年版。

的舟师没等吴军到达，就在水面上实施截击，结果吴军战败。有能力实行海上远航作战，可以想见，春秋时水军的建立一定比水战还要早，特别是吴、齐双方进行大规模的海上作战，必定早就拥有一支强大的水军。

如果真如《太白阴经》所说"水战之具，始于伍员"的话，伍子胥对于当时吴国水军的建立必然起过非常重要的作用。

我们再来看《盖庐》，作为一部属于阴阳类的兵书，全文3000多字中，有关阴阳五行之说在其中占据了相当大的篇幅。在此我们试录部分内容如下：

第一章：

循天之时，逆之有祸，顺之有福。行地之德，得时则岁年熟，百姓饱食；失时则危其国家，倾其社稷。凡用兵之谋，必得天时，王名可成，妖孽不来，凤鸟下之，无有疾灾，蛮夷宾服，国无盗贼，贤悫则起，暴乱皆伏，此谓顺天之时。

天为父，地为母，参辰为纲，列星为纪，维斗为击，转橦更始。

第二章：

九野为兵，九州为粮，四时五行，以更相攻。天地为方圆，水火为阴阳，日月为刑德，立为四时，分为五行，顺者王，逆者亡，此天之时也。

第三章：

军之道，冬军军于高者，夏军军于埤者，此其胜也。当陵而军，命曰申固；背陵而军，命曰乘势；前陵而军，命曰笼光；右陵而军，命曰大武；左陵而军，命曰清施。背水而军，命曰绝纪；前水而军，命曰增固；右水而军，命曰大顷；左水而军，命曰顺行。军恐疏遂，军恐进舍，有前十里，毋后十步。此军之法也。

第四章：

凡战之道，冬战从高者击之，夏战从卑者击之，此其胜也。

其时曰：黄麦可以战，白冬可以战，德在土、木、在金可以战；昼背日、夜背月可以战，是谓用天之八时。左太岁、右五行可以战；前赤鸟、后背天鼓可以战，左青龙、右白虎可以战，招摇在上、大陈其后可以战，壹左壹右、壹逆再背可以战，是谓顺天之时。鼓于阴以攻其耳，阵于阳以观其耳，目异章惑以非其阵，毋要堤堤之期，毋击堂堂之阵，毋攻逢逢之气，是谓战有七术。

太白入月、荧惑入月可以战，日月并食可以战，是谓从天四殃，以战必庆。

丙午、丁未可以西向战，壬子、癸亥可以南向战，庚申、辛酉可以东向战，戊辰、己巳可以北向战，是谓日有八胜。

彼兴之以金，吾击之以火；彼兴以火，吾击之以水；彼兴以水，吾击之以土；彼兴之以土，吾击之以木；彼兴以木，吾击之以金。此用五行胜也。

春击其右，夏击其里，秋击其左，冬击其表，此胃谓背生击死，此四时胜也。

第五章：

大白金也，秋金强，可以攻木；岁星木【也，春木】强，可以攻土；填星土也，六月土强，可以攻水；相星水也，冬水强，可以攻火；荧惑火也，四月火强，可以攻金。此用五行之道也。

【秋】生阳也，木死阴也，秋可以攻其左；春生阳也，金死阴也，春可以攻其右；冬生阳也，火死阴也，冬可以攻其表；夏生阳也，水死阴也，夏可以攻其里。此用四时之道也。

地橦八日，日橦八日，日舀十二日，皆可以攻，此用日月之道也。

如果我们对照《汉志》"兵阴阳"之小序所概括的兵阴阳的特点"顺时而发，推刑德，随斗击，因五胜，假鬼神而助者也"，《盖庐》中的"循天之时，逆之有祸，顺之有福。行地之德，得时则岁年熟，百姓饱食；失时则危其国家，倾其社稷。凡用兵之谋，必得天时，王名可成，妖孽不来，凤鸟下之，无有疾灾，蛮夷宾服，国无盗贼，贤悫则起，暴乱皆伏，此谓顺天之时。"此"顺天之时"正是《汉志》所说的"顺时而发"。"天地为方圆，水火为阴阳，日月为刑德。""天为父，地为母，参辰为纲，列星为纪，维斗为击，转橦更始。"这和《汉志》的"推刑德，随斗击"有关。"彼兴之以金，吾击之以火；彼兴以火，吾击之以水；彼兴以水，吾击之以土；彼兴之以土，吾击之以木；彼兴以木，吾击之以金。此用五行胜也。"这显然就是《汉志》的"因五胜"。《盖庐》具备兵阴阳家的全部特点，且理论性比较强，可见是一部典型的兵阴阳文献。

其实从传世文献有关伍子胥的记载中，我们也可看到他的确是一个擅长阴阳数术的人，《越绝书·越绝外传纪策考第七》中记有吴王阖闾与伍子胥的问答，当阖闾问道："圣人前知乎千岁，后睹万世。深问其国，世何昧昧，得无衰极？子其精焉，寡人垂意，听子之言。"子胥曰："后必将失道。王食禽肉，坐而待死。佞谄之臣，将至不久。安危之兆，各有明纪。虹蜺牵牛，其异女，黄气在上，青黑于下。太岁八会，壬子数九。王相之气，自十一倍。死由无气，如法而止。太子无气，其异三世。日月光明，历南斗。吴越为邻，同俗并土，西州大江，东绝大海，两邦同城，相亚门户，忧在于斯，必将为咎。越有神山，难与为邻。愿王定之，毋泄臣言。"这一段术语，今人难以通晓，显然属于望气之术。

《越绝书·越绝外传记军气第十五》还有一大段伍子胥"相气取敌"之术：

夫圣人行兵，上与天合德，下与地合明，中与人合心。义合乃动，见可乃取。小人则不然，以疆厌弱，取利于危，不知逆顺，快心于非。故圣人独知气变之情，以明胜负之道。凡气有五色：青、黄、赤、白、黑。色因有五变。人气变，军上有气，五色相连，与天相抵。此天应，不可攻，攻之无后。其气盛者，攻之不胜。

军上有赤色气者，径抵天，军有应于天，攻者其诛乃身。军上有青气盛明，从□，其本广末锐而来者，此逆兵气也，为未可攻，衰去乃可攻。青气在上，其谋未定；青气在右，将弱兵多；青气在后，将勇谷少，先大后小；青气在左，将少卒多，兵少军罢；青气在前，将暴，其军必来。赤气在军上，将谋未定。其气本广末锐而来者，为逆兵气，衰去乃可攻。赤气在右，将军勇而兵少，卒疆，必以杀降；赤气在后，将弱，卒疆，敌少，攻之杀将，其军可降；赤气在右，将勇，敌多，兵卒疆；赤气在前，将勇兵少，谷多卒少，谋不来。黄气在军上，将谋未定。其本广末锐而来者，为逆兵气，衰去乃可攻。黄气在右，将智而明，兵多卒疆，谷足而不可降；黄气在后，将智而勇，卒疆兵少，谷少；黄气在左，将弱卒少，兵少谷亡，攻之必伤；黄气在前，将勇智，卒多疆，谷足而有多为，不可攻也。白气在军上，将贤智而明，卒威勇而疆。其气本广末锐而来者，为逆兵气，衰去乃可攻。白气在右，将勇而卒疆，兵多谷亡；白气在后，将仁而明，卒少兵多，谷少军伤；白气在左，将勇而疆，卒多谷少，可降；白气在前，将弱卒亡，谷少，攻之可降。黑气在军上，将谋未定。其气本广末锐而来者，为逆兵，去乃可攻。黑气在右，将弱卒少，兵亡，谷尽军伤，可不攻自降；黑气在后，将勇卒疆，兵少谷亡，攻之杀将，军亡；黑气在左，将智而勇，卒少兵少，攻之杀将，其军自降；黑气在前，将智而明，卒少谷尽，可不攻自降。

故明将知气变之形，气在军上，其谋未定；其在右而低者，欲为右伏兵之谋；其气在前而低者，欲为前伏阵也；其气在后而低者，欲为走兵阵也；其气阳者，欲为去兵；其气在左而低者，欲为左阵；其气间其军，欲有入邑。

如果《越绝书》所记有所本，不是荒诞不经的捏造，再结合我们前面分析的《盖庐》鲜明的具有兵阴阳性质的特点，我们就会很容易地认定伍子胥本身就是一个精通阴阳数术，而且特别擅长望气之术的人。后世也常有托名伍子胥的阴阳数术之书，如见于《隋书·经籍志》子部"五行"类的著录，就有《伍子胥式经章句》《遁甲决》一卷、《遁甲文》一卷、《遁甲孤虚记》一卷，明确记为"吴相伍子胥撰"，可知后人将有关式法、遁甲术这一类的书假托伍子胥之名，也正好说明伍子胥在历史上就一直被人们看作是一个精通阴阳数术的谋臣。

综上所述，我们会很清楚地了解到，伍子胥的兵书具有十分鲜明的两大特点：一是根据吴国地里地形条件，用以指导水战的战船编制和水战法；二是显示了伍子胥本身特殊才能的兵阴阳的理论和具体的应用原则。在早期阴阳类兵书几乎遗失殆尽，竹简《盖庐》的出土，再加上我们对传世文献的钩稽，过去不为人们所了解的兵阴阳家的学术风貌，已经逐渐显露出来。

原载于《西部考古》第 2 辑，三秦出版社 2007 年版

试析张家山简《盖庐》中的兵阴阳之术

1983年湖北江陵张家山247号汉墓发现的竹简《盖庐》[①]，是一部属于兵阴阳性质的兵书，在《汉书·艺文志》"兵书略"所著录"兵阴阳"类兵书全部亡佚，后人对兵阴阳性质及具体内容的了解受到极大限制的情况下，它对于我们的研究无疑具有重要价值。

所谓盖庐即春秋时期的吴国国王阖闾，《盖庐》是吴王阖闾与其谋臣申胥即伍子胥的对话记录，全书共五十五支简，分为九章，各章以吴王阖闾提问为开头，伍子胥回答为主体，实际反映的是伍子胥的军事思想。其内容除涉及一般的治国安邦、行师用兵的理论外，最具特色的是带有浓厚的兵阴阳家色彩，现举一二例试分析如下。

一　以方向定吉凶的择日之术

第四章阖闾问："凡战之道，何如而顺，何如而逆，何如而进，何如而却？"伍子胥回答了一大段话，涉及多个用兵方法，如"用天之八时""顺天之时""七术""从天四殃""日有八胜""用五行胜""四时胜"等，全部为兵阴阳家的用兵之道，其中的"日有八胜"原文是：

丙午、丁未可以西向战，壬子、癸亥可以南向战，庚申、辛

[①] 《张家山汉墓竹简（二四七号墓）》，文物出版社2001年版。

酉可以东向战，戊辰、己巳可以北向战，是谓日有八胜。①

看起来这是一种以方向定吉凶的择日之术，那么其具体依照什么方式操作呢？

《越绝书·外传·记军气》有一大段伍子胥"相气取敌"的记载，具体是与青黄赤黑白五色之气变化而相连的可攻不可攻、可胜不可胜的详细内容。其后记若军无气，则算于庙堂，"以知强弱"，具体是：

一、五、九，西向吉，东向败亡，无东。二、六、十，南向吉，北向败亡，无北。三、七、十一，东向吉，西向败亡，无西。四、八、十二北向吉，南向败亡，无南。此其用兵月日数，吉凶所避也。举兵无击大岁上物，卯也，始出各利，以其四时制日，是之谓也。

可知这是一种在军中无气可占，则以太岁为占的方法，即文中提到的"此其用兵日月数"。"一、五、九"等数字应该是指月份，那么这里显然缺乏日期，《盖庐》中的上述"日有八胜"之记似乎正好可以作为此"用兵日月"之术的补充。

其实在伍子胥论述此种"日有八胜"之术以前，就已经提到了太岁，原文是："左太岁、右五行可以战，前赤鸟、后背天鼓可以战，左青龙、右白虎可以战，招摇在上、大阵其后可以战，一左一右、一逆再背可以战，是谓顺天之时。"在所谓"顺天之时"的术法中把"太岁"列在最前面，那么，太岁又为何指呢？晚清学者孙星衍曾对此做过考证，他在《月太岁旬中太岁考》一文中指出，古代的太岁有三种：一是年太岁，即左行二十八宿，十二年一周天的太岁；二是月太岁，即《淮南子·天文训》中所说的"月从右行四仲，终而复始"的太岁；三是旬中太岁，即一旬而移动的太岁②。九店楚简《日书》

---

① 《张家山汉墓竹简》，《盖庐》第20号简。
② 见（清）孙星衍《问字堂集》卷一，《皇清经解》道光本。

与睡虎地秦简甲种《日书》中都有《岁》篇，目前学界已达成比较一致的认识，即两种日书中的"岁"，就是《淮南子》所说的"太岁"①。在这里我们有必要看看《淮南子·天文训》对其的具体描述："咸池为太岁，二月建卯，月从右行四仲，终而复始。太岁迎者辱，背者强，左者衰，右者昌。"可知太岁的运行由二月开始，右行（即以东北西南为序）于四仲之辰（卯、子、酉、午），一个月居一方，四个月绕行四方一周，十二个月绕行四方三周。我们现在可依据《越绝书》中伍子胥的那段话和《淮南子》中对太岁的描述作如下图表：

月份	一	二	三	四	五	六	七	八	九	十	十一	十二
太岁所在	东	北	西	南	东	北	西	南	东	北	西	南
打仗时所吉	西	南	东	北	西	南	东	北	西	南	东	北
面对方向凶	东	北	西	南	东	北	西	南	东	北	西	南

```
         子
     亥       丑
   戌           寅
 酉               卯
   申           辰
     未       巳
         午
```

太岁运行图

再据《盖庐》中前面所述"丙午、丁未、壬子、癸亥②、庚申、辛酉、戊辰、己巳"为可战之吉日，正好是一月中的八天，如果我们

---

① 见胡文辉《释"岁"——以睡虎地《日书》为中心》，《中国早期方术与文献丛考》中山大学出版社 2000 年版，第 88—134 页。[法] M. 卡林诺斯基《马王堆帛书〈刑德〉试探》，《华学》第 1 辑，中山大学出版社 1995 年版。湖北省考古研究所、北京大学中文系编《九店楚简》释文考释，中华书局 2000 年版，第 126 页。

② 此癸亥当为"癸丑"之误，按甲子日期排列壬子之后当为癸丑。

设想太岁在一月之中也会按西南东北的右行顺序运转，转完一周再游向下一个月的话，那么把一个月30天按7天一组排列，则可成下表：

	甲辰	辛亥	戊午	乙丑	壬申
日	乙巳	壬子	己未	丙寅	癸酉
	丙午	癸丑	庚申	丁卯	
	丁未	甲寅	辛酉	戊辰	
期	戊申	乙卯	壬戌	己巳	
	己酉	丙辰	癸亥	庚午	
	庚戌	丁巳	甲子	辛未	
太岁	吉	西	南	东	北
所指	凶	东	北	西	南

睡虎地秦墓竹简《日书》甲种有《岁》篇，记太岁一年之中每月所在的四方位置，具体为：

> 刑夷、八月、献马，岁在东方，以北大羊（祥），东旦亡，南禺（遇）英（殃），西数返其乡。
> 夏夷、九月、中夕，岁在南方，以东大羊（祥），南旦亡，西禺（遇）英（殃），北数返其乡。
> 纺月、十月、屈夕，岁在西方，以南大羊（祥），西旦亡，北禺（遇）英（殃），东数返其乡。
> 七月、爨月、援夕，岁在北方，以西大羊（祥），北旦亡，东禺（遇）英（殃），南数返其乡。[1]

尽管此处太岁的运转顺序与以上所见的右行相反，是由东而南、而西、而北的左行，但所表明的意思是一致的，即太岁所指的方向不祥或不吉。

---

[1] 见《睡虎地秦墓竹简》之《日书》甲种，文物出版社1990年版，第190页。

既然这种太岁是"迎者辱，背者强，左者衰，右者昌"的不祥之物，显然在古人那里它被看作是一种在固定周期之内游行于四方的神煞，打仗时面对太岁所在方向则凶，背对太岁所在方向则吉。这是对《越绝书》中"用兵日月数"和《盖庐》中所谓"日有八胜"的一种初步推测，即打仗吉凶的选择以太岁的向背为准则。这种推测是否合理，有待于请教方家指正。

还有第二种推测，可否认为这也是"日书"的一种呢？

睡虎地秦简《日书》乙种有"十二支占卜篇"，其文曰：

> 丑以东吉，西先行，北吉，南得，〔朝〕闭夕启，朝兆得，昼夕不得，以入，得。〔以有〕疾，卯少（小）缪（瘳），巳大缪（瘳），死生，肉从东方来，外鬼为姓（眚），巫亦为眚。
>
> 辰以东吉，北凶，先行，南得，朝启夕闭，朝兆不得，夕昼得。以入，吉。以有疾，酉少（小）缪（瘳），戌大缪（瘳），死生在子，干肉从东方来，把者精（青）色，巫为姓（眚）。①

与之相类似的内容在九店楚简《日书》中亦可看到。② 可见在每一条占文中至少包含三方面的内容，开头占出行，中间占逃，末尾占疾病。

睡虎地秦简《日书》又有"归行"篇，其曰：

> 凡春三月己丑不可东，夏三月戊辰不可以南，秋三月己未不可以西，冬三月戊戌不可以北。百中大凶，二百里外必死。岁忌。
>
> 毋以辛壬东南行，日之门也。毋以癸甲西南行，月之门也。毋以乙丙西北行，星之门也。毋以丁庚东北行，辰之门也。凡四门之日，行之敷也，以吉。③

---

① 以上两条占辞分别见于《睡虎地秦墓竹简》《日书》乙种第159号至160号、156号至166号简。
② 见湖北考古研究所、北京大学中文系编《九店楚简》，《日书》，中华书局2000年版。
③ 见《睡虎地秦墓竹简》之《日书》甲种"归行"，第201页。

"归行"的内容显然以单独占出行为主。比较《盖庐》"丙午丁未可以西向战，壬子癸丑可以南向战，庚申辛酉可以东向战，戊辰己巳可以北向战"的文辞，可以说极其相似，设想它可能就是从当时的某种日书中间节录的一段文字。既然日书中有包含当时人们日常生活中的种种事宜，出兵打仗这一类关系国家前途命运的大事应当在日书中有所反映。但从目前我们发现的日书来看，真正涉及行军打仗内容的似乎不多见，比如睡虎地秦简《日书》中所能见到的仅仅是一些某日"有兵""无兵""有大兵""无大兵""有小兵""可以攻伐""可田猎"等简单字句。故可设想由于春秋战国到秦汉这一时期战争的频繁，兵家的发展，兵阴阳家的兴起，属于用兵内容的择日之术，已从百姓日常所用的日书中脱离出来，归于兵阴阳家的典籍之中，而今天我们所能见到一般日书就只是关系到民间的日常生活种种了。

二 关于五行相胜之术

《盖庐》第四章有伍子胥所述的"用五行胜"，其曰：

> 彼兴之以金，吾击之以火；彼击之以火，吾击之以水；彼兴之以水，吾击之以土；彼兴之以土，吾击之以木；彼兴之以木，吾击之以金。①

春秋战国时期五行相生相克思想在民间的普遍化已成为数术流传的背景，它用于军事也是极其常见之事。《六韬·龙韬·五音》即有："五行之神，道之常也。金、木、水、火、土，各以其胜攻也。"《孙子兵法·虚实篇》亦有："故兵无常势，水无常形，能因敌变化而取胜者，谓之神。故五行无常胜，四时无常位……"《左传》中也记载了不少运用五行相生相克原理进行军事占卜的事例，如昭公三十一年记赵简子占梦于晋大夫史墨，问吴能否入郢，史墨答曰："入郢必以

---

① 《张家山汉墓竹简》，《盖庐》第21、22号简。

庚辰，日月在辰尾。庚午之日，日始有谪，火胜金，故弗克。"哀公九年，同样是史墨为赵鞅攻打宋国和齐国占卜，认为宋国子姓，按十二支与五行对应，子属水；赵鞅嬴姓，亦属水，故不得伐宋。而齐为姜姓，为炎帝后代，属火，水胜火，故可伐齐。伍子胥作为当时之人，本身又谙于数术，他对于五行的运用一定驾轻就熟，问题是《盖庐》中的这段话笼统而又抽象，使人们很难理解其具体所指，在这里笔者也只能做一点简单的推测。

五行相生的次序：土生金，金生水，水生木，木生火，火生土。五行相胜的次序是：木胜土，金胜木，火胜金，水胜火，土胜水。《白虎通》云："木克土者，专胜散；土克水者，实胜虚；水克火者，众胜寡；火克金者，精胜坚；金克木者，刚胜柔。"按照这一原理，我们可设想伍子胥提出上述战法的火、水、土、木、金大约各有一套固定的阵形或战术，这种阵形或战术或许正体现了他在回答阖闾提问中所谈到的所谓专、实、众、精、刚的特点从而战胜与之相反的散、虚、寡、坚、柔的。

在 1972 年山东临沂银雀山汉墓出土的竹简中，有题名为《天地八风五行客主五音之居》的一种，在《银雀山汉简释文》中被归入"阴阳时令占候之类"①，其中若干条简文正好讲到五行运行的原理，如"以报木木苦金乃生火……""……乃生木以报土□毋以其子孙攻其大父敌人""……苦火乃生水以报火火苦……""……报水水苦土……"等，由于简文未进行前后顺序的缀联和校补，所以显得内容不全难以读通，以后有学者根据五行相生相克的原理对其进行了系联和校补如下②：

〔土苦木，乃生金〕以报木；木苦金，乃生火以〔报金；金〕苦火，乃生水以报火；火苦〔水，乃生土以〕报水；水苦土，乃

---

① 见吴九龙《银雀山汉简释文》，文物出版社 1985 年版。
② 见胡文辉《银雀山汉简〈天地八风五行客主五音之居〉释证》，载于李学勤、谢桂华主编《简帛研究》第 3 辑，广西教育出版社 1998 年版。

生木以报土□毋以其子孙攻其大父敌人……

另有三条简文专讲五行阵法：

> 兵阵□□木阵直□□土阵圜□□水阵曲□□金阵□□□……
> 应东方以金阵，司马先应□□西方以火阵……
> □女以金应之，以火应之，以□……

这显然是讲如何用五行的原理布阵，并且明确规定木阵为直形，土阵为环行，水阵为曲形，其余的金阵和火阵由于简残不得而知，但根据前者曲、直、圆等规律大约不外乎方形、矩形或三角形之类。若敌从东方来，则应之以金阵，因为东方属木，金胜木；若敌从西方来，则应之以火阵，因为西方属金，火胜金。按照古代方位与五行相配的原理，即使简文残缺我们也可获知，对付南方来敌则应之以水阵，因为南方属火，水胜火；对付北方来敌则应之以土阵，因为北方属水，土胜水，等等，总之要各以其胜攻之。

通过以上简单分析，可以看出银雀山汉简的这一部分内容正好能为上述伍子胥的"五行相胜"战术作一比较详细的注解。

汉墓中出土这类性质的兵书，反映了春秋战国直到汉代初年这几百年间由于战争频繁而引起了兵家的大力发展，其中以阴阳数术为基础的兵阴阳家迅速成长的实际情形，也可从侧面反映出当时墓主人对伍子胥兵阴阳之术的推崇。

原载于《历史研究》2002年第5期

"兵阴阳家"几个问题的初步研究

《汉书·艺文志》"兵书略"所列汉代乃至汉以前兵书四家之一的"兵阴阳",长期以来对学界一直是个谜。近年来随着地下考古资料的发现,大量简牍帛书中兵阴阳家著作的出土,为我们接触与探讨这个问题提供了条件,本文即试图就现有资料对兵阴阳家作一个简单、初步的探讨。

一 《汉书·艺文志》的著录及存亡情况

《汉志》所列兵阴阳家著作有以下:
《太壹兵法》七篇,图四卷。
《天一兵法》三十五篇。
《神农兵法》一篇。
《黄帝》十六篇,图三卷。
《封胡》五篇,黄帝臣,依托也。
《风后》十三篇,图二卷。黄帝臣,依托也。
《力牧》十五篇,黄帝臣,依托也。
《鵊冶子》一篇,图一卷。
《鬼容区》三篇,图一卷。黄帝臣,依托也。
《地典》六篇。
《孟子》一篇。
《东父》三十一篇。

《师旷》八篇。晋平公臣。

《苌弘》十五篇。周史。

《别成子望军气》六篇，图三卷。

《辟兵威胜方》七十篇。

以上兵阴阳共十六家，二百四十九篇，图十卷，今已全部亡佚。

然而，从这些存目之中，我们似乎还可以寻找出一定的特点和规律来。就其国别来看，十六家之中燕国两家：《师旷》与《苌弘》。此二人均为春秋晚期人，师旷为晋平公臣，而苌弘则为周室史官。越国两家：《鵊冶子》与《别成子望军气》。鵊冶子与别成子二人今已无从考证。《太壹兵法》《天一兵法》《辟兵威胜方》三部之国别今已无从考证。其他为依托传说人物：《神农兵法》，有神农伐补遂之传说。《黄帝》，传说黄帝伐蚩尤，曾经得到玄女的帮助才取胜。《艺文类聚》卷二引《黄帝玄女之（三）宫战法》，《太平御览》卷一五引《黄帝玄女战法》，抑或与此有关。《封胡》，封胡为黄帝臣。《风后》，风后亦为黄帝之臣，传说为"黄帝七辅"之一。《力牧》，传说力牧亦为"黄帝七辅"之一。《鬼容区》，鬼容区即鬼臾区，亦为黄帝之臣，传说占星气即由鬼臾区发明。《地典》，地典亦为黄帝之臣，所谓"黄帝七辅"之一。银雀山汉简有《地典》1篇，收入《银雀山汉墓竹简释文》中"论政论兵之类"[①]。《东父》，东父疑为董父，东、董二字通假，为豢龙氏之先，大约与舜同时。以上传说依托人物共八家，占绝对多数。

从以上我们可以看出，首先，兵阴阳家的大多数为传说依托人物，具有浓厚的神秘色彩。传说人物之中尤以黄帝及其臣下最多，这应当与战国以后兴盛起来的黄帝崇拜有关系。黄帝在古史传说中一直是一个战胜者的英雄偶像，所以，假托黄帝之说也是最能赢得人心的。其次，越国有鵊冶子、别成子二人，别成子擅长望军气，《越绝书》有《记军气》篇，以后还有范蠡，为越王勾践之谋臣，也是擅长兵阴阳

---

① 吴九龙：《银雀山汉简释文》，文物出版社1985年版。

之人，其言论多与兵阴阳有关可知越国具有这一传统。太壹，本为星名，亦作大一、太一，《晋书·天文志》："太一，一星，在天一南，相近，亦天帝神也，主使十六神，知风雨水旱，兵革饥馑，疾病灾害所之国也。"马王堆帛书有"太一九宫占"，可知为主兵之神。《辟兵威胜方》，《汉书》王先谦补注："沈钦韩曰：《隋志》：梁有《辟兵法》一卷。《抱朴子·杂应》：或问辟五兵之道云云。"

二 传世文献及出土文献中的兵阴阳内容

尽管《汉志》所列兵阴阳十六家已全部亡佚，但实际上从现有文献如《孙子兵法》《司马法》《孙膑兵法》《六韬》《尉缭子》等兵书以及《淮南子》《越绝书》《吴越春秋》《国语·越语》中均可挖掘出一部分属于兵阴阳的内容。

《孙子兵法·计篇》有"天者，阴阳、寒暑、时制也"。杜牧注："阴阳者，五行、刑德、向背之类也。"《行军篇》有"凡军好高而恶下，贵阳而贱阴，养生而处实，军五百疾，是谓必胜"。讲黄帝凭阴阳向背伐四帝而胜之，银雀山竹简《孙子兵法》佚篇有《黄帝伐四帝》。《火攻篇》讲"发火有时，起火有日。时者，天之燥也。日者，月在箕、壁、翼、轸也"。说的是以月躔候气，定风起之日。

《孙膑兵法·月战篇》有："十战而六胜，以星也。十战而七胜，以日也。十战而八胜，以月也。十战而九胜，月有……"讲战争与日、月、星之关系。《地葆篇》有："凡地之道，阳为表，阴为里，直者为纲，术者为纪。凡战地也，日其精也，八风将来，必勿忘也。绝水、迎陵、逆流、居杀地、迎众树者，均举也，五者皆不胜。五地之胜曰：山胜陵，陵胜阜，阜胜陈丘，陈丘胜林平地。五草之胜曰：藩、棘、椐、茅、莎。五壤之胜：青胜黄，黄胜黑，黑胜赤，赤胜白，白胜青。五地之败曰：豀、川、泽、斥。五地之杀曰：天井、天宛、天离、天隙、天柖。五墓，杀地也，勿居也，勿口也。"这些"阴阳""日精""八风""五者不胜""五地之胜""五草之胜""五壤之胜""五地之败""五地之杀"等实际包含了"阴阳五行"与"风角"之类的内容。《行篡篇》有"阴阳，所以取众合敌也"。

《六韬·王翼》有"天文三人，主司星历，候风气，推时日，考符验，校灾异，知人心去就之机。""术士二人，主为谲诈，依托鬼神，以惑众心。"讲将帅之下必需配备的"天文"与"术士"以及其职掌。《五音》有"角声应管，当以白虎。征声应管，当以玄武。商声应管，当以朱雀。羽声应管，当以勾陈。五管声尽不应者，宫也，当以青龙。此五行之符，佐胜以征，成之机也。"讲吹律定音，以应五行，用佐胜负之术。《三阵》有"日月星辰斗杓，一左一右，一向一背，此谓天阵。丘陵水泉，亦有前后左右之利，此谓地阵。用车用马，用文用武，此谓人阵。"《兵征》有"凡攻城围邑，城之气色如死灰，城可屠。城之气出而北，城可克。城之气出而西，城必降。城之气出而南，城不可拔。城之气出而东，城不可攻。城之气出而复入，城主逃北。城之气出而覆我军之上，军必病。城之气高而无所止，用曰长久。凡攻城围邑，过旬不雷不雨，必亟去之。城必有大辅。此所以知可攻而攻，不可攻而止。"讲望军气。竹简本《六韬》五有"全胜不斗，大兵无创，与鬼神通，微哉。"

《司马法·定爵》："凡战，有天，有财，有善。时日不迁，龟胜微行，是谓有天。"讲龟卜征兆为天道的条件之一。逸文中有："春不东征，秋不西伐，月食班师，所以省战。"

《尉缭子·武议》："今世将考孤虚，占咸池，合龟兆，视吉凶，观星辰风云之变。"咸池，《淮南子·天文训》："水鱼之囿也。"《史记·天官书》："西宫咸池，曰天五潢。五潢，五帝车舍。火入，旱；金，兵；水，水。中有三柱，柱不具，兵起。"星术家以咸池与兵事有关，所以，占咸池属于占星术。《尉缭子·天官》："梁惠王问尉缭子曰：'黄帝刑德，可以百胜，有之乎？'尉缭子对曰：'刑以伐之，德以守之，非所谓天官、时日、阴阳、向背也。黄帝者，人事而已矣。'"此为问刑德之术。

《吴子·图国》："是以有道之主，将用其民，先和而造大事。不敢信其私谋，必告于祖庙，启于元龟，参之天时，吉乃后举。"启于元龟，属于庙算内容，也是强调占卜的重要性。《治兵》："将战之时，审候风之所从来。风顺致呼而从之，风逆坚阵以待之。"此又属于风角之术。

《鹖冠子·世兵》："昔善战者，举兵相从，阵以五行，战以五音，指天之极，神同方。"以五行理论作为战争之指导。

《淮南子·兵略训》："明于星辰日月之运，刑德奇胲之数，背向左右之便，此战之助也。"明确指出阴阳之术对战争的作用。

《越绝书》卷六《越绝外传纪策考》记有吴王阖庐与伍子胥的问答，子胥曰："安危之兆，各有明纪。虹霓牵牛，其异女，黄气在上，青黑于下。太岁八会，壬子数九。王相之气，自十一倍。死由无气，如法而止。太子无气，其异三世。日月光明，历南斗。吴越为邻，同俗并土，西州大江，东绝大海，两邻同城，相亚门户，忧在于斯，必将为咎。越有神山，难与为邻，愿王定之，毋泄臣言。"这一段术语，难以通晓，显然属于望气之术。

《吴越春秋》卷四《阖闾内传》载吴王阖闾委任伍子胥"造筑大城，周回四十七里，陆门八以象天八风，水门八以法地八聪；筑小城，周十里，陵门三，不开东面者，欲以绝越也。"可见伍子胥是一个擅长阴阳数术之人。

《国语·越语》记范蠡向越王勾践进谏，曰："夫勇者，逆德也；兵者，凶器也；争者，事之末。阴谋逆德，好用凶器，始于人者，人之所卒也；淫佚之事，上帝之禁也。"强调天道地道与人事之间的关系"持盈者与天，定倾者与人，节事者与地"。曰："四封之外，敌国之制，立断之事，因阴阳之恒，顺天地之常，柔而不屈，疆而不刚，德虐之行，因以为常；死生因天地之刑，天因人，圣人因天；人自生之，天地形之，圣人因而成之。是故战胜而不报，取地而不反，兵胜于外，福胜于内，用力甚少而名声章明。"他曾多次劝说越王不要急于对吴国用兵，曰："臣闻古之善用兵者，赢缩以为常，四时以为纪，无过天极，究数而止。天道皇皇，日月以为常，明者以为法，微者则是行。阳至而阴，阴至而阳；日困而还，月盈而匡。古之善用兵者，因天地之常，与之俱行。后则用阴，先则用阳；近则用柔，远则用刚。后无阴蔽，先无阳察，用人无艺，往从其所。刚强以御，阳节不尽，不死其野。彼来从我，固守勿与。若将与之，必因天地之灾，又观起民之饥饱劳逸以参之。尽起阳节，盈吾阴节而夺之。"范蠡的言论明显带有兵阴阳的色彩，《汉志》"兵书略"也载有《范蠡》二篇，今已佚，可见在当时范蠡也是以阴阳家著称的。

出土资料中关于阴阳数术方面的内容很多，与兵阴阳有关的主要是马王堆汉墓帛书《刑德》诸篇及张家山汉简《盖庐》。帛书《刑德》共有甲乙丙三篇，目前已正式发表的是甲乙两篇，[①] 两者内容基本相同，有学者认为乙篇为甲篇的增补本[②]。其内容既有以历数为基础的刑德法，又有以天象观察为根据的各种占辞，主要是论述刑、德二神的运行与行军作战吉凶的对应关系，以刑德占验为核心，又糅合了风角、望气、星占等方术。例如《刑德》乙篇有："倍［背］刑德，战，胜，拔国。倍［背］德右刑，战，胜，取地。左德右刑，战，胜，取地。""德在火，名曰不足，以此举事，必见败辱，利以侵边，取地勿深，深之有后央［殃］。"除此帛书以外，安徽阜阳双古堆1号汉墓所出竹简中亦有《刑德》之篇[③]，银雀山汉简《地典》本身为《汉书·艺文志》所著录的兵阴阳著作之一，然残缺过甚，从今有的残简得知亦讲用兵地形，也与刑德有一定的关系。刑德是刑神与德神的合称，它的原本含义是赏罚，《韩非子·二柄》曰："二柄者，刑、德也。何谓刑、德？曰：杀戮之谓刑，庆赏之谓德。"以后逐渐用以说明自然界的阴阳消长现象，产生了数术方面的含义。在数术中它是指按历日干支推定的阴阳祸福，文献之中这类记载很多。《汉书·艺文志》《兵书略》兵阴阳之小序明确地指出其特点是"顺时而发，推刑德，随斗击，因五胜，假鬼神而助者也"。刑德这种数术应用于军事，亦在文献中多见，如：《淮南子·兵略》："凡用太阴，左前刑，右背德。"这就是以刑德表示阴阳向背，与主客攻守之势直接有关。

---

① 《刑德》乙篇见于傅举有、陈松长编《马王堆汉墓文物》，湖南人民出版社1992年版。《刑德》甲篇（部分）见于陈松长编《马王堆帛书艺术》，上海书店1996年版。

② ［法］M. 卡林诺斯基：《马王堆帛书〈刑德〉试探》，载于《华学》第1辑，中山大学出版社1995年版。

③ 阜阳汉简整理组：《阜阳汉简简介》，《文物》1983年第2期。

张家山汉简《盖庐》，据李学勤先生介绍①，它记录了吴王阖闾与伍子胥的对话，所体现的是伍子胥的军事思想。其中论述到"用五行之道""用日月之道"，强调"四时五行，以更相攻，天地为方圜，水火为阴阳，日月为刑德"等观念，可见其兵阴阳的倾向十分明显②。《汉书·艺文志》"兵书略"兵技巧家著录有《五[伍]子胥》十篇，图一卷，早已亡佚，不知是否与此有关，再联系前面所述，《越绝书》《吴越春秋》等文献中所记录的伍子胥的言论，都可说明伍子胥擅长于阴阳数术。但目前由于汉简尚未正式发表，使我们不能对《盖庐》作进一步的探讨。

据李零先生的考证，马王堆汉墓帛书中还有一种"辟兵图"，也应该属于兵阴阳的内容③。该图包括三层图像：上层右边神像标有"雨师"，中间神像标有"大一"，左边神像标有"雷[公]"；中间一层是禁辟百兵的四个"武弟子"，右起第一人所持兵器已残，第二人持剑，第三人未持兵器，但似着可御弓矢之服，第四人持戟，四人左右各二，中间是一黄首青身之龙；下层，右为"持炉"的"黄龙"，左为"奉熨"的"青龙"。关于辟兵之说，文献记载也比较多见，例如《老子·德经》即有："盖闻善摄生者，陆行不遇兕虎，入军不被甲兵，兕无所投其角，虎无所措其爪，兵无所容其刃。"《文子·上德》《抱朴子·杂应》《淮南万毕术》等均有这方面的内容，《汉书·艺文志》于兵阴阳一类即著录有《辟兵威胜方》一书。见于出土资料的还有睡虎地秦墓竹简《日书》甲种："……以坐而饮酉[酒]，矢兵不入于身，身不伤。"古代辟兵之术源远流长，春秋、战国以及汉代许多人取名时亦用"辟兵"，如出土汉简之上就经常可见"史辟兵""高辟兵"等人名④。其他出土饰物、钱币、铜镜等实物上也经常有

---

① 这篇文章写于 1998 年，当时张家山汉简尚未正式公布，所以对其的了解来自李学勤先生的介绍。
② 李学勤：《失落的文明》，上海文艺出版社 1997 年版，第 412 页。
③ 李零：《马王堆汉墓"神祇图"应属辟兵图》，《考古》1991 年第 10 期。
④ "史辟兵"见于《居延新简》破城子探方五〇：86 号简；文物出版社 1990 年版。"高辟兵"见于《疏勒河流域出土汉简》，第 441 号简丙面，文物出版社 1984 年版。

"辟兵"的字样。① 辟兵之术的流传与盛行显然与古代中国长期的战乱有关,以至于到了近代,还有义和团相信此术。遗憾的是《汉志》所著录的《辟兵威胜方》亡佚,使我们对当时辟兵之术的具体情况无法得到了解。

三 对兵阴阳内容的认识

通过以上对兵阴阳家的简单整理与爬梳,使我们对兵阴阳的大致情况有了一个总体的印象,目前就现有资料进行研究至少可在以下方面有所收获。

(一) 对具体内容的了解

《汉书·艺文志》中《兵书略》"兵阴阳"的小序曰:"阴阳者,顺时而发,推刑德,随斗击,因五胜,假鬼神而助者也。"这使我们对兵阴阳家的特点有了一个大概的认识:

首先是"顺时而发",即战争要合于时令,战争本身与"时"有着密不可分的关系,除了要懂得尊重自然规律,不违农时以外,还须对天下大势有清楚的了解,能够抓住最有利的时机,做到该出手时方出,才可始终掌握主动。

"推刑德"是讲战争中要运用"推刑德"这种算干支吉凶的数术,实际上这一点比较复杂,从马王堆帛书《刑德》使我们了解到阴阳家所运用的刑德之术实际包含择日、天象、方位、气象、式法、杂占等各种内容,是一种综合性的运用。

"随斗击",讲的是对战争结果的预测,以斗柄所在者胜,所指者败。实际上古代作战往往应用北斗所指来提高自己军队的士气以打击敌方士气,不独北斗,古人常常以整个"天官"系统来昭示人间的

---

① 如山东巨野红土山汉墓出土压胜钱铸有"辟兵莫当"字样,见于《考古学报》1983年第4期,第483页;1970年甘肃天水所出蜀汉铜镜有"除凶辟兵,昭民万方"等字样,见于《甘肃天水发现蜀汉铜镜》,《文物》1997年第9期。

祸福。

"因五胜"，顺应五行相生相胜，金、木、水、火、土原本是大自然向人类生活提供的五种物质，其运行原则是相生和相胜，数术家又把这种相生相胜理论用于军事。

"假鬼神而助"，最终借助鬼神的力量而取得战争的胜利。

总的来看兵阴阳的内容为：顺势所强调的是对时机的把握，从合乎农时到天下大势的把握均属这一范围；刑德是以地利方位为出发点，涉及五行、择日、观天、望气等具体操作方式，是一种"综合性"数术；斗击则是从星象出发，其中包含辨位、气候、气象甚至是物候等内容；鬼神的范畴除了激励士气或威慑敌人功能以外还显示出古代军礼的形成当与兵阴阳家有着一定的关系。

《汉志》对这种特点的概括正好为我们了解兵阴阳的具体内容准备了一把钥匙，再联系现有资料，可知兵阴阳的具体内容有以下：

兵忌。《司马法》曰："凡战，有天，有财，有善。时日不迁，龟胜微行，是谓有天"，又曰："春不东征，秋不西伐，月食班师，所以省战"，《孙膑兵法·地葆》曰："春毋降，秋毋登"，《孙子兵法·行军》有："凡军好高而恶下，贵阳而贱阴，养生而处实，军无百疾，是谓必胜。"这里除了季节时辰之忌，即"顺时而发"以外，所谓"春毋降，秋毋登""好高而恶下，贵阳而贱阴"，都是兵忌中对地形的要求，古代阴阳家往往以左前（东南）为阳，右背（西北）为阴，通常情况下应背阴而向阳。所以这里《孙子兵法》所谓的"阴阳"也分别指"右后"和"左前"等不同的地形。季节时辰之忌与古代阴阳家择日和历忌有很紧密的关系，古代出师用兵为国家的大事，什么季节什么日子适宜，一定是有所讲究，不可随意而动的。当然，兵忌的内容包括很多，决不仅仅只限于季节时辰与地形。

龟兆占验。用今天的术语可称作军事预测，它包含的内容很广泛，诸如龟占、日月、云气、星占、五音占、式占等等。甲骨卜算的内容见于很多文献，《司马法》的"微胜龟行"，《吴子》的"启于元龟"，《尉缭子》的"占咸池，合龟兆"等都属于此类。这种方法至少可以追溯到商代，是以一种在龟甲兽骨之上烧灼的方法来进行占卜，其实物在殷墟、周原考古发掘中多见，有 10 万余片商代甲骨和近 2 万片西周甲骨，其中很多都与出师用兵有关。具体的做法是先对龟甲或兽骨进行加工整治，然后钻孔，进而烧灼，由所引起的纹路而观测其吉凶。当时有一批专业人员，商代称其为"卜人"或"贞人"，在《周礼·春官》有"大卜""卜师""龟人""占人"之称，专门从事甲骨占卜工作。日、月、星气占，这是古代经常用于军事的，军队中一般都配备这种专业人员，正如《六韬·王翼》中讲军中有所谓主"天文"之人，其职责即观察日月星象，根据日月星象和云气的观察来预言天道吉凶和出师用兵的利害，《史记·陈涉世家》称作"视日"，言："周文，陈之贤人也，尝为项燕视日。"《集解》引如淳曰："视日时吉凶举动之占也。司马季主为日者。"马王堆帛书《五星占》《天文气象杂占》应属这一类，其中涉及占用兵的内容很多，特别强调太白星象对用兵的作用。它与天文历算之学联系紧密，二书之中附有《五星行度表》及星象、云气的图，以供当时的人查找。前面所举《越绝书》中伍子胥望气之术就属于这一内容。五音占，五音指宫、商、角、徵、羽五个音阶，兵阴阳家以吹律定声而占卜兵事，《汉志》"兵阴阳家"本载有《师旷》八篇，又于《数术略》之"五行"列有《五音奇胲用兵》与《五音奇胲刑德》，然而均已亡佚。《六韬·龙韬·五音》论述了这种占卜的具体方法。《周礼·春官·大师》有："大师，执同律以听军声，而诏吉凶。"郑玄注："大师，大起军师，兵书曰：王者行师，出军之日，授将弓矢。士卒振旅。将张弓大呼，大师吹律合音。商则战胜，军事强；角则军扰多变，失士心；宫则军和，士卒同心；徵则将急数怒，军事劳；羽则兵弱，少威明。"银雀山汉简有《天地八风五行客主五音之居》，是把五音和八风结合在一起来推行师用兵主客胜负，唐代李筌《太白阴经》卷八亦有这方面的内容。式占，是以式盘来占验吉凶的方法，用于军事时主要是为了选择时日。式盘在 1972 年甘肃武威磨咀子 M62、1977 年安徽阜阳双古堆西汉汝阴侯墓中均有实物出土，① 其形式大致是天盘中间均有北斗，四周是二十八星宿和十二星神，地盘有与二十八宿对应的表示日月行度天干地支，可见这种方法与天文历算有很密切的关系。后世兵书以李筌《太白阴经》九、十卷论此术最详。

风角。即候四方四隅之风以占吉凶的数术，《孙膑兵法·地葆》："凡战，地也，日其精也，八风将来，必勿忘也"，银雀山汉简《天地八风五行客主五音之居》讲到八风之名，是最典型的以风角之术来推用兵主客胜负的资料。风角之术与古代气象学有关，《三国演义》中诸葛亮能呼风唤雨借来东风的故事就属这一类。

刑德。《汉志》中明确指出兵阴阳家的特点之一即"推刑德"，《尉缭子·天官》即记有梁惠王问尉缭黄帝运用德刑之术可以百战百胜之事，尉缭答曰："刑以伐之，德以守之，非所谓天官、时日、阴阳、向背也。"这使人们看到刑德与天官、时日、向背之间的关系，实际上它也正是一种与阴阳观念有关的涉及五行、择日、观天、望气等的综合之术。

辟兵。前面所述马王堆汉墓出土的辟兵图，李学勤、李零、李家浩三位先生均有详细的论述②，图中写有"百刃毋敢起，独行莫敢囚"等字样，是非常明显的祝愿在战争中不为武器所伤的言辞。

（二）兵阴阳家与先秦、秦汉诸家的关系

首先是和阴阳数术家有着十分密切的关系。《史记·太史公自序》载司马谈《论六家要旨》在谈到阴阳家时说道："夫阴阳四时八位，十二度，二十四节，各有教令，顺之者昌，逆之者不死则亡，未必然也，故曰使人拘而多畏。夫春生夏长，秋收冬藏，此天道之大经也，弗顺则无以为天下纲纪，故曰四时大顺不可失也。"《汉志·诸子略》

---

① 《武威磨咀子三座汉墓发掘简报》，《文物》1972 年第 2 期；殷涤非：《西汉汝阴侯墓出土的占盘和天文仪器》，《考古》1978 年第 5 期。

② 李学勤之文为 "兵避太岁" 戈新证，《江汉考古》1993 年第 3 期；李零《马王堆汉墓 "神祇图" 应属辟兵图》，《考古》1991 年第 10 期；李家浩《论太一避兵图》，《国学研究》，北京大学出版社 1993 年版，第 1 卷。

阴阳家之小序曰："阴阳家者流，盖出于羲和之官，敬顺昊天，历象日月星辰，敬授民时，此其所长也；及拘者为之，则迁于禁忌，泥于小数，舍人而任鬼神。"由此可知阴阳家本源出于古代天文之官，以天文历算为其职掌，又兼糅占验时日之术。《汉志·数术略》之序又明曰："数术者，皆明堂羲和史卜之职也。"可见阴阳家和数术家经常密不可分，"大概说来，偏于理论的在《志》中列入阴阳家，专供实用的则列入《数术略》。"① 汉代以后《汉志》所著录的阴阳家之书已全部亡佚，幸亏考古多有发现，像发现较早的长沙战国楚帛书，近年来发现秦简《日书》，马王堆帛书《五星占》《天文气象杂占》等均可列为阴阳数术范围之内。既然阴阳数术学家是以天文、地理、阴阳之向背来解释人世间的一切活动的，那么所谓的兵阴阳家实际上就是阴阳数术之学在军事上的应用，这样来概括两者之间的关系恐怕不会有错。阴阳学派之中的五行之说在先秦以至汉代的兵学著作之中极为流行，兵家对五行之说作了广泛的推阐，这种例子很多，于此不再列举。一般的兵家尚且如此，兵阴阳家就更不用说了，它不仅从理论上以阴阳之学为依据，而且更注重实际运用与操作，从前面所述的兵阴阳的具体内容来看，都属于数术在军事上的具体运用。所以说兵阴阳家首先与阴阳数术家有着非常密切的联系，它是阴阳数术之学的推广和延伸。

其次是与道家学派之中的黄老之学有着密切的关系。黄老之学是道家的一个分支，是战国中晚期至西汉初期很流行的学术派别，在当时的思想界有很强大的势力。从近年来发现的马王堆帛书黄帝之学种种文献之中使我们得以了解这一学派的思想风貌，可知黄老之学好论阴阳，主张道法合流，提倡以法治国，在战国时，几个诸侯国内掌握实权的如韩国的申不害和韩非等法家人物，均多学习黄老。据李学勤先生考证，《国语·越语》中的范蠡的言行，也与帛书黄帝的内容风格相近②，如此看来，作为当时的显学，它一定会对兵家产生一定的

---

① 李学勤：《失落的文明》，上海文艺出版社1997年版，第247页。
② 李学勤：《失落的文明》，上海文艺出版社1997年版，第388页。

影响。事实上也正是这样，兵家的确是把黄帝作为崇拜的偶像，仅从《汉志》兵阴阳文献的著录我们就可以看到，依托黄帝和黄帝臣下的著作就有多种。这与战国以后兴起的黄帝崇拜不无关系，也进一步证明黄老之学的思潮在当时的广泛流行。葛兆光先生讲道："与儒、墨较多的关系道德、伦理、政治不同，黄帝之学的知识涉及更广，包括了古人的天象、历算、星占、望气、地理、兵法、博物、医方、养生、神仙一类知识。"① 所以在《汉志》的后三略《兵书略》《数术略》《方技略》中都有相当多以"黄帝"为名的书，在马王堆简帛之书和银雀山汉简之中就更不乏黄帝之学的书，这其中最突出的就是兵书。②这类书有一个共同的特点，就是它所反映的都是有关的具体知识或某一具体的可实际操作的技术，像马王堆帛书《刑德》中所反映的择日之术，其中包含了天象观察及历数，是一种相当烦琐的推算方法，不具备丰富的天文、历算、式占、推历等方面的知识是不可能掌握的。把这类知识与技能用于军事，就可能成为夺取胜利的基础，由此可见兵阴阳家与黄老之学也有着极其深刻而又紧密的联系。

（三）兵阴阳在兵学中所占的位置

从以上所述我们可以看到，古代兵阴阳实际上包含了许多属于天文学、地理学、气象学的实用知识，这些知识也是作为一个优秀兵家所应当具备的，比如像擅长数术的伍子胥、范蠡，他们都是在春秋末年历史舞台上举足轻重的人物，再比如诸葛亮，就上通天文下知地理，能够呼风唤雨，所谓"借东风"，其实就是数术中风角之术的运用。所以，古代兵家，要通行数术，懂得占星候地和相地形等等，这一直是个传统，在我国古代兵学中占有重要的地位。当然，兵阴阳在今天看来也确实存在一些消极、迷信、荒诞不经的东西，但我们不能苛求古人，既然我们大家都承认古代兵学是我国古代最高智慧的结晶，众

---

① 葛兆光：《七世纪前中国的知识、思想与信仰世界——中国思想史》第1卷，复旦大学出版社1998年版。

② 马王堆帛书《刑德》，银雀山汉简《帝伐赤帝》《地典》等。

多的兵书也是我们的优秀文化遗产之一,那么汇集了各种知识与智慧在内的兵阴阳也应该占有一席之地,它对于我们全面地、正确地了解古代兵家和兵学思想及传统都具有重要意义。

原载于《追寻中华古代文明的踪迹——李学勤先生学术活动五十周年纪念文集》,复旦大学出版社2002年版

《六韬》浅论

今传本《六韬》，全书以太公答文王、武王的形式写成，应是依托辅佐周文、武王的贤臣吕尚所作，是否为《汉志》著录的《太公》三书之一？尚待讨论。其成书年代应在战国晚期，是流传至今的先秦兵书中篇幅最大、内容最为丰富的一部兵书，从其思想内容看，也可以说是一部集先秦军事思想之大成的作品。在思想上最显著的特点体现在先秦诸子对其的渗透和影响，它还比较多地带有政治伦理的色彩。作为一部兵书，在军事理论上的成就主要体现在它的全面性、综合性上。它在先秦兵书中篇幅最大、所涉及问题最为全面，诸如战争观、军队建设、具体的战略战术等全都包罗在内；它适应战国时期的历史背景，总结先前兵书的理论特点，提出了一系列更符合时代特征的军事理论和原则。

一　吕尚是否《六韬》的作者？

提起著名的古代兵书《六韬》，一般都会认为是西周时人吕尚所撰，然而历史上对此多有争议。在这里我们有必要来对吕尚是否《六韬》的作者及《六韬》的成书年代做一些考证。

吕尚又称吕望、吕牙、师尚父、太公望、太公等，是西周的开国功臣。《史记》记载了吕尚的生平事迹，"太公望吕尚者，东海上人。其先祖尝为四岳，佐禹平水土甚有功。虞夏之际封于吕，或封于申，姓姜氏。夏商之时，申、吕或封枝庶子孙，或为庶人，尚其后苗裔也。

本姓姜氏，从其封姓，故曰吕尚"。作为一个杰出的政治家、军事家，他曾先后辅佐周文王、周武王，在兴周灭商的斗争中起过重要的作用。《史记·齐太公世家》记："周西伯昌之脱羑里归，与吕尚阴谋修德以倾商政，其事多兵权与奇计，故后世之言兵及周之阴权皆宗太公为本谋。"所谓"天下三分，其二归周者，太公之谋计居多"，"迁九鼎，修周政，与天下更始，师尚父谋居多"。吕尚还是齐国的开国之君，在先秦兵学各流派中，齐国兵学初源最为久远，这与吕尚曾以其成功的军事谋略倾商兴周，使齐专有四面用兵的特权有极大关系，齐人有重视军事的传统，齐人的兵学成就在先秦各国中最为突出，均当肇始于吕尚。

今天我们看到的《六韬》，全书都是以太公答文王、武王的形式写成的，如果真出于吕尚之手，那么这部书应当成书于殷周之际。然而从宋代开始，许多学者经过考证，都认定《六韬》是一部伪书，比如陈振孙之《直斋书录解题》、胡应麟之《四部正讹》、姚际恒之《古今伪书考》以及余嘉锡之《四库提要辨证》等，都推测它是战国孙吴之后策士所托，或以为是秦汉间人所伪撰，或认为是魏晋以下谈兵之士掇拾古兵书剩余而为。其理由大致是：

认为《六韬》中多言阴谋诡计，不符合周文王、周武王大圣大贤的身份；《六韬》中有大量谈骑兵作战的言论，这不符合殷周时期以车兵、步兵作战的事实，骑兵的出现当在战国时期；《六韬》中谈到将相分职等问题也出现于战国时期；《六韬》中有些内容与《孙子兵法》《吴子》《尉缭子》等春秋战国时期的兵书相似，大概是"窃孙吴之陈"；《六韬》全书文辞浅近，与殷周遗文风格迥异，等等。

以上理由除个别有迂阔之嫌外，大部分言之有理，如上面所举司马迁所言，"后世之言兵及周之阴权皆宗太公为本谋"，《六韬》旧题"周吕望撰"的确应被看作是后人的依托，其目的就是借太公之名来扩大其影响以使之能够广泛流传。从前面已述的齐国在战国时期，特别是在战国中期威王、宣王时所形成的重视兵学的学术氛围看，《六韬》或许为齐国官方出面组织整理（像《司马法》的成书那样），或许由稷下学者集体创作而成，这仅是一种猜测，目前还没有充足的证据来认定作者究竟为何人。

另外，《汉书·艺文志·兵书略略》中并无《六韬》著录，而在《道家类》则列有《太公》二百三十七篇，其中《谋》八十一篇，《言》七十一篇，《兵》八十五篇。班固自注曰："吕望为周师尚父，本有道者。或有近世又以为太公术者所增加也。"这里《太公》与《伊尹》《鬻子》《辛甲》《筦子》列于一类，明显都是依托辅佐明君的贤臣。《汉志》的《太公》三种，即《谋》《言》《兵》，到《隋书·经籍志》著录的更多，有《太公阴符钤录》《太公金匮》《太公伏符阴阳谋》《太公三宫兵法》《太公书禁忌立成集》《太公枕中记》等等，而两《唐志》中却只有《太公六韬》《太公阴谋》《太公金匮》三种。沈钦韩《汉书疏证》："《谋》者，即太公之《阴谋》。《言》者，即太公之《金匮》。凡善言书诸金版。《兵》者，即《太公兵法》。"沈钦韩所言道出了《汉志》太公三书与《唐志》太公三书的关系。但《汉志》的《太公兵》八十五篇究竟是否传世本《六韬》? 抑或其中部分为《六韬》的内容? 我们今天不得而知。然而《唐志》的《太公六韬》是否与今之传世本《六韬》有关? 从《群书治要》节录的《六韬》内容看，似以论政为主，敦煌唐写本的《六韬》内容也以论政为主[①]，许多内容为今本所无。唐宋时期的类书如《艺文类聚》、《太平御览》所引《六韬》内容也大部分不见于今本。可见《六韬》在北宋元丰年间被选入《武经七书》时，已有很多的删削，主要留下了谈兵的部分，使其成为一本"兵书"，这也就是我们今天所看到的《六韬》的面貌。

再来讨论《六韬》的成书时代。

《六韬》之名，最早见于《庄子·杂篇·徐无鬼》，其记战国初年魏武侯的宰臣女商自称："吾所以说吾君者，横说之，则以诗书礼乐，从（纵）说之，则以金版六弢。"唐陆德明《经典释文》引晋司马彪、崔譔注曰："本又作'六韬'。谓《太公六韬》，文、武、虎、豹、龙、

[①] 周凤五：《敦煌唐写本〈太公六韬〉残卷研究》，《幼狮学志》1985 年第 4 期；又见周凤五《唐敦煌写本〈六韬〉残卷校勘记》，《第一届国际唐代学术会议论文集》，1990 年。

犬也。"一般认为《庄子》之《杂篇》为庄子门人或庄子后学所作，时间不晚于战国后期，其提到《六韬》之名，可见这部书至少在战国后期已经流行于世。《汉书·艺文志》儒家类著录有"周史六弢六篇"，注曰："惠、襄之间，或曰周显王时，或曰孔子问焉。"这里提到了三个成书时间，其中以周显王为最晚，也在战国中期。但有人认为《周史六弢》与《六韬》一为儒家，一为兵家，是明显不同的两部书，对此，唐颜师古注即指出："即今之《六韬》也，盖言取天下及军旅之事，弢字与韬字同也。"

1972年山东临沂银雀山西汉前期墓葬出土的竹简兵书中，既有今本《六韬》的内容，也有《群书治要》所引而不见于今本《六韬》内容，故一些学者认为称其为《太公》更为妥当。① 可见，无论称作《太公》，还是称作《六韬》，这部书在西汉前期已经广为流传，这是不争的事实。

由以上我们可以认为《六韬》的基本内容至迟在战国中晚期已经形成，它作为一部古书，在早期内容可能比较庞杂，既有论政的内容，又有言兵的内容，即颜师古所谓"言取天下及军旅之事"。之后在长期的流传过程中，经过不断地增损改变，逐渐成为今本《六韬》的面貌。

二 集先秦军事思想之大成——《六韬》的内容

《六韬》是流传至今的先秦兵书中篇幅最大、内容最为丰富的一部兵书，从其思想内容看，也可以说是一部集先秦军事思想之大成的作品。

韬，本意为"弓套"，《诗·小雅·彤弓》有"受言櫜之"，《汉书·毛苌传》称："櫜，韬也。韬，本又作弢，弓衣也。"其为深藏不露之义，并由此引申为谋略之义，"六韬"就是六种"言取天下及军

---

① 如李零《简帛古书与学术源流》之第十一讲《简帛古书导读五：兵书类》，生活·读书·新知三联书店2004年版。

旅之事的韬略"。

今传世本《六韬》分作六卷，即《文韬》《武韬》《龙韬》《虎韬》《豹韬》《犬韬》共六十篇。

第一卷《文韬》，包括文师、盈虚、国务、大礼、明传、六守、守土、守国、上贤、举贤、赏罚、兵道十二篇，讲治国安民的韬略。

第二卷《武韬》，包括发启、文启、文伐、顺启、三疑五篇，讲如何通过武力或非武力取得国家政权的韬略。

第三卷《龙韬》，包括王翼、论将、选将、立将、将威、励军、阴符、阴书、军势、奇兵、五音、兵征、农器十三篇，讲军事指挥与兵力部署的韬略。

第四卷《虎韬》，包括军用、三陈、疾战、必出、军略、临境、动静、金鼓、绝道、略地、火战、垒虚十二篇，讲开阔地带作战的战术与军旗使用的韬略。

第五卷《豹韬》，包括林战、突战、敌强、敌武、鸟云山兵、鸟云泽兵、少众、分险八篇，讲特种地带作战的战术韬略。

第六卷《犬韬》包括分合、武锋、练士、教战、均兵、武车士、武骑士、战车、战骑、战步十篇，讲教练与选编、各兵种的特点以及如何协同作战的韬略。

除今传世本以外，《六韬》还有大量逸文，主要见于《群书治要》《北堂书钞》《艺文类聚》《文选注》《太平御览》等唐宋间古书，还有银雀山竹简的部分内容、敦煌唐写本残卷等。清代已有一些学者做过辑佚工作，如孙同元、王仁俊等均有《六韬逸文》[①]，但他们所辑仅见于汉以后唐宋间古书所引，银雀山竹简与敦煌本是他们未曾看到的。逸文的内容以论政为主，很少有言兵的内容，故我们这里谈《六韬》的军事思想时，仍以传世本内容为主。

---

① 孙同元所辑见嘉庆十年长恩书室刻《平静馆丛书》；王仁俊所辑在《经籍佚文》中，但仅见存目。

三 《六韬》的思想学术特点

首先，《六韬》在思想上最显著的特点体现在先秦诸子对其的渗透和影响。从先秦学术思想史考察，战国时期，特别是在战国中期以后，先秦诸子之间开始由早期的相互对立逐渐走向相互渗透、相互兼容，各个学派在自己的学说中或多或少地汲取别家的某些思想，以丰富自身的思想内容。一方面，在春秋战国这一特定的历史条件下，在以战争这种暴力手段作为社会变革的最大冲击力的社会环境中，当时的诸子百家都高度重视对军事问题的探讨，我们从当时所谓的显学儒、墨、道、法中都可看到为数不少的有关军事问题的论述，如何区分战争性质、对待战争的态度、探求战争的胜负因素以及国防、治军原则、作战指导等重大问题，都受到了特别的关注，并且有明确的阐述。另一方面，在这一学术思想大交流的趋势中，兵家也不例外，兵学也不再仅仅限于单纯地讨论行军用兵之法，而是大量吸收儒、墨、道、法的政治理论观念，呈现出政治主导军事的时代特点。而《六韬》正成书于这样一个特定的时期，它可以说是先秦兵家对诸子百家兼容吸收的典型代表。

《六韬》[①] 比较多地带有了政治伦理的色彩。《文韬》《武韬》最具代表性，其讲究"仁义"，提倡"礼仪"，明确等级名分，要求君王注重伦理道德和个人修养，重视民本等思想倾向，完全以儒家的思想来判断战争的性质，把握战争的目的，认识战争的成败。如："兵者，凶器也；战者，逆德也；争者，事之末也。故王者伐暴乱，本仁义焉。"[②] "天下非一人之天下，乃天下之天下也。同天下之利者，则得天下。"[③] "无取民者，民利之；无取国者，国利之；无取天下者，天

[①] 本文《六韬》所用版本为盛冬玲《六韬译注》，收入《兵家宝鉴》，河北人民出版社1991年版。

[②] 《六韬·武韬·发启》，河北人民出版社1991年版。

[③] 《六韬·文韬·文师》，河北人民出版社1991年版。

下利之。"① 等等。

　　法家学说对《六韬》的影响也显而易见。法家强调加强君主专制，以严刑峻法治民，赏罚分明，奖励耕战，建立统一的强权国家等都对当时的兵家产生了很大影响。《六韬·文韬·守土》主张君权至上，强调君主一定要巩固自己的权力，称："无疏其亲，无怠其众，抚其左右，御其四旁。无借人国柄，借人国柄，则失其权……无借人利器，借人利器，则为人所害，而不终其正也。"《六韬》也主张在军事活动中赏罚严明，以强化纪律，比如《龙韬·将威》说："将以诛大为威，以赏小为明，以罚审为禁止而令行。故杀一人而三军震者，杀之；赏一人而万人说者，赏之。杀贵大，赏贵小。"法家"循名责实"的理论，也被《六韬》所运用，《文韬·举贤》曰："将相分职，而各以官名举人，按名督实，选材考能，令实当其名，名当其实。"提倡在用人之时，严格职责权限，并根据职责的名分，来考察其职责的实绩。

　　《六韬》对道家的吸收运用更加明显，道家的"无为而无不为"的原则，以退为进，以静制动，以柔克刚的后发制人策略，甚至于神秘玄虚的言语均可在《六韬》中觅得踪迹。比如："不以役作之故，害民耕绩之时，削心约志，从事乎无为。"② "圣人务静之，贤人务正之，愚人不能正，故与人争。上劳则刑繁，刑繁则民忧，民忧则流亡。"③ "无取于民者，取民者也；无取于国者，取国者也；无取于天下者，取天下者也。"④ "安徐而静，柔节先定；善与而不争，虚心平志，待物以正。"⑤ "至事不语，用兵不言……倏而往，忽而来，能独专而不制者，兵也。"⑥ 等等。

　　当时的阴阳家的学说与一些具体的术法，在《六韬》中也有明显

---

① 《六韬·武韬·发启》，河北人民出版社1991年版。
② 《六韬·文韬·盈虚》，河北人民出版社1991年版。
③ 《六韬·武韬·文启》，河北人民出版社1991年版。
④ 《六韬·武韬·发启》，河北人民出版社1991年版。
⑤ 《六韬·文韬·大礼》，河北人民出版社1991年版。
⑥ 《六韬·龙韬·军势》，河北人民出版社1991年版。

的反映,《文韬·五音》讲到了用于军事的吹律定声、五行相生相克、六甲之术等,就属于兵阴阳家的范畴。比如,其中非常详细地讲到通过律管的声音来探测军情的方法:"其法以天清静,无阴云风雨夜半,遣轻骑往至敌人之垒,去九百步远,遍持律管当耳,大呼惊之。有声应管,其来甚微。角声应管,当以白虎。征声应管,当以玄武。商声应管,当以朱雀。羽声应管,当以勾陈。五管声尽不应者,宫也,当以青龙。此五行之符,佐胜之征,成败之机也。"《龙韬·兵征》还讲到了望气之术如何用于攻城,很具体:"凡攻城围邑,城之气色如死灰,城可屠。城之气出而北,城可克。城之气出而西,城必降。如城之气出而南,城不可拔。城之气出而东,城不可攻。城之气出而复入,城主逃北。城之气出而覆我军之上,军必病。城之气高而无所止,用兵长久。"这显然也是阴阳家的术法。

从以上可以明显地看出,《六韬》作为战国中晚期兵书的主要代表,它的确是在诸子学说兴旺发达并逐渐走向融会贯通这一思想学术氛围中成书的,诸子学说对兵书的渗透和影响是当时的客观必然。

四 《六韬》的军事理论成就

《六韬》作为一部兵书,在军事理论上的成就主要体现在它的全面性、综合性上。它在先秦兵书中篇幅最大、所涉及问题最为全面,诸如战争观、军队建设、具体的战略战术等全都包罗在内;它适应战国时期的历史背景,总结先前兵书的理论特点,提出了一系列更符合时代特征的军事理论和原则。

《六韬》的战略思想最突出的表现是在对《孙子兵法》继承和发展上。比如孙武的战略思想大致可分为两个层次,高层次的战略是"全胜战略",即"不战而屈人之兵,善之善者也",具体是:"屈人之兵而非战也,拔人之城而非攻也,毁人之国而非久也,必以全争于天下,故兵不顿而利可全。"[①] 低层次的战略是通过军事斗争赢得战争的

———

① 《孙子兵法·谋攻敌三》,见《十一家注孙子校理》,中华书局1999年版。

胜利，实现政治目的，即所谓的"伐兵战略"。《六韬》中明确包含了这两种战略思想，关于"全胜战略"，它论述道："故善战者，不待张军；善除患者，理于未生。胜敌者，胜于无形。上战无与战。"① 又说："全胜不斗，大兵无创。"② 这种不交战而全胜，无杀伤而完师的战略主张与孙武的战略思想一脉相承。《孙子兵法》在《谋攻》篇中提到"上兵伐谋，其次伐交"两者高于"伐兵"和"攻城"，但如何"伐谋"和"伐交"，没有具体阐述，而《六韬》于《武韬》中专列《文伐》篇，详细讲述了十二条"文伐"之法，不仅如此，《六韬》还将"文伐"的全胜战略和"武伐"的军事战略联系起来，"十二节备，乃成武事。所谓上察天，下察地，征已见，乃伐之"③，这就十分明确告诉人们，"文伐"是军事进攻的准备和前提条件，当"伐谋""伐交"不能实现其政治目的是，就要采取"伐兵"的方式。这无疑是对孙武"全胜战略"的丰富和发展。

关于军事战略，《六韬》既有进攻战略，又有防御战略，其内容也十分丰富。主要对战略指导有许多精辟的见解，如主张要有高明的战略决策、集中统一的战略指挥、巧妙的战略伪装和成功的战略佯动，要适时把握战略时机，正确选定战略方向等均有详细而具体的论述。

《六韬》在军事学术上的另一突出成就，就是广泛地论述了多种作战形式的战术问题。结合当时战争的实际情况，《六韬》的《虎韬》《豹韬》《犬韬》都有对各兵种如何配合作战问题的阐述，"步贵知变动，车贵知地形，骑贵知别径奇道，三军同名而异用也"④。还明确地讲到车兵有"十害""八胜"，步兵、骑兵也各有其使用方法，为将者要懂得其不同特点，才能合理使用，趋利避害。《豹韬》还特别论述了林战、山地战、渡水战的作战原则，这些都是对当时新出现的作战形式的总结。《龙韬·军势》还强调了灵活用兵和速战速决："是以疾雷不及掩耳，迅电不及瞑目。赴之若惊，用之若犯，当之者破，迎之

---

① 《六韬·龙韬·军势》，河北人民出版社1991年版。
② 《六韬·武韬·发启》，河北人民出版社1991年版。
③ 《六韬·武韬·文伐》，河北人民出版社1991年版。
④ 《六韬·犬韬·战车》，河北人民出版社1991年版。

者亡,孰能御之?"突出"疾"字,"暴用之则胜,徐用之则败",主张根据不同的敌情、地形,灵活用兵,不拘常法,"见胜则起,不胜则止",方能立于主动和不败之地。另外,以寡击众、以弱胜强和出其不意、攻其不备也是《六韬》强调的作战原则,如"疾击其前,急攻其后,或击其表,或击其里"①,讲集中兵力,"凡兵之道,莫过于一,一者能独往独来"②,《豹韬·少众》还有"以少击众,以弱胜强"的具体战法。总之,《六韬》对各种具体的战术,如突围战、攻坚战、围攻战、埋伏战、奔袭战、夜战、火攻和在各种不同条件下应采用的战法都有精彩的论述。

在军队建设方面,《六韬》对指挥机构的设置、选将和军队训练以及武器装备等都有许多创见。

它记载了军队指挥机构的设置,是研究先秦军制的宝贵资料。《龙韬·王翼》篇列举了"股肱羽翼七十二人",组成一个周密完备的指挥机构。其中"腹心一人,主潜谋应卒,揆天消变,总揽计谋,保全民命。谋士五人,主图安危,虑未萌,论行能。明赏罚,授官位,决嫌疑,定可否。天文三人,主司星历,候风气,推时日,考符验,校灾异,之人心去就之机。地利三人,主三军行止形势,利害消息,远近险易,水涸山阻,不失地利。兵法九人,主讲论异同,行事成败,简练兵器,刺举非法。通粮四人,主度饮食,备蓄积,通粮道,致五谷,命三军不困乏。奋威四人,主择财力,论兵革,风驰电掣,不知所由。伏旗鼓三人,主伏旗鼓,明耳目,诡符印,缪号令,暗忽往来,出入若神。股肱四人,主任重持难,修沟堑,治壁垒,以备守御。通材三人,主拾遗补过,应偶宾客,议论谈语,消患解结。权士三人,主行奇谲,设殊异,非人所识,行无穷之权。耳目七人,主往来听言视变,览四方之士,军中之情。爪牙五人,主扬威武,激励三军,使冒难攻锐,无所疑虑。羽翼四人,主扬名誉,震远方,摇动四境,以弱敌心。游士八人,主伺奸候变,开阖人情,观敌之意,以为间谍。

---

① 《六韬·豹韬·敌强》,河北人民出版社1991年版。
② 《六韬·武韬·兵道》,河北人民出版社1991年版。

术士二人,主为谲诈,依托鬼神,以或众心。方士二人,主百药,以治金疮,以痊万兵。法算二人,主计会三军营垒粮食,财用出入"。这里包括作战筹划、气象观察、地理测量、金鼓旗号、敌情侦察、宣传鼓动、财务计量、医务百药等,人员设置包含了与战争有关的方方面面,可以说是类似于现代参谋部性质的组织机构。

此外,《龙韬》的《选将》《立将》《将威》等篇详细论述了选将的原则和方法以及对将帅的要求,《犬韬·教战》讲述了训练士卒的"练士之道",《文韬·赏罚》规定了赏罚的目的和原则,《虎韬·军用》中有关当时武器装备的大量论述等,这些都为我们今天了解和研究先秦军事史提供了极其宝贵的资料,同时也说明《六韬》是一部内容非常全面的兵书,它的确可称得上是先秦兵学的集大成之作。

原载于《太公新论——姜太公学术研讨会论文集》,山东友谊出版社2016年版

秦汉时期军事通信小考

一 "邮"

秦汉时期的"邮",多设于边疆地区,如最常见的居延边地,它是传递军事文书的专门机构。

一般认为,古时候的文书传递以车传送者称"传",以步递者称"邮",以马递者称"驿"。从文献记载看,至少在先秦时期,一些文化比较发达的地区就已经形成了性能较强的邮驿系统。《孟子·公孙丑上》即有:"德之流行,速于置邮而传命。"文献中可见到的"杜邮""曲邮""邛邮"等,均为由"邮"的设置而形成的地名[①]。秦汉大一统的专制主义政体成立之后,"邮"作为一种可靠的信息传递系统因为军事的需要在边地得到了更加充分的发展。《说文解字·邑部》曰:"邮,竟上行书舍。"明确指出"邮"是边境传递军事文书的专有设施。在史籍中也经常见到"邮亭"的记载,如汉武帝元兴六年(公元前129年)"南夷始置邮亭"(《史记·汉兴以来将相名臣年表》),汉平帝元始五年(公元5年)诏:"宗师得因邮亭书言宗伯,请以闻"(《汉书·平帝纪》)。此外,又有官员在行途中有"舍邮亭"(《汉书·循吏传·黄霸》)、"止邮亭"(《后汉书·赵孝传》)的记载。而"桥梁邮亭不修"被看作行政长官"不能",也就是不称职的标志(《汉书·薛宣传》),这说明"邮亭"这种交通通信设施,对于国家

---

① 杜邮见于《史记·白起王翦列传》;曲邮见于《史记·留侯世家》;邛邮见于《史记·淮南衡山列传》。

政治军事的管理，具有重要的意义。

居延汉简中多见"以行邮"简文，例如：

> 甲渠鄣侯以邮行
> 一事　16·5A
> 张掖都尉章
> 肩水侯以邮行
> 九月庚午府卒孙意以来　　　74·4
> 张掖居城司马
> 甲渠鄣侯以邮行
> 九月戊戌队卒同以来。二事　　　E. P. T43：29

此外，还常见以下记有"邮书""邮橄""邮刺""邮书课""移邮书"等词语的简文：

> 甲渠侯官河平二年三月邮书☐☐　　227·14
> 宗廪卒家属居延请封橄告宗便逐☐
> 居令得私留不到请邮橄问状况　　220·13A
> 临木始建二年二月邮书刺　E. P. T51：391
> ☐☐部新始建国地皇上戊三年二月邮书课　110·19
> ☐酉临木队长忠敢言之谨移邮书☐　127·29

陈梦家先生认为，边地"邮"的机构可以"邮站"为称，并指出："邮为传递文书的专门机构，它与亭、传、置、驿并为大道上有关交通的设置，且往往重叠一处互相通用"，居延地区的邮站"显然与塞隧相联系，因此邮站多数为隧，少数为亭、驿、关"[①]。其中当然有专设的"邮"，因为简文中可见"邮卒"称谓，如：

---

① 陈梦家：《汉简考述》第二篇《邮程表与侯官所在》，《汉简缀述》，中华书局1980年版，第28页。

正月辛巳鸡后鸣九分不侵邮卒建受吞远邮
卒福壬午禺中当曲卒光付收降卒马　　　　　　　E. P. T51：6

"鸡后鸣九分"，大约是早晨5时，"禺中"，即"隅中"，也就是日近午时，上午11时左右。简文体现出"正月辛巳"日以及第二天"壬午"日间一份邮件的交递情况：

（1）辛巳鸡后鸣九分　　吞远邮卒福→不侵邮卒建
（2）壬午禺中　　　　　当曲卒光→收降卒马印

从（1）看来，当时边境军事防御系统传递军事情报，可能在必要时采用日夜兼程的形式。

一般情况下，邮书大多为步行传递，敦煌汉简所谓"奉邮书走卒"（1242）以及居延汉简常见的"行者走"可能都体现了这种步递的形式。但也不排除以"邮车"传递的形式，敦煌汉简中即可见以"邮车"传递的情形：

入粟小石二百五十石多券八十三枚者一石
十二月庚戌使敦煌亭长邮车六两　　1227

这里的"邮车"可能是邮亭的公车。在情况紧急的特殊时候，军事长官还可以采用骑马以传递情报的通信方式。边防军备建设，也重视"列邮置于要害之路"（《后汉书·西域传》）。居延汉简有关于"置弛"通信的简文：

置弛吞远候长党　　　E. P. T51：213B

《后汉书·郭太传》李贤注引《风俗通义》："汉改邮为置。置者，度其远近之间置之也。"1972年至1974年居延甲渠候官遗址（今称破城子）出土汉简中，有长安西行至居延地区之间邮置里程记录的片段：

长安至茂陵七十里	月氏至乌氏五十里
茂陵至□置卅五里	乌氏至泾阳五十里
□置至好止七十五里	泾阳至平林置六十里
好止至义置七十五里	平林置至高平八十里
……	
媪围至居延置九十里	删丹至日勒八十七里
居延置至鲽里九十里	日勒至钧著置五十里
鲽里至骍次九十里	钧著置至屋兰五十里
骍次至小张掖六十里	屋兰至氐池五十里

简文虽然只提供了长安至居延地区间"列邮置于要害之路"的局部情形，但对于我们了解汉代通信形式仍然是十分宝贵的资料。

邮书传递有严格规定的效率定额"程"。居延汉简的简文多有反映送付邮书"中程"或"留迟"的记录。如果"邮书失期"，"邮书留迟不中程"，责任者无疑会受到追究。如：

邮书失期前檄召候长敞诣官对状　　123·55

居延汉简还可以看到有关"吏马驰行""甲渠候官马驰行"，对于要骑马传递的紧急书信其里程要求更高，我们还看到一些要求"促毋失期""急行毋留"等简文。对于留迟失期有极其严厉的处罚规定，如"书一日一夜当行百六十里"（E. P. S. T2∶8A），"不中程，百里罚金半两，过百里至二百里一两，过二百里二两；不中程，车一里夺吏主者劳各一日，二里夺令□各一日"（E. P. S. T2∶8B）又如："士吏传行各尽界毋得迟时必坐之"（E. P. T57∶4）。还可以看到可能是由于邮书滞留失期，而事故的责任者请罪自责的内容：

□□皆留释失期职事毋状罪当死叩头死罪□E. P. T59∶541

对传递速度要求之高，是因为边地通信内容多与军情有关，"驰行以急疾为故"。

汉代有"边塞发犇命警备"的制度，如边境有警，"驿骑持赤白囊"弛报京师（《汉书·丙吉传》）。据《汉书·赵充国传》记载，赵充国与羌人战于湟中，向汉宣帝申奏作战方案以及宣帝认可的军事文书，往返前后不过7日，"六月戊申奏，七月甲寅玺书报从充国计焉。"我们从现今公路里程西安至西宁间1242千米，可推知当时邮驿传递速度为每日400千米左右。《通典·礼二三》引《汉官仪》说："奉玺书使者乘驿传，其驿骑也，三骑行，昼夜千里为程。"说明当时邮驿传递系统效率之高。

秦汉时期邮驿传递制度的效能可以保证军事命令与情报的通达，从而成为其政治统一和军事成功的条件，同时，对于各地区间的经济联系与文化交流也起到一定的促进作用。

二　"烽燧"

烽燧也是秦汉时期重要的军事通信形式。

作为一种通信形式，烽燧很早就已经应用，文献中可见至迟在周代晚期的幽王时，就已作为报警的方式了。不过，烽燧形成完备的制度并表现出极高的效能，还应当在秦汉时期。

《说文·火部》："燓，燓候表也，边有警则举火。"烽是报警用的一种信号。燧是以候望敌情并以烽报警为主要职责的边塞上的一种亭。

汉代边防建设的主要内容就是"建塞徼，起亭燧"，"以候望同烽火"，所谓"修障燧备塞之具"，则可以守边待寇（《汉书·匈奴传下》）。燧是最基层的边防机构。一般相隔数里即设一燧，其间隔里数无严格的规定。燧有燧长，又有燧卒三四人。白天一般以举烽和燔积薪作为报警信号，夜间则举炬火和燔积薪，有时还以表、烟、鼓作为辅助信号。烽燧的作用，主要在于当发现敌情时，根据敌人的数量及入侵程度施示不同等级的信号。关于在不同情况下所应发出信号的规定，称"烽火品约"。1974年居延甲渠候官16号房屋遗址中出土了较完整的《塞上蓬火品约》，编号为 E. P. F16：1-7：

  匈人奴昼入殄北塞举二□烦燧一燔一积薪夜入燔一积薪举
上离合苣火毋绝至明甲渠三十井塞上和如品   1

  匈人奴昼甲渠河北塞举二燧燔一积薪夜入燔一积薪举坞上二
苣火毋绝至明国殄北三十井塞和如品   2

  匈奴人昼入甲渠河南道上塞举二燧坞上大表一燔一积薪夜入
燔一积薪举坞上二苣火毋至明殄北塞上和如品   3

  匈奴人昼入三十井降虏隧以东举一燧燔一积薪夜入燔一积薪
举坞上一苣火毋绝至明甲渠殄北塞上和如品   4

  匈奴人昼入三十井候远隧以东举一燧燔一积薪坞上烟一夜入
燔一积薪举坞上一苣火毋绝至明甲渠殄北塞上和如品   5

  匈奴人渡三十井县索关门外道上隧天田失亡举一田失亡举一
燧坞上大表一燔二积薪不失亡毋燔新它如约   6

  匈奴人入三十井并势北隊县索关以内举 燔薪如故三十井县
索关诚势隧以南举燧如故毋燔薪   7

  匈奴人入殄北塞举三燧后复入甲渠部累举旁河燧后复入三十
井以内部累举坞上直上   8

  匈奴人入塞守亭鄣不得下燔薪者旁亭为举燧燔薪以次和如品 9

  塞上亭隊见匈奴人在塞外各举部 如平毋燔其误亟下燧灭火
候尉吏以檄驰言府   10

  夜即闻匈奴人及马声若旦入时见匈奴人在塞外各举部燧次
亭晦不和夜举一苣火毋绝尽日夜灭火   11

  匈奴人入塞候尉吏殛以檄言匈奴人入不敷出燧火传都尉府毋
绝如品尝   12

  匈奴人入塞承塞中亭隊举燧燔薪□□□□燧火品约官□□□举
□□毋燔薪   13

  匈奴人即入塞千骑以上举燧燔二积薪其攻亭鄣坞壁田舍举燧
燔二积薪和如品   14

  县田官吏令长丞尉见燧火起殛令吏民□燧□□诚势北隧部界中

民田蓄牧者□□□为令　　　　　　　　　　　　　　15

匈奴人入塞天大右塞风风及降雨不具薰火者殄传檄告人走马驰以急疾为□　　　　　　　　　　　　　　　　　　　　16

右塞上薰火品约定　　　　　　　　　　　　　　　17

居延所出属于"烽火品约"的汉简，除以上较为完整的以外，还有一些零星的，在敦煌汉简中也有一些属于这类简牍。

居延汉简可见一些官长的名称，如"薰隧长"（285.17），"薰隧长"，"都隧长"（28.15），"督队长"（214.113）"督薰隧士吏"（516.26），"大薰队吏"（534.30B）、"督薰隧史"（148.8）、"督薰掾"（421.8）、"督薰□"（132.39）。敦煌汉简也有"督薰"（2183，2396），"督薰□"（1544）简文。这些大概都是烽燧系统各级管理人员的官职称谓。汉代《功令》中即有"烽队长"之名，以上所列居延汉简和敦煌汉简的各种官职称谓，其实就是燧长，也可称为烽燧长。汉制边郡还设有督烽掾，《后汉书.西羌传.滇良》记载，汉章帝元和三年（公元86年）秋，号吾"轻入寇陇西界，郡督烽掾李章追之，生得号吾。"此督烽掾即与汉简所载相同。

烽燧系统并不仅仅用于消极防御，在调动部队指示攻击目标时，也可发挥作用。"望亭燧之嗷嗷，飞旗帜之翩翩"（《艺文类聚》卷二七引刘歆《遂初赋》），旗帜即亭上之表，其作用一则示警，一则激励。司马相如《喻告巴蜀民檄》："夫边郡之士，闻烽举燧燔，皆摄弓而弛，荷兵而走，流汗相属，惟恐居后，触白刃，冒流矢，义不反顾，计不旋踵，人怀怒心，如报私仇。"（《史记·司马相如列传》）烽燧以信息传递之急疾，可以迅速调动军民进入紧急战备状态。《续汉书·百官志五》刘昭注补引《汉官仪》："边郡太守各将万骑，行鄣塞烽火追房。"说明烽燧信号可用于指示敌情，又可以调动部队。

《汉书·赵充国传》："北边自敦煌至辽东一千五百余里，乘塞列隧有吏卒数千人。"《后汉书·西羌传·羌无弋爰剑》："鄣塞亭燧出长城外数千里。""西海之地初开以为郡，筑五县，边海亭燧相望焉。"《后汉书·杜茂传》："镇守北边，因发边卒筑亭候，修烽火。"可见烽燧的设置，已经到达汉王朝边地防御体系的最前沿。

不仅如此，烽燧还被作为边地沟通内地的通信形式。《后汉书·马成传》："十四年，屯长山、中山以备北边，并领建义大将军朱祐营，又代骠骑大将军杜茂缮治郙塞，自西河至渭桥，河上至安邑，太原至井陉，中山至邺，皆筑保垒，起烽燧，十里一候。"烽燧系统实际上已经成为覆盖面极其广阔的通信网络。《史记·匈奴列传》："胡骑入代句注边，烽火通于甘泉、长安。"《后汉书·南匈奴列传》："候列郊甸，火通甘泉。"李贤注："列置候兵于近郊畿，天子在甘泉宫，而烽火时到甘泉宫也。"这些都说的是烽火信号可传递至京畿。

至于汉代烽火信号的传递速度，仍然有居延汉简中的资料可据：

过半通府府去降虏队百五十九里当行一时六分定行五时留迟三时四分解何　　　181.1A

正月癸巳日下餔八分时万

入亡人赤表一桓通南

定军燧长音界中卅五里表

福燧卒同受平乐隧卒同即日日入一分半时东望隧卒行三分半分中程　　　E.J.T24：46

根据一些学者的推算①，汉代烽火的传递速度为每小时 100 里左右，每昼夜 1800 里左右，如果这些推算没有疑义，那么我们即可明确地认识到，汉代的烽燧系统显然提供了在当时最为迅捷的通信方式，为汉王朝有效地防御外敌的入侵起到了积极的保障作用。

原载于《考古与文物》2002 年第 5 期

---

① 吴乃骧《汉代烽火制度探索》指出："汉代烽火一汉时约行 99 汉里。按，西汉行十八时制，一昼夜当行 1782 汉里。据陈梦家先生推算，一汉里约相当于今 325 米。若以此数折算汉代烽火传递速度，一昼夜当行 579.15 千米。"初师宾《居延烽火考述——兼论古代烽号的演变》则指出："汉代烽火每时行百里，昼夜约达千八百汉里。""汉一里约四百公尺强，每时百里，昼夜行今千三、四百里左右。"两篇文章均载《汉简研究论文集》，甘肃人民出版社 1984 年版。

后　　记

　　这本小集，汇集了我写过的治学习作。写得早的是在 21 世纪之初，晚的则是近一两年所写，许多都是逼迫之作，为评审、为会议，目的都很世俗。

　　小集所收的 40 篇拙文，选定四个方面：历史文献学术史研究、简牍帛书研究、考古研究、先秦秦汉兵学文化研究。其中大多是已在各类学术期刊或学术论文集发表过的，也有与我之前出版过《周秦汉唐历史文化》与《古代兵学文化探论》这两本论文集相重复的，由于教学工作的需要和个人的兴趣习好，这些论文多偏重于早期中国的先秦、秦汉时期。利用近年来出土的文献资料做研究是这本集子的一个特点，文集虽粗分四个方面，但大部分与考古出土的遗迹遗物与文献资料有关，这些都是本人依照王国维先生倡导的"二重证据法"的学术方向所做的点滴尝试，也是在我的导师李学勤先生的多年指导和鼓励之下完成的。

　　书名之所以叫作"笨学小识"，是因为想表明了自己本身生性愚笨，读小学未及毕业就遭遇"文革"，之后又有八年的纺织厂织布工人的经历，直到恢复高考才得以进入大学，要说做学问真的是先天不足，再加上后天又极不用功，虽跻身高校做了三十年的教师，但距一个真正能够给予学生做出正确指导并答疑解惑的大学教师还有很远的距离，这一点自己还是很清楚的。所以，各篇论文的识见不一定澄明，视野也不够开阔，更不敢奢望有多高的学术价值。总之我对自己写过的东西都不满意，加之每篇论文的篇幅都比较小，就只能称作浅薄的

"小识"了。

感谢西北大学历史学院李军院长,在我退休几年之后仍提供机会让我将写过的论文选编一册,以使自己对之前的研究工作作一个回顾与总结。感谢恩师李学勤先生多年来对我的教诲,先生虽已作古,然先生的教诲将永远铭记。感谢一直以来多名同事朋友及学生对我的支持提携。最后还要感谢中国社会科学出版社宋燕鹏编审的悉心编校与纠错。

2021 年 5 月于西北大学桃园校区